经典写作课
WRITING

我们的作家
拉美文坛十圣
Los nuestros

﹝智利﹞路易斯·哈斯 著
Luis Harss
陈皓 等 译

人民文学出版社
PEOPLE'S LITERATURE PUBLISHING HOUSE

著作权合同登记号　01-2023-4963

LUIS HARSS
Los nuestros

Título original: *Into the Mainstream*
© 1966, 2012, Luis Harss
© De la traducción: Luis Harss
© De esta edición:
　2012, Santillana Ediciones Generales, S. L.
　Avenida de los Artesanos, 6. 28760 Tres Cantos, Madrid
　Teléfono 91 744 90 60
　Telefax 91 744 92 24
　www.alfaguara.com
Simplified Chinese edition copyright © 2024 by Shanghai 99 Readers' Culture Co., Ltd.
All rights reserved.

图书在版编目(CIP)数据

我们的作家:拉美文坛十圣/(智)路易斯·哈斯
著;陈皓等译. —北京:人民文学出版社,2024(2025.1重印)
(经典写作课)
ISBN 978-7-02-018567-2

Ⅰ.①我… Ⅱ.①路…②陈… Ⅲ.①作家-访问记
-拉丁美洲-现代 ②小说研究-拉丁美洲-现代　Ⅳ.
①K837.305.6 ②I730.74

中国国家版本馆 CIP 数据核字(2024)第 060043 号

| 责任编辑 | 朱卫净　周　展 |
| 封面设计 | 钱　珺 |

出版发行　人民文学出版社
社　　址　北京市朝内大街 166 号
邮政编码　100705

印　　刷　山东临沂新华印刷物流集团有限责任公司
经　　销　全国新华书店等

字　　数　308 千字
开　　本　889 毫米×1194 毫米　1/32
印　　张　15.5
版　　次　2024 年 4 月北京第 1 版
印　　次　2025 年 1 月第 2 次印刷

书　　号　978-7-02-018567-2
定　　价　85.00 元

如有印装质量问题,请与本社图书销售中心调换。电话:010-65233595

2012年新版作者前言

周妤婕　译

  我不敢回头看。《我们的作家》几乎已经拥有半个世纪的历史了。对于一本野心不大、旨在通过采访整理出作家肖像的书来说，这已经是相当长的时间了。在修订这个版本的时候，我本想做出许多改变，不过，我后来意识到《我们的作家》是一份时代的遗产，尽管此书包含了一些我个人以及受访者的疏漏，但它依然是可敬的。因此，除了一些删减和风格上的修正，我保留了此书其他一切原貌。

  我扪心自问：为什么这本书会受到如此多的关注呢？在1966年到1981年这十五年的时间里，这本书被印刷了九次，这还不算那些盗版的印刷次数。（后来，不知道因为什么原因，书店里找不到这本书了，人们便去图书馆里偷。）说真的，新版的推出可以算是一场及时雨。尽管已经有不少人在分析"新小说"，但还没有人想到将那些分散的人物集中于一个"活的"肖像画画廊，向读者们展示他们的脸庞和身体。这本书似乎描绘的是一个汇集了青年作家的秘密组织。但事实上，这只是一个散居地，并不是所有的作者都是年轻人。他们来自这片大陆的

i

各个地区，其中也有一部分来自大陆之外的岛屿。不过，这些作家都发现了彼此的存在，并相互认可了对方的价值。将这些作者当作启蒙者来介绍，以此将他们与传统文学区分开，是很有必要的。在某种程度上，这个集体是创造出来的，因为所有的选择和归纳都是任意的。我曾有幸做出了选择，而且带着如今不复有的潇洒。我懊悔地想，由于我当年的无知，或是当时的偏见，或仅仅由于篇幅的限制，有多少人被遗漏了。出版人巴科·波鲁瓦[①]表示，这样的遗漏是不可容忍的，因此，这本书很难取得什么成果。但是，那些被记录在册的人物就在那里。在当时看来，他们是唯一的，或是最好的，或是最能触动我们的。而且，毫无疑问，他们是具有代表性的。《我们的作家》，在不知不觉中，主动建立起了一个小小的星座。科塔萨尔会说："一个象征。"

在我看来，所有这些作家的共同点，也是使得他们如此有魅力的原因——除了文学质量以外——是他们利用文字来表达自由的内核。这是《我们的作家》永恒的主题：以不同的方式思考以及谈论现实。重新思考和重新创造一切，在我们这个备受压迫的社会，是非常有必要的。另外，应当从内部改变现状，而不是像以前一样试图用论战来解决。这是一个读者可以认同的重要立场。这些作家，以各自不同的方式，从充满压迫和审

[①] 巴科·波鲁瓦（Paco Porrúa, 1922—2014），阿根廷文学翻译、编辑，米诺陶洛出版社的创始人，科塔萨尔《跳房子》和加西亚·马尔克斯《百年孤独》等作品的出版人。——如无特别说明，本书注释均为译者注。

查、流亡和漠视、破坏文化的极左或是极右的暴政，或是由官方文化机构设置的精神官僚主义等的环境中脱离出来，疾呼道：存在不同的东西，不同的声音，让我们在思考和生活中说话，或是让我们在梦中诉说。只有这样，我们才能认识到自己是不同的。或者，我们应该在亲密的关系里说话，只有如此，我们才敢于说出真相。这种内在的解放本身就是革命的。它改变了很多人的生活。而作家则内化了这种可能性。作为"同谋"的读者在作家身上探索自我，并发现了自我，从而明白，以不同的方式讲述就意味着想象另一种存在和生活的方式，甚至存在实现这种方式的可能性。例如，在1966年，布宜诺斯艾利斯书店里的畅销书都是拉丁美洲作家的小说。《我们的作家》则受益于这个巧合。在某一刻，作家化身为文化英雄。

紧接着，黑暗的年代来临了，即20世纪70年代。在那个年代，拉丁美洲的绝大部分地区都在所谓"重建秩序"的独裁统治下遭受痛苦和死亡：历史由官方书写，四下一片沉寂。在某些情况下，《我们的作家》仍然闪耀着一丝光芒，就像是牢房里的蜡烛。当年看到这本书的一位阿根廷读者告诉我，这本书为他打开了一扇希望之窗，让他知道还存在另一个世界，在那里有人继续行使着至高无上的自由权利，说他们想说的话，创造方式来实现他们想要的。在那里，无需遵守常规制度，没有内部审查，也没有强加恐惧的离奇现实。"在外面，"这位读者告诉我，"在某个时刻，几位作家曾经写过，在我们的国度，并不总是充斥着医院和墓地那般的沉默。"

最后，我借用一个未收录在此书中的声音来作结。卡夫雷拉·因凡特是一名外岛人士（来自卡斯特罗统领下的古巴），他比任何人都要更加地沉溺于文字之中。他曾说过，如果非要把他纳入某个行列，那应该是局外人之列。有一天，他看着自己的肖像，自问画里的人是谁，这时候他意识到自己是"孤独的，脆弱的，就仿佛面对着一堵高墙，但与此同时又是绝对自由的"。我将这些话记于此，这正是我们不能忘记的。

序言
（非正式，内含注意事项）

周妤婕 译

在短短几年之前，我们的美洲还是一个被诗人统治的国度。不管是在咖啡馆还是在有轨电车上，都能看见他们明亮的身影。在某些城市里，这些缪斯女神的宠儿们坐着公交车进行免费的旅行。而小说家们并不享有这种特权。诗歌承载着威望，而小说则更具游说性，且显得俗气。

我们的第一批文学家属于受过教育的少数精英群体，对于他们来说，修习艺术并不是一种重要的需求，它更像一种朋友间的娱乐活动，一种点缀生活的休闲。他们从欧洲的学院引进的艺术标准是精致和敏感。他们用拉丁语、卡斯蒂利亚语（一种摈弃了地域主义的、具有语言纯洁性的理想语言）以及古典葡萄牙语来进行自我表达。他们创造出的是优美的文字，是沙龙艺术，但这些作品都无法触及任何本质的东西。在当时，并不存在艺术天职这个概念，即奉献完整的自我做出绝对承诺。当时的历史条件和社会环境都不允许它出现，因为更为紧迫的活动占据了人们的注意力。然而，没有这样的承诺就没有小说。

小说，如同信仰一般被环绕着，在某种意义上，它是深不可测的：它是一种偏执型的文学体裁，只能危险地活着。踏上这条路的人，就像十字军战士一样，冲向世界，孤注一掷，把自己的一切投向毁灭或救赎。小说是以自我为中心的。它交付一切，从而拥有自己。为了探寻真相，就必须反省自身，保持一种内在性：也就是说，在一个更加先进的社会中，个人的时间成为了可能。在这样的社会中，可以产生深刻的个人意识。

这样一来，诗人站出来就不足为奇了。抒情的，史诗般的，爱国的。有时候，他们的诗篇非常冗长。他们没有冒太大的风险，但也开始慢慢地创造、启用一种文学的语言。也有一些人开始冒险进行形式上和内容上的试验。1900 年前后，正是从诗歌开始，我们的文学进行了改革。当时，鲁文·达里奥（Rubén Darío）引进了最新的法国时尚，与此同时，莱奥波尔多·卢贡内斯（Leopoldo Lugones）、塞萨尔·巴列霍（César Vallejo）、文森特·维多夫罗（Vicente Huidobro）等人的诗歌开始在整个拉丁美洲涌现。诗人们——奥克塔维奥·帕斯（Octavio Paz）、巴勃罗·聂鲁达（Pablo Neruda）——在今天也许比任何时候都更能代表我们。典型的例子是巴西，巴西的现代小说开始于 20 世纪 20 年代或 30 年代，那是一个美学的、审美化的高度繁荣的时代，蒙泰罗·洛巴托（Monteiro Lobato）、马里奥·德安德拉德（Mário de Andrade）① 以及若热·德利马（Jorge de

---

① 根据新华通讯社译名室编著的《西班牙语姓名译名手册》《葡萄牙语姓名译名手册》，姓名中的"德""拉"等前置词、冠词一概与（转下页）

Lima)——一个神秘学的民俗学家,他们充当了这个时代的先导。这些人最初的身份都是诗人。卡洛斯·德鲁蒙德·德·安德拉德(Carlos Drummond de Andrade)——创作出《世界的感觉》(*Sentimiento do mundo*)的痛苦的游吟诗人——也是如此。为了完成这份名单,我们或许可以加上20世纪用葡语写作的最伟大的作家的名字,吉马良斯·罗萨,一位诗人兼小说家。

小说,我们文学中的灰姑娘,于19世纪20年代卑微地降临在墨西哥。它诞生于华金·费尔南德斯·德·利萨尔迪(Joaquín Fernández de Lizardi)尖刻的笔下——这位作家在他的小册子《癞皮鹦鹉》(*El periquillo Sarniento*)中,将讽刺诗文和警句结合在一起,恢复了流浪汉小说的传统。这本小册子,一半是污秽的言辞,另一半是说教,时不时涌现的是平民的灵魂,这是我们的文学对日常生活的要求做出的有益的让步,以及顺便对成语俗语做出的让步。正因如此,从一开始,小说的特点就被决定了。后来,这些特点在对社会事业的奉献中大放异彩——但同时也停滞不变。与此同时,在19世纪中叶,浪漫主义的浪潮席卷而来,带来了海外的新模式:西班牙以外地区的形式扩展了拉丁美洲本土的文学范畴。与古斯塔沃·阿道夫·贝克尔(Gustavo Adolfo Bécquer)的"燕子"题材诗歌一起引领潮流的是夏多布里昂、拉马丁、歌德、沃尔特·司各特、

(接上页)后面的词连译,不加中圆点。为方便读者,本书中提及的作家,如其作品已有中译本,采用现行中译姓名。其余人名,根据上述规范翻译。——编者注。

詹姆斯·库珀、乔治·桑以及大仲马的作品。在这些文学潮流的影响下，产生了令人难忘的结果。维特①式和阿达拉②式的人物在小说中随处可见。豪尔赫·伊萨克斯（Jorge Isaacs）那催人泪下的《玛丽亚》（María）是这类小说中的翘楚。在巴西，带着浪漫主义纯正血统的女主人公们则催生了若阿金·曼努埃尔·德马塞多（Joaquim Manuel de Macedo）笔下的《黑发少年》（Moreninha）这样的作品——对于当时的年轻女性来说，那是不尽的诱惑的源头。

在那个时代为数不多的有价值的作品中，历史性的文本占了绝大多数。比如说里卡多·帕尔马（Ricardo Palma）的《秘鲁传说》（Tradiciones peruanas），以及多明戈·福斯蒂诺·萨米恩托（Domingo Faustino Sarmiento）那些清晰的《外省回忆》（Recuerdos de provincia）和他那优雅而深思熟虑的《法昆多》（Facundo）——不过这两本书都属于散文的范畴，不算是小说。小说的高光时刻得以在何塞·马莫尔（José Mármol）所创作的那本激荡而狂热的作品《阿玛莉娅》（Amalia）中体现。《阿玛莉娅》在一定程度上属于宣传册式的文学，就和阿尔贝托·布莱斯特·加纳（Alberto Blest Gana）所著的激越作品《马丁·里瓦斯》（Martín Rivas）一样。由卢梭关于原始状态的理想而激发出的伪原住民史诗也可以追溯到这个光荣的怀旧时代。仿佛是出于普遍的共识一样，埃斯特万·埃切韦里亚（Esteban

---

① 歌德的小说《少年维特之烦恼》中的主人公。
② 夏多布里昂的小说《阿达拉》中的主人公。

Echeverría）的《女俘之歌》(La cautiva)，何塞·索里利亚·德圣马丁（José Zorrilla de San Martín）的《塔瓦雷》(Tabaré)，或是若泽·德·阿伦卡尔（José de Alencar）的《瓜拉尼》(O guaraní)陆续涌现。当这个逐渐衰落的主题落到小说头上的时候，它在胡安·莱昂·梅拉（Juan León Mera）的《库曼达》(Cumandá)中走向了终结。

在本世纪所有的散文中，萨米恩托的散文以其创造性的力量成了最经久不衰的作品，这一事实证明了叙事艺术在拉丁美洲文化中仍然处于萌芽状态。即便是高乔史诗——由于其强大的情感震动和戏剧气息，可以称得上是当今小说的祖先——也只是在《马丁·菲耶罗》(Martín Fierro)的诗篇中成熟了起来。在那些诗篇中，虚构的表达获得了自然性，这一点是爱德华多·阿塞维多·迪亚兹（Eduardo Acevedo Díaz）创作的那些"高乔"小说中所不具备的。

在本世纪初，许多潮流纳入了我们的小说中，以至于它在一种充满优柔寡断的流动中航行。在道德危机的时代，小说变得充满争议。它谴责独裁，用雄辩伴随民族主义觉醒，承担起公民责任，在无政府状态和政治动荡中走上街头，为社会正义而战。小说承载起越来越多的担忧。它的方向和焦点的变化并不是自发的，遵循的准则还是来源于外部。印第安主义、土著主义、土著白人主义，以及其他的地域文学的变体都起源于西班牙传统。另一个影响是法国现实主义流派——福楼拜、莫泊桑、巴尔扎克——以及更晚兴起的、左拉主张的实证自然主义。富于战斗精神的作家出现了,他们发现了阶级斗争和工人剥削。在 20 世纪初,墨西哥在波菲里奥将军(Porfirio Díaz)的严酷统治下苟延残喘,在马里亚诺·阿苏埃拉(Mariano Azuela)等作家的努力下,一种激进的抗议文学诞生了。而在另一个战场——委内瑞拉,鲁菲诺·布兰科·丰博纳(Rufino Blanco Fombona)苦涩的笔触四处挥洒。虽然他的作品在艺术价值上没有突出贡献,但表达了对这片大陆上发生的苦难的共同看法。他说:"在每个地方,我都能发现一种相似的,充满愚蠢、邪恶以及痛苦的背景。"

从文学的角度来看,影响更为深远的是心理现实主义的潮流——它随着艾萨·德凯罗斯(Eça de Queiroz)的作品来到了巴西。在那里产生了拉丁美洲文学中第一个伟大的自我主义者——马沙多·德·阿西斯(Machado de Assis),是他写下了充满内省性的《布拉斯·库巴斯的死后回忆》(Memórias póstumas de Blás Cubas)和《永恒的故事》(Historias sem data)。美洲的西班牙语区并没有出现任何可以与马沙多·德·阿西斯比肩的人物,哪怕在巴西,他的存在似乎也是一个奇迹般的意外。在德·阿西斯那个时代,他那种对主观性的怪物的执着关注是非常罕见的。在之后的很长时间里,都没有人重复这种行为。我们的文化仍然没有开始把目光投向内部。相对来说,利马·巴雷托(Lima Barreto)在《伊萨亚斯·卡米尼亚的回忆录》(Recordaçoes do escrivão Isaias Caminha)中做出的嘲讽虽然讨人喜欢却流于表面,因此并没有引起很大的兴趣。同样,尊崇托尔斯泰主义的阿根廷作家曼努埃尔·加尔韦斯（Manuel Gálvez）在福音书式的小说《纳查·雷古莱丝》（Nacha Regules）中培植的改良主义思潮也并未得到重视。智利诗人爱德华多·巴里奥斯（Eduardo Barrios）的作品《迷失者》（Un perdido）和《驴子兄弟》（El hermano asno）虽然内容丰富，但是充斥着论述。另一方面，本世纪初出现了另一位著名的散文家：巴西探险家欧克里德斯·达·库尼亚（Euclides da Cunha），他在《腹地》（Os sertões）一书中对其国家的土地和灵魂进行了内在的展望。

马沙多·德·阿西斯和达·库尼亚在某种程度上预言了一种更为深刻的、在酝酿之中的文学，这一文学必须等待时机。在那个时代，更为典型的是这样一种文学：为了寻找理由而投身于当时的热点，或是在感到被不可救药地连根拔起时逃向唯美主义。后一种趋势因法国象征主义在鲁文·达里奥的《蓝》（Azul）中的复兴而显得更为突出。1900年前后，我们的文学中有很大一部分脱离了社会现实，变得神秘诡谲。现代主义以其展现的东方的风韵、充满隐喻的光辉以及西班牙巴洛克主义的遗风而占据了最高的地位。憧憬着黄金世纪和失落的天堂，小说在恩里克·拉雷塔（Enrique Larreta）的《唐拉米罗的荣耀》（La gloria de don Ramiro）和卡洛斯·莱伊莱斯（Carlos Reyles）的《塞维亚的魅力》（El embrujo de Sevilla）中显得生动却不合时宜。在巴西，激进主义和唯美主义在格拉萨·阿拉尼亚（Graça Aranha）的《迦南》（Canaan）中以某种不适的方式被整合了起来。第一次世界大战后，现代主义的变种传入了巴西，在马里奥·德安德拉德的《马库奈依玛》(*Macunaíma*)中达到了疯狂喜剧的高度。

一直到1920年，仍然没有出现一部可以称得上真正的拉丁美洲小说的作品；而在接下来的几年，期待多于成功。1919年，蒙泰罗·洛巴托（Monteiro Lobato）的《乌鲁佩斯》(*Urupês*)的问世是巴西文学史上的里程碑。《乌鲁佩斯》一书中对乡村生活如诗如画般的描绘——以诗意的方式赞美了当地的方言——在巴西文学界引起了轰动。奇怪的是，这一唯美主义的变体，为自然的活体解剖主义注入了新的活力。地域小说虽然显得更为朴素，但是拥有丰富的诗意资源。这种小说在东北地区发展壮大——在那些地区，它为在橡胶种植园和甘蔗田从事劳力活动的受压迫者发声。在30年代，正是这些地域小说在文学界占据了主流地位。1930年，拉谢尔·德·克罗斯（Rachel de Queiroz）取得了突破性的进展——她在《一五年》(*O quinze*)一书中细致地刻画了发生在巴西东北地区的一次悲惨的旱灾。追随德克罗斯的脚步的作家有何塞·林斯·多雷戈（José Lins do Rego）——他在《种植园里的男孩》(*Menino de engenho*)里回忆起了在种植园里度过的痛苦的童年岁月，还有创作了《可可豆》(*Cacau*)、《拳王的觉醒》(*Jubiabá*)、《死海》(*Mar morto*)以及《无边的土地》(*Terras do sem fim*)的若热·亚马多（Jorge Amado）——他在作品中以更无产阶级的方式进行思考。地域主义小说发展至巅峰的时候，格拉西利亚诺·拉莫斯（Graciliano Ramos）的《痛苦》(*Angustia*)和《枯竭的生命》

（*Vidas secas*）问世；而在这类文学的发展进入低谷期的时候，亚马多的《饥饿的道路》（*Seara vermelha*）则沦为了宣传小册和描绘琐事的作品。

与此同时，在革命之后的墨西哥，编年史家们迎来了他们的时代：马里亚诺·阿苏埃拉创作出了《在底层的人们》（*Los de abajo*），马丁·路易斯·古斯曼（Martín Luis Guzmán）则出版了《鹰与蛇》（*El águila y la serpiente*）。而仍在现代主义怀抱中挣扎的拉普拉塔河畔，布宜诺斯艾利斯此时也已经出现了极端主义，博尔赫斯和莱奥波尔多·马雷查尔（Leopoldo Marechal）在此领域已有涉猎，并对工会斗争产生了兴趣。然而，这一时期最具特色的小说是纪念高乔神话的里程碑式作品《堂塞贡多·松布拉》（*Don Segundo Sombra*）。在曾短暂地经历过创造主义潮流的智利，马里亚诺·拉托雷（Mariano Latorre）和华金·爱德华兹·贝略（Joaquín Edwards Bello）这样的纪实作家则占据了主流地位。前者是一位阴郁的风景画家，而后者则使得《破碎》（*El roto*）中的城市原型获得了不朽。在原住民人口占比较大的国家——玻利维亚、厄瓜多尔和秘鲁，小说首次关照了矿区和荒原。玻利维亚作家阿尔西德斯·阿格达斯（Alcides Arguedas）和他同时代的许多人一样，是一个遥远的观察者。他有着很好的愿望，但对他们描述的世界没有什么生活经验。他在《青铜的种族》（*Raza de bronce*）一书中致力于描绘文明的土著主义。原住民神话在米格尔·安赫尔·阿斯图里亚斯的作品中闪耀登场，而随着时间的推移，这位作家越来越多地转向抗议。豪尔赫·伊卡萨（Jorge Icaza）在经典作品《华斯蓬戈》(*Huasipungo*)一书中，将抗议变为了对失落的亲情的赞美。而在何塞·欧斯塔西奥·里维拉（José Eustasio Rivera）的《旋涡》(*La vorágine*)一书中，原始森林将它吞噬性的氛围笼罩在了描写热带地区的小说之上。所有这些作品都标志着我们小说发展的某个阶段。我们的小说总是狂热的、充满激情的，但同时又是无辜而专制的、宣扬性的，甚至带有蛊惑性的。这是一种由知识分子的热情而非经验构成的文学。

一个能证明 20 世纪二三十年代的文学氛围的例子是罗慕洛·加列戈斯（Rómulo Gallegos）的作品。加列戈斯是记者、教育家和政治家，经历了独裁、流放，也享受过成名的滋味，他以其对社会的全景观察，代表了我们文学中完整的一个时代。他所在的政党是民主行动党，目前仍然是委内瑞拉的执政党，其座右铭为"民族和谐"。这种鼓舞着他的政治生活的精神同样也照亮了他的文学作品。和同时代的人一样，对于加列戈斯来说，这个座右铭是对事件立即采取行动的一种形式。委内瑞拉和拉丁美洲的其他国家一样，也处于转型期，正急于寻找自己的文化身份。加列戈斯将他的艺术——尽管从文学层面上来说并不总是有效，但也能数次击中要害——当作共同斗争的武器。他认为自己的国家是一个战场，落后的传统与变革的力量、文化上的异己与自主、野蛮和文明在其间针锋相对。他勾勒出的是属于一个大陆的可能性，而他提出的解决方案，却是属于一个议员的。尽管他在城市长大，但他的激情是包罗万象的。对他来说，在委内瑞拉，农村和城市是一个整体，可调和其中的差异，吸收不同的种族元素，平衡利益冲突，也可将丛林、平原、矿区和油沼整合进民族整体中。与其说他的作品是直接经验的产物，不如说是调查研究的产物。例如，在创作《堂娜芭芭拉》(*Doña Bárbara*，1929）之前，加列戈斯只在充当其作品背景和环境的大草原上待了几天。他塑造的人物肖像是普遍的，小说的冲突是典型的，而他作品的整体风格是抽象并具有象征意义的。然而，他具有出色的绘画想象力，经常以很自然的方式捕捉色彩和风俗场景。同时，他擅长用富有感染力的笔触召唤起关于广袤平原的回忆——"它是一望无际的土地，它值得为之付出努力，就如同值得为丰功伟绩付出努力一样"，在这片土地上，边界都消失了。当写到平原上"惊人的寂静"和"悲惨的孤独"时，他的描述里显示出了真正的宏伟："在那里，人们可以感觉到，《创世记》的第六天没有结束，创造的气息……仍在循环。"

列举加列戈斯的作品，就像是为20世纪头几十年的拉美知识分子生活的信条和运动绘制一章完整的目录。《雷纳尔多·索拉尔》(*Reinaldo Solar*，1921年出版时的书名为 *El último Solar*，《最后的索拉尔》）开启了关于那些"在祖国从未有过归属感"的委内瑞拉人所感到的精神无依、厌倦和神经质状态的主题。"创建祖国"是主人公的战斗口号，他"完美地描述了这个国家的例子"。加列戈斯用哀伤的笔触描绘了加拉斯加社会的颓废、它的政治腐败、它的艺术失败，还有其中流行的一种放荡不羁的生活。咖啡的改良者们、遭难的诗人们，以及遭遇幻灭的革命狂热分子在一种失败的氛围里过着随波逐流的生活。这种失败为那一代人所独有——他们终日挣扎在对欧洲宗主文化的思念与对内陆黄金国的永恒幻想之间。雷纳尔多·阿里纳斯是一个野心勃勃而又误入歧途的知识分子，他是集当时所有的罪恶于一身的移动载体。他想象自己是一个超人，并建立了一个神秘的教派，认为自己与地球的力量有一种秘密的联系。尼采、马克思、卢梭和达尔文的声音混合在一起，在文本的背景中喋喋不休——这是一个难以消化的大杂烩，里面包含着从托尔斯泰的《复活》和《师主篇》[①]引用的内容。情节的发展包括前往欧洲的朝圣之旅、回到家乡后的精神上的蜕变——在家乡，大自然的声音急切地呼唤着他，他由此产生了良知危机。最后，雷纳尔多陷入了一场大屠杀：他在丛林中组织革命未遂，最终身死。

《攀缘者》（*La trepadora*，1925）是一部伟大的联姻者的作品，是一种对种族融合的呼唤。它描绘了委内瑞拉古老贵族家庭的衰败，以及新鲜的血液给社会带来的革新。这一次，小说的背景是咖啡种植园。小说的主人公名叫伊拉里奥·瓜尼帕，一个"留着大胡子"的无赖和土匪。他是贵族卡萨尔家族

[①] 《师主篇》（拉丁语：*De Imitatione Christi*），又译《轻世金书》《师主吟》《遵主圣范》《效法基督》，是一本著名的天主教灵修书籍，但该书亦有为数不少的新教读者。该书成书于中世纪，1418年首次以匿名方式发表。其作者有多种说法，但普遍认为其作者是德国隐修士托马斯·肯培。

的私生子，同时也是出色的骑手和酒徒，以及无与伦比的投资者。他有个被象征性地命名为维多利亚①的女儿，嫁给了一个拥有合法身份的表兄，从而获得了家族的姓氏以及贵族的身份。伊拉里奥是加列戈斯笔下最可亲的人物之一，他不仅代表了一种自然的力量，而且承载着一个令人信服的混血儿的形象。这个没有血统的男子说："我从我自己这一代开始。"而热情冲动的维多利亚则是标题中的"攀缘者"，她缠绕着象征着祖辈的树干。

《堂娜芭芭拉》通常被认为是加列戈斯最伟大的作品，它改编自一个关于来自"吃人"平原的"悲惨女人"的真实事件。加列戈斯通过报纸了解到这个奇怪的故事——它是"沙漠暴行"的产物。它展现了典型的野蛮——这体现在与"野蛮"②同名的野姑娘身上，她象征着在胡安·文森特·戈麦斯极权主义政权下的军阀割据——与进步的文明力量之间的冲突，后者的拥护者是桑托斯·卢萨多，一个放弃舒适的城市生活、来内陆地区发展家业的知识分子。桑托斯·卢萨多的传教热忱不可避免地战胜了夸张的意志。

《坎塔克拉罗》（*Cantaclaro*，1934）这部作品在情节上有些不连贯，但是剧情发展起来坦然自若，时不时还透出优雅的气息。它是"经典游吟诗人的平原版本"，是对自由的赞歌——将自然主义观察与对传奇和民间传说的现代主义运用结合了起来。

---

① 维多利亚（Victoria）在西班牙语中有"胜利"的意思。
② 芭芭拉（Bárbara）在西班牙语中有"野蛮"的意思。

"坎塔克拉罗"是弗洛伦蒂诺·科罗纳多的绰号,他是"一个金发的体己人儿",一个平原上的民间歌手,"一个流浪的灵魂,一个幻想的自然"。他是一个不受拘束的自由爱好者,带着自身的运气四处驰骋。坎塔克拉罗说,在平原地区,"诗句蕴于万物,人是自己的尺度"。坎塔克拉罗是一位游吟诗人和预言家,他呼吸着故土上的神谕式的诗歌。

《卡奈依玛》(*Canaima*,1935)秉承《旋涡》传统,将我们带到奥里诺科河上游的橡胶园里,"冒险家们的主亚那……拥有财富或是功绩的二流人物:野心家、挥霍无度的人、没有头脑的人……绝望的人和不耐烦的人……成为猎物的人、逃离审判的人或是逍遥法外的人、大男子主义者、野蛮之地的半神,暴力的领地里没有约束,一片反人类的、魔鬼的丛林奇观……"这是一片野蛮的印第安人的土地,祖辈的力量吞噬了被文明教化过的主人公马科斯·巴尔加斯。根据惯例,他的事业将会被他的子辈发扬光大。卡奈依玛是邪恶与魔鬼的化身,一个部落的"没有确定的形态的……带着阴暗尊荣的狂热上帝","在美洲复活的古老的阿里曼[1]"。巴尔加斯是一名职业车夫,他是一个"冒万险之王……一个带着运气在路上行走、面对生活的人"。他过去的经历将会把他带往热带深处,在那里他将获得启

---

[1] Ahrimán,又译阿赫里曼,即安格拉·曼纽(Angra Mainyu),琐罗亚斯德教中光明神阿胡拉·玛兹达的宿敌,一切罪恶和黑暗之源,居住在深渊之中。琐罗亚斯德教认为阿胡拉·玛兹达终将击败并驱逐阿里曼,所有人将得到审判和救赎,并升入天国。

示,同样,在那里,"丛林的邪恶"将会把他摧毁。他与原始的力量进行了致命的交流,他感到"自由和孤独,就像人在命运降临的时刻必须要做的那样……宇宙之人,赤裸裸的历史,在即将触及造物主深渊的时刻,重新进入最初的步骤"。胡安·索利托,一位当地的智者,让他开始接触原始的神秘之物,而一位名叫艾马拉的性格含蓄而善良的印第安女孩则帮助他"穿透包围着印第安人灵魂的忧郁深渊"。在所有这些作品中,比起人物,占主导地位的是象征主义。丛林是神话般的存在,它既是主显灵的土地,又是充满了生动而滑稽的丑角的土地。在这一类的典型人物中,出现了酗酒的美国佬,他有一个滑稽的理论:他认为疟疾是懒人的疾病。

《卡奈依玛》标志着加列戈斯创作期的结束。他已经用尽了题材,但依然坚持创作。在《可怜的黑人》(*Pobre negro*,1937)里,他又回到了种族问题上,这次强调的是黑人问题,他们"背负着烙印在皮肤上的罪恶——这不是他们犯下的",正如英雄主人佩德罗·米格尔·坎德拉斯所展示的那样:他在19世纪领导了奴隶起义,后战胜了世俗的偏见,与他那白皮肤的情人露易莎私奔了——她是有权有势的土地领主的女儿。在"追求灵魂之全部"的露易莎身上,体现的正是土地的力量。在她那份挑战时代的爱情中,"人民的重要意志"再次胜利了。正是在这种意愿的激励下,《异乡人》(*El forastero*,1942)诞生了。《异乡人》也是革命主题的。20世纪30年代的学生运动为加列戈斯提供了机会,让他能在这本书中宣扬自己的政治理论。他认为委内瑞拉的政治生活有三个连续的阶段：军阀割据下的暴政、贵族领导的寡头政治，以及宪政民主——一个有些乌托邦式的未来。《异乡人》中提出的模糊的自由主义革命注定要失败，因为它并不成熟。然而，加列戈斯，作为永远的乐观主义者，他想到了下一代人，并用"牺牲主义精神"的想法来安慰自己。在他看来，"在每个年轻人身上，世界以某种方式开始"。在《在同一片土地上》(*Sobre la misma tierra*，1944）中，他把自己传教的热忱带到了油田，最后在《风中尘埃》(*La brizna de paja en el viento*，1952）中，把那份热情带到了马查多（Gerardo Machado）独裁统治时期的古巴。

加列戈斯，以他那史诗般的抱负、理想主义、救世主般的热忱、描绘风景的天赋、对神话和民间传说的热爱，集中总结和体现了在 20 世纪的前三分之一时期我们的小说的优缺点。他的作品天真而充满修辞，满是宿命的意味而充满智性，有的时候还会带有勃勃雄心。但从根本上说，这些作品关注的都是文学以外的东西。

尽管像加列戈斯这样的小说家具有很高的地位，但他们似乎只是掠过了事物的表面。他们的作品里充满了论战的火药味，然而，这些作品的合理性在于它们传递的信息、它们的用处、它们获得的事业的支持，而并非它们本身独立具有的文学价值。在两极的另一头，审美化的小说继续沉溺于其贵族式的繁复。

这种趋势在拉普拉塔河流域表现得极为明显，该地区是整个拉丁美洲最国际化的区域,因此这个地区的作家最能感受到自己所处空间与海外文化的脱节,以及生活环境的贫乏。比方说,在曼努埃尔·加尔韦斯的作品中,这是一个永恒的主题。这种萎靡不振——它被加尔韦斯称为"欧洲罪恶"——通过将现实诗化为神话而得到抵偿。那是一个充满"郊区神话"的时代,而博尔赫斯这一代人则继续浇灌着这种神话。博尔赫斯本人,在年轻的时候,就是一个厌倦现实的唯美主义者的完美例子。出现在博尔赫斯早期作品中的布宜诺斯艾利斯——相对于那个真实的、几乎在那时称得上是不为人知的、汇集着各种无名之辈的布宜诺斯艾斯来说——是一个抽象的空中城堡。根据当时的说法,在那个具体的城市中,还没有发生任何有趣的事情。那是一个没有历史和传统的地方。因此,有必要赋予它一张面孔,为它创造一个身份,将郊区呈现为理想化的样子,或是强化它"南美大草原"的过去。然而,正如后来博尔赫斯指出的那样,抽象的范畴最终会落入纯粹的神话。博尔赫斯以其独特的才能使得神话入侵了现实,然而,其他人受到比探索城市这一巨大的工程简单得多的政治意识形态的影响,开始转向涉及社会行动的文学。

然而,暗流已在涌动,历经十年,它终于浮出水面:一类新型作家出现在了舞台上。事实上,很久以前,他们就感受到了自己的存在。他们追求的不止是一个肤浅的形象,而是进入到更深层的维度。对他们来说,艺术和生活是不可分割的整体。这类作家中最早崭露头角的是马沙多·德·阿西斯,这

xvii

位沉思大师在我们的文学中首次提出"有一种感觉和观察的方式，除了事物的外在面貌之外，还能对自己的国家给予密切的关注"。

这些话语表面上看起来如此简单，却充满了革命性。它们对我们的文学产生的意义开始在奥拉西奥·基罗加（Horacio Quiroga）那部顽强的个人主义作品中显现出来。这位出生于1878年、比加列戈斯大六岁、患有神经衰弱症的乌拉圭作家，以最尖锐的形式辨认出他那一代人所有的疑病症。他并没有流于表面，而是致力于把它变为创造性的精神病。年轻的时候，基罗加和其他人一样，在巴黎这座光明之城度过，那是颓废主义的天下——这体现在他第一部出版的作品发出的呓语之中：一卷以《珊瑚礁》（*Los arrecifes de coral*，1901）为题的诗歌开启了这个世纪。一直到这个时期，基罗加和他同时代的人都没有什么两样。但随着他回到布宜诺斯艾利斯，开始面临艰难的岁月，他经历了很微妙的转变。毫无疑问，他受到了那个时期所有危机的影响：城市扩张，随着移民而来的、动摇国家根基的社会震荡，工业异化的开端，以及随着时间的推移而逐渐显现出的欧洲战争带来的影响。然而，在《爱情、疯狂和死亡的故事》（*Cuentos de amor, de locura y de muerte*，1917）中，一些别样的东西开始显露出来。基罗加是爱伦·坡忠实的崇拜者。《爱情、疯狂和死亡的故事》一书中包含了一些脆弱而病态的东西，它们反映了被诅咒的诗人的苍白形象：一个文学的模型，但具有双重的底部。我们意识到，那并不是凭空的幻想，而是现实的底层或是背面。诗人的精神内核展现了某种心理状态，这在某种程度上比一个外部描写更能展现一个社会的氛围。基罗加善于描写现实之镜的另一面。比起时代的困境，他悲惨的个人境遇才是造就他个性的主因。他是一系列动乱的受害者，被失败和不幸无情地追赶。在他的家族中，有一长串自杀者的名单：从他的父亲开始，一直到他的第一任妻子，到他的一个儿子、一个女儿，最后到1937年，轮到了他自己。基罗加坚持服人生之苦役直到生命的终结。他退出了这个世界。多年来，他一直隐居在遍布传教士的森林里——这几乎构成了他生命最后阶段所有作品的背景。在那里，他一边持续挣扎着维持肉体与精神的存活，一边完善了一种与神秘莫测而不可名状之物、心理玄学、潜意识，以及所有那些与形而上学接壤的经验领域有着神秘联结的语言，这种语言可以率先应用在我们的文学里。这是描述他在20世纪30年代创作的那些最好的作品的语言：《野蛮人》(*El salvaje*)、《狂蟒之灾》(*Anaconda*)、《被放逐的人们》(*Los desterrados*)、《荒野》(*El desierto*) 以及《更远一些》(*Más allá*)。最后的标题，可以追溯到1935年，它是一个定义。在基罗加的作品里烙印着一些作家的影响，其中有莫泊桑和契诃夫。然而那并不是直接而有意识的改写——就像自然主义者们在试图模仿欧洲模式的时候经常做的那样，基罗加所做的是一种渗透。就算基罗加的天赋有限，不是一个伟大的作家，但他知道如何利用个人经验作为写作的原材料——这才是真正的作品所具有的独特标志。

基罗加将最大的努力都投入到短篇小说的创作中去，这并非偶然。他写作需要专注力，因此必须强加一种规律和紧张感，这使得他无法长期保持这种节奏。我们第一批"形而上学"的作家——比如，写幻想文学的卢贡内斯，还有同一代作家中那个聪明的演说家马塞多尼奥·费尔南德斯（Macedonio Fernández），后者是博尔赫斯的精神教父——只留下了少数几乎难以察觉的秘密活动的痕迹。博尔赫斯本人，从幻想故事中完成了形而上学的飞跃——正如乌拉圭作家费利斯贝托·埃尔南德斯（Felisberto Hernández）所说，"我认为我不应该只诉说我知道的东西，还应该说一些其他的东西"——一直在一个小范围内工作。他那一代的小说家都是风格陈旧的作家，比如爱德华多·马列亚（Eduardo Mallea），他的作品在20世纪年代泛滥成灾，那些作品冗长而艰涩，看似包罗万象，但实则陷入了过度使用夸张和委婉修辞的境地。

第一位深度写作的小说家出生于1900年，比博尔赫斯晚一年，他就是罗伯托·阿尔特（Roberto Arlt），一个带有些许神秘的人物。他是德国移民的儿子，他身上隐约透露出的气质注定了他要走激情之路。家庭问题、苦难的童年、拒绝父亲的管教、早年离家出走，以及多年在大城市流浪，饱受艰辛……这些不幸都使得他倾向于观测生命的阴影。他亲身体会到被遗弃者和被羞辱者的生活，还有那些在大都市的地下世界里爬行之人的缓慢的绝望和徒劳的疯狂。他是一个陀思妥耶夫斯基主义者，在对怪人和边缘人的深入刻画中——《七个疯子》（*Los siete locos*）和《喷火器》(*Los lanzallamas*)——以可怖的幽默捕捉了一个淹没的世界的形象,就像是布宜诺斯艾利斯之月的黑暗面地图。阿尔特写作时正值阿根廷历史上的幻灭期,与之对应的是日益增长的军国主义团体的政治霸权——这些团体于1930年随着乌里布罗(José Félix Uriburu)总统的政府上台。然而,在激情方面,正如同在文化方面一样——他在当时被认为是一个贫穷的区域作家——阿尔特是无师自通。他是一个天生的弃儿,一个幻想家、夜行者和无度者。在描绘阴间的传说和神话时,他笔下的人物与其说是按照媒介的尺度塑造,不如说是按照个人的眼光刻画。阿尔特并不是在社会背景下观测人类的状况,而是在哲学和天文学的维度。这种具有超越性的别具一格,使得他比同时代的其他任何作家都更深入地了解他所在社会的灵魂。不过,在"纯"文学的领域,他的作品有重大缺陷。它的结构很差,不连贯,不平衡,而且总是充满了偶发性。然而,它的作品总是通向"另一处",通向"以后"。阿尔特没有受过教育,甚至可以说是无知的,但他绝不是软弱或平淡的,这是他的优势。据说,阿尔特经常问他那博学的朋友吉拉尔德斯(Ricardo Güiraldes)——这位朋友对现实的诗意化并没有给他留下什么印象——是什么时候开始"严肃"写作的。他之所以这样做,是因为他把他作为作家的事业放在了心上。不管是活着还是死去,他都被他所在的那个时代忽略了。但他仍然发现了一座城市和表达它的语言。正是阿尔特将布宜诺斯艾利斯的真实风景,以及街头俚语、贫民窟中神圣而世俗的语言引入阿根廷文学中,而城市的心脏就在这些语言中跳动。

我们欠博尔赫斯这一代诗人一部非凡的小说。它是鱼龙混杂的、充满偶然性的，最终走向夭折，但仍呈现了包罗万象的场面。这就是莱奥波尔多·马雷查尔的《亚当·布宜诺斯艾利斯》(*Adán Buenosayres*)。它是一部巨著，直到1948年才出版，但作家于1930年就已经开始创作了——当时正值马丁·菲耶罗派（martinfierrismo）倡导的公民意识运动发展到高峰期，他为其描绘了一幅完整的画卷，里面包含了当时所有的矛盾：过度敏感、好战、热爱神话，以及精神上的冒险——在街区和郊区的四处游荡。该书的冗长显示了马雷查尔在写作时遇到的困难。他用雄辩的篇章直面了一种两难的困境：一方面，一个男人因为"缺乏内部的张力，导致他毫无防备地暴露在外部形象的入侵之下"，而另一方面，在这种情况下，一位作家几乎不可能书写"一个创造性的形象"。这也是萨米恩托在一百年前对大草原所表达的情绪。

《亚当·布宜诺斯艾利斯》是一部喧闹的幽默曲，它草率地把一系列松散的情节交织在一起，里面充斥着轻松、荒芜、昏厥，以及不朽的厌世情绪以及一流的讽刺才能，全面地冲击着阿根廷社会的深渊。根据我们可以称之为托勒密系统的结构，一种能量发挥了出来，这是我们的文学为走向全面性的小说所真正做出的第一次努力。它既是一部布宜诺斯艾利斯式的奥赛罗——与乔伊斯的《尤利西斯》相呼应，又是一个但丁式的隐喻，其中包括在此书中被称为"卡可戴尔非亚"的下地狱的桥段。"饱受摧残的城市……只有智性的眼睛才能看到的大都市",在这里,作者将其定义为"可见的布宜诺斯艾利斯的反形象"。《亚当·布宜诺斯艾利斯》中大部分的内容都是用暗语写成的。私人的笑话、深奥的典故以及对教派主题和作者熟人的提及比比皆是。但是,该书因其夸张的幽默、滑稽戏般的氛围得以流传,它在各个层面将语言演绎得淋漓尽致:从最为浮夸的演说,到抨击,再到粗俗和狡黠的流行俚语。作者用戏谑的语气称之为"天使的幽默",巧妙而带有误导性地解释说,这反映了天堂的军队在看到人类缺陷时露出的宽容微笑。小说里的人物就仿佛民间十二宫中的生肖一样,逐渐膨胀开去,直至达到"英雄的体格"。在舞台中央,聆听着天体之音的是亚当,自然,他是作者自身的投影——一个放荡不羁的诗人和教师,在关键的四十八个小时之内经历了审美主义和某种基督神秘主义之间的危机,而在这期间他用尽了当天汇编的所有主题。我们从他在位于布宜诺斯艾利斯市中心的克雷斯波别墅的房间中"进行形而上的觉醒"开始。那是一个被描述为"《创世记》的戏剧性模仿"的歌剧场景,在这个场景中,亚当努力让自己从"第一次冷漠化"中解脱出来。当在某一刻他意识到了"美丽、真实和善良的确定性",他很快就放弃了自己的遐想——其中出现了他的童年记忆,对于他祖先,也就是卡拉布里亚海盗的模糊回忆,以及他的爱人的形象,一个寻常的布宜诺斯艾利斯女孩,但幻想将她抬高到了"理想建筑的脆弱本质"。亚当饱受"灵魂空虚、孤独和冰冷"之苦,他是一个梦想家,从年轻时就开始被"宇宙之可怖"所困扰,他知道"悲伤是由多重因素产生的"。他怀念起他另一支祖先在牧场上那"不被打扰的英勇的生活","古代牧羊人所有的事迹"都在那片土地上活灵活现。他之所以痛苦,是因为他一直被"某种怀疑的倾向"所困扰——这种倾向加剧了"对永久真挚的渴望",而且终日在神圣的升华和对"时间的毁灭"的恐惧之间徘徊。他的私密日记,那温柔的《蓝封札记》向我们详述了他的天职,他的"绝对激情"。年轻时,文学的抱负将他带到了首都,他带着"大城市中的异乡人和勤学者"的身份来到了这里。为了寻找祖先的摇篮和"艺术的理由",他按部就班地踏上了前往欧洲的法定旅行;他在欧洲大陆到处游荡,开始了"痛苦的阅读:……被遗忘的科学书籍,神秘而诱人的禁忌花园",并带着"使你的世界的自由之弦按照那边的事物所教给你的雄心勃勃的风格而颤动"的愿望归来。从那时起,亚当就努力地美化这座城市——根据当时流行的观念,也就是马雷查尔在这里戏谑地模仿的观念——"这座城市由于缺乏浪漫的传统,所以充满了庸俗的气息"。《亚当·布宜诺斯艾利斯》设定的目标恰恰就是赋予这座城市以浪漫的光环。我们在幻影般的亚当身上认出了另一个无根的知识分子的形象:"一个作弊的赌徒,一个编织烟雾的人。"他是有着宏伟幻想的尤利西斯,被无尽的塞壬之歌迷住了。在不同的场合中,他幻想自己是一个苦行僧、一个治疗师、一个拳击冠军、一个土匪、一个巴塔哥尼亚的先驱、一个城市的建立者,通过应用亚里士多德政治学原理,创造了土地上的黄金时代。亚当身处的那个马戏团般的噩梦最大的特征就是崇高与荒诞的混合。处于相同情况的还有他的朋友塞缪尔·特斯勒，郊区的预言家，一个还没有来得及从"出生的疲惫"中反应过来的"酒神式的哲学家"。虽然他是一个来自敖德萨的犹太人，一个小提琴制造商的儿子，但塞缪尔和其他人一样活在幻想之中，倾向于把自己看作高乔神话人物桑托斯·维嘉的现代化身。为什么不呢？作为"原始的赫马佛洛狄忒斯"①的后代，他狡黠地用博尔赫斯式的祷文般的句式，坚定地称自己的前世是"加尔各答的法尔基②、巴比伦的宦官、苏尔的剪毛工、迦太基的吹笛手、孟菲斯的伊西斯祭司、科林斯的妓女、罗马的高利贷者和中世纪巴黎的炼金术士"。他那纵欲狂欢的过去，就如同亚当痛苦的现在，掩饰、遮蔽了内心的空虚。"通过假设一百种虚构的形式——正如亚当所说——我已经破坏了我唯一真正的命运。"

在《亚当·布宜诺斯艾利斯》这本书中，每个人的情况都是如此。主角们提供了一些当地知识分子的样本，其中有占星家舒尔策（画家祖尔·索拉尔的画像），他的理论是关于"新克利奥尔"，一个诞生于"统治这个国家的星象力量的总和"的未来超人种族，它们将栖息在阿根廷；富兰克林·阿蒙森，一个环游世界的花花公子，他所有的文化完全来自海盗故事和侦探

---

① Hermafrodite original，希腊神话中的一位阴阳神，为赫尔墨斯和阿佛洛狄忒之子。赫马佛洛狄忒斯通常以带有男性生殖器的少女形象出现。他的名字也是西方语言"雌雄同体"的来源。
② Faquir，指中东和南亚一些守贫和虔诚禁欲的苏菲派修士。

小说；身材矮胖的贝尔尼尼，"一个前卫的社会学家……道德家、杂文作家和拳击手"，他相信神秘的土地精神，认为那是阿根廷人本质的化身；卢西奥·内格里，"医学奖得主"，他是一个愚笨的实证主义者，对当时的科学理论喋喋不休；当然，还有路易斯·佩雷达，"克里奥尔哲学家和语法学家"，通过他的"留声机中本地主义"和"知识分子的自渎"，我们认识到了一个博尔赫斯的愉快而阴险的漫画形象。这些人物在书中都有自己的位置，尽管偶有凄楚之情，但这本书还是带着我们穿行在欢乐的骑马队伍中，观赏变换着的滑稽戏、沙龙游戏、文学聚会，以及有希腊和土耳其少数团体穿行其间、意大利和犹太商人共同出现的粗俗街景。同时，在书中还描写了与当地机构的交锋：米斯特尔·齐泽姆，他是大英帝国下流的"文明任务"的代表人物，正如我们所知道的那样，所谓的任务与国家铁路和福克兰群岛息息相关。在一个"注重实践的克利奥尔主义者"德尔·索拉的指挥下，一场令人难忘的萨维德拉贫民窟游览开始了。结果人们发现那是一个滋生神话的温床。原住民对白人的突然袭击就像飓风一样骤然发生，河水在夜晚哗哗作响，带着"祈求灵魂的泥土的悲伤"。桑托斯·维加，这个幽灵般的民间歌手，与他的宿敌胡安·辛·帕罗相遇——一般传统上他被认为是文明的魔鬼，但是在这里，他代表了一种多重的魔鬼，包括移民、外国资本以及其化身山姆大叔，最后是流浪的犹太人。一个蹲在篝火前的流浪汉显露出他是一个"真正的魔术师"，他用狂妄的咒语使得这个胆怯的夜晚充满了凛冽的氛围。

而当胡安·罗夫莱斯（绰号"踩泥人"）成为名副其实的"克里奥尔人的诗人"的时候，郊区那场纪念他的简陋的守灵仪式，呈现出一种奥林匹克般的辉煌。围绕在胡安·罗夫莱斯遗体边的哀悼聚集起了街区上所有的垃圾天使：衰老的街区大妈——"古板地遵守礼拜仪式的女祭司"；"老大爷"弗洛雷斯，"经典恶棍形象的最后一个活例"；以及出生在饱受磨难的家庭、出去流浪的女儿——她的身世充满了哀悼和破碎——吟诵起了一篇抒情的散文，她的声音逐渐变为了呓语，到达了"可融进探戈的歌词中"的地步。随后，为了以美食家的方式纪念死者，在歌剧男中音歌手奇罗·罗西尼的餐厅中举行了一场大型的混合烧烤，席间有动物的乳房、骨髓、生殖器，还有其他用来博取宾客欢心的部位。参加烧烤会的是本区域不同群体的代表，其中包括了一位为大众写诗歌、面容安详的白马王子，一个行为怪异的"外国佬"（在布宜诺斯艾利斯这个词是指意大利人）民间歌手，他名叫提索尼，已经成为了当地的居民。一场关于美学的讨论——以戏曲插曲的形式的进行——被打断了，人们将目光投向了唐娜维纳斯的那个聚宝盆一般的妓院，美丽的霍瓦是妓院的女王，她的注意力被一个沉默寡言的年轻人、一个成熟的先生、一个叙利亚商贩、一个加利西亚司机以及一个意大利的煤气装修工所吸引。后来，那里爆发了一场争吵，警报响起，最终以人群散去而告终。在这个充满迷信气息的夜晚，最后只剩下亚当和占星师舒尔策，后者还是个热衷于开玩笑的巫师。在嘲笑声和古梵文念就的预言之中，占星师带领亚当沿着螺旋形的楼梯来到燃烧着硫黄和焦油的圆形下水道。在这里，阿根廷神话中所有神圣的怪物以及所有和作者有私人恩怨的敌人都被地狱之火烹煎着。顺着轮盘和齿轨滚动的都是庸医、中介、诈骗犯、投机倒把者、伪君子、政治寄生虫、记者、广告代理人、迂腐者和佞臣。他们用纯粹的肠道排气之声交替进行谩骂和抨击。实现文学志向是马雷查尔最大的目标之一。另外，书中对维多利亚·奥坎波（Victoria Ocampo）进行了无情的丑化，她是阿根廷各大沙龙里尊贵的夫人。她在书中化身为提泰妮娅，扮演了一个可笑的角色：试图将她庄园里的雇工纳入奥涅格的音乐之中。顺便说一下，马雷查尔略施计谋，就使得阿根廷文学失去了原来的优势——它是如此令人昏昏欲睡，以至于只要结合一页电话簿和《新闻报》的几篇社论，就能催得驻扎在地狱之门的无敌恶龙进入梦乡。书中有一个很美的细节：一个旋转木马像拨浪鼓一样，一边旋转一边发出手摇风琴的声音——原来是格里高利圣咏的《末日经》(*Dies Irae*)。那时，亚当已经进入了昏厥或是狂喜的状态。他慢慢地靠近最后的火葬场——巨坑。巨坑中举行着一场值得后世铭记的神化，等待着亚当的是帕莱奥戈戈，"他比午夜的惊吓更加恐怖……像修士一样严肃……像巴斯克农场主的草鞋一样烂……像英国人的屁一样庄重"。

《亚当·布宜诺斯艾利斯》是一部带着华丽技巧和运用了象征性手法的小说。也许，与其说它是一部小说，不如说它是一种现象，但它的成就——内在的探究、语言的灵活，以及哲学的共鸣——后来在奥内蒂的《短暂的生命》(*La vida breve*)和科塔萨尔的《跳房子》等作品中得到了巩固。前者沿着阿尔蒂安娜的主观性道路继续前进,而后者则在语义学和认识论方面取得了巨大的艺术成就,利用布宜诺斯艾利斯语言中的荒诞玄学,成就了我们的文学中第一部幽默巨作。因此,我们的小说正在拓展其内涵。这种趋势不仅发生在拉普拉塔河流域:它朝着总体化的小说方向发展,这个总体化不仅体现在其全景视野,也体现在其内部范围。第二种情况体现在《短暂的生命》和《跳房子》中:前者在沉思中穷尽了某种特定情感状况的可能性,而后者则处于边缘地带,探索最终结果。我们的外化小说是集体主义的。它延续了自然主义的传统。而另一方面,内部化的小说则是个人主义的。不过,这些分类的标准是非常灵活的,而且划分它们的边界也非常模糊。富恩特斯在内部独白中发展了《阿尔特米奥·克罗斯之死》,巴尔加斯·略萨则是研究意识状态的专家,他把自身置于自然主义的潮流中,因为他强调外部事件是人类行为的决定因素。所有这些作家的共同点在于:他们的作品的丰富度和紧凑度越来越高。一个内敛而微观的博尔赫斯与浮华的卡彭铁尔之间的距离并不总是那么遥远,后者通过《时间之战》进入了形而上的层面。另一方面,这二者很明显都是"文学性"很强的作家,都是美学家而非生命主义者,尽管他们表现的方式截然不同。尽管《光明世纪》具有历史性,但它如同加列戈斯的作品一样具有全景性,像博尔赫斯的作品一样抽象。而至于《跳房子》,它致力于纯粹的体验,但也不乏某种美学化和贵族化的倾向。另外,《跳房子》也具有抽象化的倾向。也许在这个意义上,形而上学与集体主义以某种方式交会在了一起。卡彭铁尔和科塔萨尔刻画的都是精神人物。但他们的背景和参考点是截然不同的。卡彭铁尔是一个描绘行动的历史学家,科塔萨尔则是一个书写字符的占星师。但这二者都面向宇宙性的、原型性的事物。卡彭铁尔走的是一条康庄大道,而科塔萨尔选择的则是一条小径。像奥内蒂一样,科塔萨尔追求的是事物的边缘,一种边缘化的体验。然而,有时候边缘的事物是最能直接触到核心的。对于科塔萨尔来说,和卡彭铁尔的体验一样,利用了潜意识资源的超现实主义对他的影响很大。也许正是在这片土地上,我们所有优秀的小说家和故事讲述者都相遇了。一部全面的小说可能在深层次上调和所有的经验——外部的和内部的。阿斯图里亚斯,另一位超现实主义者,在《玉米人》一书中,利用、吸纳印第安神话的潜意识,以寻求这种和解。近年来,我们的小说试图在神话和个人、社会和主观、历史和形而上学这几者之间找到交会点。吉马良斯·罗萨在《广阔的腹地:条条小路》(*Grande sertão: veredas*)一书中表明,这种努力并没有白费。

可以肯定的是,拉美小说在职业化和专业性方面取得了长足的进步。科塔萨尔的细致和准确以及巴尔加斯·略萨的熟巧技艺,这些在上一代人看来都是难以想象的。当然,真正成长起来的是我们的作家。他们对自己的工作更加投入,因为他们对自己有了更好的了解。他们的感知比之前更加敏锐,捕捉的对象也更为精准。随着他们逐渐缩小自己与素材的距离，困扰前几代人的许多问题和区别都逐渐消失了。例如，试图将地域性的和城市性的区分开来，这一点变得越来越困难和荒谬。地域主义不再与普遍性矛盾。毕竟，基罗加在某种意义上就是一个地区主义者。在20世纪30年代到40年代的秘鲁，何塞·马里亚·阿格达斯（José María Arguedas）开始将地域文学变为自传。在墨西哥，20世纪40年代的时候，阿古斯丁·亚涅斯（Agustín Yáñez）试图通过运用一些现代技巧来再生和更新地域主义，这些技艺似乎是来自古老的《曼哈顿中转站》（*Manhattan transfer*）——它的作者是约翰·多斯·帕索斯。多年以来，这本书对我们的文学产生了巨大的影响，特别是在墨西哥和中美洲，这影响一直持续至今，其中一个例子就是卡洛斯·富恩特斯。近来，为了寻找新的资源，区域性小说转向了像D.H.劳伦斯和乔伊斯这样不同的作家。如果说超现实主义为米格尔·安赫尔·阿斯图里亚斯开辟了新的视角，斯堪的纳维亚文学则吸引了鲁尔福。在加西亚·马尔克斯的作品中，毫无疑问地存在着深受福克纳、海明威和加缪影响的一片区域、一种民间传说。在巴尔加斯·略萨的区域之内，同样也居住着福克纳的影子。事实上，过去的二十年里，在对我们的文学——不管是地域性的还是城市性的——产生的所有影响中，最令人瞩目的是福克纳。福克纳一直是一种典范，是有远见的艺术家的绝对典范。而随着我们叙述的成熟，它逐渐继承了这个永恒的使命。无论它反映的是埃内斯托·萨瓦托（Ernesto Sabato）的生存痛苦，还是巴尔加斯·略萨的萨特现象学，或是奥内蒂和鲁尔福的异化，这都体现了它不仅对一个地区或是一个时间段承担责任，而且对人类的普遍需求承担了责任。随着它作为一种职业的沉淀，它变得更为深入，也显得更为变化不定。它向世界开放，欢迎来自各地的茁壮的种子。这就是博尔赫斯和科塔萨尔如何通过沾染东方主义的色彩，在我们的大陆复兴了英国的奇幻文学传统；卡彭铁尔则转向了西班牙的巴洛克风格；而富恩特斯则认同北美小说的无政府主义潮流。这种可能的组合是无限的。我们只需要想一想《跳房子》或是《广阔的腹地：条条小路》就够了，这是一种伟大的欧洲悲剧艺术的晚生后代，其中"腹地"是世界，而"小径"是生活的道路。

我们的农村和都市一样，越来越多地体现着世界的面貌。那些引起许多无用争议的旧观念——诸如本地的或是"正宗的"必须是当地的或是区域性的——正在被抛诸脑后。随着时间的流逝，我们可以看到这种观念的本质：基于专断或是模糊论据的错误选择。"土地小说"中的自然主义和现代主义一样，都是舶来品。我们一直是多种金属的混合体，在这样的历史背景下，博尔赫斯甚至和马丁·路易斯·古斯曼这类地域性的编年史家一样"本土化"。如今，拉美作家在他的世界里感到更为自由，因为那是所有人的世界。现代国家的复杂性以及文化和政治的国际化使得环境不再将他孤立。我们的大陆（在所有的大陆中）占据的位置越来越中心，生活在那里的人处于所有道路的十字路口。事实上，他们一直都是这样却从不自知。然而现在，正如博尔赫斯所说,当发现我们传统的普遍性时,没有理由否认它的任何部分。在前一代人的斗争中——这种斗争在某些圈子里一直持续到今天——存在着一种混杂的孤陋寡闻和民族主义,它们对澄清真正的问题没有什么帮助。例如,幻想文学是否比高乔文学更加"本土化"?这两种体裁都是文学技巧的产物,所以作家可以任意使用其中一种来表达其世界观,这两种体裁都同样有效。科塔萨尔的每一个音节都体现着他作为阿根廷人的本质,尽管他生活在巴黎,而且经常把他的作品背景置于巴黎。那么阿斯图里亚斯作品中的超现实主义性的本土主义又是怎么一回事呢?或者——我们短暂地离开一下叙事范畴——那些像奥克塔维奥·帕斯一样"孤独的诗人",在他那"形而上学的颤抖"中,有一种非常墨西哥式的感觉的传递,而这种感觉并没有被帕斯作品中一直显现的东方神秘主义的影响而阻碍。事实上,神秘的秩序,就像精神的秩序一样,也是我们现实的维度。随着旧论战逐渐消失,作家越来越觉得没有必要事先确定自己的艺术或者政治立场,因此一种更为直观的文学作品出现了,它更为自在,核心更强,也更完整而真实。

所以,就算我们的作家在整体上仍未开始自省,他们也已经有能力做到优秀文学作品所需要的专注和持续努力。他们已经开始超越观察和见证,走向启示和发现。他们不仅记录已经存在的东西,还会增加新的东西。他们已经注意到,深入自己的人性是向他人伸出援手的方式。因此,他们与社会的关系要比数年前暧昧和复杂得多。例如,我们大多数年轻的小说家都像他们的前辈一样参与政治，但他们知道如何区分行动主义和艺术。对于今天年轻的小说家来说，拉丁美洲经验的核心事实之一是古巴革命。但对于那些支持革命基本原则——阶级平等化、种族平等、文化自决——的人来说，那并不是一次天真的政治经历。1965年的革命并不是一种学说，而是一种精神。这是一个开始以不同方式定义自己大陆内部社会文化转型的意识。小说家对这样的意识形态不感兴趣，而对想象力感兴趣。在每个作家的孤独中，都会产生一种新的共性。

今天的时代对小说家来说是有利的。教育的发展扩大了读者群体，也改善了交流的媒体，作家的选择不再是小众的文学团体和空虚。二十年前，当拉丁美洲的读者群体出现的时候，他们几乎只读引进的文学，轻视本土的文学作品。说实话，本土的作品往往不值得有其他的待遇。然而，从那时开始，作家和公众就一起发展了。他们开始频繁地进行社交聚会。除了某些例外，这两者都属于不断发展的中产阶级。因为他们说着同一种语言，所以他们相遇并且相互理解。卑微的出身不再造就无意识的死亡。如果教派友谊和个人关系继续敞开大门，奖学金和文学比赛的奖金也能起到一定的帮助，那么在杂志、报纸和文化组织中独立就业的机会就越来越多。而且，最重要的是，出版商的态度也正在改变。那些传统上习惯于掠夺史前古墓的智囊团，比以前更愿意在本地的人才身上冒险了。随着教派的瓦解，我们文学作品中的乱伦气氛也随之减弱。某些国家，比如阿根廷，仍有强大的既定等级制度，其中的成员会花时间相互庆贺称赞。但在我们今天的优秀作家中,很少有被奉为圭臬的人。如今的人才是自给自足的。来自相关受众的鼓励有助于作者们拥有自己的立场。最近一个很大的激励因素在于翻译为他们渐渐打开国外的市场。由于过去缺乏相关的媒介,跨越国界的沟通几乎不存在,但这个问题正在慢慢地解决。我们文化的两极仍然是墨西哥和布宜诺斯艾利斯,但情况正在逐渐发生改变。过去有人说,拉丁美洲的首都是巴黎,因为只有在那里才能找到我们的作家——他们一般都是流亡者或是外交使团。然而现在,由于某些出版社的国际化,再加上墨西哥的经济文化基金或古巴的"美洲之家"①等机构的扶助,即使作者本人没有出场,他们的作品仍能在整个大陆流通。不幸的是,由于旧有的文化和语言障碍,巴西成为了一个例外。然而,巴西无疑很快就会加入这一群体。尽管我们这两种文学互不相识,但是密切相关。

这些小说家都追求一种更加生动而富有表现力的语言,这是他们诸多共同之处中最重要的一点。在其他国家,例如在美国,在小说性语言的发展方面有一种连续性,它是在与日常言语接触的早期阶段形成的。它自我调节,细化其声音,以捕捉生活的节奏和存在的方式。它们的创作者意识到,文字总是比口头表达更有意义,语言运动以及叙述,赋予小说以脉搏,这

---

① 即 Casa de las Américas,1959 年 4 月由古巴革命政府成立,旨在推动古巴与拉美各国以及世界其他国家的文化交流。最初是一家出版机构,后来发展成为古巴重要的文化中心。

是它真正的表达。我们花了很长时间才理解这个基本现实。在拉美文学中，口头语言和"文学性"的语言之间一直存在着可耻的差距，并且，在很多情况下，这种差距将会继续保持下去。直到最近，我们的小说才开始致力于系统地发展一种能够真实反映思想的语言。在过去，小说家写得好或者坏，取决于不同的情况和个人能力，但语言内部总是存在这一种因为强加的外来结构而造成的疏离感，一种与"写好"这个想法有关的、不可变的修辞。他们利用为数不多的可得资源，尽自己所能，暂时开辟了一个空间。修改语言工具的尝试遭到了学术界抵制。最先攻击旧有结构的是现代主义者，他们用自己的音乐和隐喻给人留下了深刻的印象和震撼。然而，现代主义语言是一种手段。地区主义者的创作有时会显得更密集和有活力，但他们利用的语言却是实用性的、具有新闻风格的。他们通过在创作中纳入丰富多样的地方语言来扩展维度，但有时候又不知不觉地演变成用方言写作。而那些追求创新的作家则不得不根据自己的节奏而对语言进行削减。有许多早期反对学术主义的反叛者，例如博尔赫斯，最终发明了一种个人语言，一种介于口头表达和文学表达之间的抽象的语言。一种变体是卡彭铁尔那节奏动人的巴洛克风格，一种属于侨民的语言。另一种大胆地进行彻底革新的尝试是阿斯图里亚斯具有诗意的民俗化——它充满活力，且具有自动书写所特有的丰盛与自发性。它融入了流行语的节奏，同时避免了地域主义所设下的最坏陷阱。所有这些作者——像巴西的吉马良斯·罗萨一样——几乎都得从头开始。大陆所在不同国家的语言的无限变化，不但没有成为障碍，反而丰富了它。如今，鲁尔福创作所基于的语言学前提与巴尔加斯·略萨的语言学前提仍有很大的不同。然而，当作家的声音变得具有个性时，这些声音也本能地找到了一个共同的背景。在鲁尔福身上，可以听到集体的声音，但它们被风格化了。在加西亚·马尔克斯那里，编年史成为了他自己的风格。富恩特斯和巴尔加斯·略萨即兴创造了新的技艺，但没有完全摈弃旧有的修辞。奥内蒂在他自己的语言世界中既是作者又是人物。对所有这些作家来说，无一例外，语言是一个被持续关注的问题。他们越来越熟练使用的语言元素之一是幽默，正如我们所知，这不仅是一种创造日常氛围的方法，也是搅乱日常氛围的办法。对我们来说，这表明了一个迹象：随着时间的推移，我们对自己的重视程度要比过去低一些。我们可以更好地谈论我们嘲笑的那些事物。这一方面伟大的创新者是科塔萨尔，他将这一原则推向了革命化的极端，将其作为知识批判和攻击精神范畴的基础。

也许这正是我们当前叙事的任务：成为影响我们社会变革的索引、意象和前兆。这是因为叙事是一种不纯粹的艺术，既植根于社会现实，又根植于内心生活，它也许比任何其他艺术都更能以一种亲密而共享的语言给出这种经验的综合。

一切都表明，我们已经到达了一个过程的最后阶段。20世纪60年代很可能是一个转折点。我们的小说——以及它的附属形式，短篇小说——仍然处在试验阶段。那少数几个能拨开阴霾、脱颖而出的杰出人物的出现，到底是出于偶然还是一种必然，现在下定论还为时尚早。但是，如果偶然和必然之间的差别在于共同努力的联结，那么未来看起来是有希望的。如今，我们的小说家第一次可以相互学习。每个人都在走自己的道路，但是每个人又都是同一个想象宇宙的组成部分。他们的贡献并没有消失。有了积累，就有了延续的开始。在这个意义上，我们可以说，拉美小说真正诞生了。

正是这个想法在1964年我们阅读《跳房子》的时候忽然蹦了出来，让我们想要创作这本书。我们随着《跳房子》——阅读这本书本身就是进行一场环球旅行——踏上了以巴黎为首站的漫长旅行。尽管我们出发的时刻有些随意，没有固定的行程，但很快，我们就发现自己置身于国际水域，寻找着一个原本被淹没在水下的大陆。因为，我们很快就注意到，对于整个世界，特别是对于拉丁美洲人来说，拉美文学就像是一个如同亚特兰蒂斯般的深邃的谜团。关于这个主题的研究几乎是不存在的。完全缺乏信息，也没有任何系统性的资讯来源，这一切都令人茫然不已。我们拥有带着宣言的诗歌运动，有报纸和杂志上刊登的书评，有文学史家，但是没有真正的批评传统。因此，我们建立了自己的筛选标准，从文献中略去了一些我们认为不太有趣的知名人士。我们一直努力避免妥协和既得利益。尽管如此，我们还注意到自己并不是该领域的专家，而只是一群在直觉和阅读的指导下踏上冒险之路、最终依靠个人品位前行的业余爱好者。我们已经努力做到客观但不中立，另外，唯一可以确定的是，如果我们有自己的偏好和偏见，我们不会隐藏它们。

这并不是对我们文学的深入研究，而仅仅只是划定一个总貌，初步拟定一种概况。我们试图勾勒出一些轮廓——一些经过深思熟虑，但足够简略，从而可以引起普遍兴趣的轮廓。我们试图察觉现象，指出主线，捕捉一些趋势，提出一些初步的评估，列出一些可能性，并勾勒一些图景。我们尽可能地确定自己的方向，始终努力保持我们的行动自由。我们几乎是在一片从未被开垦的领域工作，因此，哪怕是取得一些微小的成果，也能为日后成就一番事业起到积极的作用。

就我们的方法而言：这本书中包含着十篇文章，尽管都遵循同一个大纲，但是它们都具有各自的特点。这些人物略传都基于唯一的可靠信息来源：作家本人。正是围绕着我们与他们的谈话——我们刻意避免使用"采访"这个词语——这本书才得以发展，并形成了现在的形式。每篇文章的侧重点有所不同，但都围绕相同的元素展开。文章的核心是对话。作者说话、呼吸、反思，而我们试图在动态中捕捉他们，试图确定一种姿态，以及一种揭示人性、照亮艺术家的态度。我们总是在寻找一个聚焦点，并围绕这个点开始铺陈信息材料和批判性评论。我们想给我们的作家提供一种论坛，使他们自己、他们的作品、他们的社会和时代能够从各个角度被看见、被听见。当然了，这一切都"正在上演"，而非虚假的布景。总的来说，作家们都很友好，而且准备充分。他们心甘情愿地"摆姿势"，以令人钦佩的毅力忍受着笔记本和录音机。最有耐心的那几位陪我们谈了许久。而另一些作家只是顺便与我们见了面。有的人滔滔不绝，而有的人则言简意赅。为了更好地"定位"这些作家，在可能的情况下，我们会一直追到他们家里。找到他们并不总是那么容易的。我们从法国到意大利，又到墨西哥，接着穿越美洲大陆到达布宜诺斯艾利斯。随着时间的推移，我们意识到，我们置身于某种循环中。我们的大多数作家都是相互联系的，每个人都在为他人打开大门。我们要特别感谢科塔萨尔的最初助力以及他那阿根廷式的良好支持；感谢阿斯图里亚斯和富恩特斯在墨西哥给予我们的支持；感谢诗人胡安·莫拉（Juan Mora）在巴西的帮助。还要感谢富恩特斯、巴尔加斯·略萨、加西亚·马尔克斯，并且再次感谢科塔萨尔和阿斯图里亚斯，感谢他们不厌其烦地阅读、纠正，以及时不时重新修订他们在草稿中的部分陈述。那些绝版的作品是我们不得不向作者本人借来的。我们感谢提供过这方面帮助的人们。同样，我们也感谢那些好心向我们展示仍未出版的作品的完整或是部分手稿的作家，比如巴尔加斯·略萨，以及加西亚·马尔克斯。

在选择作者时，我们会考虑种类以及地域分布等因素，但这些都是次要的，只能算是一种简单的偏好。总体上可以说，在试图不建立等级制度的情况下，我们选择了那些在我们看来接近某个流派顶点或是超越某个流派的作家。比如说阿斯图里亚斯，他对地域主义进行了创新，在我们看来，他等于已经超越了地域主义。胡安·鲁尔福，加西亚·马尔克斯，以及吉马良斯·罗萨也做出了类似的贡献。在这本选集中，有些作家可以算是站在了终点,而也有一些作家站在了起点。我们曾试图用他们自己的标准来衡量他们。我们本来认为,最理想的情况下,我们可以平衡城市和地域、自然主义和"形而上学"这几对并非总是水火不容的类别。然而,基于"我们文学中的缺点往往比优点更加典型"这一前提,我们把重点放在讨论杰出的而非具有代表性或是典型性的作品上。

我们希望,选出十位作家,算是一个合适的人数。这一系列谈话从1964年9月开始,直到1966年8月结束。要给我们这几位作家排个先后顺序可是件难事。顾名思义,一群出众的人是不适合分类的。最后,我们只是简单按照作家所属的年代进行排序。1900年前后出生的作家有:博尔赫斯、阿斯图里亚斯、卡彭铁尔;1915年左右出生的人有:科塔萨尔、鲁尔福;最年轻的一代,则是出生于1930年前后的人:富恩特斯、加西亚·马尔克斯、巴尔加斯·略萨。有些作家,比如吉马良斯·罗萨,以及奥内蒂,他们出生的年份处于前两代人的中间,因此把他们的名字排在那两代人中间。毫无疑问,精神上所属的时代和日历上的数字并不总是一致的,有时候还会相互矛盾。正因如此,我们可以说,科塔萨尔是"先锋派",而巴尔加斯·略萨,虽然他对于小说的形式进行了出色的实验,但他是一个传统主义者。

我们希望忠于作品的精神,让我们的作者发声。即使与我们的观点相悖,我们也希望可以公正对待他们的观点,充分展现他们的思想。这本书是属于他们的。我们将此书献给他们。

目录

阿莱霍·卡彭铁尔，　　　　　陈　皓　译　001
或永恒的回归

米格尔·安赫尔·阿斯图里亚斯，周妤婕　译　036
或百花绽放的土地

豪尔赫·路易斯·博尔赫斯，　　盛　力　译　082
或哲学的安慰

若昂·吉马良斯·罗萨，　　　　段玉然　译　128
或另一条岸

胡安·卡洛斯·奥内蒂，　　　　侯　健　译　171
或墙上的阴影

胡里奥·科塔萨尔，　　　　　　黄晓韵　译　213
或形而上的耳光

胡安·鲁尔福，　　　　　　　　张伟劼　译　260
或无名的哀伤

卡洛斯·富恩特斯，　　　　　　张　蕊　译　302
或新异端

加夫列尔·加西亚·马尔克斯，　　叶培蕾　译　345
或钢丝绳

马里奥·巴尔加斯·略萨，　　　　侯　健　译　382
或连通器法

后记　　　　　　　　　　　　　　周妤婕　译　426

阿莱霍·卡彭铁尔，
或永恒的回归

陈皓 译

"美洲是一本没有小说家的小说。"这个悲哀而著名的论断出自上一代的秘鲁批评家、拉美文学逍遥派权威路易斯·阿尔贝托·桑切斯（Luis Alberto Sánchez）之口。"在我们的世界里，"他说道，"现实永远飘忽不定，比虚构还难以把握；它广袤得令人窒息，无法用任何常理来分门别类。与活在主观世界里的诗人比起来——比如聂鲁达，或者那位不可救药的唯美主义者鲁文·达里奥——小说家要清醒得多。他们被分崩离析的环境和理不清的头绪打得一败涂地，面对着千变万化的外部现实只能理屈词穷，至多不过描摹几笔物质世界的混乱而已。"桑切斯的这番言论深得与他同时代作家们的共鸣，这些人对美洲大陆一往情深，却注定得不到什么回应。

"如果是二十年前，我也会这么说。"古巴文学大师阿莱霍·卡彭铁尔宣称道。究其一生，他都是我们美洲文坛的领军人物。

"但是时代变了，小说家也变了，如今他们已经可以凭着纯熟的技艺,把原始的蛮力和繁盛的植物转化为随心驾驭的素材,这些素材只会丰富他们的创作,而不是将其扼杀。"

作为小说家的典范,卡彭铁尔亲身经历了这个蜕变的过程。他的作品无论从实质还是精神上都跨越了整整两代人。他既是拉美小说的先驱者,也是当今最著名的拉美作家。几年前,在文学界普遍陷入迷茫的时候,是他挺身而出,为确立拉美小说的目标做出了贡献。他在恐怖派[①]文学大行其道的时代里揭示了分寸感的意义。他以自己作品中和谐有序的回响去挑战小说家在现实面前的哑口无言。他雄辩的言论掷地有声,在古巴之外也有着深远的影响。也许卡彭铁尔是第一位致力于超越地区和国家间短暂的差异,从整体上书写拉丁美洲经历的小说家。

无论从艺术还是从生平上看,卡彭铁尔都是拉丁美洲知识分子的典型:他就像一株嫁接植物,带着混血的文化基因顺其自然地生长。照他自己的话说,他生活在一个各方面都充满共生和杂糅的社会,这一点在其本人身上体现得尤为鲜明。他于1904年出生于哈瓦那,父亲是法国建筑师,母亲是俄罗斯人,在瑞士学过医。夫妻俩定居古巴刚满两年,儿子就呱呱坠地了。卡彭铁尔继承了父母的家学,也修炼过加勒比巫术。他很早就看清了未来的方向,并踏上了一条堪称典型的道路。据他回忆,当年家中弥漫着怀疑论的气氛,这多少反映出那个将阿纳托尔·法郎士(Anatole France)奉为启明星的时代里田园诗一

---

① 即 tremendismo,兴起于20世纪40年代西班牙的文学流派,以无情地描写极度恐怖和残忍的现实而得名。

般的自由主义精神,戏剧般金碧辉煌的哈瓦那老城就是这出好戏的背景幕布。兴许是受了父亲的影响,卡彭铁尔起先对建筑情有独钟,但很快就因为一系列重大事件而投身新闻界。对他而言,这个选择不仅开启了行动的大门,也意味着对美洲文学本能的坚守。那时的古巴正处于独裁前夜,在劫难逃地继续着已历经百年的抗争。1924年,这个血气方刚的青年就任《海报》(*Carteles*)杂志主编,开始了他的战斗,直至1927年因签署一份反对马查多①的宣言而锒铛入狱,度过了六个月的铁窗生涯。如今提起往事,他的自豪之情溢于言表,因为那份宣言早早地勾勒出了古巴革命原则的轮廓。1928年出狱后,他依然被禁止离境,便动起了流亡的念头。前路漫漫,正在古巴访问的法国诗人罗伯托·戴斯诺斯(Robert Desnos)向他伸出了援手,卡彭铁尔带着好友的证件逃往法国,并在那里受到了声势浩大、被他笑称为"外交礼遇"的欢迎。他盘算着在巴黎住上几年,等待古巴局势好转,不承想这一住就是整整十一年。

  巴黎总是那么慷慨,拥有一切也包容一切。在这里,从巫术到乐理无不涉猎的卡彭铁尔迅速投入了形形色色的活动中。他与超现实主义者交上了朋友,这些人正在以西方的视角重新发现拉丁美洲。他们中的许多人带着对原生态和潜意识的痴迷踏上了我们这片大陆,为寻找过去的遗迹开始了一场半考古式的远征。卡彭铁尔在古巴时就为《超现实主义革命》(*Révolution*

---

① 指赫拉尔多·马查多(Gerardo Machado),1925年至1933年任古巴总统。

Surréaliste）杂志撰写过文章。他很快就意识到这场运动跟自己没什么关系，然而无论如何，布勒东（André Breton）"只有神奇才是美"的律令，尽管被卡彭铁尔称之为"神奇官僚"的那群人云亦云的超现实主义者当作借口，为虚情假意的表达和机械僵硬的动作辩护，却也促使他本人睁开双眼，去关注发生在故乡的真正奇迹。在那片土地上，他这个惶惑中带着些许天真的文明人所发现的"神奇"，却是自然与现实中最平凡不过的日常，也是美洲大陆的宗旨和精华所在。他说错位与矛盾深深地扎根在拉丁美洲的生活中，所有一切都是那么不可思议：巍峨耸峙的高山，飞流千尺的瀑布，宽广无垠的平原，密密丛丛的雨林。杂乱无章的城市将触角伸向狂飙骤起的腹地。古老撞击着现代，上古撞击着未来，科技撞击着封建，史前撞击着乌托邦。城里的原住民集市上随处可见辟邪的神符，集市旁边的摩天大楼却已拔地而起。在这满眼缭乱中，在这吞噬万物，勾魂摄魄，摧毁人类智慧和想象力的世界中，我们又该如何找到方向？

　　对于卡彭铁尔，或者对于所有在不同时间中的游走者来说，这个问题的答案都是：让钟摆决定命运。他始终航行在两个世界里，一个世界的钟表在不久前停滞了，另一个世界的钟表却一天比一天走得快。卡彭铁尔切身体会到那种（在一个世界里）勇往直前，同时又（在另一个世界里）越来越落后的疲惫感。从他这种矛盾的态度中，也可见一个几百年来总需要先走得远远的才能在本土上认清自我的民族的缩影。远行的目的地就是欧洲。要踏上这条发现之路，就必须先斩断美洲的根，像浮萍一样浪迹天涯。

从某种意义上说，巴黎岁月是为最后的回归所作的准备。在那里生活的时候，卡彭铁尔一直在回望着美洲。对于一个漂泊在外的流亡者来说，异国他乡的日子再充实，也只不过是在虚掷看不到头的光阴。他为美洲大陆叹息。"表达美洲"的欲望，将迷失在那里的涓涓细流引入大海的欲望，一直撕咬着他。他感谢那些去了美洲——特别是墨西哥——又做着旧世界文明的美梦回来了的超现实主义者的启迪。也许他们对原生态的兴趣不久就变成了矫揉造作，但也激发了卡彭铁尔寻根的冲动。书写美洲才是他真正的使命，问题是如何去表达。"我那时候还没有想明白，"他说，"什么才是美洲的本质？"于是他开始尝试着探索这个未知数。"我整整花了好几年时间，阅读所有能够找到的关于美洲的东西，从哥伦布的信件，到印加·加西拉索·德拉维加（Inca Garcilaso de la Vega），再到18世纪的作家们。我觉得自己那几年除了阅读和美洲相关的书籍外什么事情都没干。美洲就像一团巨大的星云，我努力去理解它，因为我隐隐约约地预感到，我未来的作品将在那里书写，并具备深刻的美洲特色。"卡彭铁尔很快就发现，积累只是迈向目标的第一步，而美洲大陆散发着禁果的味道。就像他在作品中表现的那样，要把海量的阅读转变成鲜活的生命体验，还有很长的一段路要走。

当卡彭铁尔开始写作的时候，美洲的小说尚处于孩童阶段，比舞台设计强不了多少。气势浮夸，修辞华丽，却没有骨肉，总是逃避或者完全忽略它们想要面对的问题。不管是《旋涡》

还是《堂塞贡多·松布拉》，都如寻常套路一般，由深入腹地的城市知识分子写成。就好像左拉在不久后所做的那样，这些作品着重于观察和记述当地生活的方方面面，然而很多诸如此类的描写，从本质上看都是不接地气和令人费解的。这种肤浅的写法结出的成果，就是"绘画主义"外加一点点减轻作者负罪感的"社会良知"。卡彭铁尔的第一部小说《埃古-扬巴-奥》（*Écue-Yamba-Ó*，1933）也追随了这股潮流。他在这部作品中颇为天真地尝试着去从"内部"表现古巴的黑人文化，尽管就像今天他所承认的，他与这种文化的关系过于肤浅，所以完全忽略了其中最关键的要素，也就是黑人的生命原则——泛灵论。那个时候他才明白，对于神话和风俗的零星描写并不能替代直接的感受。仅凭阅读文献也不足以捕捉一个地方的回响，而文献有时反倒可能成为写作的障碍。归根结底，原住民的宇宙观无法像反映现实生活那样构建出一套知识体系。印第安人把白人兄弟叫作"理性人"，因为白人总是把他们自己搞不懂的东西条理化和系统化，总是把自己所有的思维范畴强加于他人，甚至连文献记载都故意歪曲。《波波尔·乌》（*Popol Vuh*）就是一个例子。这部玛雅人的"圣书"记录了口口相传的真实传统，但身为西班牙传教士的译者竟篡改了其中的内容。就连原住民的原文，也是一位在教会学校受过教育的"本地人"东拼西凑甚至审查删减的产物。从这件事情中可以想见，像卡彭铁尔这样既有文化又有直觉的小说家在试图深入这个看不懂的深奥世界的时候，将会面临怎样的困难。当他捕捉动作的时候，手势却僵住了；当他寻找表达的时候，却停在原地动弹不得。在这方面，卡彭铁尔也像他的同辈人一样，在祖先的文化，包括黑人文化和前哥伦布时代的文化的吸引下，探索着潜藏在内心的隐衷。他的追求虽然同艺术一样失败了，却有助于拉丁美洲自我意识的构建。作为最早在这个层面上摸索经验的小说家，卡彭铁尔走遍了我们这个世界，尝试将遇到的一切都吸收整合，直至完全化为己有。他像这里所有人那样，在寓言和神话中寻找自我，并从未彻底摆脱掉拉丁美洲知识分子根深蒂固的那种被排除于现实之外的恐惧。然而正是战胜这种恐惧的努力推动着他的创作，令他满怀着激情，去追寻美洲大陆消失的足迹，去破解那些被遗忘的神谕。他的作品也因此具备了非比寻常的宽广度和生命力。

卡彭铁尔喜欢用某些常量——或者按照他的说法是某些社会、地理、政治、经济、历史背景——来定义拉丁美洲。在不久前出版于墨西哥的杂文集《触碰与差异》(*Tientos y diferencias*)中，他将美洲大陆划分为山川、河流、平原三个主要区域。他在文章中写道，每个区域都是同一个主题下"独具特色的一员，比如安第斯山地区的原住民文化占主导优势，而加勒比地区的美洲黑人文化特别流行。"美洲大陆的重要特征集体勾勒出了这片土地的轮廓。无处不在、丰富多样的地球框架衬托着人类的渺小。在这沸腾的熔炉中心正在进行一场生存与革新的古老战争。而那恒久的冲突，比如罗慕洛·加列戈斯笔下简明扼要的文明与野蛮之战，则被卡彭铁尔赋予了历史和社会的复杂性，以及典型的不可变性。他擅于驾驭绝对和明确的领域，他作品中的背景为想象力添加了山川地理的力量，从而圈定了主题。他书写的是拉丁美洲经验中既特殊而又普遍的事物。为了实现这个目标，这位拉丁美洲艺术家既是壁画大师，又是细密画高手，既是道德家，又是游吟歌者、社会学者和诗人。卡彭铁尔尤其重视语言学方面的背景。他指出，美洲独有的现象就是，同一门语言可以通往二十条国界线。哪怕在最土生土长的拉美人身上，也留存着一丝距离和隔膜的气质，那是移民的第二特征。而在历史背景方面，只要想想这里是一片有多个时代平行共生的地方，就知道我们美洲有多么不同凡响了。卡彭铁尔很喜欢借用"创世记""巴别塔""启示录"等《圣经》语言来表达这一观点。也许他说得有些夸张："美洲是唯一一片不同时代并存的大陆，在这里，一个生活在20世纪的人可以和一个对报纸和通信一无所知、过着中世纪生活的原始人握手，也可以与一个距离1850年那个浪漫主义时代比距离现在更近的人握手。"此外还要再加上另外两种背景，一是种族和人口背景，即阶级与人种的融合；二是政治和经济背景，即一个被迅速的工业化如火药桶般点燃的农业社会。这个社会的生产与外国资本直接或间接控制下的世界市场有着莫大的关联，一夜之间就可能从繁荣坠落到破产。

同样，环境的影响——卡彭铁尔称其为"光明背景，即洒在人身上的光的背景"——也是不容小觑的。一方水土养育一方人。在这个意义上说，拉丁美洲呈现了一幅广袤的光谱，从澄明清朗的安第斯山到极光浮现的南极,从灿烂耀眼的沙漠骄阳到转瞬即逝的热带黄昏。为了捕捉到可以体现我们气候特点的每一种天象,卡彭铁尔一直都在培养自己的第六感。他说:"我认为拉丁美洲知识分子拥有最广阔、最完整、最普遍的世界观……在我看来,美洲大陆是地球上最非同凡响的存在。我们对世界的看法是最具共性的。"他认为拉丁美洲终于在这个革命的年代里赢得了自己的身份,从而让世界听到了它的声音,也感受到了它的分量。拉美的本土现实正迅速地融入全球的经验之中。"我们并不是站在新时代的门槛上,"他说,"而是已经迈进了新时代。"美洲的成熟反映在美洲小说家的作品里,他们把拉丁美洲的印记当作彰显个性的标志佩戴在身上。卡彭铁尔十分看好拉美文学的未来,他认为拉美作家与全世界任何地方的优秀作家相比都毫不逊色。

至于作家本人,除了无可置疑的文学成就外,也许他最大的贡献就是充当了新世界或者某个美洲机构发言人的角色。当我们在巴黎见到他的时候,他也恰在从事这双重的工作。我们短暂的会面发生在一连串会议的间隙。为了开会,他几天来一直在熬夜,工作很辛苦,心情也不好,这都是可想而知的。他周旋在一场接一场的茶话会和宴席中片刻不得安闲,但终于还是停了下来,看上去无精打采,不在状态,只单独跟我们会了面。他不喜欢我们直截了当的提问,更希望能针对一个题目自由发挥,从而一步步展现他令人赞赏的谈话天赋。他从不拒绝解释问题,而是恰恰相反。无论白天黑夜,他总是有备而来。

卡彭铁尔在一家旅馆的空房间里十分客套地接待了我们，旅馆对面的街角呈现出一片冬日的萧索。他重重地在扶手椅上坐下，疲惫，走神，一副生人勿近的模样。他来自远方，游历过很多地方，乍一看又健壮又文雅，年轻时一定是个行动派，但走近细看就会发现，他已敌不过岁月的沧桑。他高大英俊，眼神生动，皱纹深深的脸上却带着一丝孤僻和紧张。因为心脏不好，他讲话很慢，有些时候一字一句地说得很费劲。他的古巴西班牙语带着鼻音和喉音，混杂着一股法国味儿。比起西班牙语来，他更喜欢说法语。有些时候他好像在神游天外，带着难以捉摸的表情跟一个看不见的听众说话，并经常引用自己说过的话。我们记得在蒙帕纳斯区一家电影院的纪念牌上刻着他和其他一些名流的名字。他说他特别高兴自己的书入选了巴黎西班牙语学院的推荐目录，对于拉丁美洲人来说，是一项封神般的殊荣。

这份殊荣背后是一段长久而丰富的生涯。年轻时在巴黎那段交游广泛的日子令他受益良多。在跟超现实主义者们频频接触之余，他还涉猎过很多别的领域，积累了渊博的知识，这些都滋养了他的作品。他是弗尼里克电台（Foniric）的负责人，这家电台专门制作文学广播节目[①]，从惠特曼到阿拉贡（Louis Aragon）的作品无所不包。他还担任了《磁石》杂志（*Imán*）的主编（这本西班牙语杂志的主要读者是法国作家，却发现了当时还默默无闻的巴勃罗·聂鲁达），并参与制作了一部关于伏

---

① 采用最新录音技术的电台是20世纪初欧洲超现实主义者们大力探索的传播形式。弗尼里克电台就是其中的代表。

都教①的电影。他说每个艺术家都该另外精通一门本职之外的艺术——对他而言最重要的艺术便是对乐理的研究。他为合唱和美洲题材的滑稽剧创作过乐谱和剧本,与阿尔贝蒂(Rafael Alberti)和加西亚·洛尔迦(García Lorca)热火朝天地探讨过音乐同步方面的问题,还同"电子音乐之父"埃德加·瓦雷兹(Edgar Varèse)合写过一部歌剧。

音乐深深影响了卡彭铁尔的创作。作曲原理在他文学作品的结构中体现得淋漓尽致。用他自己的话说,《光明世纪》这部小说的结构是交响曲式的,其中三个主要人物分别代表了男性、女性和中性的三个主题。《消失的足迹》的主人公是个言辞夸张的音乐家。然而最能体现卡彭铁尔"音乐"理念的作品无疑是小说《追击》。文中起伏跌宕的时间线恰好与贝多芬《英雄交响曲》的时长相吻合。这种强加的音乐结构——包括主旋律(leitmotif)和时值精准的停顿——一边令行文无法动弹,一边又如人工呼吸般使之起死回生。

《追击》体现了卡彭铁尔典型的写作风格,故事在多个层次上齐头并进。在其中一个层次上,作者力求呈现一份社会记录,一幅对比分明的古巴众生相:一个黑人老奶妈、一个妓女、一个贫穷却崇尚真理和崇高精神的售票员、一个被"英雄幻想"和"时不我待地建功立业"的虚妄荼毒了的革命叛徒,以上这些人在特殊境遇下被齐齐卷入了矛盾冲突之中。卡彭铁尔表示,

---

① 又名巫毒教。海地奉行的一种宗教,推崇魔法和巫术。

从形式上——或者"音乐上"——说,《追击》的结构是奏鸣曲式的,"包括一个开头,一个呈式部,三个主题,十七个变奏和一个结局或者说尾声"。这部出版于1956年的作品所表现出的生动和可塑性令我们不由得想到,早在1945年,当卡彭铁尔应邀去委内瑞拉创建一家电台的时候,便曾在墨西哥经济文化基金会的委托下,创作过一部古巴音乐史专著,这就是出版于1946年的《古巴音乐》(La música en Cuba)。

在那个时候,欧洲已成过往,回归却并不容易。怀着对洒满童年回忆的哈瓦那老城游子般的乡愁——不久前,"美洲之家"专门出版了他的一部配图散文集[1]——卡彭铁尔曾在1936年短暂回国,并做了定居的打算。然而在古巴谋生是件不可能的事情,他不得不再次远走。1937年,在遭遇了一场公海上的飓风后,他抵达了内战中腥风血雨的西班牙,并与古巴同胞尼古拉斯·纪廉(Nicolás Guillén)、秘鲁作家塞萨尔·巴列霍和法国作家安德烈·马尔罗(André Malraux)一起参加了作家大会[2]。他后来回忆,在一场场轰炸和刺刀见红的巷战中,自己与卢卡奇[3]同住在一个旅馆房间里。

接下来,他又在巴黎生活了三年,直到1939年末,终于厌倦了漂泊的日子返回美洲,这次是彻底回来了。整个归途险象

---

[1] 指其为摄影家保罗·加斯帕里尼(Paolo Gasparini)的古巴建筑摄影集撰写的散文集《千柱之城》(La ciudad de las columnas)。
[2] 指1937年在马德里召开的国际反法西斯知识分子代表大会。
[3] 指格奥尔格·卢卡奇(Georg Lukács, 1885—1971),匈牙利哲学家和文学批评家。

环生，局势动荡的古巴十分不情愿地接纳了他。几年来，他靠写作和主持广播节目为生，虽然为了这些工作殚精竭虑，却没有收获更大的满足。直到第一部小说出版十年后的1943年，他的人生才终于迎来了转机。法国演员路易·茹韦（Louis Jouvet）在海地有几场演出，中途在哈瓦那逗留了一天，邀请老友与自己同行。习惯了说走就走的卡彭铁尔同意了，这一切仿佛都是上天的安排。

在海地，酷爱博物馆和老教堂的卡彭铁尔像往常一样，精力充沛地把这个国家从一端到另一端走了个遍。他在那里发现了19世纪黑人国王亨利·克里斯托夫非同凡响的人生。这位异想天开的独裁者建立了一个王国，启迪他的是拿破仑宫廷、化身为蛇的非洲先祖"达王"，以及建立了曼丁哥人（Mandingos）的王国的坎坎·穆萨（Kankan Muza）。当时还没有人研究过亨利·克里斯托夫的历史，但此人的经历已吸引了包括《琼斯皇帝》的作者尤金·奥尼尔在内的好几位作家的目光。作为一个完美的小说人物，他的故事也为卡彭铁尔的第二部小说《人间王国》（1949）奠定了基础。书中的克里斯托夫与其说是一个人，不如说是一个象征，或者一段历史记忆。他直到小说的结尾才出场，而整个故事却审视了一个时代。卡彭铁尔首先是个编年史家。他关注独立的个体，是为了更好地把他们镶嵌到历史的大框架中去。他耗费了大量笔墨去描写人物的特点，却很少触及他们的内心深处。所以《人间王国》以一个卑贱黑奴的故事开篇。这个名叫蒂·诺埃尔的奴隶就像其他芸芸众生一样，怀着希望却又手无寸铁地在时代的洪流中浮浮沉沉，先后见证了18世纪多米尼加黑奴起义、远赴古巴圣地亚哥城的殖民者、拿破仑妹夫勒克莱尔将军对海地的统治，最后是亨利·克里斯托夫高傲而又令人眩晕的独裁。于是我们读者时而追随着精通巫术、大搞恐怖活动的独臂人麦克康达尔带有神秘色彩的革命精神；时而钻进蒂·诺埃尔坚信万物有灵的迷信灵魂；时而置身波利娜·波拿巴金碧辉煌的宫殿——这个珠光宝气的美人正赤裸裸地躺在热带的阳光下，让贴身黑奴索利芒为她按摩身体；时而奔向人潮汹涌的街头，目睹不知名的百姓们揭竿而起。历史周期律支配着当下发生的一切：个体的作为无论多么千变万化，最终都殊途同归，凝聚成同样的形象。历史就像一条蜷曲着身躯咬着自己尾巴的蛇，循回往复，永远找不到出口。小说文风节制，几乎是没有个人立场的，而其中一连串新颖的建筑元素，虽然并非总与情节水乳交融，却使得那些关键的场景——比如亨利·克里斯托夫在堡垒深处空无一人的宫殿里、在极致辉煌的孤寂中的"莎士比亚式"的死亡——显得特别具有雕塑感和纯净感。

除了那篇拉开"神奇现实"序幕的著名序言，《人间王国》最引人注目的地方就是卡彭铁尔对革命含混不明的态度。不止一个读者叩问过卡彭铁尔对古巴革命的立场。他好像在两条河里游泳。虽然他笔下的革命在短时期内总是以失败告终，但同时（就像他同我们确认过的一样）也唱响了未来的先声。所以在《人间王国》中——同样也在《光明世纪》中——个人总是命运多舛，总是被卷入时代的大事件，成为历史前进中的牺牲品。这究竟是马克思主义的定论还是宿命论？结果不得而知。卡彭铁尔不是革命的鼓吹者，他只是以辩证的态度书写革命，并不在乎革命的结果或者实用性的目的。他本人对于革命的积极态度是有目共睹的，但小说家的理念必须臣服于叙事的进程。除此之外，他对人类的未来有一种在某些人眼中堪称反动的悲剧性看法。比如《追击》就开诚布公地承认，一个人——也许是所有人——是无力达到与自己的历史命运相匹配的高度的。《人间王国》则展现了卡彭铁尔铁石心肠下的妥协："此时他（蒂·诺埃尔）明白了人永远也不知道自己为谁辛苦，为谁等待。人是为了与自己永不相识的人而吃苦、期待和辛劳的；而这些人同样在为另外一些像他们一样不幸的人吃苦、期待和辛劳。因为人总是希望得到一种比自己所能得到的更大的幸福。而人的伟大恰恰在于他有改善境遇的意愿，在于他有奋争的意愿。天国里没有要建立的伟大业绩，因为那里只有一成不变的等级、已被揭示的秘密和永无止息的生命，在那里既不可能献身，也不会有休息和欢愉。因此，历尽艰辛、不断苦斗的人，身虽贫贱而心灵高尚、饱经沧桑而爱心未泯的人，只能在这个人间王国找到自己的伟大之处，达到最高的顶点。"

在卡彭铁尔身上无疑存在着双重身份：一重是积极的实干家，另一重是笃信历史的实质在于轮回的悲观主义哲学家。他认为革命一旦固化成制度，便会引发新的革命，从而完成一个闭环。进步是相对的时间概念，只有在特定的历史语境中和大致明确的期限内才能衡量。而在排除了时间的绝对刻度下,并不存在向前或者向后的运动,只存在无尽头的两极摇摆。处于摇摆重心的便是事物的原型,也就是人类短暂生命中那些复杂和矛盾的地方。当它们后来从流动中被进一步抽象出来的时候,就成为了一种普遍的共性。这种思想从某种意义上主导了卡彭铁尔令人惊叹的小说集《时间之战》(1958),并在文中幻化成千万种形态。《宛如黑夜》刻画了一位马上就要离家奔赴战场的典型的士兵形象。在任何地方都可以看到这样一位平平常常的士兵,他正在做着任何一位士兵在相同的境遇下都会做的事情:收拾行囊,挥别亲友。这个故事的点睛之笔在于,作者巧妙地安排同一位士兵一次次地在不同的场景中再现。从第一幕场景中可以看出他是一位即将登船远征特洛伊城的希腊士兵;而在第二幕中,尽管人物自身没有丝毫改变,他的身份却换成了18世纪远赴美国参加独立战争的法国士兵。在次第更迭的场景中,历史的幕布在不停地切换,但处于典型境遇下的士兵始终都是同一个。这与《光明世纪》颇有相似之处。这部作品也发生在一段特殊的时间内,但时间的概念又是那么具有普遍性。在长达八十页的宏伟序章中,作者的情节安排甚至会使读者们感到,自己既置身于20世纪,又置身于18世纪。人物的经历经过简单化和风格化的处理,只保留了最关键的部分。《宛如黑夜》中的士兵好像一个近乎柏拉图式的影子,就连故事的语言都是虚空和抽象的。《圣雅各之路》也许是卡彭铁尔最完美的作品。故事发生在征服新大陆的时代,主人公是个西印度群岛的流浪汉,人漂泊在美洲，一半的根扎在欧洲。他的内心被劈成了两半，无穷无尽地在新旧两个大陆之间撕扯。小说以现实主义开篇，但很快就进入了一个寓言的国度。放逐与回归的主题象征性地体现在不同人物周而复始的往返中，而这些人物又都是同一个西印度流浪汉，是从同一个模子里刻出来的转瞬即逝的复制品。他们没有故乡，命中注定永远漂泊在时间的长河里。在美洲大陆上，人类所有的时代平行共存，历史与未来颠来倒去。卡彭铁尔用文字构建了一个回环世界，这一点在《溯源之旅》中得到了沉默而雄辩的表达。一个人在临终的床上获得了某种永生，他的生命沿着记忆一路倒流，从死亡的一端倒流到另一端，也就是诞生之际。他在这个过程中耗尽了自己，而死亡同时也意味着回到母亲的子宫中。

卡彭铁尔的第三部小说《消失的足迹》(1953)全方位地体现了拉丁美洲背景中的两个重要元素——在短暂中存在的永恒，在特性中存在的共性。通过作为叙事者的主人公和他的日记，线性的编年被巧妙地移植，与大段大段对生命、时间和历史的思考交织在一起，这些思考有时非常晦涩难懂。书中那些单薄透明的人物是普遍经验在不同方面的体现。我们可以把几乎没有立场的主人公看作作者本人。他常年在国外漂泊，变成了一个连自己都不认识、"丢掉了真实生命本质"的外国人，而小说的主题正是他找回失去的自我的过程。这个故事发生在一片隐喻的土地上，带着明显的象征味道。主人公沿着丛林中的大河，逆着水流也逆着时间一路向上回溯，直到最后的源头。小说恢宏的气势盖过了浮华的语言。卡彭铁尔笔下的象征符号,有时会被他赋予鲜活的力量,从而得到救赎。《消失的足迹》作为作家最具个人特色也是最成功的作品,为一个古老的题材增添了充满新意的光彩。在某些时刻,他的目光闪耀着初见某个事物时那种令人目眩的天真。而小说中去个人化的立场将这部精神自传提升到了一个群体性神话的高度。

《消失的足迹》写于旅居委内瑞拉的时候。在卡彭铁尔看来,这个国家简直就是美洲的综合体:"浩荡的河流,无边的平原,雄壮的山峦,原始的丛林。"而他也恰在小说中描写了一段沿着奥里诺科河向上走,一直走到大草原的旅程。那里是征服者口口相传的人间天堂,是"美洲大陆人迹罕至的地带"。书中某处尾注指出了它的位置,但确定地图上的坐标并不重要。故事在发展,那条河始终都没有名字。它可能是任何一条美洲的河流,叙事者也可能是任何一个逆流而上、寻找人类的过去和自己童年的人。

与偏重自然的地域主义者不同,卡彭铁尔并不想融入拉丁美洲的精神。恰恰相反,作为一名来自文明世界的观察者,他承认自己与这片土地是有距离的,而《消失的足迹》中的戏剧性——如果有的话——都表现在缩短距离的努力上。这种体验带着更多的异国情调而不是本土特色。故事的主人公是个音乐家,正在研究音乐的模仿与魔幻起源理论。某所美国大学的附属博物馆为了丰富自己的藏品,委托他沿河而上寻找几种原住民部落的乐器,他不情愿地上了路。当下世界发生的一连串扑朔迷离的事情激起了他隐隐的不安。厌恶、疲惫和挫败感填满了身心。他焦虑地迷失在20世纪的末日般的世界里，就如下面这段梦呓般的文字中展示的那样："我小小年纪就漂泊在外，被虚假的观念炫花了眼。先是学了门艺术，写的东西只配卖给锡盘巷①最差劲的音乐商。后来当了随军翻译，接连几个月奔走在一片片废墟中。再往后又被重新扔到了一座城市的柏油路上，这里的日子比任何地方都要苦。"这座城市从来都没有名字，但我们可以通过文中的暗示猜到那是纽约。无论如何，它都是现代文明的象征。"啊！为了讨生活，"主人公写道，"我住过最可怕的街道。那里的人们在晚上洗着唯一的衬衫，在雪天里穿着破了洞的鞋子，抽着一个个烟头，在橱柜里做饭。他们长年累月地挨饿，把所有心思都花在如何填饱肚子上。"虽然近来的生活有所改善，大城市的生活却没有任何意义可言。他按部就班地与一名叫露丝的女演员缔结了一场短暂的婚姻。妻子不停地巡演，两人只有星期天才能过点可怜的夫妻生活——或者像卡彭铁尔说的，"行那交合之事"。此外他还交了一个轻佻的法国情妇，芳名蒙绮，痴迷通灵、占星和超现实主义。终于到了打破这一切的时候了。主人公日记中的细节描写波澜不惊，带着点印象派的味道。卡彭铁尔以这样的手法来表现那些自言自语、天马行空的思绪，着重于突出整体色调，而不是时间线上的细枝末节。舞台的布景设备有些吱呀作响，可一旦开演，主

---

① 锡盘巷（Tin Pan Alley），位于百老汇附近的西28街的别称，是纽约商业流行音乐出版商的聚集地。

题就清晰地突显出来了。于是我们在天亮前的昏暗中踏上了这段"发现之旅"。也许有人会联想到康拉德的《黑暗的心》,没错,无论是曲折繁茂的文风还是旅途所代表的寓意,卡彭铁尔都毋庸置疑地受到了康拉德的影响。然而两位作家笔下的旅行却有着截然相反的意义。康拉德在《黑暗的心》中描写了一个恐怖野蛮的世界,卡彭铁尔却开启了一片伊甸园。

我们沿着时间逆流而上,首先来到一个没有名字、正处在革命高潮的拉丁美洲首都,接着是残留着 18 世纪或者 19 世纪生活的遗迹的内陆村庄,随后是封建统治区,最后终于抵达丛林深处石器时代的原始社会。这里唯一的入口掩藏在岸旁草丛的最低处。雨季到来时,暴涨的河水——这是个值得注意的细节——会洗去一切人类的足迹,淹没一切路标。我们爬上了山坡,那里是《创世记》中的土地。

就像作者本人指出的,虽然书中很多人物都有真实的生活原型,但他们与其说是有血有肉的人,不如说是拟人的象征:满脑子都是"黄金国"幻想的淘金者;胳膊上夹着《奥德赛》,应某位失踪祖先的召唤而来的希腊冒险家;把教堂建到沙漠里的拓荒者神父;在泉水口建造了一座城市,代表世俗力量的"前锋"。对主人公有特别重要意义的是罗莎里奥这个人物。她是女性的化身,是原始母体、故乡和一切生命泉源的象征,是繁衍与再生的符号。她是"百分之百纯粹的女人",是一个孕育生命的基础生物,对她而言,"世界的中心就是正午阳光倾洒到头顶的地方"。主人公因为爱她而变成了另一个人——尽管这场

"回归"只延续了六个多星期,这段爱情却是无与伦比的。他沿着人类时代一路后退,路途的终点也是起点。他从中感受到了一种发自本能的快乐、和谐与满足,再也不想回到文明世界中去了。他发现,"当有人宣称人类不可能脱离其时代的时候,这里却能活得不知今夕何年"。但从另一个层面上讲,主人公又是脆弱的:21世纪的人类归根结底只不过是生活在另一个时代的囚徒,带着所有行装、累赘和承诺,逆着时间生活在"对未来的回忆"里。艺术家的处境就更加糟糕了。艺术不属于《创世记》,他说,而属于《启示录》。一个天生(或者天谴)地觉醒了的知识分子,注定要把人类全部历史的重担背在肩上,也必定要与自己生活的时代打交道,不可能断了联系。"这些人无意识地踏上了一条非凡之路,丝毫没有觉察到自己正在经历着多么美妙的时刻……新世界先要去生活,才能被阐释。他们之所以来这里并非出于理智的信念,而只是单纯地觉得,这里,而不是别处,才是过日子的地方。与《启示录》中创造者的"现在"相比,他们更喜欢眼前的这个"现在"。但主人公不会像这样选择。因为他属于另一类人,那些人"孜孜不倦地求知,一边转变着,一边惶恐着。他们既推崇在那些在原始泥沼中,在与山和树的苦斗中百炼成钢的勇士们的习惯,也捍卫半途而废当逃兵的想法。这样的人都容易受到伤害"。因为他们虽然把世界上的强权置之身后,却依然要忍受它的摆布。所以,"这些全都不是我的命运,唯一不能脱离时间的人类就是艺术家。他们不仅要超越定格在鲜活见证中的刚刚逝去的昨天,还必须预言后来者的赞歌和形式,并怀着对时至今日一切行为完全清醒的认识,创造出新的鲜活见证"。主人公个人的失败——根据作者的说法,这个结局既满足了小说主旨的要求,也避免了大团圆的瑕疵——也暗示了那些骨子里土生土长的美洲人有可能成功。丛林的河流就像鲜血一样流淌在他们的血管里。卡彭铁尔会是这样的美洲人吗?这令人满腹狐疑。当我们问起他时,他笑答道:"罗莎里奥是我的女人。"

《消失的足迹》的语言繁复冗长,压得人喘不过气来。卡彭铁尔几乎所有的作品都是这个样子。精雕细刻的复句密密层层地叠在一起,堆成无休无止的段落。这些静态的段落有时会呈现出一种复调般惊心动魄的美。卡彭铁尔对文字有一种病态的欲望,可以说那是一种对词汇的贪婪,读起来臃肿不堪。他是静物描写的大师,笔下的事物总会唤起对某个时代的联想;但也有时候,他不过就是个优雅的园丁,窒息在亲手种出的花海里。这个趋势在他后期几部作品中尤为明显,沉重的装饰和精美的雕琢愈加频繁地削弱了文字的活力。句法僵化了,对话几乎看不见,就算有对话,也生硬得近乎呆滞,除了标记时间外毫无用处,跟标点符号没什么区别。这种写法很难立得住,更别说触及深处了。没了圆规和罗盘,目光就会迷路。最糟糕的事情无过于明明是康拉德却自诩爱伦·坡。卡彭铁尔认为后者浮夸的散文是"有史以来最优秀的作品",但这种浮夸体现在他自己的文字中,有时却变成了挂毯一样死气沉沉的语言编织物。的确,卡彭铁尔感兴趣的是内容而不是人物。比起行动来,他把更多的笔墨倾注在潮流和趋势上，这一点与美洲当前文学的方向不谋而合。卡洛斯·富恩特斯的某位小说人物就曾说过，我们生活的这个世界上没有人，没有个体，只有非人的力量的斗争。这个人物的言论也代表了"个人乃群体精神化身"的拉丁美洲原住民传统。但卡彭铁尔把这一原则用在了现代群体社会的所有人身上，这个社会中柔软无形的泥土就是他塑造人物的原材料。他偏爱典型，或者说，偏爱大街小巷里那些不起眼的芸芸众生。他把自己的风格叫做"巴洛克"，并将其定义为美洲大陆的专属特色。他斩钉截铁地宣称："拉丁美洲的艺术只能是巴洛克的，否则就不是拉丁美洲的艺术。"根据他的观点，那些风马牛不相及的事物都是巴洛克式的。比如墨西哥殖民时期甜腻的建筑，比如维拉-罗伯斯①的音乐以及博尔赫斯的幻想故事。但这个术语更多地被专门用来形容我们倾向于大屏幕的文学。巴洛克就像——打个比方——用语言编织巨幅布料的卡洛斯·富恩特斯和米格尔·阿斯图里亚斯，在他们连篇累牍的空话里可以听到人语声和行动时的聒噪声。而卡彭铁尔的文字则浸满了图书馆和旧档案的味道。他就像一个阿拉伯艺术家，在无法表现鲜活形象的时候，就用阿拉伯花纹来诉说心声。

卡彭铁尔用另一种方式看待问题。被定义为"拉丁美洲艺术家"，他说，不仅意味着要在宽广的画布上创作，还意味着渴望"填满整个画面，不留一点死角"。对旧世界的艺术家来说，

---

① 海特尔·维拉-罗伯斯（Heitor Villa-Lobos，1887—1959），巴西作曲家。

某些事物的命名从不是难事，因为它们属于公众福利，轻而易举就能被辨认出来。"所有人都知道海涅诗里的松树。"但是在新世界里，我们就好像伊甸园里的亚当一样，还处于"给万物起名"的阶段。我们必须把身边陌生的街道、物品、树林、湖泊和山峦，都列进一份详细而完整的清单，这样它们才能成为宇宙中可以被感知的一部分。

然而卡彭铁尔的视觉想象力是如此丰富，毫不夸张地说，他是在画出场景。他说当某个地方写得不顺的时候，就会尝试着想象画家会怎么看它，再用勃鲁盖尔①、博斯②和戈雅的方式去描绘它。但他并未止步于此，随后还要把所有章节都打磨完美，所有空间都填得满满当当。读者无法添加任何东西，只能眼花缭乱地迷失在没有透视的层层画面里。

我们怀疑，对于卡彭铁尔来说，建筑有时比人类更加令他震撼。比如《追击》里的逃亡者在哈瓦那老城的廊柱下东躲西藏时所感到的痛苦，比起"这个时代最后的古典老建筑在垂死中挣扎的痛苦"来，显得格外微不足道。

卡彭铁尔笔下的人物是背对读者的，他们作为会行走的理念或态度的象征，目的是将冲突典型化，而不是戏剧化。他们只是一个个范例，而不是有血有肉的人。卡彭铁尔看不上关注个体生活而不去反映历史或者社会的"心理小说"，他对"史诗本质"更感兴趣。"我喜欢宏大题材"他说，"它们赋予了人物

---

① 指老勃鲁盖尔（Pieter Brueghel，1525—1569），尼德兰画家。
② 耶罗尼米斯·博斯（Hieronymus Bosch，约1450—1516），尼德兰画家。

和情节更多的丰富性。"不过同时他也承认,"恢弘的场景是最容易背叛小说家的"。

被公认为其代表作的《光明世纪》(1962),就是卡彭铁尔努力调和抽象理念与具体事实的产物。他在这部作品中表现出了对美洲经验进行广泛概括的空前决心。出于对历史人物的痴迷,他选择了维克托·于格这个法国大革命中虽不起眼却很特别的小人物作为小说的主人公。此人名不见经传,所以可以充分地"根据其行动"来描写他。

在一次去欧洲的旅途中,卡彭铁尔的飞机迫降到了瓜达卢佩岛,这次经历成为了他写作《光明世纪》的缘起。这部小说由许多个包含无数密码和多重视角的主题交织而成,充满了辉煌灿烂的时刻。虽然它有很多缺点,比如矫揉造作、巴洛克式的怪诞和戏剧般夸张的姿态——但毋庸置疑,这是一座震撼人心的迷宫般的建筑,散发着持久的生命力,在哲学、造型艺术、考古学、医学和神秘主义等各个领域表现出来的渊博造诣无不令人叹为观止。

《光明世纪》描写了法国大革命对西班牙和法国统治下的加勒比地区立竿见影的影响。就像《人间王国》和《追击》等其他革命题材的作品一样,卡彭铁尔依然在具体与典型间徘徊。历史一直在重复着:初始阶段亢奋的理想、狂热和幻觉不久就演变成官僚主义和随之而来的腐败,最后引发了盲目的暴力,并以幻灭和妥协告终。众所周知,革命吞噬了它自己的儿女。但这一切从长远看又并不都是负面的。维克托·于格是罗伯斯庇尔在新世界的化身,他引人注目的经历阐明了卡彭铁尔的观点。此人在革命刚爆发的时候只是个来自马赛的小贩,在地中海上跑船做生意,后来怀着冒险发大财的野心来到加勒比海开店。他在历史上的初次亮相,是因为自家店铺在海地奴隶骚乱中一夜之间被烧了个精光。此事唤醒了他反抗当下专制统治的模糊的自由意识。整个加勒比地区都在沸腾,善于见风使舵的维克托·于格——他与革命各方都保持着良好的关系——一步登天,迅速掌握了权力。他今天是共济会员,明天是雅各宾党,对敌人冷酷无情,私生活则像斯巴达人一样简朴。他是个玩世不恭的投机主义者,总是向不断变换的主子们效忠,同时还是个典型的行动派,擅长狡辩和诡辩。这个角色的作用就在于将抽象的理念降低到功利的现实层面上。作为冉冉升起的明星,他被召到法国,加入了富歇和罗伯斯庇尔的麾下,接下来又作为法国政府的代表重返新世界,赶走了瓜达卢佩岛上的英国人,最后当上了卡宴总督。据历史记载,他一直在那里实行铁腕统治,直到1822年在自家种植园里去世。

卡彭铁尔在这些零星事实的基础上构建了一部史诗巨作。故事绚丽多彩的背景涵盖了整个加勒比海地区,并延伸到大西洋彼岸的法国和西班牙。在这幅画卷中,接二连三的天灾与人祸总是叠加在一起,有时候我们很难说清楚自己到底是在公海上遭遇海难,还是在瘟疫中垂死挣扎,或是在雅各宾党的大清洗中小命难保。维克托·于格凭着高效的实用主义机器躲过了地震和雪崩。旗帜和口号换来换去,大海的潮水起起落落。身为雅各宾党人，他推崇自由平等，主张废除奴隶制。然而出于政治考虑，他又反过来纵容那些载着英国货、挂着法国旗、驶向荷属西印度群岛港口的海盗船从事贩运黑奴的勾当。等到拿破仑一复辟，他就在自己的地盘上恢复了奴隶制。维克托·于格身上集中体现了革命进行中的内部矛盾。当他在执政府的支持下第一次来到新世界上任的时候，革命正处于"寓言般"的鼎盛时期，与他一同抵达的还有权力的象征——断头台。

《光明世纪》的辩证性远胜于戏剧性。但这一次卡彭铁尔费尽心思地把自己的思想集中在真实的人物身上。维克托·于格赋予了这部作品严格的历史维度。与此同时，《光明世纪》也写出了一个家庭的变迁史。这个古巴家庭有三个成员：哥哥卡洛斯、妹妹索菲亚，以及他们体弱多病的表弟埃斯特万。他们在哈瓦那老城的大宅子里为父亲服丧期间，作为第一批见证者目睹了发生在新时代的众多大事，后来还亲身参与其中。一家之主去世后，所有旧日的生活方式也随之消亡。三个人孤苦无依，境况每况愈下，对狂飙一样的变故毫无招架之力。旧世界的大革命风暴正进行得如火如荼，相关消息甚至渐渐传入了封闭的西班牙殖民地。他们隶属的贵族阶级的支柱在分崩离析。三人中，大哥卡洛斯肩负了兄长世俗的责任，掌管家务——这个人物只起到了衔接的作用，作者的笔墨都集中在索菲亚和埃斯特万这对敏感而又不安分的青年姐弟身上。两人一直在偷偷地阅读被西班牙殖民地查禁了的法国启蒙哲学家们的著作，对以他们的思想为宗旨的大革命怀着朦胧的憧憬，并迫切地渴望行动。与此同时,他们的生活纷乱动荡,周围的环境却永恒不变:他们的状况是作者熟悉的现代哈瓦那真实家庭的写照,从中可见当年普遍的乱象和撕裂。在一个颇具科克托①风格,令人想起《可怕的孩子》(Les enfants terribles)的场景中——姐弟俩宛如《保尔和维吉妮》(Paul et Virginie)的翻版,为了消磨时光,在布满蛛网的家具和满是灰尘的画作中(特别是一幅极具象征意味、出于某位那不勒斯大师之手的名为《一座大教堂里的爆炸》的作品)随意乱逛,从壁橱一直逛到地下室。他们白天睡觉,夜里上街。两人的关系笼罩着一团孩童的神秘光晕,从中可以窥见那种带着乱伦欲望的罪恶的纯真。埃斯特万精神脆弱,几乎是个残疾人,身体被慢性哮喘折磨得衰弱不堪,索菲亚同时承担了姐姐、护士和母亲的责任(这是卡彭铁尔笔下又一位永恒的女性角色)——卡彭铁尔说,索菲亚是他刻意挑选的名字。这个名字的本源有"智慧"和"令人快乐的科学"的意思。当命运附身在维克托·于格身上、敲响大门的时候,他们生活的这个凹陷的世界已经永远毁掉了。于格是在海地大屠杀后来到这里的,正赶上一家人在为父亲守丧。尽管带着父亲的举荐信,但这位不速之客起初既不被信任,也不受欢迎。不过他很快就成了全家人的朋友,并以自己的魅力征服了冲动的主人们。新时代的影响很快就在这个家庭里显现了出来。埃斯特万的哮喘被维克托·于格的朋友以半魔法半科学的法子神秘地治好了。

---

① 让·科克托(Jean Cocteau,1889—1963),法国诗人、艺术家。

这位名叫奥赫的黑人既是巫师也是持证医生。作为时代悖论的象征，他一边念叨着伏都教那些不可思议的药方，一边煞有介事却又极其科学地把生长在病人房间后院里的那些容易引发过敏的植物连根拔除。与此同时，十字军式的浪漫主义精神也激荡着索菲亚的身心，她成了维克托·于格的恋人。埃斯特万则将于格奉为先知。他心中历史意识的觉醒，恰巧发生在通过性爱从青葱少年迈向成人生活的路途中。

现在，两个表兄妹的人生已经和维克托·于格牢牢地捆绑在一起了。书中的每一个年轻人都必须扮演一个象征性的角色。埃斯特万代表了某一类"天真的幻想家"，以及那些态度摇摆、不能面对现实的知识分子。"这个阶级的人希望当下的社会结构能够有所改变，"卡彭铁尔说道，"但前提条件是，这样的改变必须符合他们的心意才行。如果事情的发展没能如他们所愿，他们就放弃了……"埃斯特万怀着热烈的革命精神，追随维克托·于格来到法国，并很快被派往法国南部靠近西班牙边境的某地，当了一个不起眼的小官。他对此深感失望，天真地觉得自己配得上更好的职位，但这都是因为他看不清的缘故。道德原则蒙蔽了他的双眼，现实的阴暗面令他痛心疾首。本该引入西班牙的革命机制土崩瓦解，革命队伍里出现了大量叛徒和逃兵。在一场接一场的大清洗中，巴黎一届届政府就像走马灯似的上台又垮台。此起彼伏的恐怖浪潮从省政府扩大到执政府。埃斯特万被救世主们的血腥手腕吓坏了，终于意识到自己崇高的理想早已化为灰烬。但他醒悟得太迟了，曾经的受害者变成了现在的刽子手。他与维克托·于格的见面越来越少,有一次他疲惫地对后者坦言,"我梦想中的革命跟现在完全不同"。而作为老牌犬儒主义者的于格用一句足可以名垂青史的话驳斥了他的指责:"谁命令你信仰不是那么回事的玩意儿来着?……革命不是争辩出来的,而是干出来的。"

埃斯特万作为好心办坏事的典型,被现实的打击狠狠地教训了一番。当维克托·于格一手福音书、一手断头台地去瓜达卢佩岛赴任的时候,他却洗手不干,跟一切都决裂了。他从满地人头翻滚的法国垂头丧气地回到了哈瓦那,并苦涩地宣称,"乐土就在人们自己身上"。

然而对于索菲亚而言,革命才刚刚开始。当埃斯特万不在身边的时候,她审时度势地嫁给了一个商人。她的丈夫跟哥哥卡洛斯合伙了没多少日子就一病不起,逆来顺受地在灵床上咽了气。刚刚丧偶的索菲亚冲破束缚,头也不回地前去投奔老情人维克托·于格。后者住在卡宴奢华的大宅里,已经成了十足的独裁者。

于格在他的豪宅里冷冰冰地款待了索菲亚。岁月无情,两人的爱情像革命一样淡去了。索菲亚虽然坚持着救世主的信仰,却是个现实的人。她在一败涂地之前体面地离开了。现在她该去哪里呢?哈瓦那已经回不去了。埃斯特万被古巴殖民政府以从事革命和"共济会活动"的罪名逮捕,讽刺的是,他最终被发配到西班牙坐牢。索菲亚决定和表弟一起走。她在马德里通过一番神不知鬼不觉的运作,使埃斯特万重获自由,两人在安静的郊外定居下来。接二连三的厄运令埃斯特万一蹶不振,唯一的快乐源泉就是亲爱的索菲亚,他在表姐的身上找到了渴望已久的堡垒和避难所。他意识到自己的革命热情从来只是在寻找那个"她",那个"原始的女性"。这是他生存的根本。对他而言,革命终结于回归子宫的那一刻。

姐弟俩过了几年隐居生活,我们再次验证了卡彭铁尔对革命模棱两可的态度。埃斯特万的无可奈何——它代表了人类面对一切艰巨事业注定的无可奈何,为小说注入了堪称基督教宿命论的哲学内容。然而卡彭铁尔说,本书真正意义在索菲亚身上。她对事实冷静的评判更接近于马克思的人道主义。她懂得,"不管人们说了多少谎言,思想依然沿着固有的方向前进,直到成为现实的那一天"。这个理念凝聚在引自《光明篇》[1]的那句先知般的卷首语中:"语言并非虚妄。"就像作者在全书的结尾处阐述的:"维克托·于格的到来为一件事情奠定了公共基础,那是草原骑兵摧枯拉朽的冲锋,那是沿着传说中河流的航行,那是翻越崇山峻岭的军事远征。这片土地上的人们会书写下一部丰功伟绩的史诗,在旧欧洲失败了的,将在美洲大陆上取得成功。"显而易见,这里指的是法国大革命理想引领下的美洲独立战争。

《光明世纪》的密度是惊人的。一件件大事电光火石般地发生着,令人眼花缭乱。但浮夸的文风和对绘画效果的过度追求,使场景一动不动地凝固住了。就好像所有事情都发生在了《一

---

[1] *Zohar*,犹太神秘主义的重要作品。

座大教堂里的爆炸》这幅充满了隐喻的画作里，画中生命"无声的骚动"终结在某种"末日般的静止"中。

然而，这部充满寓言般力量的作品是那么地动人心弦。在卡彭铁尔笔下，美洲世界的重要特质和内容一直都没有改变。他认为美洲是亘古如一的精神图景的集合，它决定了一种生活方式。人们赖以生存的神话依然如故。所以在18世纪和19世纪备受冷落的革命经验又在20世纪重新流行起来。当卡彭铁尔提到，《光明世纪》的初稿写于1956至1958年间的时候，他特别强调了这一点。我们注意到，当他1959年返回古巴加入了卡斯特罗的革命队伍之后，曾对原稿进行过修改（这也是本书直到1962年才出版的原因）。在书中那些被"命名"的事情终于发生了，尽管从某种意义上说，它们一直都存在。拉丁美洲的社会运动向来都在规律性地重复着，这种规律性体现在亘古不移的山脉、海洋和草原上，是它们勾勒出了美洲永恒的轮廓。《光明世纪》写到了委内瑞拉海岸上的一座群岛——卡彭铁尔曾在本世纪中叶探访过那里，并将自己的所见如实写进了小说中——虽然书中的故事发生在一百五十年前，但这番描写却无比贴切，毫无突兀之感。卡彭铁尔特别擅长将不同的时代炉火纯青地拼接在一起，这就是个很好的例子。"我是在甲板上写下这一章的，"他说道，接着又补充了一句，"我写作就像动物一样。对于某些事情，我不去分析，只是在灵光乍现的时候把对它们的感觉书写出来。"但是他也承认，自己的艺术是经过深思熟虑的，并毫不犹豫地坦言，这需要付出艰辛的努力。他遵循着严格的时间表，尤其喜欢黄昏时写作，因为他说他自己不相信"清晨的灵感"。所以，"在动笔写小说之前，我首先要列一份大纲，包括地点分布和行为发生地的场景速写（画得很差）。人物的名字都是仔细斟酌过的，通常具有象征意味，这样我就能把他们看得更清楚了。如果不事先想好应该在某一章里写什么，我是完全无法动笔的"。

卡彭铁尔是古巴革命的宣传者和歌颂者，他的所有作品也要联系这个身份去评价。他认为，对于整个拉丁美洲来说，古巴当下的事实代表了从祖先那里继承下来、富有先驱精神的真理，而小说家的责任在于定义这些真理，并服务于它们。小说家不是煽动家——暴力文学已经是过去的事情了——而是用头脑去思考，弄清来龙去脉，并从事实中提炼出观点。以前的那些"抗议小说"已经被淘汰了——卡彭铁尔不认为存在这个门类，因为它们书写的是从未发生的事情，换句话说，就是在受制于人的情况下，为了支持某个情节而或多或少凭着个人好恶收集的、带着统计性质的事实——取而代之的是不拘于眼前的成败得失，从而做出更加有效和客观的评价的文学品类。卡彭铁尔是拥护革命的，但他理解革命的任务是复杂的，也清楚革命的历史形态是重复的。他以一种冷静的态度评判事实。每一个革命时代都会产生自己的殉道者，昨日的断头台正如今日的枪决墙。《对无辜者的屠杀》[①]可以看作是历史的一个常量，《光

[①] *La Masacre de los Inocentes*，佛兰德斯画家鲁本斯（Peter Paul Rubens）的著名作品。

明世纪》的结局则带有指导性。有一天,埃斯特万和索菲亚突然离开了马德里的隐居所,不顾一切地冲向骚乱的街头,被人潮卷得无影无踪。这是"光明"世纪最耀眼的顶峰,但就像作者指出的,这个光明世纪,也是充斥着近乎中世纪的蒙昧主义、神秘社团、奴隶制、巫术和黑人弥撒的世纪。但是埃斯特万和索菲亚,或者说他们不知名的后代——也就是追随者们——正生活在今天的古巴,并再一次站在历史的法庭上,等待着新的宣判。他们的所作所为究竟是为了美好的理想,还是虚妄一场,时间终将给出答案。在此期间,法官与罪犯、受害者与刽子手将孜孜不倦地继续这永恒的辩论。它充满矛盾,永远争不出结果。

卡彭铁尔属于少数相信思想力量的人。在他的新作、古巴革命"轮回三部曲"的第一部——《五九年》(*El año 59*)——中,他试图展现思想与群众运动相结合后产生的效果。从《美洲之家》杂志发表的某些片段看,这将是一个几乎不可能完成的任务。《五九年》中没有主人公,或者说,没有个体,只有群体,也就是席卷一切的汹涌人潮。我们站在看台上,通过形状和颜色辨别他们。一架架载满了逃亡者的飞机从哈瓦那机场仓皇起飞。骚乱的人群拥进了市中心的街道。听不懂的口号随着海报和旗帜在风中飘荡。没有情节,只有盲目的运动。那是声嘶力竭、成群结队的民众。作者化身传声筒,火箭在天上飞,整流器嗡嗡作响,人群卷着我们走。巴洛克的修辞包裹一切也溺毙一切。卡彭铁尔说,他的目标是绘制一幅像"行星系一样运动着"的"群像"。这令我们不由得自问,当人类的冲突导致人将不人时,那世间还有什么意义可言?我们对此一直困惑无解。

除了从事文学创作外——包括最近新创作的一部以科尔特斯为主角、以殖民者为主题的戏剧《魔法师的学徒》(*El aprendiz de brujo*)[①]——卡彭铁尔还在大学任教,并在古巴担任了作为革命成果之一的国家出版局局长的重要职位。书籍是革命的字母表和福音书。他在谈话中骄傲地提到,1964年,自己负责的出版部门一共发行了两千万册图书,这个数字是空前的。1965年还计划再发行两千万册。哪怕人类的境遇是不变的,当下也依然有很多亟待解决的问题需要关注。卡彭铁尔承担了他的历史责任,他的双手是满满的。"古巴不是一个孤立的现象,"他如是说道,"古巴的命运也是整个美洲的命运。"倘若革命不朽的轮回需要卡彭铁尔献上可朽的祭品,这将不是我们美洲文学第一次向历史屈膝投降。

---

① 原文如此,疑有误。该作品的正式出版标题为 *La aprendiz de bruja*。——编者注。

米格尔·安赫尔·阿斯图里亚斯，或百花绽放的土地

周好婕 译

  故国的命运在阿斯图里亚斯的作品里留下了无法磨灭的烙印。他是他们那个时代饱受苦难的芸芸众生之一。正因为饱受苦难，所以他们知道要表达自身的痛苦。阿斯图里亚斯让自己的作品变成了一个申诉苦难的法庭，变成了承担着无名痛苦的卑微民众的避难所，变成充满了怜悯和正义的殿堂——里面回荡着无依无靠者的疾呼之声。穷苦的人拥到他的面前，而他，本着团结和博爱的精神，一直在倾听他们的声音。尽管他远离故土和家园，但他总是和穷人分享自己的面包。"一只手里握有很多钱，这是不道德的。"阿斯图里亚斯说道。

  他的发言总是很精辟，仿佛一开口就是格言警句。1965年春天那个明媚的下午，我和他在热那亚相会。这个身材异常魁梧、长着鹰钩鼻的男人站在一张硕大的圆桌后接待了我们。我们所在的是多利亚宫（Palacio Doria）的最顶层，它庄严地耸立在屋顶上，从那里往外看，可将圣玛窦广场尽收眼底。热那亚是一座充斥着冒烟的烟囱、蜿蜒的小巷、工厂和渔厂的城市，

在那里，家家户户的屋顶平台上都在阳光下挂着幽灵般的衣物。他那在黄昏中瑟瑟发抖的房间并不起眼，里面也几乎没有什么家具。阿斯图里亚斯的财产屈指可数：他的书籍和杂志随意地散落在各处，应季的装饰挂在书架上，剪报粘在光秃秃的墙壁上。他几乎不把注意力放在周围的环境上。隔壁房间里的吸尘器像风箱一样呼呼作响。一包食物——他刚刚购物回来，在对美食的期待中摩拳擦掌——挂在架子上，不住地摇晃。走廊里响起了嘈杂声，有人到访——朋友们都来了。阿斯图里亚斯的家里总是来往着许多人，他们来去匆匆，最后四散在世界的各个角落。阿斯图里亚斯善良、内敛、沉默寡言。他平等地接待每一位来客，深邃的眼睛里含着笑意，闪现着一种平静而随性的目光。

当我们进入阿斯图里亚斯的家中时，气流如海风一样穿过堂屋，把门吹得哗哗作响。一只孤零零的小电热炉摆在地上，闪烁着光芒。这是他工作的房间。冬天刚刚过去，我们实际上停留在和户外一样的温度里。阿斯图里亚斯向我们解释为何屋里如此寒冷。"因为天气太糟，我们已经好几个月没有踏进这里了。"他一边说，一边慢慢起身向我们打招呼。他的故乡是没有冬天的。危地马拉山区的气候温和而甜美。但是那一切离这里太遥远了。阿斯图里亚斯的半生都在流亡中度过。在布兰卡的陪伴下，我们开始喝咖啡。布兰卡是他的妻子，一个友好而神采奕奕的阿根廷女子，她对待我们就像待老友一般亲昵。随后，我们陷入了回忆之中。阿斯图里亚斯说话的节奏和写作的节奏类似，当他情绪不错的时候，便会文思泉涌，滔滔不绝；当他觉得沉默来袭，便会显得紧张和阴郁。在让自己冷静下来的同时，他会提高嗓门，然后用手指敲击着桌面，震得杯子从桌上跳起来，弹到半空中，趁这个当口，他便停止说话，沉默起来。他并不是一个健谈的人：他喜欢讲有趣的奇人轶事，抛出一个笑话，或是作上一点讽刺，然后任其沉淀，自己则退到一边开始沉思，或是将注意力转移到别处。他生活在另一个世界里。布兰卡对我们说，他陷入思考的时候，常常一边在屋里徘徊，一边自言自语。

阿斯图里亚斯的气质里有着危地马拉人所特有的忧郁和审慎。他带着山地人独有的迷离的目光——因为迷失在了那片充满海市蜃楼、惹人遐思的广袤土地上。也许，他是将我们文化中非理性和隐秘部分挖掘得最为深入的小说家。他是一个充满神秘、被奇异的噩梦所环绕的人。比起诉说，他更喜欢倾听。他所听到的，是一幅山间图景里发出的声音——山间布满了雾气缭绕的湖泊，千年的部落在这里栖息，他们的舞蹈和面具后面藏着的是古老的真理。他一直遵循着自然主义的传统，驱动他创作的精神，尽管有时候带着一点恐怖主义的风格，但总能使他的作品更接近于古老的警世故事，或是中世纪的寓言。他的作品有一种滑稽剧的感觉：就像一个木偶剧院，里面的表演由一个口技艺人负责，他一个人要为剧中所有的角色配音。这出戏剧化用了很多素材：印第安的魔法和神话、克维多的恶魔学、戈雅的戏谑主义、超现实主义的戏法。不管是在纯粹的传说世界，还是在社会批判的领域，阿斯图里亚斯总能营造出一种拂晓般的幻想氛围，这种氛围几近卡通化，但总是被一种温柔和怜悯所照亮——它可以使得最为粗俗的漫画形象变得柔和。他是来自阴间的木偶师，设法在日常的噩梦里找到迷人的爱和神圣的喜剧。

生活从最开始就无情地嘲弄了他。他最早的记忆可以追溯到埃斯特拉达·卡夫雷拉（Manuel José Estrada Cabrera）的血腥独裁时期，就是在这位独裁者的统治下，危地马拉步入了20世纪。阿斯图里亚斯出生于1899年，他出生的前一年，埃斯特拉达·卡夫雷拉当选总统。

"我的母亲，"他的嗓音嘶哑却充满活力，"是一名中学教师。我的父亲是一名法官。他在法院担任非常重要的职务……埃斯特拉达·卡夫雷拉是一名来自克萨尔特南戈省的律师。在何塞·马里亚·雷纳-巴里奥斯（José María Reina-Barrios）担任总统期间，埃斯特拉达·卡夫雷拉首次担任内政部长的职务。在职期间，他开始进行幕后操纵，从而在政府掌握实权。某天，巴里奥斯总统的尸体在大街上被人发现——他被人谋杀了。许多人认为埃斯特拉达·卡夫雷拉是这起谋杀的幕后主使。雷纳-巴里奥斯的死让他成为了总统宝座的第二顺位接任人。由于当时第一顺位接任人的缺席，他宣布自己为临时总统。后来，在军队和负责建造危地马拉国家铁路的美国政府的支持下，他正式当选总统。当时，危地马拉已经修完了从首都到太平洋上的圣何塞港的铁路，从首都到大西洋海域的巴里奥斯港的铁路也已经修了四分之三。就在那个当口,埃斯特拉达·卡夫雷拉把所有的铁路修建项目都交给了美国的铁路公司负责。就这样,帝国主义在危地马拉的土地上诞生了。在1904年签订的条约上,他把一切都献给了美国,也正因如此,他得到了美国政府的扶持。"

阿斯图里亚斯说,被第一份特权条约所带来的好处所吸引,美国其他的公司很快就找上了门。没过多久,著名的美国联合果品公司就在危地马拉的土地上站稳了脚跟。

"为了运送香蕉,果品公司的船只在危地马拉的港口停靠,作为交换,果品公司承诺向外运送危地马拉的邮件——南至巴拿马,北至新奥尔良。渐渐地,果品公司意识到这项条约能带来潜在的商机。于是,它开始收购危地马拉的大型产业。"

在此期间,也就是大约在1902年或是1903年,国内兴起了反独裁的学生运动。

"埃斯特拉达·卡夫雷拉,"阿斯图里亚斯回忆说,"他希望我的父亲能利用一些法律手段来镇压学生运动。我父亲拒绝了,也因此丢了职务。他们还把我母亲赶出了学校。他们被迫离开首都,搬去位于内陆地区的下韦拉帕斯省的首府——萨拉马。"

在萨拉马,阿斯图里亚斯度过了他最初的童年岁月。他说,在那段岁月,他与祖国的土地和人民保持着密切的联系。尽管萨拉马与危地马拉城只相隔短短数千米[①],但由于通信不畅,它

[①] 原文如此,疑有误。下韦拉帕斯省首府萨拉马到危地马拉城的实际距离约为103千米。——编者注。

更像一个被遗弃的角落,与首都拉开了无限的距离。

"在那个时代,从萨拉马出发去危地马拉城要花上四天时间。交通工具是骡子,晚上还要露宿街头。"

对于阿斯图里亚斯来说,那次搬家路途上发生的无数奇遇组成了一场冒险。他的祖父在萨拉马拥有一些房产。那是一位终日与土地相伴的老人,他知道那片土地上所有的秘密。很快,祖父和小阿斯图里亚斯就变得形影不离起来。"不管他走到哪里,我都跟着他。"阿斯图里亚斯说道。他感慨地回忆起和祖父骑马穿越高山和峡谷的日子。在1907年,他带着关于在那些骑行中的所见所闻的记忆,和家人一起回到了首都。

回到首都的阿斯图里亚斯发现自己身处一个阴森恐怖的城市。它像是一个墓地,每到黄昏时分,亡者的影子就会从里面悄悄溜出来。在那个率领着软弱无能的议会、已经连任三届总统的独裁统治者的铁蹄之下,这座城市的现实可怖而失真,滑稽而不祥。危地马拉开始了漫长的不眠之夜。人们关起门来,在窃窃私语中发现了一条道路。几乎没有人敢公开反抗独裁。就在不久之前,一场由职业工作人员、医生和律师组织的起义被无情地掐死在了萌芽阶段。不断有人被处死,自杀者的数量成倍增加。这场镇压的规模是如此之大——就连起义者的亲朋好友都遭受到牵连,以至于整个社会都上演着集体性的哀悼。反对独裁的学生运动同样流产了,针对策划这场运动的领头人——他们大都是国家军事理工学院的学生或是军校的学员——的报复也同样坚决。"他们消灭了整整一代人。"阿斯图里亚斯说。监狱里人满为患；整个国家都处于卑躬屈膝的状态……埃斯特拉达·卡夫雷拉拥有一种可怕的、几近超自然的力量。他是一个被神秘笼罩的人物——他利用大众的迷信，为自身营造了一种神圣的威慑力。他在黑暗中操纵着一切。"这是一个无形的独裁政权。从来没有人见过总统。仅有的只是怀疑、私语和谣言……"危地马拉处于世界的边缘。"我们没有收音机，没有飞机。每月有船在我们的港口停靠两到三次，仅此而已。如果没有政府的批准，外国的报纸是进不来的。我们能看的只有那两份官方的报纸。我们被彻底隔绝在了世界之外。"

随着时间的流逝，总统渐渐变成了一个神话。阿斯图里亚斯告诉我们，在那个独裁者垮台之后，他对其有了很深的了解。

"我当时在审判他的法庭上当书记员。我几乎每天都能在监狱里看到他。我发现，这些人，毫无疑问，对民众施展了一种特殊的力量。甚至于当他身在监狱的时候，人们还是会说：'不，那不可能是埃斯特拉达·卡夫雷拉。真正的埃斯特拉达·卡夫雷拉逃走了。这只是被他们关在监狱里的一个可怕的老人。'换句话说，神话里的人物是不可能被抓起来的。在埃斯特拉达·卡夫雷拉执政的末期，他的身边围绕着各种巫师、巫医、占卜师，以及中邪之人，他们在总统府里跳起了狂欢的舞蹈，这一切都凸显了现实的荒诞和可笑。他已经成为了构成他自身神话的一部分，从某种意义上说，他是自身咒语的受害者。他对民众灌输的那些谵妄的恐惧，最终反噬了他。"

阿斯图里亚斯说，标志着埃斯特拉达·卡夫雷拉开始陨落的日期是1917年12月26日。12月25日那个难忘的夜晚,在夜里十点整的时刻,危地马拉被一场地震摧毁了。

"整个首都都坍塌了。这就是为什么危地马拉城现在是一座非常丑陋的城市。在那之前,它有着截然不同的气质。它曾经是一座具有巴洛克建筑风格的城市,有着庄严的传统。我记得,在曾经的危地马拉城,人们习惯于穿着长礼服,顶着大礼帽,戴着手套,拄着手杖……然而,现如今,大地忽然颤抖,所有的一切都被抖落在街道上。令人惊奇的是,这场地震无疑撼动了大地,也撼醒了人民的良知。"

阿斯图里亚斯认为,这场地震不仅造成了物质上的动荡,而且造成了社会的混乱。在这场灾难中,民族团结的精神被陡然激发了。

"忽然之间,社会上各个阶层的人发现自己穿着睡衣睡裤被丢在街头。他们都只能住在帐篷里。这种情况造成的结局是什么呢?那些退隐江湖的人,那些和人群脱节的人,忽然团结起来,加入了人群之中。毫无疑问,这是造成埃斯特拉达·卡夫雷拉垮台的众多因素之一。从1917年到1920年——也就是他被人民推翻的那一年,社会发生了剧烈的动荡。1917年,我们这一代人,已经不再被过去那些关于报复的记忆所困,开始投身于政治斗争。"

1917年,一群学生向大学主广场上的一尊总统塑像投掷石块。面对这种前所未有的侮辱,埃斯特拉达·卡夫雷拉感到非常愤怒,但他的愤怒是徒劳的。各地爆发的集会和游行愈演愈烈。有一些学生被警察逮捕了，但令人惊讶的是，随后他们就被释放了。

"当时的形势非常紧张。在那个时期，这么直接的学生行动几乎是前所未有的，埃斯特拉达·卡夫雷拉不太知道该怎么处理。这就是我们步入1920年时的情形。"

新年的黎明里充满了某种预兆。

"那天早晨，首都的家家户户门口都出现了一些传单，传单号召人民支持一个新的联合政党，以一个统一的中美洲面貌来庆祝1921年——我们独立一百周年的纪念日。面对这样的情况，埃斯特拉达·卡夫雷拉也不知道如何应对。我们这些学生立刻响应了这一号召。从那以后，人民的要求已经不止于此了：他们要求结束独裁统治。当时政府进行了一些迫害行动，但我们还是选择和平的示威方式来应对。我们在当时没有武器。直到四月，国民议会罢免了埃斯特拉达·卡夫雷拉，宣布他不适合执政。"

即使在埃斯特拉达·卡夫雷拉生命最后的日子里，依然有喜剧的色彩。

"卡洛斯·埃雷拉（Carlos Herrera）已经被任命为了临时总统。埃斯特拉达·卡夫雷拉承诺离开危地马拉。似乎他就要离开了。然而，在四月的一个夜晚，有人从他的府邸向外开火——那是一栋位于危地马拉城郊区的一座小山上的房子。就在那时，我们忽然意识到，他并没有离开。"

为了抓住他，一场为期八天的战争开始了。最后，他的住所被团团包围。然而,在准备夜袭埃斯特拉达·卡夫雷拉府邸的时刻,英国和美国的大使馆出面干预。

于是,埃斯特拉达·卡夫雷拉保全了性命。他投降了,并被关在自己的住所。他受到了审判,并被投入了监狱,直到三四年之后去世。

在度过了独裁统治下的漫长黄昏之后,国家百废待兴。1920年,是阿斯图里亚斯非常活跃的一年。

"我们创建了学生联盟党学生会,是联盟党的一个分支。我们创办了一份名为《学生报》的日报,用它输出一些十分激烈的政治观点。但随着埃斯特拉达·卡夫雷拉的倒台,我们开始明白,危地马拉的问题不仅仅是政治上的,如果我们继续像之前一样搞政治,我们的目标将无法达成,我们的影响力也将被白白浪费。因此,我们成立了人们口中的人民大学。只要我们的人民不知道读写,不明白什么是公民的责任和义务,我们就会不断地犯同样的错误,就无法取得进步。人民大学成立于1922年。一开始大概两三百人登记入学,但很快,人数增加到了两千。毫无疑问,我们缺乏教学场地和教学设施。幸运的是,国立大学的校长为我们解了燃眉之急:他把教室借给了我们。上课时间是晚上七点以后。就这样,我们又接受了另外两千名学生,也有工人和附近的居民,有男有女。政府向我们提供了帮助。奥雷利亚纳将军(José María Orellana),也就是新任的总统,他也支持我们的办学。我们的目标是让我们的公民具有奉献的意识。在危地马拉,和在其他的许多拉美国家一样,人民并没有为集体利益作出贡献的意识。我们想要改变这种情况。为此,我们不得不给我们的夜校免费上课——这给我们多少都带来了点不便。这一点需要很大的努力。有时候天还会下雨……我们的项目不断壮大。很快,每个省都建立起了人民大学的分校。它开始在国家生活中发挥重要的作用。我们在国民议会中有了自己的代表。代表提议,大学应该获得官方的补贴。"

在此期间,阿斯图里亚斯的家族的命运迎来了巨大的转机。阿斯图里亚斯的父亲成为了糖和面粉的进口商,他把这些商品卖给周围地区的农民。他敞开家门,在他那破旧的大宅子里接待顾客。傍晚时分,人们聚在院子里的树下,直到清晨的太阳升起,他们才散去。对于年轻的阿斯图里亚斯来说,这些聚会是永不枯竭的奇迹源头,给他提供了源源不断的资讯。

"那是一个非常宽敞的院子,带有一个巨大的院门。买家一般会坐着马车或者赶着骡子来。他们有时上午来,有时下午来。他们挑拣好所需的商品,将一切打包装箱,便于第二天一早就启程离开。他们会在院子里过夜。在那里,他们会点燃火堆,睡在帐篷里。我和他们中间的很多人交上了朋友。我每天晚上都能听到他们的谈话,听到他们讲述的故事。这是我和内陆人民的第二次接触。"

当时,阿斯图里亚斯是一名法律系的学生,他正在写自己的论文。自然,他论文的主题是长期存在的"印第安人的社会问题"。尽管他的研究在某种程度上是理论性的,但他也不得不经常去牧场和庄园进行实地考察。那是一个充满雄心壮志和理性主义的年代。在每个事件里，年轻人都站在最前沿，展望着一个似乎充满巨大希望的未来。

然而，充满希望的愿景很快就被现实击碎了。从法律系毕业没多久，阿斯图里亚斯和另一名律师被指派去为一名被控告谋杀奥雷利亚纳总统的参谋长的官员辩护。这是一桩复杂而棘手的案件。被告方败诉，被告官员被判处枪决。军方在审判期间的态度引人遐思……军方在政府中的影响力越来越大。阿斯图里亚斯和他的两个朋友——分别是伊巴密浓达·金塔纳（Epaminondas Quintana）和克莱门特·马罗金·罗哈斯（Clemente Marroquín Rojas），在他们创办的周刊《新时代》（*Tiempos Nuevos*）的某一期上发表了一系列热情洋溢的反军国主义的文章。在文章见刊的当天晚上，伊巴密浓达·金塔纳被围困在"耶稣之巷"殡仪馆，并在那里遭到了殴打。这场殴打致使伊巴密浓达·金塔纳从此之后变得半盲半聋。阿斯图里亚斯从这场事件里吸取了教训……他的家人把他送上了前往欧洲的船只。一艘德国大船把他留在了巴拿马，他在那里转乘了一艘英国船，并被带去了伦敦。那是 1923 年。

阿斯图里亚斯准备在英国学习政治经济学，然而他告诉我们，他到伦敦之后做的第一件事就是参观大英博物馆里的玛雅藏品。他在展馆里看到的藏品仿佛是从他的过去溜出来的幽灵。它们无声地证明，尽管时间和距离已经抹去了古老的印第安文明的辉煌，但是它的世界观和根本的态度并没有完全消失。他曾在自己的祖国见证了这一事实。它们沉睡着,在茫茫人海中,渐渐变为化石,沦为苦难和绝望。它们的踪迹几乎无处可寻。但不久之后,阿斯图里亚斯就将找到某些关键线索。1923年7月14日——巴士底日①,阿斯图里亚斯当时在巴黎度假,他参观索邦大学的时候,看到了关于乔治·雷诺(George Raynaud)教授开设的一项课程的公告——雷诺是玛雅仪式和宗教方面的专家。对于阿斯图里亚斯来说,这是一种启示。他在雷诺教授身边学习了五年。雷诺教授毕生都致力于将《波波尔·乌》——基切人②的圣书——翻译成法语。《波波尔·乌》旧的西班牙语译本可追溯到16世纪,出自希梅内斯神父之手。这个译本体现了译者的不安——他是一个宗教人士,由于害怕宗教法庭的审判,他的译本更接近于《圣经》。因此,人们需要一个新的译本,一个没有任何倾向性、没有遭受阉割的译本。阿斯图里亚斯和他的一个墨西哥同事——冈萨雷斯·德门多萨(González de Mendoza),以法语译本为蓝本,承担起将《波波尔·乌》翻译成西班牙语的任务。这是一项艰巨的学术工作,而且如同惯例,这项工作的报酬不高。为了维持生计,阿斯图里亚斯开始从事新闻行业。他为墨西哥和危地马拉的日报撰写文章。他在1925年到1926年之间完成了《波波尔·乌》的翻译。

---

① 巴士底日,又称法国国庆日,纪念在1789年7月14日巴黎群众攻克了象征封建统治的巴士底狱,从而揭开法国大革命序幕。
② Quichés,危地马拉人口最多的印第安民族,主要分布在基切省和下韦拉帕斯省,为玛雅人的一支。使用基切语。

正是在这个阶段，部分出于消遣的目的，阿斯图里亚斯开始大量写诗。1925年，他在巴黎出版了自己的处女诗集《星的微光》(*Rayito de estrella*)，在这本诗集里，他开始运用一种名为"造词游戏"①的手法，并开创了一种他称作"幽灵默剧"或是"充满幽灵的默剧"的文体。他写的都是应景诗歌，里面有文字游戏，充满了烟花般的绚烂。这些诗歌体现了一种阿斯图里亚斯特有的风格，时而充满甜蜜，其顿挫有力的韵律则展现了乔伊斯、法尔格（Léon-Paul Fargue）以及格特鲁德·斯泰因（Gertrude Stein）时代的语言偏好。

阿斯图里亚斯是我们最多产的作家之一，那段日子也是他一生中成果最为斐然的岁月。在研究玛雅文化的同时，他还抽空完成了一些文学创作的构思——这些都是以他童年记忆里的故事和传说为蓝本的。

他想借助于那些故事和传说，以一种间接且随意的方式来还原那些他读过的古老巨著里蕴含的精神——《波波尔·乌》、《契伦巴伦之书》(*Chilam-Balan*) 以及《瑞宾瑙-艾基》(*Rabinal-Achi*)，结果，他创作出了一种奇妙的杂交产物，法国作家保

---

① 这里的"造词游戏"指的是名为"jitanjáfora"的手法。"jitanjáfora"是一种独特的语言形式，大多数情况下是由编造的、本身没有意义的词语或是表达方式组成。在一部文学作品中，它的美学功能在于语音价值，它的发音可以使得它与整个文本相联系而产生意义。"jitanjáfora"这个表达是作家阿尔丰索·雷耶斯从古巴诗人马里亚诺·布鲁尔的诗歌里摘取出来的。布鲁尔在诗歌中创造了许多没有字面意思的词语，利用它们的语音来玩文字游戏。

尔·瓦雷里（Paul Valéry）曾赞许地将其称之为"梦幻之诗"。1928年，阿斯图里亚斯暂停了文学实验，将创作搁置一旁，他前往了古巴和危地马拉，在那里，他作了一系列的讲话，后来那些讲话都收录在一本名为《新生活的建筑》(*La arquitectura de la vida nueva*) 的杂文集里。而《危地马拉传说》则到1930年才在西班牙出版。

但是，那些年来他最重要的成果，因为一些政治原因，直到1946年才出版。那是阿斯图里亚斯的第一本小说，名为《总统先生》，那是他对在埃斯特拉达·卡夫雷拉的恐怖政权下的生活的一次生动总结。这本书是他从1922年起开始创作的。这本书的雏形是一篇名为《政治乞丐》("Los mendigos politicos") 短篇小说，当时阿斯图里亚斯是为了参加一个危地马拉本地的文学比赛而写的。这个故事陪伴他来到了巴黎，在那里，这个故事不断成长、延展。阿斯图里亚斯回忆说："我和一群朋友，塞萨尔·巴列霍，以及委内瑞拉小说家乌斯拉尔·彼特里（Arturo Uslar Pietri），经常聚在一起讲一些我们了解的和独裁有关的故事和轶闻。毫无疑问，我把曾经从埃斯特拉达·卡夫雷拉手下那里听来的那一切都记在了心底，我开始将这些回忆释放出来。我把记起的东西大声地讲了出来。然后我忽然想到，《政治乞丐》这个故事可以变为一个更加宏大的文本。这就是我为什么开始写《总统先生》的原因。在进行创作之前，我就已经在谈论它了。"

这就是为什么阿斯图里亚斯说，《总统先生》里的每一页都能听见人声了。小说的叙述如同口头语言，总是自发地、迅速地、出人意料地流动着。"每当我开始写作的时候，我就像在对自己讲故事一样，直到我觉得这个故事听起来很不错，我才会满意。我可以仅凭记忆背诵整个章节。"这是一本从他的内心深处涌出来的书。他往往一边构思，一边在呼吸中感受，他的呼吸会随着感觉和思想的节奏而充满活力地颤抖。那呼吸里还渗透着根据流行语展开的联想，它们往往会在潜意识的边缘被捕捉到。他在写作的时候，脉搏总是强烈而迅速，有时候甚至会显得急促而无序……然而，这并不是一本容易写成的作品。1930年，这部作品被搁置起来，在那之前，它已经历了无数次的修改，并不止一次地被放弃。它从头到尾总共被修改了十九次。尽管这样，它还是存活了下来，并保留了大部分的新鲜感和所有的内在力量。

从今天的角度来看，《总统先生》里那些略显粗暴的讽刺、笨拙和多愁善感的爱情场面、松散和不连贯的文本、许多疯狂和荒唐的情节、人物幽灵般的非人化特质，以及那些刻意将人物联系在一起的巧合，这一切都让这部小说显得有些过时。它已经不再让人感到震惊或畏惧。令人尊敬的卡纳莱斯将军遭到了他那轻浮的女儿卡米拉的背叛——她爱上了总统信赖的宠臣，并和他举办了一场盛大的、公开的婚礼，将家族的荣誉和骄傲抛诸脑后，将军因此心脏病发作而死，但这一情节在如今看来，既不让人惊讶，也不令人感动。而那个气质阴郁、长着天使面孔、"美丽，但如同撒旦一般邪恶"的宠臣，纯粹是个象征性的人物。然而，他的小说如同一个怪诞的画廊，里面哥特式的恐怖依旧令人着迷，它们让人联想到了戈雅的《奇想集》(*Caprichos*)以及克维多的《梦》(*Sueños*)。开篇以超现实主义风格的文字游戏将我们带入了一系列底层人物的幻觉氛围之中——畸形的瘸子、挥舞着破布和残肢的乞丐、罪犯——他们如同稻草人一样在笼罩于大教堂阴影之下的总统府门前的台阶上摇晃着。他们是来自现实地狱的恶魔。他们的眼中，倒映着这座殉难的城市的影像。我们在睡眠和清醒之间不安地摇摆着，在令人毛骨悚然的耳语、阴谋和荒唐的折磨之间晃动着，所有的这一切都被离奇地放大，就像是透过巴列-因克兰（Ramón María del Valle-Inclán）笔下著名的凹面镜看世界一样。毫无疑问，当阿斯图里亚斯在打造这座热带地区的令人备受折磨的疯人院的时候，巴列-因克兰笔下的人物"暴君班德拉斯"①为他提供了范本。这本书的闪光点在于，虽然肮脏的现实通过扭曲的手法展现了出来，但依然清晰可辨。悲伤的是，对于任何一个穿越过拉丁美洲城市里的贫民窟的人来说，这种现实都并不陌生。真正的悲剧就在这场恐怖的狂欢节之外。这本小说从未提起过"危地马拉"这个字眼。阿斯图里亚斯笔下的蒙面刽子手们属于美洲大陆的集体想象。只要听到它们在坟墓里翻滚的声音，这片大陆就无法平静入眠。在《总统先生》这本书里，它们被活埋了。和《危地马拉传说》中的故事一样，《总统先

---

① "暴君班德拉斯"（Tirano Banderas）这个人物出自西班牙作家拉蒙·德尔·巴列-因克兰的同名小说。

生》用一种悲伤的幽默来展现独裁的恐怖。小说的笔调非常接近路易斯·布努埃尔（Luis Buñuel）那种凄凉而诙谐的风格。

《总统先生》里确实有一种电影的元素，这让小说显得既模糊不清又令人眼花缭乱。那些噩梦般的璀璨图景如同烟花一样在屏幕上炸开，让观众目眩。和电影画面一样，它们在图像表面的闪烁中发觉了一种矛盾的深度。然而，小说本身带有一种逼人的清晰，几乎到达了耀眼的地步，以至于那些画面不禁黯然失色。

阿斯图里亚斯强调了印第安原住民文学对他的作品的影响。

"带有原住民文化的叙事在两个层面上发展：梦境的层面和现实的层面。带有原住民文化色彩的文本描绘了一种可感知的日常现实，但同时也展现了一种如梦似幻的、神话般的、想象中的现实，它的细节之丰满，与日常现实无异。"

正是这第二种现实在那些集中描绘总统——这个有些遥远的人物——的时候显得更为突出。总统总是一袭黑衣，仿佛永远处在服丧之中，他是一个存在的暗影：一个领导着神话般的议会的图腾，一个从喇叭筒里传出的声音。尽管阿斯图里亚斯非常了解这个人物的原型，但他并不想塑造一个有血有肉的角色。堕落的偶像对他毫无用处。他只对神话感兴趣。他说，埃斯特拉达·卡夫雷拉这样类型的独裁者只出现在盛产神话的国度：墨西哥、危地马拉、厄瓜多尔、玻利维亚、秘鲁、委内瑞拉、古巴和海地（非裔印第安区域）。《总统先生》试图向世人展示在什么条件下这样的神话才能蓬勃发展。

创作完《危地马拉传说》和《总统先生》之后的那几年对于阿斯图里亚斯来说是一段令人痛苦的时光。1933年，当阿斯图里亚斯在欧洲和中东地区游历完毕回到危地马拉的时候，他再次发现自己面临着和独裁统治的斗争。这一次，实行独裁的是豪尔赫·乌维科（Jorge Ubico）带领的严酷的军事政权，伴随着这一政权崛起的，是世界范围的法西斯势力。乌维科上任后的首项行动就是打压人民大学。秃鹰在上空盘旋，而这个国家再次沦落到只能进行无声抵抗的境地。在随后的十年里，除了为报纸写稿——他在1937年到1938年之间创立了《天空日报》（*El Diario del Aire*）——阿斯图里亚斯只专注于创作诗歌。他给诗歌起的标题都带有神秘和怀旧的色彩：《对手，立波立顿》（*Émulo Lipolidón*，1935），《十四行诗》（*Sonetos*，1937），《阿尔卡桑》（*Alclasán*，1938），《昨夜，1543年3月10日》（*Anoche 10 de marzo de 1543*，1943）。他只能在语音美学中获取慰藉。这一情况持续到1944年，那一年，乌维科终于下台了。在经历了三人执政的短暂过渡期之后，危地马拉迎来了历史上首次的自由选举，选举中最后胜出的是胡安·何塞·阿雷瓦洛（Juan José Arévalo）博士，他曾流亡阿根廷，这位带有"社会主义精神"的领袖组建了一个奉行改良主义的政府，走上了执政舞台。为了让国家摆脱不幸，需要付出极大的努力，"革命十年"就此拉开序幕。阿斯图里亚斯开始游历拉美各国，这场旅行将他的事业版图拓展到了整个美洲大陆。1945年至1946年之间，他旅居墨西哥。在那里，他终于出版了《总统先生》，此时，距离他创作这本小说已经过去了十五年。1947年往后的数年时间里，阿斯图里亚斯作为代表危地马拉的公使参赞在布宜诺斯艾利斯的大使馆工作。1948年，他花了一整年的时间用来创作他的第二部小说《玉米人》。

《总统先生》作为令人瞩目的文学遗产，也许还是会不断地引起读者的兴趣，但可能令阿斯图里亚斯名垂青史的还是《玉米人》这部小说。从很久以前他就开始酝酿这部作品。在《玉米人》中，读者会发现自己置身于神话和魔法的永恒王国之中。阿斯图里亚斯说，这是一本凝聚着无穷的想象力、节奏如同叙事诗一样强烈的作品。语言的迷乱是为了激发一种能让人进入潜意识、唤起远古现实的心境。这并不是简单的语义游戏。阿斯图里亚斯追求的是创造一种被他称为"美洲语言"的东西。他意识到，学术散文中华丽的修辞和老套的格式已经成为了拉美小说创造的病根。我们的作家，由于太过怀念卡斯蒂利亚语的纯正，因此一直表现得过于文雅。由于长期模仿乌纳穆诺口中的西班牙"木工式"的写作手法，拉美文学的语言已经发生了异化。是时候打破这些思维惯性，创造一种美洲大陆独有的思维方式——也就是说话方式了。尽管阿斯图里亚斯有一些地域主义的主张，但这并不是地域主义的问题，而是关于意义的问题。转折、表达态度的音调、在词句中揭示或者隐藏的方式、说话时的重复，这些都起源于古老的仪式，所有这些符号都用于我们的自我认同和自我区分。阿斯图里亚斯是最早注意到语言拥有巨大的唤醒和召唤性潜力、是重要脉动的那批作家中的一个。为愿景发声是阿斯图里亚斯作品的全部意义。"在《玉米人》这部小说中，"阿斯图里亚斯说，"我们所说的西班牙语接近某种外延界限，一旦超过这种界限，那么它就会变成另一种东西。有时候，语言不仅仅是语言，它还可以取得某种我们称之为生命层面的东西。"对于阿斯图里亚斯来说，语言的生命是借来的。言语是生命体的回声或者影子。正如奥克塔维奥·帕斯在他的一篇文章里指出的那样，对文字力量的信仰是对一种古老信念的记忆：文字是外部世界的替身，因此也是外部世界上一个充满活力的部分。语言的节奏是潜意识的，而潜意识中的就是神话。"节奏，"帕斯说，"是对原始时间的回归。"在原始的时间里，一个民族的世界观被保存了下来：那是他们想象力的原型。

阿斯图里亚斯说："在《玉米人》这部小说里，所有的对话都具有宗教含义。小说里人物从来都不是单独出现的，他们总是被自然的巨大声音所环绕，诸如河流的声音、大山的声音。小说的背景不再仅仅只是戏剧的装饰，比如像浪漫主义小说所呈现的那样。小说里的景观变得充满活力，它们拥有了自己的生命。"对于阿斯图里亚斯来说，风景和人一样，都具有说服力。他和土地的接触是真切的，是深入的。"这就是为什么，"因自己的缺席而感到悲伤的阿斯图里亚斯说，"我总是不得不回到危地马拉。当我远离危地马拉的时候，我就听不到它的声音了。与其说是人民的声音，不如说是自然风景的声音。当我无法好好地感受它的时候，我就无法根据它写作。"

为了复活他内心的声音，阿斯图里亚斯求助于一个熟悉的方法：自动书写。除了《总统先生》是经过他的深思熟虑、一章一章写出来的之外，在某种程度上，他自《小珍宝》(*El alhajadito*)——一部从1920年开始创作的散文诗，后来作者中断了创作，一直到1961年才完成它——之后所有的作品，都是依赖这种方法完成的。阿斯图里亚斯在心中不断背诵他要说的话，直到烂熟于心。然后，这些话被释放了出来。

"当这本书成熟了、准备好了，我就开始写作。在写初稿的时候，我通常会记下我脑海里的一切。我通常会用打字机写作，因为如果我用手写字的话，过后我就无法阅读我写的东西了。我的工作时间是固定的，通常是从早上五点到九点。初稿完全是不假思索写出来的。我把脑子里的东西一股脑写出来，从不回头看我写下的东西。当完成初稿后，我会把它搁置一个月的时间；然后我会把它拿出来检查。我开始纠错、删减和修改。修改完的版本是第二稿。在不假思索的写作中，我的文本里出现的是那些印第安人所说的之前从未出现的词语的配对和并置。因为这就是印第安人对诗歌的定义。据说，诗歌是文字第一次相遇的地方。"

阿斯图里亚斯说，印第安人用词节制、慎重而有分寸。就像受人敬重、行事稳重的加斯巴尔·伊龙——《玉米人》里那个半仙主角，他只说必要的话，一个字都不肯多说。"印第安人是不善言辞的。对于他们来说，语言是神圣的，从这一维度来说，它和西班牙语完全不同。"在《波波尔·乌》和其他古印第安文本中，文字不仅具有仪式价值，而且构成了崇拜的实质。它们是众神的食物，众神只能靠其滋养自身。玛雅诸神创造人类的目的，就是获得人类的赞美。人类的语言是神圣的贡品。"这就是为什么，在创造战士、祭司或是智者之前，众神要创造艺术家：长笛手、歌唱家、舞者和画家。因为，唯一能取悦诸神，唯一能消减他们的疲劳和乏味的东西，就是艺术。因此，对于印第安人来说，文字是重要而神奇的元素，它们不仅具有巫术和魔法的力量，而且具有神奇的治愈功效。"正是从这里开始，现代语言和印第安语言之间就隔开了鸿沟——前者侧重于演说效用，而后者则具备严肃的仪式性和深刻的实用性。"印第安人的原始文字是一种象形文字，和中国的文字相似，正如那群看到最初的象形文字的西班牙人所说的那样。因为，对于印第安人来说，文字和绘画是一样的。他们自己在古老的手稿上写道：'之所以看不到它们，是因为它们被画进了画里。之所以读不到它们，是因为它们被画进了画里。之所以无法歌唱它们，是因为它们被画进了画里……'也就是说，其实它们已经被写了出来。"对于印第安人来说，即使在今天，文字也具有开创性的含义。它们抓住了事物的本质。阿斯图里亚斯说，能给某样事物取一个准确的名字，意味着揭示它，去掉它的伪装，剥去它的神秘感。"这就是为什么在危地马拉的村庄里，所有的男人都叫胡安，所有的女人都叫玛利亚。没有人知道他们的真实姓名。要是有人知道了某个男人妻子的名字，就可以占有她，也就是说，可以把她从男人身边抢走。"

阿斯图里亚斯已经学会了带着这样的目的使用文字：从阴影中夺去意义。他向我们保证，这不是一个有意的策略。"我认为这样做有可能是不真实的、虚假的。但有时候，话语就像罗盘的指针。语言有时候是接近风景、人物和情形的一种方式。例如，《总统先生》一书中，在很多情况下，文字发挥着重要的作用，它们画定了叙事的节奏。有叠韵、谚语和另一个重要的元素：拟声词。拟声词是所有印第安语言中的一个重要成分；通过拟声词，印第安人可以在语言中还原很多自然景象。印第安人还使用了其他的手法：我们称之为'平行主义'。平行主义是指在同一段落中用不同的词语来重复表达同一种思想。当然，这种手法不仅仅出现在印第安文学中，也出现在早期的西班牙文学中。这种情况出现在中世纪的浪漫主义小说中，在那个时代，西班牙语的发展还尚未完全稳定。这种平行主义对于古文字学家来说非常重要，因为在古印第安文本的注释中，遇到某一行模糊不清的情况，上下文中重复的内容往往有助于破译模糊的字词。在我的作品中，找到一种印第安人非常喜欢的语用习惯——在一个单词中增加音节，会给人一种特殊的印象或者感觉。"阿斯图里亚斯列举了树木的例子：在西班牙语中，它的指大词是"arbolón"，而在印第安的语言中，它的指大词则是"arbolonón"。

"语言，"阿斯图里亚斯说，"它曾给拉丁美洲作家带去了很多问题。美洲地域主义，是一个亘古不变的难题。曾经有一段时期——当然如今，仍有些场合沿袭了那一时期的习惯——

我们的作家喜欢把本地的词汇加入到文本中去，实际上，这一做法是将读者拒之门外。我一直在尽可能地扩展我的语言基础，使其为尽可能多的人所接受。我在《总统先生》《小珍宝》《危地马拉传说》中安排的文字游戏是最初的尝试，它是我要在《玉米人》里达成的任务的一次预演。《玉米人》这部小说具有某种民间史诗的特点。小说的语言起到了非常深刻的作用。《玉米人》探索了文字的隐藏层面：文字的共鸣、词句的微小差异、言语的芳香。我们的难题在于如何创造一种既不谈沥青，也不谈玻璃和水泥的文学。我们的文学应该谈论的是泥土、种子和新鲜的树木。我们的文学应当呈现一种新的芬芳、新的色泽，以及新的振动。"阿斯图里亚斯还补充说，文学的节奏应当与他们神话的节奏相符。"当我们谈到神话的时候，其实我们是在形容一种活生生的东西。对于我来说，神话有点像疟疾。疟疾像头痛和胃痛一样袭来；它们反复出现，并向外蔓延开去。这或多或少都和神话造成的效果相似。它们从不轻易消亡。"然而，阿斯图里亚斯强调说，他并不打算歌颂神话。"我们绝不应该允许我们的大陆仅仅由其神话来评判。"神话无处不在。阿斯图里亚斯之所以对它们感兴趣，首先是因为它们的动态。它们是大众想象力的集中表现，因此也是理解某些社会现实的万能钥匙。

《玉米人》是基于整个印第安文化里的世界观进行创作的。加斯巴尔·伊龙是一位骄傲的部落酋长，他是古老的狩猎民族的后代（用吹箭筒狩猎），他的部落正处于分崩瓦解的边缘。究其原因，还是传统的部落生存模式（族人种植有神圣含义的玉米用于祭祀和生存）与雇佣兵们毒瘤般的入侵（他们出于商业目的，企图开发土地）形成了冲突。加斯巴尔·伊龙是先祖力量的化身，他"为所有过去的发声者、现在的发声者和未来的发声者"代言。在一场宴会上，他被服务"进步军队"的上校查洛·戈多伊的士兵毒害。根据传统的信仰，他死后进入了不朽之地，在那里，他的族人会守护他，并寻求复仇。支配人类生活的周期性循环注定了他的子孙后代会不断重温祖辈的悲剧。在一个身份模糊而多变的世界里，他们是自身的镜像。那些屈服于新生活的体系带来的诱惑而犯罪的人，则会招致可怕的惩罚。正因如此，托马斯·马丘洪离开了部落，和白人女子瓦卡·玛努埃拉·马丘洪结了婚，成为了"拉迪诺人"①。后来，他在一场大火中失去了自己的儿子。随后，他进入大火追随儿子的身影——一个消失在燃烧的玉米地里的伟大骑士的身影——最后也被烧死了。儿童们死去，农作物歉收，水井与河流干涸。妇女们被一种"流动的谵妄"所困——她们也称之为"蜘蛛的迷宫"，最后纷纷离家出走。她们的幽魂出现在游人出没的高高的山脊上——那里回响着暴风雨的呼啸，而悬崖深涧则轻轻呢喃着"下来吧"——引诱他们坠入深渊。这就是可怜的戈约·伊克的命运。他是一个盲人，被他那罪恶的妻子玛丽娅·特贡所抛弃。他在寻找妻子的途中遇到了一位巫师。巫师恢复了他的视力，但仅仅是为了让他到达山脊，而他在到达之

---

① Ladino，指（殖民初期）会讲西班牙语的原住民，或西班牙人和原住民的混血儿。

后，差一点被悬崖吞噬了。戈约·伊克本身是无罪的，但是他的内心承担着社会累积下的罪责。一个无名的过错，迷失在了过去的迷雾中。在悲痛之中，他看到了绝望和灾难。他在堕落之后，就已经失去了自身的清白。他不知道如何认出自己的爱人，因为他已经恢复了视力，能看到她了，但他只记得她的声音。仿佛在他重获视力的那天开始，他就变得比以前更盲了。因为"真正被爱的女人是看不见的，她们是只有盲人才能看到的阿玛特之花"。阿玛特是一种无花果树，印第安人们从它们身上获取一种乳白色的树脂，还用它们的树皮制作羊皮纸。阿玛特不会开花。"民间有一种说法，"阿斯图里亚斯说，"花朵藏在果实里。它们只在盲人的眼中绽放。"当然，那种花象征着爱，但也或许，它象征着一种只有开悟者才了解的隐秘真相，而从今往后，戈约·伊克将永远无法参透这个真相。他翻山越岭，悲伤地朝圣。他带着一个装满劣质烧酒的大葫芦，一路上不停将自己灌醉，以此来忘记过往。然而这一切将他引向了苦难和耻辱。他变成了衣衫褴褛的流动小商贩，浑身散发着痛苦的气息。直到最后——在那个感人的场景中，阿斯图里亚斯对他的民族那被伤害的人性倾注了所有的柔情——当他和一个朋友在尘土飞扬的道路上蹒跚前行的时候，他的心里燃着一团火，两颊掠过风，他对自己的朋友坦白，他已经放弃了找回妻子，或者说，找回那个他和妻子曾经一起拥有的世界的希望。"伙计，"他说，"以前，我寻找她是为了找到她；而现在，我寻找不是为了找到她。"沦为遗忘的回忆，不过是一种内疚之情。

《玉米人》是一部动荡的、无秩序的、不连贯的作品,骷髅在其中起舞,而头骨在发笑。阿斯图里亚斯说:"在《玉米人》一书中,没有任何让步,也没有评论。事物清楚与否并不重要。它们仅仅是被展现出来而已。"

　　我们处在一个充满了奇迹和神秘疗法的国度。时间是循环的。过去和现在,真实和虚幻,它们都在主人公的意识里共存。仪式般的手势、表情和重大的事件,这一切都在以不规律但不可避免的间隔重复出现。有关"生于土地"的元素——风景的声音——是无处不在的。正如阿斯图里亚斯所有的作品一样,其中一些最好的场景是充满幽默的。那些场景里有些闪现了对乡村生活温柔而狡黠的描绘:美食、宴会、婚礼、醉酒、舞蹈、宗教节日、赶集日、守灵和葬礼。如果书中没有常常出现那些对游荡在热带地区的、古怪而有趣的外地人的幽默讽刺,那么这部作品就显得不完整了:瓦伦廷·乌达涅斯神父是一名西班牙教士,他来自一个居住在殖民地的牧师世家——他的祖辈和侵略者们一起来到了这片新大陆,他总是按照贝尔纳尔·迪亚斯[1]撰写古老编年史的那种风格记日记;堂·卡苏亚利东,另一位教区牧师,被对黄金的贪婪蒙蔽了双眼,作者借这个人物来批判对世俗财富的虚荣心;德菲里克,一个说谎成性的德国

---

[1] 贝尔纳尔·迪亚斯·德尔·卡斯蒂略(Bernal Díaz del Castillo,约1495—1584),西班牙征服者,撰写了《征服新西班牙信史》(新西班牙为墨西哥旧称),翔实地记载了他年轻时在中美洲的征战活动。文中的"古老编年史"应该指的就是贝尔纳尔的作品。

人,他认为,印第安人会"牺牲"自己来喂养关于他们的传奇故事;以及著名的北欧访客奥尼尔(尤金?),他因爱上当地的少女而死,而他的坟墓已经成为了一个旅游景点。

阿斯图里亚斯认为,印第安人面对现实那种暧昧不明的态度源自他们对所有事物的二元性概念:现实和虚构、存在和变化。对于印第安人来说,人是一种短暂的存在,是飞鸟,短暂地化身为个体的形象。而印第安人渴望从个体性中解放出来,以便于重新融入万物中。他们将个体的自主权视为一种痛苦的疏离。因此,印第安人不断地怀念着失落在种族记忆中的天堂,那个彼岸,它的象征物是具有女性属性的地球母亲,即"一个所有人都在呼喊的女人的名字"——纳瓦特尔诗人们将其称为"百花绽放的土地"。人在世间只不过是一个傀儡,是他的真我的一个影子。印第安人是一种共生的存在。"印第安人中没有独行者。"阿斯图里亚斯说。被判孤独的印第安人会承受一种"形而上"的痛苦,一种意志的麻痹。"与头顶的太阳独处的时刻"将他们湮没,将他们击垮。阿斯图里亚斯说,他们的孤独不是内省;对他们来说,团结就是祛除个性。这就是为什么他们的思想能够轻而易举地迁移——或者说转世——进去其他的生命存在,或是通过时间回归到传奇的源头。

"印第安人的生活是向后的,而不是向前的。玛雅人通过回溯到三万年前来计算时间。然而,当他们展望未来的时候,他们想到的是不到二十年的时间。玛雅人认为,每隔二十年,世界末日就会来临一次。他们认为,人类历经了不同的太阳周期。

如今，我们生活在第五个太阳周期内，他们用运动的太阳来展现这个周期。他们把太阳称为'移动之物'，并将其与身体的心脏联系起来。这就解释了阿兹特克时期那些大规模的祭祀。他们牺牲献祭者的生命，用他们的心脏来喂养太阳。他们越来越担心有一天太阳会停止运动，然后一切就会崩塌。从历史的角度来看，他们的恐惧很可能是被有关新石器时代的巨大自然灾害的记忆所激发的。"

印第安人对其远古时代的过去的渴望具体地表现在纳华尔神话中。纳华尔神话反复出现在《玉米人》的故事里。纳华尔是人类的精神保护者，是一种守护天使；它在出生的时候，会化形为人类所认识的任何一种动物。可以说，它是动物的灵魂。每个人都渴望与他的纳华尔进行亲密而超然的结合。就像小说中的尼丘·阿吉诺，他是村里的"信使"，他的纳华尔是土狼。在一个雨天，尼丘·阿吉诺在山上迷路了，他被一种不祥的预感所笼罩。他被萤火虫巫师中的一位救了出来。萤火虫巫师是具有远见卓识的长者和智者，他们是古老的萨奥利斯人的后裔——按照传统，萨奥利斯人都住在"小雌鹿皮制成的帐篷"里，过着燧石生火的生活。信使获得了转世的机会，他的身上开启了秘密的仪式，他随之摆脱了作为个体的负担，被纳入了"众生之流"中。这对他来说是一段恐怖而崇高的经历。他在黑暗中摸索着进入了一个深洞，并被引到了一片令人晕眩的低地——从那里可以通向冥界，那是他的祖先们居住的地方。来到这里的人，都"梦想着从未见过的绿洲，从未实现的旅行,以及曾经拥有却又失去的天堂"。坠入地下的过程同时也是对本性的回归——化为纳华尔,进入永生。尼丘·阿吉诺一点点地褪去了外皮,他那层"人的皮囊,一个布偶娃娃"……他被告知,"山丘之外的生命和其他任何生命一样真实",以及在地球深处将找到"秘密的道路"。他被带着经历了古老传统中记录的人类创造阶段的仪式演练。创造人类的时候,首先加入泥巴——"掉落的污泥",然后加入木屑和草料,最后,在化人的关键时刻,加入饱满的玉米。尼丘·阿吉诺是"发光洞穴"背后奥秘的神圣见证者。他面对了自己的过去,承担了种族的历史。"那些像这样面对自己的纳华尔的人,在外部世界、在和其他男人的战争里以及和女人的爱情里是无往不利的,因为他们会用武器去征服男人,用阳刚之气来征服女人。他们可以得到任何想要的财富;他们会受到蛇的尊重;他们对天花免疫;如果遭遇死亡,他们说他们的骨头是石头做的。"

很难知道阿斯图里亚斯在《玉米人》里多大程度上成功地渗透了印第安人思维和感觉的模式。他不会说任何一种原住民问题,并承认他对原住民心理的探索是直觉的、推测性的,他的解释有时是高度个人化的。尽管他犯了一些人类学家可能会指出的错误,并且在处理材料上保留了较高的自主性,但丝毫不影响文本的效力。在关于原住民心理的探索上,直觉可能是一条比科学分析更加安全的途径。"我听说了一些,又推测排除了一些,剩下的就是编造出来的。"他说。但是他的虚构并不是随心所欲的。他虚构出来的部分几乎总是传递着一种真实可信的氛围。尽管文学的回响不时出现，但是表达的结果是令人炫目的。在阿斯图里亚斯的文字中，最诱人的是内在声音不断发出的叹息。几乎每一页中都有崇高和清澈的时刻，整个作品中焕发出我们的文学中着实罕见的光芒。"故事就像河流，所到之处，一切被发现的事物都会被冲走。"阿斯图里亚斯说这话的时候，刚刚出版了《玉米人》，并已经全身心投入到他的下一部作品中。1950年，他出版了《强风》(*Viento fuerte*)一书，这是一部关于联合果品公司在危地马拉建立的香蕉种植园的动荡三部曲的第一卷。在《强风》中有很多宣传，有趣的是，它们都集中在关于两个理想主义的美国人——莱斯特·斯通和利兰·福斯特——所做出的努力上，他们把香蕉地的开发转变为合作企业的形式，从而使得开发更为人性化，为当地的居民谋福祉。阿斯图里亚斯选择了两个美国人作为主角，这就为他的意图镀上了谜一样的光芒。我们可以推测，他在克服这类文学作品里的简单主义，把角色分配得更均匀，使情节更有分量，但是这种尝试并没有成功。在当时的背景下，这样仁慈宽厚的美国佬确实是令人感动的形象，但是并不真实可信。

阿斯图里亚斯向我们讲述了创作这本书的灵感是如何诞生：

"1949年，在访问危地马拉的时候，我意识到我与危地马拉生活的某些方面脱节了。我曾经在山区生活，和印第安人住在一起，我也在城市生活过；然后，我的几个朋友邀请我在蒂基萨特和巴纳内拉住几天，去看看当地的香蕉种植。我当时去那两个地方居住了一段时间，它们都为《强风》的场景描写提供了素材。同时，我在一本名为《香蕉帝国》(*El imperio del banano*)的书里读到了一份报告。它是由几个被派往中美洲去研究联合果品公司的政策的美国记者撰写的。这几个美国记者的报告和《强风》中莱斯特·斯通在公司董事会会议上提出的报告几乎完全相同。当然，在《强风》这本书中，也有一些直接取自危地马拉生活的肖像和情节。"

这些村庄和农民的场景，像往常一样充满了优雅和柔情，给作品带来了活力和色彩，但它们是次要的、纯粹的装饰。

从整体上看，《强风》和它的续集《绿教皇》(*El Papa Verde*, 1954)，以及三部曲中的最后一部《被埋葬者的眼睛》(*Los ojos de los enterrados*, 1960)，都具有抗议文学的倾向性斗争精神——而且还有一点哀怨。文本中的争论和政治内容使得人们对这本书的纪录性价值产生怀疑，而文本的悲情则搅扰了读者的情绪。谴责和指控是程式化的，并不真实。此外，作者总是设法站在好的一面，这一点令人讨厌。

阿斯图里亚斯在一定程度上承认了这些意见。"但是我觉得'抗议文学'这一说法把所有东西都过于简化了。让我们换个角度，用我的思路来看待一下问题。我觉得所有伟大的拉美文学都是一种抗议文学。"总是捍卫自己的观点的阿斯图里亚斯，给"抗议"这个词赋予了一种非常普遍的含义。对他来说，抗议就是行动本身。他说："小说是让世界了解我们民族的需求和愿望的唯一手段。"

阿斯图里亚斯认为拉美小说家的审美与欧洲同行的审美之

间存在着根本性的差异。他说，在某种程度上，欧洲的小说家已经从自然环境中解放出来了，因此他们可以安静地投入到对个人心理的复杂问题的探索中。然而，拉丁美洲小说家的领域在很大程度上还是自然主义流派崇尚的充满"人间植被"的古老"绿色地狱"。因此，我们的小说被迫主要成为了美洲大陆的社会经济地理学。它的任务是收集、评估和批评。

"拉美文学从来都不是无偿的。它是一种战斗的文学。一直以来都是如此。我指的是我们伟大的文学。假如我们回溯到征服时期，就会找到贝尔纳尔·迪亚斯·德尔·卡斯蒂略的《征服新西班牙信使》(*Crónica de la conquista de Nueva España*)——我将其称为拉丁美洲的第一本文学巨著。贝尔纳尔·迪亚斯为什么要写这本书？为了向国王抱怨说，他为皇室服务奉献了一生，却被遗忘了。"他引用了巴托洛梅·德拉斯·卡萨斯[①]和他自己在皇室面前为印第安人所作的辩护。这一传统在殖民文学中得到了保存，在危地马拉地区充分发扬——危地马拉曾是中美洲总督辖区，因此也是文化活跃的寺院和中美洲第一所大学的所在地。"在1770年左右，危地马拉诗人拉斐尔·拉迪瓦尔（Rafael Landívar）在摩德纳用拉丁语出版了一本名为《墨西哥乡村》(*Rusticatio mexicana*)的作品。在这本作品中，拉迪瓦

---

① 巴托洛梅·德拉斯·卡萨斯（Bartolomé de las Casas，1474或1484—1566），西班牙多明我会教士，曾致力于保护西班牙帝国治下的南北美洲印第安人，其著作《西印度毁灭述略》是揭示西班牙殖民者种种暴行的重要文献。

尔——一位在卡洛斯三世时期被驱逐出危地马拉的耶稣会教徒,抗议欧洲以牺牲美洲大陆的财富为代价来积累巨额财产。换句话说,我们的文学是在抗议的标志下诞生的。它诞生于一种冲突,我觉得这种冲突是真实的,不是虚构的,因为拉迪瓦尔和我们所有人一样,都意识到了对印第安人的剥削。如果我们沿着这条路一直走下去,直到浪漫主义或是前浪漫主义时期,我们就会发现,同样的斗争一直持续到了独立时期,"阿斯图里亚斯指出,马莫尔(José Mármol)的《阿玛莉娅》是当时谴责专制主义和独裁统治的若干小说之一,"然后我们就有了萨米恩托的《法昆多》,这是另一部伟大的拉美小说。我们还可以继续列举无数具有社会抗议性质的作品。"危地马拉曾经是拉斐尔·阿雷瓦洛·马丁内斯(Rafael Arévalo Martínez)或者是弗拉维奥·埃雷拉(Flavio Herrera)等高雅的唯美主义家的现代主义天堂——他们曾试图将热带风光纳入俳句之中,而近年来,在这个地区脱颖而出的则是以抒情兼辛辣的笔调为特色的新自然主义者马里奥·蒙特莱福·托莱多(Mario Monteforte Toledo)。为了逃避墨西哥的迫害,他曾和印第安人生活了一段时间,并据此个人经历在小说中描绘了"石头与十字架"的冲突。

阿斯图里亚斯说,在那个他的多数同胞都在经历着流亡的时代,他那栖息在诗歌中的话语引起了共鸣:"在我看来,到目前为止,文学的功能是揭露我们人民的痛苦。我觉得这种文学很难具备纯粹的文学性,很难只对美丽的、悦目的或是动听的事物感兴趣。"

这并不意味着阿斯图里亚斯忽视了叙事美学的方面。甚至在他那描写香蕉公司的三部曲中都有着许多关于魔法和神话的段落，包括绿衣主教的神秘形象——香蕉公司伟大的东家，他把公司总部设在了纽约摩天大厦里面。这个人物身上有着奇异的遥远性，并具有诗意兼阴森的色彩，让人不禁联想起总统先生的形象。然而，1950年的阿斯图里亚斯，他身上的战斗精神与日俱减，在文学上不复昔日的巧匠风采。如果说多年来他的才华似乎有部分消退，那是因为他被比文学更紧迫的事情所吸引。1951年，在国家紧急状态下，我们发现他在国家的历史上发挥了积极的作用。

1951年，阿雷瓦洛的继任者哈科沃·阿本斯（Jacobo Árbenz）上台，成为了危地马拉的执政者。阿本斯，作为曾参加过反对独裁者乌维科的退役上校，他继承了阿雷瓦洛的改革方案，将落实改革计划的任务落在了自己头上，而这正是他的败笔。

"阿雷瓦洛在任期内颁布了一系列革命法。虽然名为'革命法'，但是它们并没有什么革命性，因为例如在英国，同样的法律早在1880年左右就存在。那些是有关社会安全和劳动的法律。人们开始根据《土地改革法》来分配土地。"阿斯图里亚斯说，尽管这些法律遭到了强烈的抵制，但是"阿雷瓦洛还是设法度过了他的任期，尽管在那期间，他被迫镇压了不下二三十次的反政府行动。后来，阿本斯上任了。我想，当阿本斯在选举中获胜的时候，国内的某些圈子里的人都大大地松了一口气，因为他们说:'一个上校……所有的军队都要为他效劳了。'然而事实刚好相反"。

1952年,当阿斯图里亚斯在巴黎执行外交任务时,《土地改革法》在危地马拉引起了巨大的动荡。

"阿本斯征用了联合果品公司的一些土地。公司想要得到等同那些土地实际价值的补偿,而政府则决定向其支付公司报税时候申报的金额。这场纠纷闹上了法庭,最后政府赢得了官司。大使馆和外事办很快就介入了这场纠纷,然后事情就有了眉目。联合果品公司开始宣扬说阿本斯的政府信奉的是共产主义。随后,美洲国家会议在加拉斯加举行。福斯特·杜勒斯(Foster Dulles)提出了他那著名的谴责国际共产主义的决议。危地马拉投了反对票,墨西哥和阿根廷则投了弃权票。毫无疑问,针对危地马拉的侵略早有预谋。阿本斯从巴黎给我发来了电报,要求我回去,并派我担任危地马拉驻萨尔瓦多的大使(1953)。这是一件艰难的差事,因为在美国的支持下,卡斯蒂略·阿马斯[①]预计将穿过萨尔瓦多的边境发动对危地马拉的侵略。我设法安排了一些事情,使得卡斯蒂略·阿马斯无法通过那里。最后,他不得不通过洪都拉斯境内的一片荒凉的山区。他带着八百人,一部分是借来的,还有一部分是雇来的。他们有的来自圣多明各,有的来自危地马拉,还有少部分来自西班牙、巴

[①] 卡洛斯·阿尔贝托·卡斯蒂略·阿马斯(Carlos Alberto Castillo Armas, 1914—1957),危地马拉军官和政治家,右翼民族解放运动成员,危地马拉第28任总统。

拿马和委内瑞拉。危地马拉立刻组织了一支一万人的武装力量。当时阿马斯及其军队在首都和其他城市开始进行轰炸，目的就是在民众中散播恐慌的种子。事实上，卡斯蒂略·阿马斯早就被打败了，他似乎已经下令带着手下撤退。在巴西召开了一次美洲会议，准备实施对危地马拉的经济制裁。但这些都不重要了，因为美国大使普雷弗已经用其他方式达成了他的目的：军队已经转向了反政府。"

这就是阿斯图里亚斯的短篇集《危地马拉的周末》(Week-end en Guatemala，1956) 所描述的内容，这本书是带着愤慨和痛苦、几乎是在激烈的战斗中写就的。如果说这部作品并没有什么艺术上的价值，那是因为在国家面临灾难的时刻，作者无法对发生过的种种事件保持一定的距离和客观的视角。政府垮台了。阿本斯是背叛和行贿的受害者，他暂住在一个大使馆避难。卡斯蒂略·阿马斯凯旋而归。那是 1954 年，对于米格尔·安赫尔·阿斯图里亚斯来说，那是痛苦的一年。他被剥夺了公民权，开始了在布宜诺斯艾利斯长达八年的流亡生活。

从那时起，一直到最近——近期政府的态度有了积极的转变——阿斯图里亚斯能做的只是拿着旅游护照对本国进行短期访问。他在布宜诺斯艾利斯为一家加拉加斯报社《国家报》(El Nacional) 做记者，同时还兼任洛萨达出版社（Editorial Losada）的记者，以此谋生。随着弗朗迪西（Arturo Frondizi）领导的自由派政府的倒台，阿根廷的政治压力迫使阿斯图里亚斯去了热那亚。在热那亚，阿斯图里亚斯义务为一个名为"哥伦比亚"

（Columbianum）的文化交流组织服务，并筹备了一场拉丁美洲知识分子座谈会，在1965年的1月份召开。他还到欧洲各处旅行，在1965年成为了国际笔会组织主席的候选人——最后是阿瑟·米勒获得了这一职位——并频繁出席作家会议和研讨会。当我们在热那亚和他见面的时候，有传言称——后来得到了证实——他是诺贝尔文学奖的候选人。当年没有得到诺贝尔奖对他来说是一种巨大的沮丧（尽管他有列宁文学奖的安慰），与其说他看重的是诺奖的威望，不如说他渴望的是诺奖能带来的学术上的祝圣。当时布兰卡还不知道外交轮盘会给他们带去怎样的惊喜（如今，1966年8月，阿斯图里亚斯刚被任命为驻法国大使），她告诉我们说，诺奖也许会令他们获得在本国的豁免权。"如果得奖的话，他们就不敢骚扰我们了。"她遥望着海湾对面的一片花海说道。

多年以来，除了写小说，阿斯图里亚斯一直保持着写诗的习惯，他出版的诗集有《按照以奥拉西奥为主题的十四行诗的形式进行的诗歌练习》(*Ejercicios poéticos en forma de sonetos sobre temas de Horacio*, 1951)、《玻利瓦尔》(*Bolívar*, 1955)，以及还未出版的诗稿《娇艳的春日》(*Clarivigilia primaveral*)，灵感来源于他一直热衷于探究的印第安主题（他选编了一本前哥伦布时期的诗集）。他还出版了一系列的《意大利十四行诗》(*Sonetos italianos*)。尽管如此，诗歌只是他创作的副线。诗歌中让他最珍视的部分是它们能让他在创作其他类型的文本时使用更为流畅的语言。

"我开始写诗,而不是写小说。1918 年的时候,我已经在写诗了。但我当时什么都没有发表。在危地马拉,我们这一代人在诗歌方面的表现是很特别的,不过我不认为我自己是这一代人中最好的诗人之一,尽管这个群体中许多最杰出的代表在途中迷失了方向,身死或停止写作……正因如此,我转向了小说创作。虽然我继续写诗,但只把它留给我自己;诗歌成了我最为私密和个人的东西。1948 年,那时我在布宜诺斯艾利斯,当时在那里的拉斐尔·阿尔贝蒂(Rafael Alberti)和托尼奥·萨拉萨尔(Toño Salazar)对我的一些诗作很感兴趣,并设法让阿戈斯出版社出版了一本文集,名为《云雀的寺庙》(Sien de alondra, 1948)。在我写作生涯的后期,我产生了涉猎印第安主题诗歌的想法。这将是非常简单和直接的事情。在《娇艳的春日》中,开篇几章是散文,风格与《危地马拉传说》相似,后来文体就变成了自由诗歌。我觉得我掌握了其中的规律。我已经练习了很长时间,但主要都是练笔。不过,这对我来说是一种非常重要的练笔。诗歌是我的实验室,但又不止于此。我认为,只要拉美诗人能够掌握技巧,那么他们可以在小说创作中发挥重要作用。因为我们的小说充满了诗意。抒情性改变了它们。"

接下来我们谈论的是阿斯图里亚斯的戏剧,虽然数量稀少,涉猎范围也比较窄,但是它也让阿斯图里亚斯受益颇多。不得不提的是《索卢纳》(Soluna, 1955),这是一部美洲本土的、具有神圣含义的劝世短剧,它取材于大众思想的神秘和奇异。而《敲诈》(Chantaje)以及《干船坞》(Dique seco)则是颇具争议的作品。在所有的戏剧作品中，他偏爱的是《危地马拉圣地亚哥皇家审问院》(La audiencia de los confines，1957)，这部戏剧描绘了巴托洛梅·德拉斯·卡萨斯神父的光辉形象，展现了他在新世界与印第安人奴隶制度展开的抗争。尽管《危地马拉圣地亚哥皇家审问院》是一部历史题材的作品，但奇怪的是，1961年，当它在危地马拉首次被一群学生搬上舞台之后，引起了一场风波。"公众和媒体抨击说这部戏剧反对教会，仇视富人，完全是一部左派的作品。然而，作品里的台词都是巴托洛梅神父本人说过的话，唯一的改变只是为了话语更加符合现代人的习惯而稍加转写而已。那正是他于几个世纪前在最高法院发表的讲话。"

阿斯图里亚斯并没能成功衡量他戏剧作品的价值。虽然他同意在1964年出版《戏剧全集》中的一卷，但他还是有一种格格不入的不适感。他说："戏剧是由口向外的。小说是由嘴唇向内的。"

在他的最后一本小说《这样的穆拉塔》(Mulata de tal，1963)中，人们听到的正是这种几乎无法与思想区分开来的内心的声音。在这本小说中，他继承了自己在《玉米人》中埋下的神话奇遇的线索。正如在《小珍宝》——这本出版于1961年的散文诗集包含着几个童话故事——中感受到的一样，我们仿佛置身于纯粹的幻想国度。《玉米人》的喧嚣已经被一些清澈、优美而坦率的东西取代，它们如寓言一样有灵性，又如童话一般神秘。我们在作家温柔之手的指引下，从幻象和镜子中穿过。

文中有不少即兴创作的部分。我们有时候并不能理解故事的走向。在笔走如飞之间，它变为了一个独立的木偶剧场。

阿斯图里亚斯说："我觉得，在《这样的穆拉塔》中，我的语言有了新的突破。《玉米人》中仍充满了关于宗教和神话的术语。而《这样的穆拉塔》则是用一种通俗的语言写就的，就像是一种流浪汉式的表达——朴素的人们运用智慧和想象编织语言、进行思想游戏。我认为，在《这样的穆拉塔》里，比起故事情节，更应该关注的是书里隐形的元素，是纯粹像谜一样的内容。从本质上说，这本书是关于太阳和月亮的神话故事的变种。传说，太阳和月亮不能同榻而眠，因为一旦这样做，那么象征着男子的太阳和象征着女子的月亮就会生出畸形的孩子。正因如此，当穆拉塔女人嫁给主角尤米之后，每逢他们两个做爱，女人从不露出她的面孔。她永远都是背对着他。到底是因为她有特殊的癖好还是有其他的理由，我们无从知晓她行为背后的原因。印第安文献记载说，神明会严厉惩罚那些在做爱的时候'转向错误方向'的人。我们不知道这到底指的是同性恋还仅仅是指不正常的姿势。《这样的穆拉塔》不仅仅是一部流行的流浪汉小说，而且具有一种我们称之为'星空'的维度。这里面有两个星体在旋转，但始终没有交集。穆拉塔女人如同月亮。小说基于一个危地马拉的民间传说改编而成：为了发家致富，一个穷人把自己的妻子卖给了魔鬼。这是一个在危地马拉民间广为流传的故事。至于魔鬼之后对那个女人做了什么，则流传着不同的版本。在一个版本中，魔鬼带着女人离去，后来又乔装成女人的样子回来,惩罚那个把妻子卖给他的男人。男人爱上了魔鬼,魔鬼让他的生活充满了痛苦。于是,男人对他曾经拥有过的那个善良的小女子念念不忘……'穆拉塔女人'这个表达是我编造出来的。我之所以将她称为穆拉塔,是因为我不想用'穆拉托'① 这个词——对我来说,两种血统的结合不足以称为'混血'。我也没有用'桑博人'(Zamba)这个词——它原本表达的就是印第安血统和黑人血统的混合,但我觉得它无法展现穆拉塔女人那独特体态和举止的妩媚……"

书中也出现了侏儒的形象——尤米的妻子变成了侏儒——这也是危地马拉民间传说中常见的人物。古代印第安酋长身边都会围绕着扮演丑角的侏儒。除此之外,在小说中还有一种常见的角色,他们是一群戴面具的舞者,人们称之为"野猪人"。

阿斯图里亚斯对每个传说都进行了美化,但他尊重其基础条件,小心翼翼避免过度改编,以免破坏那些他一直试图维护的、具有可信度的想象。正因如此,面对"尤米和魔鬼的约定失效,天塌下来"这个情节,我们能在现实中找到与之对应的事件。"在我们的国家,有许多人因为地震或是火山喷发的缘故而在一夜之间失去所有。"而小说则在许多桥段中暗喻了这种自然灾害。

过了一会儿,跟随着人物的冒险,我们发现自己置身于"保利塔之地",这是一片神话般的世外桃源,尤米和他的精灵

---

① Mulato,指黑人和白人的混血儿。

妻子在那里落了脚，成为了两名江湖医生。

"书中关于天主教堂的部分非常有趣，也非常典型，因为我们国家的天主教堂就是那样的。那是一种与当地信仰相结合的天主教。在这种宗教里，有时候印第安司仪比在自己教堂里的牧师更有权威。在《这样的穆拉塔》一书中，有一名被邪恶力量包围的牧师。这是小说的中心主题。原住民文化里的邪恶力量分别是地震之神卡布拉坎以及飓风之神胡拉坎，他们都想把人类从地球上抹去。对于他们来说，人类是宇宙的入侵者。他们想摧毁人类。这些都是我们所说的原住民看待邪恶的方式。但天主教以另一种方式看待邪恶。撒旦并不想毁灭人类，恰恰相反，他希望人口扩张，以增添地狱的人手。当然，这两种立场是有冲突的。"

我们可以在《巨人之舞》的故事——一个代表施洗者约翰的团体的成员被斩杀——中找到这两种相互冲突的神话融合在一起的例子。小说的高潮是一场屠杀，它摧毁了这片土地，消灭了人类和野兽。一场世界末日般的"白火"爆发了。

尽管《这样的穆拉塔》一书中有着不连贯的情节，但是也有不少充满了幻想和幽默诙谐的优秀篇章。阿斯图里亚斯认为，单纯看结果还是积极的。他觉得自己已经接近了一贯追求的目标：将物质世界和属于他民族的神话世界用一种令人满意的方式结合起来。

在未来的几年内，他的写作计划是持续不断的。

"我已经开始写一系列类似于《危地马拉的周末》那样的

故事,"阿斯图里亚斯告诉我们,"只是这些故事的名字叫'胡安们'。我写了关于胡安·吉拉多尔、胡安·奥尔米戈罗以及胡安·埃尔恩卡德纳多的故事。这些都是人们口口相传的民间故事,我还没能把它们写进我的任何一部小说中。与此同时,我想出版一系列关于危地马拉的小说,预计大概有五本,也是由我记忆中的故事组成,就像《危地马拉传奇》中的故事那样。"此外,他还补充说,有一部小说暂定名为《杂种》(*El bastardo*),属于描写联合果品公司的小说系列。"《杂种》是属于我们这代人的小说,它属于20世纪20年代,是我们这代人的学生时代。我必须整个重建那段时期,还原我们在那段岁月里的生活。这本书属于联合果品公司的小说系列,因为它试图展现危地马拉的小资产阶级如何在造成革命失败的同时使得自己的计划落空。"

阿斯图里亚斯和卡彭铁尔一样,他不仅对自己的作品感到乐观,而且对整个拉丁美洲的文学未来也感到乐观。他说,虽然我们的文学很年轻,但它表现得健康、丰饶而富有活力。拉丁美洲艺术家是少数能通过借鉴旧有的资源而找到新的表达形式的人群之一。阿斯图里亚斯说:"我们可以贡献一种活力,一种自然和动物的力量,一种新鲜血液的生猛。这一切将丰富西方文化,也可以拓宽人类对自身的理解。"

如果他的一些作品因为太过新潮而无法引起持久的关注,他并不会因此而感到气馁。他十分简洁地说,这与我们文化演变中的某一个阶段相吻合。他以玛雅先圣的宁静智慧向我们保证:"未来将会带来不同的东西。会出现更熟练、更成熟的小说家,他们会用更加充分和戏剧化的手法来展现问题。我把我的作品看作一种在没有任何明确或是专门的文学意图的情况下获得的经验,或许更应该将之称为命运的安排。我并不想要作家的身份,我没有决定要成为一名作家。我一直试图找到一种方式来表达我所体察的感觉。我认为,对于那些希望以我们这个世界的原始的印第安本土元素和大众生活的各个方面为素材、希望像我一样适度运用它们,并且既不陷入过度的美洲本地主义、又能符合世界主义的人来说,我的经验是有用的。在巴黎度过的这些年,我看到了很多世界性作家的例子,他们写的是巴黎,写的是凡尔赛。从那时开始,我觉得书写美洲是我的天职,也是我的责任,迟早有一天它将引起全世界的兴趣。我相信,在未来其他的小说家和诗人会找到别的更加精彩、有效而具有说服力的方法来展现美洲。我认为,对于我们所有人来说,写作意味着经历某种体验……印第安人普遍信奉'发言家'。发言家是部落的代言人。在某种意义上,这就是我一直在做的事情:我是我所在部落的发言人。"

豪尔赫·路易斯·博尔赫斯，或哲学的安慰

盛力 译

这位匠人与古物癖属于一个特别的星球，他已成为我国文坛上一个近乎神奇的远离尘世的人物。人们甚至怀疑他的存在（虽说都是戏言），因为随着岁月的流逝，他的形象似乎已超凡脱尘，只有那淡淡的身影——一个近乎失明、犹如在黄昏时分移动的影子般细弱的身影——仍存于世上。无论在生活中，还是在文学方面，他都是个令人生畏的、既信念坚定又随心所欲的争辩家，同时又是个羞涩得难以置信的人。他举止文雅，步履从容、谨慎，不会引起与他擦肩而过的路人的注意。即使是他那些最根深蒂固的习惯也给人一种飘忽不定的感觉。每天，他挂着手杖在市中心的街道上行走，走到人行道边上，便迟疑地停下脚步，轻敲手杖以求帮助。一个行人发现了他，扶他穿过马路，然后就会看到他消逝，被那无力的风轻轻吹走，就像吹走从一本古书上撕下的一页透明的纸，而他也许就是这透明的书页。他说："我的生活中一直缺少生也缺少死。"——语气里或许带有他素来喜欢的故弄玄虚的味道，那无疑来自他青

年时期在贵族化的北区养成的那种追求精神时髦的积习。他用他所说的两个"缺少"解释了自己对琐事的不倦的热情。他说："我经历得很少，读得很多。"又说："我被文学沤烂。"一些人不无道理地发问：究竟是他写了他的那些书，还是那些书写了他？在读者心中，他或许是个幽灵，就像有人认为莎士比亚是弗朗西斯·培根心中的幽灵那样。这种说法他本人一定不会拒绝。他以其惯有的灵动和幽默宣称他不太清楚自己属于哪种流派，不知"究竟是现实主义文学还是幻想文学（literatura fantástica）"。

他便是在布宜诺斯艾利斯生活的那个博尔赫斯，不过这只是镜子的一面，正像他自己所说，还有"另一个"博尔赫斯，那个博尔赫斯生活在他自己的世界里——一个按椭圆形轨道环绕某个已消失的星球运动的行星，那星体仍以其光辉照耀着古书和被遗忘的手稿上那些看不见的文字。他怡然自得地读书、观赏。他赞美朴素的事物：面包与盐、春夏秋冬、交友的艺术、咖啡的香味、梦、习惯、差别与遗忘。其他事情则因他的羞怯和迟疑很少见诸笔端。他身边仰慕者甚众，但他始终未婚。他隐约提起过青年时期的一份失落的爱情，那朦胧的形象出现在作者早期的一首英文诗中，作者在诗中叹息："我向你献上一个久久地凝望孤独月亮的男人的痛苦。"两人好像是在布宜诺斯艾利斯的街头"匆匆一别"，然后便是"永无穷期的分离"。博尔赫斯在一首哀歌中凄楚地坦言，从那时起，不管他去了多么遥远的国度，那思念总像雾霭般处处跟随着他。实际上，他所见到的"只是——或几乎只是——一个布宜诺斯艾利斯姑娘的脸"。他生命的一部分似乎被这思念焚烧。他的激情属于理智型,他像康德那样(他曾徒劳地试图阅读康德的作品),在思考和幻想中找到了慰藉与解脱。他爱地图、词源、象棋、经典作家、代数、十八世纪的印刷术、沙漏、但丁、斯维登堡①、魏尔伦②、惠特曼、方济各,"或许破译了宇宙"的叔本华,还有勃拉姆斯的音乐("时间的神秘形式")以及由"在我身上汇合的秘密的远古的河流"组成的往昔。

博尔赫斯对瓦雷里所下的结语也可用在他自己身上,他说:"在一个崇拜暴力、土地、疯狂这些乱七八糟的偶像的世纪里,瓦雷里却总是偏爱思考的清醒的乐趣以及秩序的隐秘的意外。"博尔赫斯的作品是一种毕生的哲学的安慰。他在谈到赫德森③时曾清楚地指出,"一生中他多次着手形而上学的研究",但这种研究"总被幸福所打断"。这些话或许隐藏着一种自供和一种内心的渴望。也许正是因为他摒弃了自怨自艾的暴露癖,才致力于对时间和永恒的研究。我们觉得,他的抽象的思考是谨慎的产物,包含着一个对自己的不足过于清醒的孤独心灵的全部痛苦。有人说博尔赫斯冷静、理智,其实不如说他谨慎、有修

---

① 斯维登堡(Emanuel Swedenborg, 1688—1772),瑞典科学家、神秘主义者、哲学家和神学家。
② 魏尔伦(Paul Verlaine, 1844—1896),法国抒情诗人,象征派诗人的领袖。
③ 赫德森(W.H. Hudson, 1841—1922),英国作家、博物学家和鸟类学家,以写异国情调的传奇闻名。

养更为合适。同时他又十分机灵、精明,他善于在作品中掩饰感情,作品对日常生活的描绘总是轻轻带过,世俗的忧虑很少流露,偶尔提及,也都是间接表现,人物的心理以及故事、情节全都十分简洁。他的这种轻描淡写很可以被视为缺点,他的全部作品也因此显得不够厚实,同时却又非常明澈。实际上,他从不像看上去那样离我们很远,在那不动声色的表面下,显露出来的是一张极富人情味的智者的脸。

无知与恶意一直在歪曲着博尔赫斯。他是个好开玩笑的人,他的调笑却常使人不快。他喜欢显得天真和自相矛盾,时而,在接受某些不合时宜的采访时,还会突如其来地说出一个惊世骇俗的看法,使对方感到冒犯。他是制造事端的大师,四五年前,他嘲弄了将在布宜诺斯艾利斯召开的作家会议,宣称他不会出席,因为他认为大会让濒于破产的政府花费了太多的钱。又有一回,他加入了保守党,据他自己解释,那是因为他抱有"怀疑主义"。在此之前他就说过:"政治是烦闷的一种形式。"然而,他在反卡斯特罗的宣言上签名,在多种场合宣称自己反纳粹、反共产主义、反基督教。最近,他又在委内瑞拉把公众搞得狼狈不堪:在一次演说中,他面对等着他称颂地方色彩的文化爱国者们大谈惠特曼。他对"土著"文学派作家丝毫不感兴趣,说是在拉普拉塔河流域没有印第安人。他是一个漫不经心的讲演者(文学俱乐部和文学社团的人日夜追着他,在布宜诺斯艾利斯的任何地方都会用出租车把他劫去演讲),常常一句话说到一半,便扯起某个难解词源的奥妙或大谈高乔诗是文学家的人为创造,布宜诺斯艾利斯的切口或所谓的地痞流氓的黑话只存在于探戈曲中,足球运动是来自英国的舶来品,或者说那位被当成偶像崇拜的卡利托斯·加德尔①原是法国人,如此等等,使听众深受伤害。除了在一个小小的知识圈内,博尔赫斯在他自己的国家迟迟得不到承认。

是法国人首先发现了他。近十年以来,法国出现了博尔赫斯作品的大量译本,而只有在其作品传遍全世界的今天,他才真正地引起其同胞的兴趣,即便如此,本国人对他仍是毁誉参半。有些可疑的仰慕者赞赏他的诗,其实诗歌并非他的主要创作;民族主义者则指责他是崇洋派。一位左翼批评家判定他仇视劳动阶级,另一位敌对者斥责他支持出版侦探小说,助长阿根廷的青年犯罪。实际上,博尔赫斯致力于除长篇小说和戏剧之外的一切文学体裁。他写过侦探故事、电影剧本、文章、随笔、引言、序文;主持过丛书、文集的编辑;注释过古籍;凭自己的习性偏好翻译过从福克纳到纪德等十几位作家的大量作品。在上述创作活动中,他着意挖掘最深奥、最意想不到的角落——盎格鲁-撒克逊古代文学、北欧中世纪传统——并确立了自己的准则,醉心于令读者深感疑惑的玄妙主题。关于阿根廷作家的处境,他说过这样的话:

"我们这儿曾有一种看上去不利、实则很有利的情况,那就是大部分阿根廷人对文学的冷漠。这种情况当然有不好的一面,

---

① 即卡洛斯·加德尔(Carlos Gardel, 1890—1935),阿根廷著名的探戈曲演唱家。

因为作家会感到孤独；但也有好的一面，因为谁也不是为公众而写作。在别的国家，人们会说：作家出卖自己。可在我们这儿，即使有人想卖身，也找不到买主。"

博尔赫斯还记得在他刚刚开始写作的年代，连当时阿根廷最杰出的诗人卢贡内斯的诗集，每版也只印五百册左右，而且两三年之内不会告罄。"我记得当我得知我的一本名叫《永恒史》的书——书名狂妄且自相矛盾——在一年的时间里就卖了好像有三十七本时，我真是大吃一惊，觉得那简直难以置信。我当时很想找到那三十七个人，向他们表示感谢，并为那本书的拙劣向他们表示歉意。"博尔赫斯还补充说，那不仅是因为谦虚。实际上，他不但没有因只有三十七名读者而感到不快，反而相当高兴，因为"三十七个人还可以想象，还不算太多"。也许现在，当他已拥有成千上万不知姓名的遍布世界的读者时，心底里仍怀念着那个过去的时代，那时他可以不用顾及公众，相信自己仅仅是为了自娱或是为了为数不多的几个朋友和同行而写作。这是他的阶级和他那一代人的态度，对他们而言，文化并非来自一种独特的环境，而是一种抽象并带有普遍性的遗产，是一种精神贵族的特权，是没有国界的。始终有人指责博尔赫斯的欧洲主义，不过在阿根廷的大背景下，把它当成指责没有任何意义。欧洲主义与潘帕斯草原一样，都属于阿根廷。阿根廷的城市大部分是欧式的——阿根廷本是新移民组成的国家，是这些新移民创造了她的文化。所以博尔赫斯说："我以为我们的传统是整个西方文化，我还认为我们有权具有此种传统。"

很少有人像博尔赫斯那样全身心地沉浸在那种传统里，他把天堂想象成一个能够解读并概括悠久历史的包容一切的图书馆，那是他呼吸的空气，是一种像光环般处处伴随着他的永远的存在。忙碌了一天之后（除了讲座，下午还要向家庭教师学习古英语），博尔赫斯就在他的位于布宜诺斯艾利斯市中心的家中休息，那是一套距离历史性的圣马丁广场不远的体面的公寓，四壁摆满珍本、善本，那些书籍似乎"自从有时间起"就始终陪伴着他。然后是喝茶的时间，也是他亲切而又断断续续地与母亲闲聊的时间。他母亲是个柔弱、机敏的妇人，看上去与儿子的年纪相仿，直到不久以前，博尔赫斯每次外出都携母同行。母亲叫他乔治，为他烤面包，责备他衣服穿得太少。夜晚来临时，他的合作者阿道夫·比奥伊·卡萨雷斯及其妻子西尔维娜·奥坎波便会出现在他那个帘幔低垂的客厅，比奥伊伉俪是与他志趣相投的、十分健谈的老朋友。博尔赫斯总是懒洋洋地坐在一把软椅里，一条腿架在椅子的扶手上（这是他习惯的坐姿），不时从书架上抽出一本书来。他已经连书名都看不清了，朋友们必须读给他听（写作时他也只是打腹稿，把要写的短文记在心中，然后口授），却能凭很少犯错的直觉，在想要哪本书时便十分有把握地抓起那本书来。他清楚每本书放置的地方，而他的书像士兵一般听从他的指挥。他真不愧为国家图书馆馆长。国家图书馆是他的圣堂和神殿，那是一座仿文艺复兴时代的富丽堂皇的宏大建筑，居于中心的巨大穹隆屋顶俯瞰着深渊般的楼层，每层都有一排排摆得满满的书架，耸立在围着高高栏杆的通道上，一个个大厅从中轴线向各个方向延伸，宛如卡片箱组成的一个望不到边的硕大的卡片柜。

某个下午（时间线的某个褶皱），我们迈进了这座建筑。我们的上方是镶有层层厚饰板的高高的天花板，脚下是纵横交错的消失在无数玻璃门之间的铺有瓷砖的过道。大窗户连成了长串，上方是扇形的挑檐。我们来到走廊尽头，无边的静谧告诉我们已进入了"某一秩序的宁静领域"，四周是"被神奇地制成标本加以保存的时间"。在登上宽大楼梯的第一个平台时，那种博尔赫斯在其作品中多次提及的"书的引力"就像一种带有磁性的力量把我们牢牢吸引。一向守时的博尔赫斯于约定的时间在二层的一间整洁的会议室里接见我们，他身穿浅色的西装和背心，坐在一张椅子边上等着我们的到来，在那张把我们远远隔开的椭圆形的桌子后面，他显得那么遥远和瘦小。他看不清我们的脸，坐在椅子里，身体使劲往前倾，就像聋子为了让人听见自己的说话声而提高嗓门那样，以为只有身子前倾才能让别人看清。或许他宁愿不为人注意，但仍无奈地把自己置于我们的目光之下。

他习惯被人提问，每天都有学者、文学和精神观光者前来拜访。他缩着手坐在那里，似乎要把它们藏进袖子里。他说话低声细语，仿佛是在书中与读者亲切谈心。他的英语和法语无可挑剔，德语也讲得相当好，并且总能使他的广征博引切合不同语言、不同国籍的来访者。对他来讲，说话就是出声地思想，他可以展开任何能引起他联想的话题。他生性羞怯，所以刚开始谈话时显得很是犹疑,还有点口吃,但一旦开了头就笑容满面,还露出假牙,清澈的双目有时并不落在同一个点上(左眼球时而滑向一边)。他像吐出一个个烟圈似的在空中织出思想的纬线。其实他喜欢讲话,说着说着便会兴奋起来,并且不愿意中断。他的声音和表情好像趋于恒定,似乎每一刻都会永远凝固在那种声音和表情之中。他的生活想必是一连串无边的痛苦和无奈的别离。他曾称生活为"逃逸",抱怨不是他,而是"另一个博尔赫斯遭遇了这一切"。他倒愿意是这样。那另一个博尔赫斯一直是他必须摆脱的障碍。他让他存在只是为了能够勾销他(就像一个只是为了被其影像所取代而存在的实体那样)。博尔赫斯为消灭它已奋战多年。他说形而上学和神学一直是他对付"另一个"的武器,那"另一个"正在这两种武器面前逐渐消失,不留痕迹。他那篇有关莎士比亚的著名的沉思录实际上是他的自供状,在文章中他称那位诗人为世界舞台上的一种演员,一个执意回避自己、"显示人的种种表象"、"善于把自己装扮成一个人物,为的是不让别人发现自己真实面目"的人。

博尔赫斯诞生于世纪之交的 1899 年 8 月 20 日。他降生在一个殷实的书香门第,家庭教师是名叫婷克小姐的英国人,祖母也是英国人,在其位于郊外阿德罗格住宅区的书房里,博尔赫斯接受了最初的教育。他记得"围着铁栅栏"的花园和有"无数英国书籍的书房"。他对英国的喜爱无疑始于这个时期。他先学会读英文然后才会读西班牙文,而且始终更爱读英文,甚至宣称不需要学会任何其他语言,因为英国文学包含或概括了所有的东西。他记得祖母把他抱在膝头给他读英国儿童杂志。他最喜欢有关动物特别是老虎的故事,或许这就是充斥他作品的那些噩梦中的老虎的前身。他亲爱的父亲豪尔赫·吉列尔莫·博尔赫斯是他的良师益友。他是一位通才:律师、语言学家、心理学家、翻译家,还是一部已被遗忘的小说的作者。他也是一个出色的演说家,他那敏锐、活跃的精神照亮了他的孩子们的整个童年。从动物园回来,博尔赫斯和他的妹妹诺拉常常着迷地听他用悦耳的声音朗诵叶芝和斯温伯恩[1]的诗歌。两个神童常年在家接受教育,因为父亲担心他们会在学校染上传染病。或许正是家庭这种极为封闭的环境使博尔赫斯成了一个内向、敏感的孩子。他的一个传记作家(我们对博尔赫斯童年的描述正是得益于她的那本有趣的小书)说他害怕面具和镜子。他床脚有一面巨大的镜子,他在镜子的多重形象中看到了史前神奇动物的怪影。对镜子的恐惧是他常用的主题之一。他只有躲进书中,他仍记得当自己发现"在整个夜晚,一册合拢的书中的字母不会相混或消失"时所感到的惊奇。他很早便练习写作,其习作在相当程度上显示了他的博学。六岁时,他用古西班牙文写了一篇名为《生死攸关的帽檐》的故事。在此之前,他已用英文写了一篇有关希腊神话的文章。当他年满九岁,首次跨进校门在四年级插班时,他不仅已经读完阿根廷学校中规定要读的文学经典(《熙德之歌》、塞万提斯和高乔文学),而

---

[1] 斯温伯恩(A.C. Swinburne, 1837—1909),英国诗人、批评家。

且也饱读并消化了狄更斯、吉卜林、马克·吐温、爱伦·坡、威尔斯①等人的作品,还有《一千零一夜》以及他所偏爱的北欧文学,如《沃尔松格萨迦》(*Völsunga Saga*,威廉·莫里斯②的英译本)。他很快又沉浸在约翰逊、康拉德、亨利·詹姆斯、德·昆西③、切斯特顿④、史蒂文森和萧伯纳等人的作品中。从1914年起,他在日内瓦上中学(他的家庭旅欧时适逢一战爆发,遂迁至该城)。他在日内瓦自学德语,借助一本词典研读海涅的作品,并开始阅读中国文学的德译本。大战结束后,他在剑桥修英文。其时,他已深受卡莱尔、惠特曼以及被他奉为哲学楷模的叔本华的影响,沉浸在《作为意志和表象的世界》中的博尔赫斯用法文给他在日内瓦的一个朋友写了几封文笔优美的信,信的片段登在了一份日报的文学副刊上。

1919年至1921年那个充满文学实验的年代里,博尔赫斯旅居西班牙。他先是在塞维利亚,后来在马德里,与一群充任时代先锋的青年作家过从甚密,这些作家因一度聚集在《极端》杂志周围而被称为"极端派"作家。当时,达达主义正风靡法国,追随者遍及各地。极端派作家一反过于雕琢的鲁文·达里奥的现代主义,革新了一味追求美妙音律及奇异象征的死气沉沉的西班牙诗歌,推崇自由诗的奔突的跳跃以及奇妙的隐喻等

---

① 威尔斯(H.G. Wells, 1866—1946),英国作家,以科幻小说著称。
② 威廉·莫里斯(William Morris, 1834—1896),英国作家、诗人。
③ 德·昆西(Thomas De Quincey, 1785—1859),英国散文作家。
④ 切斯特顿(G.K. Chesterton, 1874—1936),英国评论家、诗人、散文作家、小说家。

手法。这场文学运动犹如昙花一现。1921年，博尔赫斯把这一运动带回布宜诺斯艾利斯，同一年，一则火药味很浓的、博尔赫斯式的声明在该城发表。尽管如此，这一文学运动早已是明日黄花。博尔赫斯后来称这一时期为"极端主义的迷惘"。博尔赫斯虽说一向喜欢论战，但在通常情况下，他总是不让自己卷进派别中去。刚回到布宜诺斯艾利斯之时，他曾在文章中把那座城市比作一个梳着辫子的神秘少女，说："我在欧洲度过的岁月十分虚幻，过去和将来我始终都在布宜诺斯艾利斯。"他的这番表白或许有欠真实，实际上，他过了很长一段时间才渐渐适应。在此期间，他创办了一份名为《棱镜》的文学期刊，接触当时种种时髦的思潮，却又都是浅尝辄止。

那段时间，他深受一位挚友——布宜诺斯艾利斯伟大的荒谬派哲学家马塞多尼奥·费尔南德斯的影响，此人本是博尔赫斯父亲的好友，博尔赫斯称他为"一个语言天才"，把他与毕达哥拉斯、苏格拉底、基督、佛陀、王尔德这样一些彼此间并没有多少关联的人物相比较（这是博尔赫斯的典型做法）。马塞多尼奥·费尔南德斯的几乎被人遗忘的作品中，仍有一些段落闪烁着他的思想的光芒。费尔南德斯是一个有奇思异想的怪人，一个形而上学的幽默家，以其讥讽及俏皮话[①]而著称。博尔赫斯与他合办《船头》杂志（1922），同他一起探索休谟、贝克莱的唯心主义，找到了与其想象世界的许多相似之处。博尔赫斯

---

① 原文为法文。

缅怀这位富于想象的雄辩家，始终在记忆中聆听后者向他不断重复"灵魂永生"。

阿根廷的20世纪20年代是思想骚动的年代，那个时期的文学期刊可谓五花八门，但发行量又十分有限，一般都局限在撰稿人的小圈子内，所以博尔赫斯称这些杂志为"秘密期刊"。阿根廷当代文学始于由诞生在1900年前后的一代作家组成的"22年一代"，这些作家全都聚集在像《马丁·菲耶罗》这样的富于冒险精神的先锋派出版物周围。因循守旧、爱说教的老一代作家——如吉拉尔德斯、贝尼托·林奇（Benito Lynch）、罗伯托·派罗（Roberto Payró）、卢贡内斯等人——的光焰正在消失，一种更具有多样性的新型审美渐渐形成。马丁·菲耶罗派的倾向实际上是各种影响以及包括德国哲学、俄国小说、马克思主义在内的各种千差万别的潮流的汇合，这些影响与潮流在经历了一系列的立场转变之后，最终极化为两个"既友好又对立"（博尔赫斯语）的文学"流派"，人们以两派所在街区的名字称呼它们，一派叫"博埃多"（一个平民区的名字），是那些"积极参与政治"的作家的摇篮；另一派则因其所在的高雅的佛罗里达街而得名，这一派作家采取的是偏向于享乐主义的态度。像通常那样，这种划分也带有相当大的煽动的成分。

经过岁月的沉淀，博尔赫斯认为博埃多与佛罗里达两派之争实在很不切实际，当时几个最有影响的人物，如阿尔特、马雷查尔、马丁内斯·埃斯特拉达（Ezequiel Martínez Estrada），还有博尔赫斯本人，都游离于两派之外，只跟其中的这一派或那一派保持某种松散的联系。

博尔赫斯轻描淡写地说:"我倒是想参加博埃多派,因为我写的是布宜诺斯艾利斯郊区题材的诗,但他们对我说我已被列入佛罗里达派了。既然一切都是做做样子……再说,我们两派的成员都有私交。两派的分歧被夸大,有时也许演化成激烈的争论,但那也是游戏的一部分。"

不知道昔日论战双方的其他成员是否都持如此温和的观点,但博尔赫斯坚持认为在那些争论的后面有一种完全相同的精神。他断言,其余的一切全都是"宣传伎俩"。他不无揶揄地说:"布宜诺斯艾利斯文学生活倾向于依照法国文学生活的模式(不仅当时是这样,现在仍是同样情形),但巴黎感兴趣的并不是艺术本身,而是艺术的政治。"说到博尔赫斯自己,他不赞成简单化的定义——先锋与后卫、右派与左派——而是认同英国文学的习惯。英国文学中虽然也有某些派别,如拉斐尔前派[1]等等,但总的说来,始终是"一种个人文学"——必须记住诺瓦利斯[2]说过的话:"每个英国人都是一座孤岛。"博尔赫斯虽然在当时也经常接触法国模式,但无论他于二十年代在文学战线上展开了何等激烈的论战,从本质上说,从来不是哪一派的真正斗士或思想家。

---

[1] 19世纪中期英国一个青年画家团体的名称,其主要成员兼有诗人与画家的天才,认为真正的艺术存在于拉斐尔之前,主张绘画应起宗教道德教育作用。
[2] 诺瓦利斯(Novalis, 1772—1801),德国早期浪漫派诗人。

1923年，博尔赫斯随家人第二次旅欧。同一年，就在他出国之后，他的第一部诗集《布宜诺斯艾利斯激情》出版，受到其朋友们的庆贺。1925年博尔赫斯回国后，又出版了《面前的月亮》(Luna de enfrente)。随后，博尔赫斯的第一部散文集《探讨集》(Inquisiciones)问世。1926年，第二部散文集《我的巨大希望》(El tamaño de mi esperanza)出版。

博尔赫斯的早期作品，特别是那些铺陈讲究的诗作，充满对布宜诺斯艾利斯郊区及潘帕斯草原风光的眷恋，并且始终围绕民族性问题。这是整个一代作家所关心的问题，对他们来说，文学是对内心的一种经常的审视，又是在文化方面做自我分析的一种形式。这是沉浸在阿根廷现实之中的受洗的时代，正像马丁内斯·埃斯特拉达的《潘帕斯草原透视》(Radiografía de la pampa)和爱德华多·马列亚的《阿根廷激情史》(La historia de una pasión argentina)所表明的那样，常挂在他们嘴上的是所谓的"深层次的阿根廷""阿根廷的心灵"等等。博尔赫斯对阿根廷民族性的执著——一种漂泊感的征兆，则经常表现在他的喧闹的爱国宣言以及对其英勇祖先的充满自豪的缅怀之中，他的祖先中有身为骑兵军官的曾外祖父伊西多罗·苏亚雷斯，"他率领秘鲁的一支骑兵中队为胡宁一役的胜利立下汗马功劳"，还有他的祖父弗朗西斯科·博尔赫斯上校，在讨伐印第安人的边境之战中，"他饱尝了凄惨、孤独以及无用武之地的苦闷"。博尔赫斯后来批评了这些充斥于各种文集中的具有过多虚假地方色彩的作品，但他又说："只有经历过一个错误，才能不重犯错误。"

博尔赫斯的诗作还是留下了一些东西,那就是对布宜诺斯艾利斯的亲密情感和他那海阔天空的遐想图。

博尔赫斯引用那个喜欢把自己的作品比作致朋友们的书信的史蒂文森的话,称自己是"一个倾诉者,而不是一个吟咏者……"这是对他青年时期诗作的最好说明。那些作品犹如一部心灵日记中的隐秘章节,有些段落以浓郁、安详的抒情语言打动人心。诗篇以有时带着喜悦的心情赞颂日常生活中的个人琐事,"年底""漫步""城郊""回家""黎明""傍晚""星期六""辞别"等便是很有代表性的题目。博尔赫斯也写过一些很含蓄的爱情诗。大部分诗句都是自由体。用博尔赫斯的话说,在那个时代,无知的他认为自由体诗比起那些韵脚、韵律来更容易把握。那种陶醉的心情有时也会让位于对时光流逝的伤感,在博尔赫斯身上,这种感受始终非常强烈,他总在提醒自己"时间正消磨着我"。他把自己的作品称为一个因"无所事事,四处闲逛"而为"生活的奇妙"作证之人的赞美诗,这是一段带有诗意的宣言,虽然还不很明确,却已是无法动摇的了。

博尔赫斯那个时期的散文远没有后来那种优美的文体,大都围绕文学这一主题以及语言方面的问题,作者通过对乔伊斯(他坦言读不懂乔伊斯的作品)以及其他外国和阿根廷作家的探讨来阐发这些问题。博尔赫斯批注、评点读过的作品,赞誉那些令他惊异的思想,对唯心主义哲学更是推崇备至。作者对德国表现主义及那个时代其他各种流派都有不同程度的了解,有的还非常熟悉,风格则过于咬文嚼字,流于雕琢、玄虚、卖弄学问。在那些带隐喻的宏论中,有这样一种当时很时髦的抱怨:"布宜诺斯艾利斯还没有发生过任何事,既没有一种象征、一种令人称奇的寓言,也没有任何个人的命运(可以与产生了《马丁·菲耶罗》的那种宏伟的史诗般的场景相比较的个人命运)来表明她的伟大。"

这种刻意的精细毁了没有被博尔赫斯收入全集的《我的巨大希望》。这样一个矫饰的博尔赫斯使我们感到陌生,我们看到他不仅玩弄语言技巧,还刻意模仿阿根廷口音,改变词语的拼法,目的是要打破"卡斯蒂利亚语"的专横,使用更具特色的语言。但矫揉造作的结果是对语言的丑化。博尔赫斯一而再、再而三地强调:"布宜诺斯艾利斯仍在等待诗意。"他死抱着自己确定了的原则:"悲凉、不动声色的讥诮、含沙射影的讽刺,这就是一种不受外来影响的美洲艺术所能表白的唯一感情。"这个集子中比较有意思的是一篇《文学信仰宣言》。我们在这里第一次看到那个真正的博尔赫斯对自己的信念所作的表白:"一切文学都有自传性质。"他提出这样一个美学标准:"语言是对世界谜一般的纷繁所做出的一种有效梳理。"他已是出于内心的迫切需要而写作了,这种内心的需要只有那些认为"这是我唯一的命运"的人才会感受得到。

博尔赫斯这个时期的作品除了另一部诗集之外,还有杂文《阿根廷人的语言》(*El idioma de los argentinos*),此作于1929年获得一项文学奖(博尔赫斯用奖金购置了《大不列颠百科全书》)。再就是一篇有关布宜诺斯艾利斯郊区一位诗人的研究文章——《埃瓦里斯托·卡列戈》(1930)。博尔赫斯在文章中夸大了这位诗人的才能。《阿根廷人的语言》是对像恩里克·拉雷塔那样的西班牙语言学家的挑战,在一条脚注中博尔赫斯向学院专制及"职业语言学家的沉闷和乏味"公开宣战,他声称"语言是行为,是生活,是现时",但又指出将现时和暂时混为一谈的危险。他既不提倡用本土方言,也不主张采用外来修辞。

博尔赫斯始终对西班牙文学持批评态度。他说:"我认为除五六部伟大的作品之外,西班牙文学是一种相当贫乏的文学,我们无法把它和其他伟大的文学相比。然而,不管怎么说,我们有一个辉煌的开端——歌谣,它有很高的地位,我不认为它比任何其他国家的民谣逊色。然后是路易斯·德·莱昂修士的作品、《堂吉诃德》以及洛佩·德·维加的一些十四行诗。再往后,西班牙文学便开始衰落了。因为虽说有贡戈拉、克维多这样伟大的作家,但他们显然属于一个没落的时代。警句也好,夸饰也罢,全都归于一种英语中称之为装模作样[①]的文学。再往后便是贫乏得出奇的18世纪和19世纪了。如果有什么文学革新,那必定来自美洲,而且必定是在法国人的影响下发生的——比起西班牙人来,美洲人读法国人的书更多,也更认真。"

1931年,维多利亚·奥坎波创办阿根廷最重要、也是历时

---

① 原文为英文。

最久的文学杂志——《南方》(Sur)，这份杂志能维持多年，全亏了这位创办人所拥有的个人资产。博尔赫斯很快参加进来，成了该杂志最早、最经常的撰稿人之一。博尔赫斯在《南方》杂志承担过从编辑到电影评论等多方面的工作。与此同时，他出版了《世界恶行史》①，第二年，又出版了《永恒史》，两部作品均为博尔赫斯文学发展过程中的重要环节。

《世界恶行史》是一部奇闻集，是一连串取自不同历史故事的以臭名昭著、恶贯满盈的歹徒和恶棍为主角的五花八门的逸事。作者的叙述还不够顺畅，此时仍刻意追求效果，如突出反差、不连贯、罗列各种混杂的成分等；但就在这个集子里，带有明显博尔赫斯印记的手法第一次出现了萌芽，例如著名的列举一连串不断变化的身份、因出于美学价值的考虑而改写别人的故事，还有"把一个人的一生浓缩成两三个场景"等。博尔赫斯通过汇集种种怪诞行径，系统地创造了一组心灵形象，照作家自己的说法，"那并不是一些（也不希冀成为）心理图形"。那都是在解释某种没有根据、却又有条有理的中心思想的种种变形。作家本人现在很排斥这种巴洛克式的风格，正因为如此，他批评这些作品既异想天开又很不严肃。他称《世界恶行史》为"一个怯懦者的不负责任的游戏"，坦言"在乱哄哄的事件下面没有任何内容，只有表象，只有由许多形象构成的一个平面"。博尔赫斯说："我认为这在青年中间很普遍。青年作家在

---

① 原书标题为 *Historia universal de la infamia*，目前国内已出版的版本译作《恶棍列传》，本文按其字面意义译作《世界恶行史》。

心底里总以为自己的想法没有什么意思,所以力图用种种新词、古语、特别的句法、奇怪的结构(视不同情况而定)来加以掩饰。年轻人倾向于离奇古怪,这是因胆怯和缺乏自信而引起的。"

《世界恶行史》中的确有近于虚假的故意卖弄的成分。一连串恶迹昭彰的歹徒的生平匆匆闪过,他们是杀手"小子"比尔、密西西比河上的奴隶贩子拉萨鲁斯·莫雷尔、卡彭①的先驱蒙克·伊斯曼、无耻的骗子汤姆·卡斯特罗、日本天皇的卑怯的掌礼官小介之助②以及患麻风病的染匠梅尔夫的哈基姆(此人有一千张不同的假面,后变成某一东方神秘教派的蒙面先知)。作品对血腥与暴力的偏好虽然带有博尔赫斯式的抽象形式,却好像暴露了一个在幻想中升华的、沉浸在书本中的心灵。这个集子还包括了博尔赫斯创作的第一篇短篇小说,那是用粗野而又大言不惭的口气讲述的一个故事,说的是郊区发生的一桩寻衅、打斗、复仇的事件,故事名为《玫瑰角的汉子》。《世界恶行史》的新版本还收进了一则关于人的虚荣心的阿拉伯寓言和一个有关苏丹暴君神秘死亡的故事。

在《永恒史》中,空灵的博尔赫斯沿着布满心灵风景的河溯流而上,记下西方世界自远古到现代关于永恒的各种不同观念。他独步时空,从柏拉图的范型穿过唯心主义直至唯名论,始终追随那种被他宣布为"形而上学的唯一荣誉"的"清醒的

---

① 卡彭(Al Capone,1899—1947),美国歹徒,1925年至1931年芝加哥犯罪团伙首领。
② 原文为 Kotsuké No Suké,其原型疑为日本历史上确有其人的吉良上野介。

迷惑"。他把自己描绘成一个"先后忠于几种互相矛盾的哲学的放纵至极的人",其与时间的强迫性的游戏来自如下感受:"时间的连续是一种无法忍受的不幸",因为"欲望的特性是永恒"。他说:"生命太短,所以它不能不是永恒的。"打断这一快得令人目眩的进程,使之逆转、背离这个进程,找到另外的抉择和不对称,这是他焦灼的渴望。

博尔赫斯写过一篇有关以原始而又很奇特的隐喻为特征的斯堪的纳维亚诗歌的附文,他在那篇文章中称:"已经消亡的极端主义(其幽灵仍附在我身上)最喜欢这样的游戏。"实际上,与其说这是游戏,倒不如说是表演或化装舞会。

在同一个集子中,还有几篇有关循环时间与环形时间以及尼采"永恒往复"的文章。"现时是一切生命的形式"——在引用叔本华的这些话时,博尔赫斯也许是要表达一种热切的希望。

博尔赫斯在这个集子中也像在其他文章中那样自由地驾驭各种理论,利用它们来满足其创新的种种游戏。他不必依附于任何一种理论,他的目的始终是——用他的话说——"探索某些哲学体系的文学可能性。就是说,首先认可贝克莱、叔本华、布拉德雷①或基督教的某些教义,或认可柏拉图的哲学、关于时间可逆转的种种思想及其他任何学说,然后来看看能用它们在文学上做些什么。"他从来不像传教士而是像诗人那样写作,"因此,当某些人以为在我的故事中找到了一种形而上学的体系

---

① 布拉德雷(F.H. Bradley, 1846—1924),英国哲学家,新黑格尔主义者。

时，这种体系可能确实在那里，但又藏得很深。我当然不是像写寓言那样来写我的故事，以此来说明这种或那种体系。此外，在我所有的故事中都有一种幽默的成分，一种玩笑的成分，即使是在谈论很严肃的事情时，如生命与梦境是同义语等等，也都带有调侃之意[①]"。

博尔赫斯感兴趣的是类同，以及他在某些体系中找到的直觉。这些体系——如否定唯我论或物质世界的印度教和反对个性原则的大乘佛教——成了他虚构与思辨的出发点。

《永恒史》是通向博尔赫斯领地的一把万能钥匙，从这部作品开始，博尔赫斯虽然不断地改变着自己，但他那有限而恒定的作品主题持续多年不变。对博尔赫斯来说，1938年是决定性的一年。由于父亲的去世，博尔赫斯首次外出工作，在一家市图书馆做助理。那一年的圣诞节，他突然得了真谛。他一向视力不好，并受失眠的折磨，一天，他在家中莫名其妙地绊了一跤，当时他正上楼，脑袋撞到了窗棂上，当即晕了过去，在医院躺了三天，发烧、说胡话，后来动了手术。康复期间，他写了第一篇幻想故事《特隆、乌克巴尔、第三星球》。博尔赫斯说自己当时好像已到了疯狂的边缘，"特隆、乌克巴尔"的纠缠不休的复调对位便是一种内心的梳理与清点。他重新清理思想，开启了一系列新的思想通路。

以后的几年里，他奋力写作。在此之前，他已与人合作

[①] 原文为拉丁文。

出版了《阿根廷文学选集》(*Antología de la literatura argentina*, 1937)，现在又与自1930年便相识的比奥伊·卡萨雷斯一起编纂《幻想文学选集》(*Antología de la literatura fantástica*, 1940)以及一本阿根廷诗歌的选集（1941）。1941年，他出版了他的第一部杰作——故事集《小径分岔的花园》，又与比奥伊·卡萨雷斯（合用笔名布斯托斯·多梅克）出版了巧妙的侦探故事系列《伊西德罗·帕罗迪的六个谜题》。故事将嘲讽的笔调（对各种精神形态的讽刺）和对侦探小说的戏谑模仿相结合，作品中那位喜欢坐办公室的小心翼翼的侦探伊西德罗·帕罗迪因被敌人陷害而身陷囹圄，在牢房中推断着他的一桩桩玄而又玄的案件。他的"华生"则是阿基莱斯·莫利纳——一个总是把老师的成功推断当作自己的功劳的记者。1944年，博尔赫斯的《虚构集》出版。1946年，博尔赫斯再次与比奥伊·卡萨雷斯合作，以苏亚雷斯·林奇的共同笔名出版了有关犯罪学的奇特作品——《两个值得回忆的幻象》(*Dos fantasías memorables*)，作品用一种近乎归谬法[①]的经过加工的黑话写成，既有自嘲的成分，同时又出于记录地痞黑话的文化上的考虑。博尔赫斯和卡萨雷斯这对搭档对于侦探艺术可谓情有独钟，同一年，两人出版了第一部侦探故事集。

对博尔赫斯来说，二战的年月好像是退隐的岁月。在撕裂了国家的思想政治狂热中，我们听到他忧郁、悲观的低声细语：

[①] 原文为拉丁文。

"所有和我同时代的人几乎全都是纳粹,尽管他们自己不知道或不承认",因为他们认为,"出生在某个国家、属于某个种族这一无法规避而又没什么意义的事实"是"一种了不得的特权和一道可靠的护身符"。他在那个时期写下的一篇文章中"无望而又恋旧"地建议把"阿根廷可怜的个人主义"和无政府主义当作抵抗渐进的世界性中央集权的可能的良策。

他个人的不幸无疑部分地排遣了他的这种忧虑。1946年,他因在一份反庇隆的宣言上签字(庇隆当时正把自己奉为神明)而失去了在图书馆的工作;为了羞辱他,庇隆政府还任命他为布宜诺斯艾利斯市场家禽稽查员。他拒绝赴任,后在一所英国学校当教员。他靠授课为生,一边继续发表他的作品,如散文《时间的新反驳》(1947)、小说集《阿莱夫》(1949)和一篇有关高乔文学的研究(1950)。同一年,他当选为阿根廷作家协会主席,在当时那种充满政治危机的日子里,那是个危险的职务。在他举行讲座时,大厅里坐着特务,混在听众中的警察无聊地打着哈欠。他担任作协主席至1953年。这时,他已出版了另外两部杰作:《死亡与指南针》(1951)和《探讨别集》(1952)。1955年,他又和比奥伊·卡萨雷斯一起汇编了《异事集锦》。博尔赫斯还写有两个有关布宜诺斯艾利斯本世纪初城郊歹徒恶迹的电影脚本,但没引起重视。

庇隆倒台之后他才获得成功,其时,他已完成了他的大部分作品。他获得一个又一个名誉称号,还获得布宜诺斯艾利斯大学英美文学教授的职务。他每日在那所大学海阔天空、随心所欲而又漫不经心地讲课,从不许学生录音。同一年,他进入阿根廷文学院,并被任命为国立图书馆馆长。1956年,博尔赫斯荣获国家文学奖。1957年,与玛加丽塔·格雷罗联手,选编了一组魔怪故事,用《想象动物志》(*Manual de zoología fantástica*)的书名出版。 1960年,这是总结性①的一年,博尔赫斯的《创造者》②问世,那是浓缩其所有老题材的集大成之作。最后是1961年(他和塞缪尔·贝克特于那年共同获得了国际出版家奖),博尔赫斯出版了一部有序而又随意的《自选集》。同一年,他在出版过他作品译文的得克萨斯大学授课,一向勤奋的他利用这段时间在该大学注册学习古英语,想必在那里引起不小的惊异和轰动。他在美国各地巡回演讲,1963年又到欧洲演讲。欧洲——特别是巴黎——张开双臂欢迎他。在巴黎期间,某天下午,他在蒙马特高地的街上朗诵魏尔伦的作品时,竟使交通为之阻塞。不久前,他又在委内瑞拉和哥伦比亚造成轰动,但最近他旅行的次数越来越少,他从不需要游走天下来感知世界。

书是他的背景、他的环境、他的基点。他在书的引文和坐标中——就像其他人在一种行动的生活中——找到同样多的戏剧性。他善于用一个眉批概括一种命运。博尔赫斯文章的诱惑力大部分在于巧妙的广征博引,以此暗示一种从不充分揭示的

---

① 原文为拉丁文。
② 原诗集标题为 *El hacedor*,目前国内已出版的版本译作《诗人》,本文按其字面意义译作《创造者》。

意义。用他的话说,"神秘的解开总不如神秘本身"。这一原则已经成为我们文学中一种最有效的方法的基础。

为了能彻底放开手脚,他发明了那种介于故事与散文之间的特有的体裁。两部分的比例因作品而异,但有一种始终不变的倾向,那就是作者自己所说的:"从美学价值出发评价宗教或哲学思想。"不过除此之外,还有对可从想象的诸种形式隐约看到的上帝的渴望。他说:"一切文化人都是神学家,要成为神学家无须有信仰。"妙的是他善于给他的那些思辨的概念以形体,正像他所主张的:"艺术总是选择个别与具体,艺术不是纯精神的。"那些概念就是他的人物。他宁愿用它们来代替有血有肉的人和现实生活中的事件,因为它们体现了永恒的主题,而感官的真实却"总是过时的"。在博尔赫斯那里,思想的抽象形态变成了故事。把这些抽象形态具体化是总括人身上具有的带普遍性、根本性的东西的方式。博尔赫斯也像惠特曼那样(他常认同惠特曼的观点),采用一种泛化的态度使个人经验具有"无限而又可塑的含糊性"。博尔赫斯宣称,"像使徒那样成为众人的一切",是所有永恒艺术的秘密的愿望。艺术家一旦摆脱具体事物,就进入另一个维度。用博尔赫斯的话说,艺术就像"特隆"的理想主义世界,"不是世界的一面镜子,而是外加在世界之上的东西"。艺术的体验是一种期望,就像"音乐、幸福的情绪、神学、刻有时间印痕的脸、某些傍晚与某些地方","它们想告诉我们一些事情或已经说出了一些我们本不应忽略的东西或正要告诉我们什么事情",那是虚幻的预示,而"这种永不会发生又好像即将发生的揭示或许正是美学行为"。

为了让我们靠近这种"美学行为",博尔赫斯采用了一系列巧妙的手法。其中最主要的是连串词或列举。他常假造一个作者的名字,举出一长串虚构的作品,对他大加赞扬(有些作品据说还未完成,所以还可加以修改、阐释)。这些作品构成了一幅这位假想作者的思想示意图,也是一幅秘密的自画像。他论述那位修筑了万里长城又下令将其国土上所有的书籍付之一炬——可能是为注销过去以便让历史从他开始——的中国皇帝,对史实作了几种自相矛盾的解释,却不表明自己的倾向,只让它们互为对照;他为某种理念画出"系谱图"——就像在《永恒史》(那是一个使他着迷的悖论)中所做的那样;或编录"一种神话的各种形式"、"一个名字的种种回声"或芝诺的乌龟的多种变形。在文学批评中,他也采用这一做法,就像他的那些有关《荷马史诗》和《一千零一夜》各种译本的论文那样。

"世界史也许就是几则隐喻的历史",博尔赫斯在《帕斯卡的圆球》中如是说。那篇故事的有关隐喻是圆,它被用来象征柏拉图所说的完美、巴门尼德所谓的"存在"(或"本体")、中世纪的上帝、文艺复兴时期的世界以及帕斯卡的存在的绝望。他沿文学史的长河而上,直至口头文学的源头以及小说的起源——寓言。一个典型的博尔赫斯结构就是《接近阿尔莫塔辛》,那是他青年时期创作的、形式尚未成熟的一篇故事,作者在故事中概述一部虚构作品的情节,介绍主人公的种种奇遇,字里行间表现主人公对"阿尔莫塔辛"这一神话象征的执著追求。这种追求是灵魂在向神性的玄秘攀升中所走过的道路和歧途的一个含笑的比喻。这种方法在以后的两篇妙不可言的作品中更臻完美,那就是《特隆、乌克巴尔、第三星球》和《永生》,那是乌托邦社会的几张略图,就像一个个月相那样反映心灵的进程。

博尔赫斯虽说继承了由基罗加和卢贡内斯在拉普拉塔河流域打下了基础的那种幻想文学传统,同时又明显地受到英国文学传统的影响,但博尔赫斯的故事非同寻常,每一篇都不落窠臼。博尔赫斯成功而又意想不到地使原理和情节相结合,像写侦探小说那样运用意外、假象和诡辩的推理,将嘲讽与形而上学、逻辑与狡辩、现实与伪撰掺和在一起,在故事中设置故事,并使叙述者的面目变得模糊。他的那篇关于阿威罗伊[1]寻找亚里士多德"喜剧"与"悲剧"这两个词的意义的故事就是用的这种手法,故事引发了对历史意识的思考。博尔赫斯是个无情的讽刺家,当他尖刻地讨伐他的文学对手时,便充分地表明了这一点,这时,他遵循的是他在《辱骂的艺术》一文中所确立的原则,他在文中建议使用"戏谑的夸张、假作仁慈、以退为进、不予理睬"这些无情的文字武器。一篇故事的意义可能就在其对先前某篇作品的注释中。他对《马丁·菲耶罗》的多种"评注"就属于这种性质。另外还有《釜底游鱼》,故事写布宜

---

[1] 即伊本·路西德(Ibn Rushd,1126—1198),阿拉伯哲学家、自然科学家、医学家、法学家,主要哲学著作包括一系列关于亚里士多德书籍的提要、注释等。

诺斯艾利斯的一个"寻衅者"心怀鬼胎地加入了巴西南部里奥格朗德州的一个匪帮,最后死于亲热而又漫不经心的匪帮头子手中,那个匪帮头子实际上是切斯特顿笔下那个无与伦比的比利·森迪的翻版,不同的是这一位是个粗俗的黑白混血种人。博尔赫斯说:"一个人从出生之日至死亡之日所迈的每一步,在时间中画出了一个难以想象的图形……在世界的这个结构中,这个图形也许有它一定的作用。"既然是普遍的图形,就可以有无限的变化。同样,在观察它的人的脑海中,也可以有无穷的变化。正因为如此,在博尔赫斯的那篇不好捉摸的故事(作者自己认为那篇故事不能说完全没有象征手法之嫌),对巴比伦彩票的描绘变成了一则说明神秘莫测的上帝意志的寓言,在那个世界里,无法预料而又无法抗拒的生活便是一场没有止境的抽签。博尔赫斯故事的普遍要素是提及历史上带有神秘性的隐秘事件,这种神秘性使故事显得玄妙、朦胧。有些故事是其散文中论及的理论的说明,比如《秘密的奇迹》就来自博尔赫斯自己写的《时间的新反驳》。那是他对贝克莱和叔本华唯心主义世界的一次最大胆的闯入,同时也是在休谟的感觉论中所作的一次停留,休谟认为物质世界只存在于感知这个世界的意识之中(而意识的存在也可置疑),博尔赫斯则在休谟对物质世界的反驳之上加进了对时间的反驳。他粗略地推论(虽然从一开始便承认此推论不足信):如果人的持续性(即意识所在的基本实体)不存在,那就没有流动、因果、结果,因此也就没有时间,只剩下虚无中不连贯的、绝对的感觉。他那篇用这种本体论的论据推进情节的《秘密的奇迹》就写了一个很特别的犹太人，此人也像博尔赫斯那样，写过一些自己觉得不满意的、并非不朽的诗，他因在书中寻找上帝而找瞎了眼睛，还写过文章称："人所可能拥有的经历并不是无限的""只需一次'重复'便可证明时间是种假象"。这个犹太人在纳粹德国被判死刑，上帝却降奇迹于他，在时间之外另赐给他一年的生命，让他面对刑场的高墙打完一部喜剧的腹稿。这篇小说是博尔赫斯巧妙地把要论述的题目与故事情节及心理融成一体的完美典范。

博尔赫斯作品的形式与内容的匹配可谓神施鬼设，即使把组成某篇故事的部件一一拆开，也绝不会影响故事的秘密机制所具备的神秘魅力。在他那些最杰出的作品中，一切都"丝丝入扣"，比如那篇《爱德华·菲茨杰拉德之谜》，故事中欧玛尔·海亚姆与其英国译者的酷似正好与其想法——泛神论、轮回——相吻合，而用博尔赫斯的话说，从这些想法出发，不难做出这样的推测："那个英国人很可能再造了那个波斯人，因为从本质上来说，两人都是上帝或上帝的瞬间面孔。"同样的主题又出现在《神学家》中，那是博尔赫斯在艺术上达到炉火纯青时的杰作之一，故事写了两个博学的经院哲学卫道士的较量，其中的一个在谴责异端时所作的论证后来也被认为是异端邪说，此人因而被判处火刑，控告他的正是他的竞争对手，后者最后也被判处死刑，当他来到另一个世界时，才发现在神的心中，主张正统者和持异端者、被告人与控告人，原来都是同一个人。很显然，此处的异端便是柏拉图有关环形时间及一切事物与行为均会重复这一观念的变异,所不同的是博尔赫斯断言,每一个人都是两个人,一切人的行为都包含或投射了相反的行为,或者说世界由有限的可能性组成,这些可能性一旦穷尽,就会开始重复。

博尔赫斯另一个同步技巧的范例是《死亡与指南针》。故事错综复杂,写了一个迷恋书本的侦探如何被一些希伯来古籍所吸引,一步步走向死亡。古籍的原主人是一个已去世的犹太教法典学者。《小径分岔的花园》也使用同样的技法,作品看上去像一篇侦探故事:一个受雇于纳粹的中国间谍杀了一个叫艾伯特的人(此人住在一幢带有迷宫般花园的房子里),以此向他的主子报告应该轰炸的城市的名字,也就是那个被害者的名字。但上帝好像有意作弄,艾伯特正好是个汉学家,被害之前他向凶手解释了后者的一位先辈(一个叫崔鹏〔Ts'ui Pên〕的人)所著的一部书的含义,阐明了书的作者关于"无数条互相背离、会合、平行的时间线"的信念,正是时间线中的一条通到了这个看上去像是偶然行为的点上(实际上那是许多互相矛盾、或许又是同时发生的可能的结局之一),于是把凶手带到了他的牺牲品面前。

《特隆、乌克巴尔、第三星球》也许是博尔赫斯艺术及各种手法的综合。特隆那个幸福世界的特点与故事的目的及意义都丝丝入扣。我们看到关于特隆的情况只在最隐秘的资料中才能找到,那是一部被遗忘的作品——《英美百科全书》——的一个孤本。特隆是一个由技术专家、伦理学家、科学家、艺术家、哲学家们组成的一个秘密会议的发明,这些人画出了它的天文与行星坐标,赋予它意识上的存在(也可以引申为实际存在,虽然不是有形的存在),并把它置于某个不知名的天才的领导之下。为了使故事具有真实性,特隆必定是一个唯心主义的世界,其居民全都没有空间观念,对特隆的居民来说,现实是用其语言之一以"诗的客体"的形式反映出来的个别与独立的行为或智力活动的集合体。在那个世界里,原因和结果没有任何意义,只被当作纯粹的联想。那里没有真实,只有意外。在那种情况下,科学是很难立足的,至少也是反系统的,唯有心理学是例外,因为它研究的是精神状态。使这一切发生变化并使故事加速发展的是作者有关特隆渐渐渗进真实世界的情况报告。正像那个使其秘密仪式四处传播直至变为公众行为的名为"凤凰教派"的组织那样,特隆所创造的秘密社会(在那里,形而上学是幻想文学的一个分支)也把它的一个个孤独者的家族撒向世界,使世界变得像它的创造物一样。

特隆的主要使者之一想必是博尔赫斯自己,正像他在《创造者》这一令人眼花缭乱的"包罗万象的杂录"中所说的,"有人一心想要画出世界",但"在他生命行将结束之时,他发现他以极大耐心画出的那个由线组成的迷宫原来是自己那张脸的形状"。当然,那张脸也是所有人的脸。艺术是一首离合诗,博尔赫斯另一条随意说出[①]的名言是:"艺术是一面照出读者面孔的

---

① 原文为拉丁文。

镜子,也是一张世界地图。"这张看得见的脸再现了在所有脸之外的那张永恒面孔的无形的五官。对博尔赫斯来说,作为个人的人是那个笼统的人的暂时的一面。他提到共同记忆:如果没有这种记忆,那每个人都会把现实的一个无法替代的部分带进坟墓。他把文学的永恒当作其个体消失的安慰,因为在文学中,"一个人的梦是组成所有人的记忆的一个部分"。他强调艺术的"普遍及客观意义",他的这种感受非常强烈,所以才会在《探讨别集》中宣称,"在许多年的时间里,我以为几乎是无止境的文学全出自同一人之手"。他曾在作品中援引过西里西亚的安杰勒斯[①]的话,安杰勒斯认为,扮演多种角色、以多种面貌出现的上帝与人交替着他们梦中人与做梦人的位置。博尔赫斯又在另一篇作品中补充说:"并不存在多种多样的作家。"

博尔赫斯最精彩的文字中就有好些围绕这个主题展开,而那篇有关柯勒律治的《忽必烈汗》的随笔便是这个题目进一步的发挥。在那篇文章中,博尔赫斯提出了有关原型(即某种可能成为超自然世界证据的集体无意识)的理论。这个理论是基于这样的事实:诗在柯勒律治的梦中出现,就像诗中所写的宫殿出现在那个蒙古皇帝的梦中那样(他在8世纪建成了那座宫殿)。在《爱德华·菲茨杰拉德之谜》中,我们再次看到被时间和空间分开的一个个体的两个变形。在小说方面,有关这个主题最杰出的作品是《环形废墟》,故事讲了一个人在梦中创造另

---

① 西里西亚的安杰勒斯(Angelus Silesius,1624—1677),德国宗教诗人。

一个人,可当他逃脱了一场无法焚烧他的大火之后才发现自己原来是第三个人梦中的产物。博尔赫斯会把这个概念稍做变动,然后用于文学批评,比如他的一篇有关第一位高乔诗人伊达尔戈的文章,伊达尔戈的诗虽然没有流传至今,诗人自己却注定要在其替身——他的文学继承人——的身上获得永生;博尔赫斯又会在一篇故事中用这一思想来突出某个细节,如那个不存在抄袭概念的"特隆"世界,因为所有的作品原本出自同一个作家之手,这个作家既不受时间限制也没有姓名;这个想法也被恰当地用于有关《堂吉诃德》的附注中,他强调(如同乌纳穆诺在其作品《迷雾》中所做的那样)作者、读者和虚构人物之间本无清楚的界限,他指出,在《堂吉诃德》的下集,主人公读了有关自己历险的上半部分的叙述,"这样的角色倒错使人想到既然一部虚构作品的人物可以是读者和观众,那么我们这些读者或观众也就可能是虚构的了"。博尔赫斯的作品中,最好地概括了这个主题的,也许就是那篇短小的《什么都是和什么都不是》[1]。作品中,一个博尔赫斯式的莎士比亚在天国对上帝说:"我白白地做了许多人,现在我只想做一个人,就是我自己。"上帝的声音回答他说:"我也不是我,我梦见了世界,就像你梦见了你的作品,我的莎士比亚,在我的梦的许许多多的形式中就有你,你和我一样,既是许多人,又不是任何人。"

博尔赫斯就像那个把每个原子看作一个太阳系、又把每个

---

[1] 原文标题为英文。

太阳看作一个卫星、提出了两个无限①的概念的帕斯卡，把宇宙当成一个单质的分子，其任何一部分都包含着整体。他援引一系列名人的话来支持他的观点，仅在一页的篇幅里就提到了叔本华、莱布尼兹和卢梭等不同的权威。他在被他赋予神秘意义的某些物件中找到了新的证明。这些物件可以是任何东西，从一个沙漏——他似乎感到宇宙时间从沙漏中漏走——到那枚名为"扎伊尔"的能使人着魔的钱币。博尔赫斯声称，照伊斯兰教的说法，扎伊尔的意思是"明摆着的"或"显而易见"的，这个词被用来形容"那些具有可怕的力量、使人难忘其形象、最终使人疯狂的人或物"，故事中那枚具有如此法力的钱币引导主人公——一个为艺术创造而苦恼的青年——发现任何事情或事件，不管它多么不起眼，全都隐含着那个不可思议的宇宙。同样地，在《阿莱夫》中，一个类似于威尔斯作品中那个玻璃球的发光体（另一个扎伊尔），就是"一个包括了空间上所有点的点"，也许这是阿兰·德·里尔②描绘的那个著名的圆球的残迹，"其中心在一切地方，而圆周线却不在任何地方"。具有迷惑力的扎伊尔是上帝九十个名字之一，而阿莱夫——"圣语"③字母表中的第一个字母——则是希伯来神秘哲学家们所说的"En Soph"（或"Ein Sof"），即"无限与纯粹的神性"的象征。

---

① 原文为法文。
② 阿兰·德·里尔（拉丁语名 Alanus de Insulis，约 1128—1202），法国神学家、诗人，号称"万能博士"，西多会修士。
③ 即希伯来语。

博尔赫斯引用过柏拉图的一句话:"一切知识都不过是记忆。"博尔赫斯还认为,对卡莱尔来说,"世界史是一部为所有人撰写、阅读、钻研并把所有人都写进去的浩瀚的圣书"。把世界比作一本书(作为作者与主人公的人试图通过它来识别生活的意义),这是博尔赫斯的一个总体思想。这个思想出现在《书籍崇拜》中,博尔赫斯在这篇作品中引用莱昂·布卢瓦[①]的话(他在其他作品中也多次援引这位作家的话):"我们都是一部奇书的段落、词语或字母,而这部永不停止的书是世上唯一的东西;更确切地说,它就是世界。"博尔赫斯还在另一个场合提到神秘哲学的如下思想:外部世界是一种曾经被人理解又忘记、再也无法破译的密码语言和交错的词语。在《通天塔图书馆》中,失明的图书馆馆长博尔赫斯这样推论:如果说图书馆是永恒[②]的,那它也应该是无所不包的,不应有两本相同的书,但可能有一部作为"其他所有书的总和及完美概要的环形的书",这部书应当出自那位无所不窥的所有作者的"作者"之手。

博尔赫斯在其作品中有时似乎也已接近"无所不窥"的境地,在他自己最满意的作品之——《猜测的诗》——中,他已达到了这一境界的边缘,他在作品中称自己找到了"一直没有找到的词——上帝从一开始便已知晓的最完美的形式"。但他的这个幻觉很快便消失得无影无踪。能够破译密码的词语或公式永远不会找到,这就是诗人在《另一只老虎》中发出的哀叹。

[①] 莱昂·布卢瓦(Léon Bloy, 1846—1917),法国小说家、散文家。
[②] 原文为拉丁文。

在博尔赫斯的作品中,虎经常被用作不可企及之物的象征(抑或是受了布莱克的影响)。有一首诗谈到他"在午后的时间"对那只"没有在诗中出现"的另一只老虎的追寻。这是马拉美那句"不在一切花束上的花"①的回声吗?马拉美曾说,世界是为了被写在一本书中而存在的。博尔赫斯也像马拉美那样,不懈地追寻一个虚幻的"语言系统"。这一主题的最生动的表现便是那篇名为《神的文字》的故事,故事写一个玛雅首领——金字塔的最高祭司——被征服者阿尔瓦拉多囚禁,与一头美洲豹同处一个地牢,地牢中间是一道把他和美洲豹隔开的铁栅,美洲豹在玛雅的宇宙起源学中是神的象征之一。祭司试图从豹的斑点(那是些如尼文②字母或建筑装饰)猜测按照印第安的传说在时间终结时就会出现的神的启示。当神的启示以一个火轮的形式出现时,他记起了叔本华的万花筒,虽然万花筒中的玻璃片(即全套剧目的演员)就是那么一些,历史的种种图像却永无止境地改变着它们的面具和外衣。

博尔赫斯(一个带有神秘意味的蒙田)提出了把永恒视为一种固有元的可能性,神学家们给类似的观念所下的定义是:"同时而清醒地占有时间的所有时刻"。这似乎是一种全部回忆与预见相混的高度直觉的状态,对这个概念最深思熟虑也是最完整的阐发,是那篇名为《永生》的故事,博尔赫斯称其为"永生者伦理概要"。博尔赫斯以斯威夫特的创造才能发掘永

---

① 原文为法文。
② 为斯堪的纳维亚半岛的古文字,日耳曼语系由此派生。

生在人身上可能产生的效果，他的格列佛便是古罗马军团的前执政官马可·弗拉米尼奥·鲁福，此人在游历了种种神奇的精神景观后，来到了一座位于荒野之中的、被永生者废弃的城堡。城堡由古老而荒谬的宏伟建筑组成：反砌的石阶、空荡荡的宫殿、不通向任何场所的回廊。这片荒凉之地的仅有的居民是住在城墙之外的一些穴居人。他们是一些生活在尘世沉浮之外的纯思想王国、任凭其城市颓败最终弃城而去的永生者，他们这样做是出于疏懒，因为正像他们所发现的，既然无论如何，"在一个无穷尽的时间里，一个人会遭遇所有的事情"，那么一切努力都是白费的。作为无名氏，个人命运既引不起他们的兴趣，也无任何影响。他们的这种恍惚状态具有传染性，故事的主人公兼叙述者渐渐受到感染，开始在故事中使用"我们"这一人称，不知不觉地在读者眼中变成了永生者。这是此篇故事的狡黠及成功之处。马可·弗拉米尼奥·鲁福在成为所有人的同时，一下子变成了许多不同的人——他在历史上的一个个"前身"：他出现在1066年的斯坦福桥，与哈罗德①的军队在一起，然后又成了伊斯兰教历七世纪布拉克的一个犹太法学家，接着又变成撒马尔罕的一个国际象棋手、比卡内尔的一个天文学家以及历史上形形色色的人物。但在其整个漫长的跋涉中，身躯里始终是同一个存在。他读过蒲柏译的《伊利亚特》，经历了辛巴达的历险，既是尤利西斯，又是荷马，也是博尔赫斯。

---

① 指哈罗德二世（Harold II，1020—1066），英国最后一个盎格鲁-撒克逊国王。

博尔赫斯认为，如果说文学是永不枯竭的，那是因为书籍是永不枯竭的，这是一个很充分而又很简单的原因。这个公理必定推导出这样一个观念：文学的先驱者们不仅预示了他们的继承人，而且还在他们的身上复活。霍桑的故事《威克菲尔德》便是卡夫卡的预示，只是后者修正了它的读法，使之变得更精妙罢了。"'欠债'是相互的，一个伟大的作家创造了他的先驱者。"对过去的回溯使以前的作品再生，倘若没有回溯，那些作品便不复存在。

后世反作用的一个杰出例子是那篇怪诞的《吉诃德的作者皮埃尔·梅纳尔》。故事是对学究式文学批评的嘲弄，但如果我们取其严肃的一面，就会看到时间的透视（即使一字不改）也可以深化文本的意义。皮埃尔·梅纳尔也许是受了诺瓦利斯有关与某一作家完全认同的想法的鼓舞，耗费毕生精力偷偷地从事一件吃力不讨好的工作——在几个世纪后逐字重写《堂吉诃德》的两个片断。这本书他只在许多年以前读过一遍，对此书的模糊的记忆就像"对一本未写之书的事先获得的朦胧印象"。塞万提斯当年自然而然地写下的东西，在梅纳尔笔下成了评注和说明。梅纳尔最后完成的作品与原著毫无二致，却大大丰富了原著的意义，因为那是多少年探赜索隐、反复思考的结果，也是几个世纪文学传统发展的结果，它改变了原著，也赋予它更复杂的回顾性的深意。

博尔赫斯的世界之书所经过的道路组成了一个无边的迷宫。这恰好是博尔赫斯在《小径分岔的花园》中树立的形象，在那篇故事中，书和迷宫变成了同一件东西。博尔赫斯的迷宫数不胜数，其中有一些（如《死亡与指南针》中的隐蔽意图）只是隐喻，用来影射反复无常的思想、时间、人的复杂行为等；另一些，如《阿斯特里昂的家》中牛头怪的那座有十四扇门、十四个院子和十四个喷泉的构造复杂的房子（在赫尔墨斯的语言中，"十四"有无限之义，因为那是个可以无限再分的数字），则是世界明白无误的象征，一些必经的路径不可避免地通向一个目标，就像《永生》中那个地下迷宫，入口处开在城堡的地面，那是两个范围或两条充满相反意义的通路的交接口，两条通路均没有规则的前进方向，像城堡本身那样，每个拐弯都是一个十字路口，花园则是"预先决定"和"不可预料"这二者的合成；再就是那座壮观至极的迷宫——特隆世界（即放大了的通天塔图书馆），那是一个虚构的世界，痛苦的人类把它当作混沌中的秩序的一种象征而欣然接受。

丰富这种虚构并使之永远不衰，也许是博尔赫斯全部作品的意义所在。博尔赫斯的作品中有一种"实质性的单调"，他自己也承认这是一种局限，但这给了他一个明亮生活的空间。博尔赫斯的迷宫就像海明威作品中那些驱赶战争灾难的、在夜里灯光闪烁的酒吧，是他宁静、光明的岛屿。毫无疑问，在他的阿拉伯主人公阿本哈坎身上有他自己的影子，阿本哈坎假装躲避敌人而藏进灌木丛深处，实际上，却是把敌人引入这个迷宫以便杀死他，与此同时，他用起了敌人的名字。一边躲着敌人，一边把自己与敌人合二为一。《刀疤》中的那个叙述者也一样，他用化名讲述爱尔兰独立战争中一个告密者的故事,把一系列罪恶归咎于这个实为叙述者自己的替代者。

"身份"的改变(常常在要赦免一个人的罪时将他毁灭)在博尔赫斯的作品中可以有多种诠释。20世纪布宜诺斯艾利斯省一个被养子所杀的人就是一个例子(他的死不过是一桩社会新闻[①])。此人并不知道他的死不过是"为了重复一个场面",一如恺撒被布鲁托所杀;再如下面这两个奇特而类似的人的命运:一个是名叫德罗夫图特的"蛮族"(此人投入敌对阵营,为保卫罗马与自己人作战而死),另一个是与博尔赫斯奶奶同时代的被阿根廷一个印第安部落同化的英国女人,两个故事表面上看起来很矛盾,实际上,从永恒的概念看,二者相反相成。在《南方》中(那是博尔赫斯对自己受伤后在医院度过的那些日子的痛苦回忆),病房中一个处于昏迷状态的病人梦见自己像其祖先那样被刀刺死,在那追忆的旷野,那把刀杀死的人不止他的祖先。同样,《另一次死亡》提出了一个人生命的两种交替形式,这两种形式互相阻断又总是互相取代,最后却显示二者原来都是一个古代神学家对人的同一性问题所作的思索的影子。

那篇深刻的《德意志安魂曲》使这个主题变得更加复杂,但也以某种方式解决了这个问题。博尔赫斯在这篇故事中探究了纳粹主义的精神根源。1908年出生于马林贝格的奥托·迪特里希·林德是个残障者,因读多了叔本华的作品而丧失信仰,

---

① 原文为法文。

把德国当作"反映一切、包罗万象的镜子，世界的意识"。二战中他被任命为一个集中营的头子，他在战俘中找到了一个著名的犹太诗人，对他施以酷刑并冷血地把他处死——不是把他当成犹太人，而是"我灵魂里一个可憎部分的象征"。奥托·迪特里希声称："我和他一起挣扎，一起死亡，我以某种方式同他一起完结。"他的坦白没有因其罪责而打折扣，反而显得更加真实。这就像在别人身上审视、判处自己的大卫，因为"一个人的行为就好像是所有人的行为"。犹如在道教中阴阳难分那样，牺牲品与刽子手也不可分。

寻找个人命运的人因自己的彷徨及多重性而痛苦。也许这就是博尔赫斯的人物热切期盼"预先决定"的原因。博尔赫斯很久以前这样说，"可能的情节很少"，"其中之一便是人找到自己命运的经过"。博尔赫斯把这一警句变成一条法则。在《世界恶行史》中就有博格尔这样一个人物，那是汤姆·卡斯特罗的邪恶的教唆者，某一天在街上被"从岁月的尽头追赶着他的那辆可怕的车撞倒"。但在博尔赫斯的作品中，命运或"达摩"①有比这更深的意义。那是自我定义的一种形式。奥托·迪特里希就是一个例子，他在走向深渊时发现"最有效的宽慰便是我们自己选择了不幸这一想法"，因为"这种个体目的论向我们揭示了一种隐秘的秩序，并奇迹般地把我们混同于神"。嗜读叔本华著作的奥托·迪特里希知道："一个人自降生之时至去世之

---

① 即印度教、佛教、耆那教中的"法"。

时可能遭遇的所有事情都是由他自己事前决定的。这样,所有的疏忽都是故意的行为,所有的不期而遇都是事先约定,所有的屈辱都是赎罪,所有的失败都是神秘的胜利,所有的死亡都是自杀。"博尔赫斯说:"每个生命,无论有多长、多复杂,实际上只有一个瞬间:人终于弄清他是谁的那个时刻。"比如对博尔赫斯作品中那个唯一的女主人公埃玛·宗兹(一个惧怕男人的精神变态的老处女)来说,那个关键的时刻便是她父亲的死,那是她生命中一个具有决定性意义的事件,她的生命就此结束,被"冻结在世上唯一发生过的并将无止境地继续发生的事件"的寒光中。埃玛决心向罪人复仇,制定出一个计划,并以机器人似的绝对精确冷漠地付诸实施。作者用临床医生般的眼光观察她,把她当成他在那首关于象棋的诗中所描绘的被一只看不见的手操纵的卒子之一,那只手则听从某个不为人知的意愿摆布。和埃玛类似的还有塔德奥·伊西多罗·克鲁斯,这个昔日的被放逐者现在成了政府军中的一名士兵,他追捕反叛的马丁·菲耶罗,最后找到了他要找的人,同时面临大彻大悟的时刻,那是"一个明澈而又至关紧要的夜晚,就在那个夜晚,他终于看见了自己的脸,听到了自己的名字"。

那个"基本情感被禁止"的诗人巴尔塔沙·葛拉西安[①]就是在那样一个夜晚来临之时,在赏玩"文学的奇趣"(这是诗人在一首致其暗讽对象的"带有敌意"的诗中用过的词语)时,

---

① 巴尔塔沙·葛拉西安(Baltasar Gracián,1601—1658),西班牙哲学家、作家、耶稣会教士。

获得了——用他自己的话说——"近乎智慧"的语言的炼金术。

"知道一个人物怎样讲话就能知道他是谁。发现一种语调、一种声音、一个独特的句法，便是发现了一种命运。"我们料想博尔赫斯抑或是针对自己说了这样的话。

多年以来，博尔赫斯把他那本已无可挑剔的艺术提炼得更加精湛、完美。同时，基于"所有精细的风格都会把加工过程中所费心思的相当一部分传导给他的读者"这一原则，博尔赫斯努力使自己的技巧圆熟，使之达到无形的境界。他不懈地追求优雅以及对一切俗套的突破，完全摒弃了过去使用的过分的隐喻和高调的爱国主义以及年轻时刻意的浮夸，在自然与精确之间保持一种有弹性的平衡。他力图使自己的语言带有普遍性，使写作以某种方式超越时间。在谈到有时间性及确定场景的文字时，他说："完美的作品，每个词都无法随意更改的作品，是最不经久的。语言的变化会抹去那些次要的意义和细微的差别，而'完美'的作品正是包含了那些精细的含义，因而也是最容易失去价值的作品。"同样，试图编织出一种讲话方式的文学模本也不会持久，拿高乔诗来说，那是一种诗的创造、一种抽象观念。即使这种语言在某个偏远的地方、某部分人群中独立存在，也并不比研究院的卡斯蒂利亚语更有权利被当作一般准则加以接受。重要的是风格，要能反映一种根本性的态度。博尔赫斯说："做阿根廷人，要么是因为我们命中注定是阿根廷人（若是这样，那我们这辈子怎么都是阿根廷人），要么就是一种纯粹的伪装、一种假面。"莎士比亚虽然将其戏剧的场景放到丹麦或意大利，但他无论在语言上还是在性情上仍是个英国人。博尔赫斯举《死亡与指南针》为例，认为这篇故事给人一种从语气到气质都是彻头彻尾的阿根廷特色这样一种感觉，虽然作品中提到的街道都是法国名字，故事的场景也令人想起爱伦·坡笔下的巴黎，与此相反，他的爱国诗却没有给人这样的印象。

博尔赫斯总是接受外来语——特别是英语——的风格和句式，这常常反映在其散文的结构中：简洁紧凑的段落、各种副词形式以及标点的用法。他最擅长讽刺、矛盾修饰法、含蓄和那种"交谈中突然冒出的妙语"。对他来说，后者表明"口头体"的实质，即幽默。

六十七岁的博尔赫斯身体衰弱，行动也越来越不方便，但他仍像以前那样活跃，不过一段时间以来，他已不如从前那么大胆，似乎已经与世无争，结束了内心的清点。他已是活在他作品中的另一个博尔赫斯了。

博尔赫斯总结自己的创作生涯，认为那算不得完美，但又是必然的。他一边送我们到门口，一边说："一个人活到我这样的年龄便会明白，他既不能把事情做得更好，也不能做得更糟。"然后他久久地握着我们的手与我们告别。

他近期发表的为数不多的诗作，形式越来越趋向古典，内容却越来越平常。他说他如今更感兴趣的是真实而非新奇。每一节诗中都有一个总结。早在1953年，他就写过这样的句子："你消磨了岁月，岁月也消磨了你。"现在我们又见到他温和地责备上帝,因为上帝以极妙的讽刺同时赐予他浩繁的书册和一双"死目"的幽暗。国家图书馆的前任馆长——像博尔赫斯那样暮年失明的保罗·格罗萨克——也曾得到上帝同样的赐予。博尔赫斯惊异、好奇地思索着在那无边无际、人影憧憧的漫漫长夜的王国,还会有什么样的风险在等待着他。终生嗜书如命的博尔赫斯在《创造者》中把自己比作那个神话中的赫克托耳。赫克托耳被渐渐模糊的世界一点点抛弃,最后,"萦绕不散的薄雾抹去了他的掌纹,星星从夜空中消失,地在脚下摇晃"。在《爱默生》这首诗中,博尔赫斯再次借别人之口吐露一种久远的愁绪:"必读的书我已饱读/也写过一些不至于被尘封、遗忘的书。一个神赐予我凡人所能获得的知识,/我的名字在整个大陆流传。"然而,"我没有活过。/真想成为另一个人。"也许写这首诗时,他想起了自己很久以前所写的:"只有从未真正拥有过的东西才会失去。"[①] 但是,"空间、时间和博尔赫斯都已离我而去"。糟糕的事情都已过去或留在"另一个博尔赫斯的手中,这另一个博尔赫斯无处不在,以至于我不知道他们两人中究竟是谁写了这些文字"。事情必定如此,因为正像被名声遮蔽的博尔赫斯所知道的那样,"荣耀是遗忘的诸种形式之一"。

---

① 此处作者引文与博尔赫斯原文稍有出入。

若昂·吉马良斯·罗萨，或另一条岸

段玉然 译

　　平原、草地、高原、腹地；地区不同，地形不同，人也各异。一提起腹地，人们就会想到占一个国家三分之一领土面积、拥有几个世纪地质史的茫茫高原。腹地的中心在戈亚斯州。这片辽阔的高原西起马托格罗索州，东止巴伊亚州；向南包括米纳斯吉拉斯州大部，北至马拉尼昂及帕拉两州。到了帕拉州，灌木丛生的荒野消失了，代之而来的是郁郁葱葱的热带莽林；接着，地势不断向亚马孙河谷方向倾斜，并渐渐出现原始森林。

　　腹地地势复杂：高山、河谷、峰巅、深涧、沼泽、荒原，无奇不有。这里有藏匿于第三纪形成的岩石构造中深不可测的岩洞，有从隐蔽的源头流出的蜿蜒曲折的地下河，也有只生长灌木和仙人掌的荒漠。腹地景象万千：幅员广大，轮廓缥缈，常给人以神魂颠倒、眼花缭乱之感。处处是它的中心，周长又为无限长。它的居民是个剽悍的、过着半游牧生活的民族。他们像候鸟一样，随着季节的变化四处迁徙。为他们指引方向的是心中的指南，帮他们认路的是屈指可数的原始路标：一个城镇、一个村落，或是荒原上的一片绿洲。每向前走一段路，便可看到一片耕地，那是庄园。沿着平缓的山坡走去，可能是牲畜饮水的地方；密林深处小溪流过的地方可能是一条小路；高大的岩石，参天的曲叶矛榈。这个复杂多变的地区便是吉马良斯·罗萨的故乡，他的手笔仍然留着家乡风光的印迹。

土地是辽阔的，人的性格是豪放的。吉马良斯·罗萨出生于米纳斯吉拉斯州。米纳斯吉拉斯州和圣保罗及里约热内卢等大城市毗邻，同时又和通往内地的"橱窗"坎普斯热拉斯——腹地便从这里开始——相距甚近，这就使它同时具有以自我为中心和外向的双重特点。这种巧妙的结合曾哺育过许多伟大的人物。巴西第一位伟大的小说家马沙多·德·阿西斯就是米纳斯吉拉斯州人。他在艰苦的岁月里呕心沥血，写出了一部部满含悲怆和激情的作品，他的这些作品是用"嘲讽的笔和忧伤的墨写成的"。米纳斯吉拉斯州人深知禁闭的痛苦。从米纳斯吉拉斯的城市文学中诞生了科尔内利奥·佩纳（Cornelio Pena）的孤独，以及卡洛斯·德鲁蒙德·德·安德拉德的梦境与幻想。但是，还另有一类深深扎根于土地的米纳斯吉拉斯州人。这种人虽然看上去思维迟钝，举止低调，走起路来不慌不忙，少言寡语，性格内向，但他们是一些对生活充满了爱的人。他们的这种谨慎属于骑士冲向无际的原野、远走高飞前的谨慎。他们属于那种不在同一条河里洗第二次澡的人，属于那种在狂风中驰骋、披着星星睡觉、在茫茫暗夜中睁着一只眼注视着时代脉搏的人。

吉马良斯·罗萨于1908年生于腹地边缘讲德语的科迪斯堡，父母是尊贵的牧场主，但祖辈是苏维汇人。吉马良斯是个地名，原来叫维马拉内斯，在哥特人入侵之前几百年的时间里一直是葡萄牙北方苏维汇王国的首都。巴西的早期居民中有许多来自葡萄牙的北部地区。这些移民十分勇敢，他们的后裔也十分剽悍。维马拉内斯人既有人耕地务农，也有人以艺术为业。在维马拉内斯人的后裔中，有巴西早期的地域主义小说家贝纳多·吉马良斯（Bernardo Guimarães），还有著名的神秘主义诗人、最早翻译海涅作品的翻译家阿尔丰苏斯·德吉马良斯（Alphonsus de Guimaraens），也有去内地探险的探险家。他们把边远地区可供放牧的土地据为己有，将绿草如茵的牧场开拓成了繁荣的庄园。在这种荒芜地区定居一向是和浪迹天涯的流浪之魂达成的一种妥协。生活从来就不是久居不动的。定居者心中也藏着游牧人。吉马良斯·罗萨正是这种二重性的体现。他说他有点像个逃奴，他长期漂泊四方也证明了这一点；但无论走到哪里，他心目中总记着腹地。他回忆说，他在庄园里度过了放荡不羁的童年。在那里，温顺的牛群随处徜徉，马蹄声在崇山峻岭间回荡。人们的思想犹如微风一般，飞向无边无际的远方，但在这看不见远景的空间里，人们的目光不是在观望形象，而是在吞吸形象。在如伊甸园般的腹地，历史是朦胧的，传统是悠久的，来往是直接的。在腹地，人们每日都从自我体内新生，他们不是在无谓地追根溯源里重生，而是要和周围的各种力量进行直接的生死攸关的较量后获得新生。"我是个怪人。"吉马良斯·罗萨说。他可以连续几个小时一动不动地坐在一张椅子上，沉湎于诗兴大发之前的灵感之中。随后，他脸上露出迷离恍惚的神情，陷入内心平静的水中。正是在这里，那些已经学会"把腹地的力量变作自己的思想和心声"的人找到了自己的形象。

早在吉马良斯之前，已有一些著名的作家到过腹地。如阿丰索·阿里诺斯（Afonso Arinos）。他于1898年出版的《腹地周游》(*Pelo sertão*)中，记录了一次对心灵驿所的探索。另一位更杰出的作家是出生于巴伊亚州的探险家兼记者欧克里德斯·达·库尼亚。达·库尼亚曾亲随政府军参加了对当时举世闻名、具有传奇色彩的起义领袖劝世者安东尼奥的讨伐。他根据讨伐中收集到的资料，书写了永世流传的纪事巨著《腹地》（1902）。达·库尼亚是个热心改革的人，他用诗一般的语言栩栩如生地记述了这一战事，生动、优美而真实地再现了这场社会危机，在巴西文学上影响极大。从某种意义来讲，吉马良斯·罗萨正是延续了由达·库尼亚开创的这一工作，并将其上升到了达·库尼亚本人难以想象的文学水准。他同达·库尼亚一样是个人道主义者，但也是个劝世者式的巫士和盗匪。他拥有触及语言深层的非凡力量。在语言表达这一方面，他继承了许多革新派的传统。革新派曾以各种方式与在巴西小说——它虽具有丰富的题材，但表现形式始终贫瘠——中占统治性的直描法的专制状态进行斗争。在这些叛逆者中，有圣保罗革命三部曲《囚徒》(*Os condenados*, 1922）的作者奥斯瓦尔德·德安德拉德（Oswald de Andrade）及《马库奈依玛》（1928）的作者马里奥·德安德拉德。马里奥·德安德拉德多才多艺，在诗人、小说家、教师、评论家、音乐家的身份中不停切换，但始终保持高超的艺术水准。《马库奈依玛》是一首充满想象的散文诗。书中运用民间传说的手法塑造了一个不平凡的"没有性格的英雄"。如果说《马库奈依玛》曾被视为创新，那么吉马良斯·罗萨的文学创作，凭借其错综的时间设置和语言构建则堪称时下的文学。吉马良斯·罗萨的创作同当年乔伊斯和普鲁斯特的创作如出一辙，只不过他是按照自己的方式用葡萄牙语而写，他在各个层面和时期对于葡萄牙语不断地探索。"语言炼金术"与存在主义关切在他的写作中共存。这并不是说他在效仿他人。用他的一句话来说，"他就是他，而且是完全独特的他"。他的为人之道，无论是自处，还是生存于世，几乎无异，他由此得以定义。他是巴西唯一彻头彻尾的小说家。

吉马良斯·罗萨开创了巴西文学的新局面。17世纪，讽刺诗人格雷戈里奥·德马托斯（Gregório de Matos）创作情色诗歌——这些诗歌在其在世时未被出版，巴西文学就此以神秘主义倾向肇始，而诗人也因此常被视作巴西文学的鼻祖。从那时到现在，巴西文学走过了漫长的道路。纵观巴西文学这几个世纪的发展，从像卡斯特罗·阿尔维斯（Castro Alves）——维克多·雨果式的社会活动家，但是写作风格更加细腻——这样的浪漫主义作家，到高蹈派诗人和继高蹈派诗人之后的象征主义诗人及其目前的继承者，神秘主义都在巴西文学中有迹可循。象征主义作家格拉萨·阿拉尼亚（Graça Aranha）的论文小说《伽南》(*Canaán*，1902）对造就民族意识贡献良多，尽管笔法略有刻意。《伽南》是部标新立异的作品，开启了一个时期[①]，巴西由此渐渐摆脱了欧洲式的思恋。就在《伽南》问世这一时期，城市小说诞生了。利马·巴雷托的自传体讽刺小说也在这一时期出版。向前回溯一个时期，马沙多·德·阿西斯难以归类的城市主义杰作也值得一提。城市小说继续发展，见于卢西奥·卡多佐（Lúcio Cardoso）和奥塔维奥·德法里亚（Otavio de Faria）笔下。前者是传统心理小说家，常被称作巴西的朱利安·格林；后者多年潜心创作以里约热内卢为背景的十七部小说，讲述一系列资产阶级的悲剧。尽管如此，至那一时期，伟大的城市小说尚未写就。

另一种更为强大的流派——它常常和上述神秘主义流派相对立——发源于殖民时期的编年史家。这一流派经历了浪漫主义史诗和报章连载，在此期间，地方语言在争议和批评中得到演化；还经历了现实主义和自然主义——那些现实主义作家和自然主义作家在20世纪初风靡一时，如今这一传统在地域主义作家笔下得到继承。20世纪二三十年代，地域主义作家占据了文艺舞台，而且从那时起他们就几乎垄断着文艺舞台。巴西当代的地域主义文学来源于全国的各个角落，如著名作家埃里科·韦里西莫（Érico Veríssimo）的作品来自南里奥格朗德州。

[①] 指巴西文学中的先现代主义时期（1902年—1922年）。

但地域主义的大本营依然是《枯竭的生命》(Vidas secas)一书的诞生地——贫瘠的东北地区，著名的"甘蔗周期"的舞台。这个舞台吸引了像若热·德利马那样杰出的诗人，像格拉西利亚诺·拉莫斯那样的小说巨匠，像多产作家若热·亚马多那样的社会鼓动家。巴西最有洞察力的散文家吉尔贝托·弗雷雷（Gilberto Freyre）以东北地区种植园中富贵的生活和社会习俗为题材，写出了一部内容真实、笔调细腻的作品，从而有力地推动了后来日益发展的无产阶级事业，有时甚至被作为了党的政纲。盛行于东北地区的这类小说，其重要意义是无可否认的，它首次深刻地暴露了存在于巴西现实社会中的贫穷现象；然而，其中的刻板印象使小说显得陈旧。比如，亚马多的作品虽然妙趣横生，通俗易懂，也有充满诗意令人心醉神迷的时刻，但思想狭隘——常常可以看出（党中央）委员会的印记——且感情单调，从而显得大为逊色。此类作品带有所有"集体"创作的弊端，有时甚至到了登峰造极的程度：一部小说有时竟像五个文字水平不同的人合作写成的。吉马良斯·罗萨完全是另一个水平的作家。对他来说，"地域"一词并不意味着一种界限。他踏足的空间是内心世界。他笔下的腹地是他祖国的灵魂，如同契诃夫笔下的草原是俄国的灵魂一般。

　　他是个神秘主义者，一半是基督徒，一半是道教徒和佛教徒。他对生活持虔诚态度，对这个世界上的所有生灵无限尊重，对知识如饥似渴。作为艺术家，他对现实的认识主要凭借自己的直觉，但同时也对自己的国家了如指掌，这是他长期观察研究的结果，反映在他的作品的各个方面。他在一定程度上是个鸟类学家、昆虫学家、人类学家、考古学家及炼金术士；他会像巫师一样连连祈祷，也会拉丁文变格，还会解化学方程。他是个向导，是个地形学家，同时又是个伟大学派的探索者。在他看来，神奇的事物是需要认真观察的。

吉马良斯·罗萨是半途进入文坛的。1930年，这位二十二岁的腹地青年迫不急待地开始了自己漫长的学习生涯。在追求学问的道路上，第一站是贝洛奥里藏特——在附近也可算得上一座大城市了——就在那里深深爱上了自然科学。后来，他进入大学攻读医学。在大学，他和浮士德一样领悟了智慧是多面的晶体。吉马良斯·罗萨并未把自己的全部时间花在实验室里。正当他还是个医学大学生时，当地爆发了以自由为旗帜的革命。于是，他放下了显微镜，拿起了手术刀。时值热图利奥·巴尔加斯（Getúlio Vargas）执政初期，拿起武器的米纳斯吉拉斯州人面临着各种风险，所以他们常常是今天斗志昂扬，明天则悲观失望。吉马良斯·罗萨志愿参加了革命队伍，并作为军医，一直战斗到1932年。那一年他改弦易辙，加入合法派的行列。战争结束，他挂上尉衔。与此同时，他还时断时续地在西米纳斯区的一个乡村行医。那时，当地还是个偏僻的村庄，只有土路，没有铁路。他在那里样样都学了一点。他是村里唯一的医生、唯一的兽医、唯一一位懂得植物学和产科学的人。为了给病人医病，他常常要骑马在边远的地方一连走好几天。他倾听病人们的故事，有时候还会把它们写下来。这些故事后来也变成了他文学创作的一部分。体察痛苦，经历灼晒，他得以了解人性，以生物学的角度看待生活。

流浪之魂一直召唤着他。1934年，他通过一系列考试，实现了自己的宿愿：放弃医学，迁居里约热内卢，进入外交界。他漫长的外交生涯由此开始，远游四方。二战初期，从1938年至1942年间，他出任驻汉堡领事，亲自帮助众多犹太家庭撤离，逃脱纳粹迫害。1942年至1944年间，在驻哥伦比亚使馆任职；1946年在巴黎，1948年再次来到哥伦比亚，同年又返回巴黎，在驻法使馆担任第一秘书和参赞，直至1951年卸职。驻巴黎期间，他还出任巴西驻联合国教科文组织的代表。在巴黎任职期满后，他回国担任外交部办公厅主任，直至1953年。从那之后，他一直担任一级全权公使，住在里约热内卢的伊塔玛拉蒂宫，再未离开巴西。他主管边界划定局的工作，这就使他有更多的机会前往内陆，与自己故乡的山水有更多的接触。他是个世界公民，但正如他自己所说，从开始写作时起，由于对美丽祖国的怀念，他只有在自己国家才能组织自己的思路。

他于百忙中在外交部的办公室里接见了我们。牢固的橡木门敞开着，他略带威严，走起路来昂首阔步，双目炯炯有神，俨然是位巴西的权威学者，是位可以在人世随心所欲却又自持自制的人。

他动作缓慢，略显肥胖，笑容中露出几分嘲讽，略带狡黠。他衣冠楚楚，俨然一身高级官员打扮。带有小黄色斑点的领带上打着活结，和西服相得益彰。他在看我们时总是询问似的半闭着眼。他的眼睛已经近视，也许是出于虚荣——对此我们是不会责备他的——起初他并没有戴眼镜，一条牛角镜腿露在衣袋外面。他不慌不忙地把我们带进办公室。屋里摆着一张写字台，一个书柜，这两件家具都很朴素。此刻，他高兴地将眼镜架在鼻梁上，坐进一把深深的靠背椅里。窗上透进的阳光落在他那灰色的头发上。

这个吉马良斯·罗萨简直是个谜。表情严肃，却又暗自窃笑，或许是在嘲弄我们。他把厚厚的卷宗、剪报、历年出版的文章、几种文字的评论集拿给我们看，所有这些从房子另一端的书柜里拿出来的东西卷帙浩繁，里面藏着他一生的业绩。这个"怪人"是位热爱大自然和动物的山僧，是位逃避文学生活、不愿与任何人磋商的隐士。他的办公室里有他所需要的一切：他的手稿、他订阅的各种地理刊物及各类参考书。当他不在外交部办公时——由于身体原因，他近来的公务日渐减少——就蛰居家中。

他的日耳曼血统显而易见。他是个深思熟虑的人。他的颈背扁平，有一双绿色的眼睛，在我们面前总是一副得意的神色。比起西班牙语，他更倾向用德语和我们交谈。

我们讲着德语，夹杂着英语、法语、他的蹩脚的西班牙语和我们刚刚学步的葡萄牙语。他是个杰出的语言学家，除了葡萄牙语、法语及英语，他还阅读意大利语、瑞典语、塞尔维亚-克罗地亚语及俄语书籍，探索匈牙利语、马来语、波斯语、汉语、日语、印地语这些异域语言的语法和句法。他说得对，了解其他语言的结构有助于理解本国语言：挖掘潜伏的可能，启示新的形式，也有益于更好地听辨他人的言语。吉马良斯·罗萨是位擅长通过语言塑造人物的作家，他从一个人的口音中就可以推断出对方的籍贯和职业。

吉马良斯·罗萨的每部作品都是长期深思熟虑的产物。到一定时候，感情酝酿成熟了，他便坐到写字台旁，感情奔放地挥笔疾书。第一稿总是冗长的、粗糙的。他的目的在于先"占地盘儿"，然后再绘制详尽的地图。他认为重要的在于抓住作品总的倾向、总的布局；而且更为重要的是在星云中先找到他所称的一棵"抽象的幼芽"，一种谐振，一种基本的共鸣，然后再根据这一基本的共鸣去安排作品的情节、气氛、人物的演变及心理状态。这棵涉及全局的幼芽决定了其他的一切，决定着作品的规模和范围。吉马良斯·罗萨随着波涛的起伏而沉浮。他说，在他的作品里，总有一种偶然巧合的成分。他甚至会设法利用自己的错误和疏忽。一旦第一稿写成，他便开始勾画轮廓。他用两个指头在打字机上打出一份清样，涂掉多余部分，并强迫自己接受必要的删节。这种删节对他来说一向是痛苦的，他甚至不忍把任何东西扔到垃圾堆里去，而是把删下来的东西收集在一个笔记本里，以备日后使用或彻底埋葬。"即使我能活一百岁，"他说，"也来不及把我脑袋里装的所有故事写出来。"他是位古典派的小说家，从人们的脸上、行动上、从最糟糕的东西及事件中……总之，从到处都能看到生活及其意义。他无休止地整理素材，甚至出版之后的每次再版，他都要修改、加工。至于成果，他的要求是无止境的，而这一点是可以理解的。他是经过了多年的奋斗、有时是艰苦的奋斗才取得今天这个地位的。

可能今天已没有人怀疑他的地位了。但事情并非一直如此。虽然他的第一部作品——一部题为《岩浆》(*Magma*)的诗集——在1936年巴西文学院组织的文学比赛中荣获一等奖，甚至迫使评委会宣布二等奖空缺，因为他们认为没有和《岩浆》匹比的作品。但出于作者本人的意愿，《岩浆》从来没有完整发表过。战争爆发了。战争结束后，他已对年轻时写的这些诗篇不再感兴趣了，零散地发表在杂志上的少数几篇现在已成了收藏者的奇珍异品。十年之后，他才得以发表自己的第二部作品——创作于1938年的作品《萨迦拉纳》(*Sagarana*)。战火再次燃起，当时吉马良斯·罗萨正在旅途之中，《萨迦拉纳》只好听任命运的摆布。这部作品所经历的道路是奇特的。吉马良斯把它装在一个密封的信袋里，作为一部无名氏作品参加了另一次文学比赛。这件事使文学界大哗，著名出版商若泽·奥林皮奥（José Olympio）只好在一家报纸上登了一条启事，询问这位神秘作者的身份。此书终于在1946年出版，并在一周之内销售一空。一位伟大的巴西小说家诞生了。这倒并不是因为比赛中的裁决是一致的，而是正好相反。这位刚刚闯入文苑的作家不可避免地遇到了所有关注的挑战。他们胡说这部作品故弄玄虚，晦涩难懂。事实是作品大大超越了当时巴西文学的水准，以致受到多年的埋没和忽视。但现在它已成为巴西苍穹上的一颗巨星，无论是诗人还是小说家，只要一听到它的盛名，都会觉得自叹不如。《萨迦拉纳》已经成为一部经典著作。1956年，吉马良斯·罗萨几乎同时发表了两部杰作：《舞蹈团》(*Corpo de baile*)及深受读者欢迎的《广阔的腹地：条条小路》(以下简称《广阔的腹地》)。1962年，他的新一部短篇小说集《最初的故事》(*Primeiras estórias*)再次震撼了文坛，作家的全然创新在书名《最初的故事》中不言自明。

吉马良斯·罗萨从一开始就是个描写内心景致的大师。在这里，广度即深度。他那表面看去漫不经心的目光不断获得重大发现。他能巧妙地运用自己的学识。他是个具有广阔视野的作家。"向流水学习"，这是佛经上的一句话，吉马良斯曾在某个地方引用了这句话，而且引得恰到好处。他让河水在无形的河床里流动，如同棍卜师一般倾听河流，跟从着河流的动向。

呼吸腹地，勾勒腹地的心灵坐标，揭示腹地的内部联系，这便是他的创作宗旨。他曾骑着马、乘着吉普车或伴随畜群走遍了这片辽阔的原野。他爬过山，涉过水，狩猎过山猫，和牧人一起牧过牛、绊过马，天黑时便席地而卧，露宿荒野。他把所见所闻记录下来作为素材，但他总置身于无形的事物的边缘，总睁着一只眼睛窥视着更远的地方。他看到的是事物的外貌，但他真正感兴趣的是事物的内涵。他要从非永恒的事物中找到永恒的事物。"我是不看报纸的。"他告诉我们。这话也许有点言过其实，但至少反映了一种态度。这表明他几乎不注意日常的事件。"我不主张赶时髦，我赞成永恒的事物。"他的作品就是这样：在最简单的轶事中也总有一道通向迷雾的门。他是个浮士德式的人，不介意品尝人间各种滋味、饱经沧桑，甚至和魔鬼签订契约，为了达成安宁和智慧的最终圆满。

吉马良斯·罗萨能透过部分看到全体，在他看来，发现和发明是同一码事，因为他在自己身上挖掘出来的素材和他人身上的素材属于同一性质，这种性质对所有人来说都是基本的、共同的。"我随时随地都在收集遇到的好材料"。他精心积累素材，因为这是其他一切的支柱。就这种意义上讲，他继承了欧克里德斯·达·库尼亚的优秀传统，总希望献出有用的东西，以便使世人更好地了解自己祖国的物质和精神面貌。例如，他为了写《广阔的腹地》一书，曾进行了长期的调查研究，翻阅了各种有关的文献和档案，和德、法两国的游客及探险家进行了交谈，尔后又亲临各地，收集了数以吨计的资料，这样才算完成了初稿的准备工作。据他说，根据这些资料足可以写一部有关巴西的专著。《广阔的腹地》一书资料具体、详尽，完全像一部科学论著。吉马良斯·罗萨说，如果他把事实冷漠地罗列一下，篇幅完全可以比现在这样大十倍，而且质量更高。他知晓关于"真实的、真正的、内在的"巴西的一切。为什么要写得这样详细呢？毋庸置疑，部分原因是为了挑战那些不厌其烦地指责他歪曲现实的评论者。但更主要的原因是对于物理环境的精确观察——时常被肤浅的作家们忽视——才是构建剩余一切的框架。唯有逼真可以达到根本：人和驱动他们的谜团。行动、事件、表情、姿态背后，隐藏着高深莫测的东西：那棵

"抽象的幼芽"。

吉马良斯·罗萨认为，小说家的任务不仅仅在于描摹，而在于揭示、发现。小说家应该写那些不被人注意的东西，要抓住它们，并揭示它们的本来面目。用斯大林的一句话来说——吉马良斯·罗萨把这句话作为自己的座右铭——小说家应当是"人类灵魂的工程师"，但不为培育社会主义优良公民，而是帮助人们睁开双眼，看到周围的一切。能够注视并看清的人为数不多。他回忆说，在他和牧人们一起露宿荒原的那些夜晚，他要他们注意那些终日接触却熟视无睹的东西，使他们回忆起那些已然了解却又已经忘记的东西。唤醒人们沉睡的感情、使人体的感觉更加敏锐，帮助人们欣赏人间的奇迹，这便是像吉马良斯·罗萨这样一个小说家的终身事业。他赞美大自然的目的在于赋予大自然人性。

维吉尔的诗风飘过腹地。在腹地，命名亦即创作。每种经历都是一种先兆，每个有生命的物体在善于察觉它的人的眼里都有自身的含义。博物界——矿物界及动植物界——在暗中相互联系。它们受到原始力量的滋养，企图摆脱人类的控制。只有掌握这种力量，才能将它表达出来，宇宙的隐秘力量才得以展露。

在吉马良斯·罗萨的作品中，"特写镜头"并不抛弃四周的美景。对一个微不足道的东西的观察可能开启不见底的深渊。因此，在他的作品里，每个行为都要求人们全心投入。腹地凭借其超自然的反响和谜样的幽深，已成为广袤的象征。人们可能在腹地找到自我，也可能在此迷失。然而，腹地同样也受到它自身法则的制约。

没有一个作家能像吉马良斯·罗萨那样深刻地洞察腹地居民——腹地人的心理。他按照所见描绘腹地居民，也按照歌谣和传说赋予的印象勾勒他们。他了解腹地人心理的阴阳脉络，了解他们的光明面和阴暗面。他笔下的人物都是些普通人，都是些为生活所迫、徘徊于黑暗和光明间的候鸟。腹地是个充满极端的地方，在这里有"人类苦难的深渊"，也有爱情和幸福的山巅。战乱、友谊、仇恨、畏惧和胆量是腹地永恒的元素，如同一支处于极盛的图腾间生与死的异教舞蹈。腹地人被他赞美，也被他贬低，永远是个即将被猎获的猎人。生活是危险的，虚幻的。今天建成的东西明天就可能消失。任何东西随时都有覆灭的危险。每走一步都可能是个陷阱。热情和行动中也可能窥见到怪异和致命。

吉马良斯·罗萨在生动地再现这种原始经验时，继承了古人叙事的方法。道白及迂回手法和故事主线并重，警句和格言交替使用，思维随着句子的节奏自然地上下起伏，左右飘荡；轶事趣闻及自发产生的见解随着思维的起伏尽收笔下，无需矫揉造作的"技巧"。吉马良斯·罗萨有时把自己的小说称作谣曲，有时又称作诗歌。虽说他使用的诗节是变化不定的，但他的每一行诗都是充满生机的。他的语言是感人肺腑的，是才智和方言的结合，里面充满意想不到的表述、倒装句、谚语、感叹词、反问、谐音词、同义叠用、附加语、头韵、古词、拉丁语词、印第安方言词、生造的词、倒置反复、谜语乃至中间韵，堪称一部韵味隽永的民间语言集锦。《萨迦拉纳》这一书名的发明就是明显的一例。"萨迦拉纳"一词由冰岛语"萨迦"（saga）和当地方言中的后缀"拉纳"（-rana）结合而成。"拉纳"意即"相似的"或"假的"。在他的作品里，表音文字、指大名词以及指小名词屡见不鲜。古怪的音节拼读增强了词语的内在力量或隐喻能力。然而，正是因为他的语言杂技——这是葡语的骄傲——他才受到了多方面的责难。他确实在运用某些地区特有方言的表述时做了一些毫无根据的、不可思议的变动，为此有人指责他歪曲语言。但他清楚地知道自己这样做是合法的。和世界其他地方一样，巴西农村保留了一些在文明地区再也听不到的过时的词语。吉马良斯·罗萨精心地把这些词语记录下来。例如，《广阔的腹地》的某些章节充满了15世纪的方言表述元素，只有翻阅古时候的字典才能知道它的来源。但是故事的内容和主题却通过这畸形词句的光辉大放光彩。例如，他喜欢在句首用S这个字母开头，因为S这个字母给人以"流畅"的感觉。

《萨迦拉纳》书名便是以S开头。该书收入九个故事，其中几篇语言幽默、诙谐，每一篇都有点幻想小说的味道，风格典雅，朴实无华，常常流露着作者特有的那种嘲讽的口吻。如果说吉马良斯·罗萨的这几个故事——常停留在趣闻轶事上——还未达到完全成熟的程度，那么至少完整的人性已经在故事中展现：狡猾、易变、多面。他是位无所不知的作家，没有任何人间事物他不了解。窃自陶醉和司空见惯的不体面之举，他全都看在眼里。他知道，生活中没有孤立的微不足道的时刻，任何一个行为都是全局性的，都会涉及他人；苦中可能有乐，神圣与邪恶之间从来没有绝对的界线。冤家可能救命，情人可能杀身，脸上的笑容可能意味着心中的屠刀。所有这一切，我们都可以从树上一只小鸟的啼啾、一只虫豸的鸣叫或滚入小溪的卵石击水声中学到。这些效果一向是通过最简单的手段取得的。他的语言微妙而又直率，拥有触及事物本质的力量。吉马良斯·罗萨甚至在描写动物上创造了奇迹。他塑造的勇敢的小花驴就是一例。小花驴到了暮年，"沉默寡言，唯命是从"；作为一个无性的、毫无感情的混合体，它"精疲力竭，与世无争"地发出了最后悲叹。它怠惰地跳进"深深的池塘中"。从低沉的呻吟里，我们仿佛听到天体音乐的回响。小花驴也曾度过幸福的年华，也曾几易其主，几易其名，甚至有一次竟被人偷去并在臀部印了个心形图案。然而，过去的荣耀对它毫无补益。它现在已老朽无用，秃鹰已经将其视为腐肉，在它周围盘旋。但它并不自暴自弃。在它那长满疙瘩的额下有一门完整的古老科学，而且它会有机会证明这一点。一天，天色微明，庄园里热闹非凡。该是把牲口赶到集市上去的时候了。但天在下雨，需要过河，而且过河时还得有点经验才能过去；于是，它被牵来领着过河。这样一来，它便成了胜利日战胜急流的英雄。正如作者所说，这是个微不足道的故事，但它还是很有意义的；也许，正是这种无名的力量猝然"决定了这个人和驴的命运，使他们一起跌跌撞撞地走上了显赫的道路"。

　　小花驴不是唯一神秘地上升到显赫地位的动物。萦绕在虚空的生命火花甚至可能闯入一对疲惫不堪的公牛昏花的眼里。有一对公牛，它们终日辛劳，干活时显出闷闷不乐、无精打采的样子，步履缓慢而又艰难。它们的颈上套着牛轭，一面挣扎地拉着车，一面沉湎于朦胧的回忆之中，也许它们在回忆那再也见不到的绿色的草原吧。它们来到广阔的原野上，遇到一群野牛，原始的冲动顿时被唤起。它们又像之前那样困顿不堪、忧心忡忡、昏昏沉沉地向前赶路了。但沉睡的幕布终于在未被觉察的情况下揭开了。一直在车座上打盹的车夫被猝然掀下车来，四个车轮从他身上碾过，顿时把他压得脑浆迸流。

　　一种无辜的野蛮，一种既像天堂又似地狱的气氛笼罩着腹地。在这里，人们毫无目的地在黑暗中徘徊，安全的地方是没有的。每个人都企图在丛林里扎根，找到一个藏身之处，为自己辟出一片地盘。但即使是最普通无奇的经历都表明，身边就是墓穴、陷阱或暗沟。无论你到什么地方，随时都有跌入万丈深渊的可能。一个根本不信鬼神的人来到这里也会疑神疑鬼、却步三分。一位自负青年的遭遇就是一例。他不相信腹地有什么神秘，便跑到森林里去游逛，结果因无畏付出代价，突然双目失明，成了瞎子。他的损失不仅是身体上的。他去过的森林还是个内心的迷宫。他为了摆脱精神上的羁绊，只好重新认识巫术和占卜的意义。腹地是部旷世药典。药典中的每剂药里都有毒物。这剂药究竟是良药还是毒药要视成分而定。一个谨慎的人，如果想避免不幸，就应该学会尊重事物潜在的魔力，这样他才可能占有以其他方式不可能占有的东西。这便是吉马良斯·罗萨总结出来的教训：真理不是不可分割的，也不是永恒不变的，而是一种暂时的悬浮状态，一被引燃就会产生巨灾。

在腹地，人们不期而遇，又不期而散。一个人可以有妻室儿女和一点财产，在时间和空间上占有一席之地，有大量可资借鉴的个人经历，但这种聚合及持续性是一种海市蜃楼，纯属日渐扩展着的宇宙功能的巧合。在这个日渐扩展的宇宙里，常常是水泡刚刚形成就破裂了。一道闪电能把一棵叶茂根深的大树劈为两半。图里比奥·托多的经历就是这样。他在若干年里身居险境，不让恶魔胡作非为。但有一天，妻子突然私奔，他的生活从此一蹶不振。图里比奥原来生活在玻璃房里，现在灾难突然闯入家中。他去找骗走自己妻子的卡夏诺·戈梅斯算账；但运气不佳，子弹没有击中卡夏诺，却打死了卡夏诺的孪生兄长。现在，他由追踪者变成了被追捕者。在图里比奥和卡夏诺面前，生活突然变成一条无止境的"痛苦之路"。在这条路上，一个人只能失去一切，甚至可能失去自己从未拥有过的东西。他们在数周数月之内跑遍了腹地，无时不在准备扑向对方；有时两人竟在两条平行的路上行走，可谁也不知道对方在何处，险些在十字路口上相遇；有时，两人又站在远处相互叫骂，直至最后卡夏诺心脏病突发，一命呜呼。图里比奥松了口气，朝家中返去。但回头路走起来并不容易。虽然图里比奥是决斗双方的幸存一方，但这场决斗仍在继续。他在路上遇到了一位陌生人，一位复仇的天使。这位天使实现了卡夏诺临终前迫使他在病榻前许下的诺言，这一循环式的案件最后才算收场。这个刽子手杀人并非出于自愿，他可以用许多理由——同时也用吉马良斯·罗萨惯用的讥讽和亲切——证明是命运迫使他杀人的。

在《回头浪夫》("A volta do marido pródigo")这篇流浪汉体的传记——吉马良斯·罗萨很善于写作这种体裁——里，拉利诺·萨拉西埃尔的命运虽然没那么悲惨，但同样深不可测。拉利诺是个天真烂漫的青年，犹如一朵由光合作用形成、又在阳光灿烂天空下绽放的生物。他和一群人一起修筑公路，但一心向往遥远的、神话般的首都里约热内卢及那里的贵妇。一天，他离家前往首都。他这次进城并非万事如意，但他运筹自如，所以总能化险为夷。拉利诺轻率冒失，像浪头上的泡沫一样在海水中漂荡。他在城中浪荡了几个月后回到自己家乡，归来后发现自己的妻子已和一个西班牙侨民姘居。拉利诺扮演着小丑的角色。他每天去看望自己的妻子，仿佛期待重燃旧日的情焰，但这只是假意欺骗，实际上别有所图。选举即将结束，市长在拉选票时将他收买，把他拉入政界。拉利诺这个挡箭牌是不可战胜的。喜欢嬉闹的拉利诺竟成了宫廷中的小丑。时代的车轮在滚滚向前，但车上的人总是呼啸而过。

《萨迦拉纳》中最动人的故事之一——作者仿佛是要通过这个故事罕见地介绍自己经历——是《我的乡人》("Minha Gente")。它像是一部交响诗，具有德国浪漫派小说的田园风情，而且较之毫不逊色。一位年轻医生要到乡下去探望自己的舅父，沿路的景物使他回想起家乡的许多往事。当地有个怪癖的教师，名叫桑塔纳，是个棋迷。桑塔纳骑马来车站接他时身边带着棋盘，为的是要把几个月或几年前中断的一局棋下完，这是两人一度共同占领、现在又要重新去开拓的昔日思维阵地的象征。他们骑马赶路，就棋局聊个不停。夜幕降临，医生激动地和自己的故乡重逢。他停下来，观赏着姹紫嫣红的鲜花，品味着沁人心脾的芳香，倾听着各种悦耳的声响。他仔细观察着每一根树枝、每一片树叶、每一朵鲜花；他发现，物体的外形和色调、甚至连描述这些物体的难解的科学术语都是美的，一切都有着深刻含义，遍地是美景。故事情节以沉醉的步伐在黄昏和暗夜中慢慢推进。他们在庄园里遇到了侈谈政治的舅父埃米利奥及他的漂亮女儿玛丽亚·伊尔玛。伊尔玛是草原上的一朵鲜花，医生一见钟情。风骚得像条变色龙似的伊尔玛差不多已经拒绝了他的爱情，可他并不介意。他在拿自己的感情开玩笑。他对伊尔玛的爱是他喜爱家乡一草一木的喜悦心情的一部分。但当他去和一位忧郁的朋友本托·波尔菲里奥——一位有夫之妇的奸夫——去钓鱼时，这种喜悦心情被驱散了。正当他们在兴冲冲地撒网、拉网时，那位受到嘲弄的丈夫从灌木丛中跳了出来，如恶龙喷火般暴跳如雷，破口大骂。顷刻间，本托·波尔菲里奥的尸体便漂浮在水塘上。塘里的水犹如玛丽亚·伊尔玛的一双眼睛，又浊又深。

在阅读《萨迦拉纳》一书时，必须具有开阔的视野。有形的事件表现的是无形的事物，是人们年龄及情绪的外在反映。

一个村庄的荒芜,表面看是由于疟疾流行所致,实则是无知及不作为的结果。一个人的命运也是如此。《奥古斯托·马特拉加的机遇》("A hora e vez de Augusto Matraga")中的主人公命运就是一例。奥古斯托是另一位开始走运后来倒霉的幸运儿。他触犯了教规,政治上失意,最后只落得一贫如洗、债台高垒,妻子和别人私通,女儿居无定所。看来,无情的命运处处和他作对。但当重击来袭时,严重的不是外出血,而是内出血。在命运对他的惩戒中,奥古斯托发现了神的意志。是上帝的呼唤使他走上了圣洁的道路。他如流浪汉一般四处飘荡,最终在一个边远的村落定居下来。一位神父劝他去做工,劝他悔罪,因为日后还要生活下去,美好的日子还会回来。"每个人都有自己的机遇,"神父告诉他,"你也会有时来运转的时候的。"正在奥古斯托半信半疑之际,他再次发迹了,但未重新获得幸福。准有什么地方仍然不顺当。他恳求上帝还他权利,他跪拜、斋戒,戒了酒,戒了烟,断绝了和女人的来往。但这一切都无济于事。要找到光明的道路是困难的,他的机遇还未到来。但那样的时刻一定会到来的。正当奥古斯托快要绝望时,村上突然来了几个土匪。这帮土匪是出名的雅贡索人(jagunços),匪首便是大名鼎鼎的歹徒小若昂·贝姆-贝姆。奥古斯托预感到命运将把他和小若昂联系在一起,于是便来帮助他。在小若昂请他入伙时——这是魔鬼在地狱里向他呼唤——他险些答应。但仿佛有什么东西阻止了他。他很快发现这是一条绊索。土匪们离去后,他又重新向南去朝圣。他披星戴月地向前赶路,只有鸟雀在前面为他指路。他在一个偏僻的村落里再次遇到了小若昂。土匪们要洗劫这个村落。其时,启示之光使奥古斯托站到了土匪们的对立面。他意识到自己是上帝选中之人。为了拯救这个村落,他杀死了朋友小若昂,完成了自己的天命,被村上的百姓誉为圣者。

图里比奥、拉利诺及奥古斯托都是些普通人,经历十分平常,但意义十分深刻。这是因为作者不仅赋予了他们感知力,而且赋予了他们超人的智慧和丰富的感情。吉马良斯·罗萨向人们表明,塑造平凡的人物可以产生非凡的影响。这样的人物不一定要比别的人更平凡,但须是有血有肉的人。此外,他还揭穿了文学集体主义的辩护士们——他们认为人的内心是不可能与社会心理相融——的谎言。在吉马良斯·罗萨的作品里,每个人物都既具有共性,又不失个性。作者笔下的人物是有鼻子有眼、有独特行事风格的人,是有分量、有自己的生活态度、甚至有不言自明的人生哲学的人,但他并不因为这些独特就无法代表他所处的时代、他的社会地位、他所属的阶级及他的立场。他只有通过自己的个性才能代表他人。

《舞蹈团》(*Corpo de baile*)一书就是明证。《舞蹈团》是一部长篇巨著,收入七个故事,长篇、短篇小说皆有,其中有的结构比较松散,有的比较凝练,但每一部都具有情节生动、文笔流畅的特点。吉马良斯·罗萨拥有非凡天赋,赐福于他所描写的一切事物。人物活动的舞台仍然是腹地及其周围地区,这些地区像河流注入大海一样,最后也都通往腹地。角度和透视法是可以变化的，因为视角是复合的。"圆心自然是固定的，但如果圆周也是固定的，那就只会有一个大圆。"这位作家在题词里引用了普罗提诺的这句话。正因为如此，他才写出了这部既有深度又有广度的作品。作品的主人公也是当地的芸芸众生，其中大部分是牧人、小地主和一些稀奇古怪的人物：离群索居的隐士、占卜师、衣衫褴褛的文人学士、流浪汉及民间歌手，他们像烟云一样匆匆掠过人生的舞台。在赐予他们的短暂时间里，他们是独一无二的、独断专行的。在这个短暂的时间里，有时很少有什么事情发生，但有时又会什么事情都发生，因为腹地这个跃动的小天地是一只斟满酒的酒杯，一个人在喝光杯中的酒时，自己也就算完了。

"世界是辽阔的。"吉马良斯·罗萨在《舞蹈团》一书中多次这样说。它已成为家喻户晓、人人皆知的口头语。它回荡在崇山峻岭间，像惊雷一般，可能是"一种威胁"，也可能是"一首赞歌"，可能在瀑布上空爆炸，也可能在参天的曲叶矛桐上空轰鸣。在这里，曲叶矛桐的巨冠相错，傲然挺立，犹若图腾一般；它"威严，肃穆……好似一座教堂"；"它使人们想到上帝"，又使人们联想起"高地平原上万物争鸣，共度太平"的时代。在那片曲叶矛桐林立的土地上，"连梦中也充满危险，布满深渊"，黑暗中每移动一步，都令人不寒而栗，都会有一种不祥的预感，因为"在黑暗中改变生活进程的事情随时都会发生"。

索罗皮塔当年是个好脚夫，现在和美丽活泼的妻子多拉尔达在家过着幸福美满的生活。但不幸从天而降，信任中发出了怀疑的信号。索罗皮塔的各种欲望已完全得到满足,此刻生活在公海一个充满光明和宁静的岛上。他的故事就从他由安德雷基塞回家的路上开始。安德雷基塞是个小镇,距他家约有一天的路程。他是去安德雷基塞买东西的。他骑在马上,兴致勃勃地观赏着如画似锦的山川。他带回许多礼物来。他已把广播里"每周一剧"上一集的故事情节背诵下来,准备讲给左邻右舍听,再由他们传给乡里。他给多拉尔达带来了香皂、药品及做窗帘用的绸子。他每次进城总要给她带回几个项链坠或别的小玩意来。无论送给多拉尔达多好的礼物都不过分。索罗比塔在她身上找到了安宁和满足。几年前,他还是个不法之徒,身背猎枪,在平原上四处流浪,斗殴嫖娼,无所不为。但现在的他已不是往日的他了。他现在安分守己,在邻村开了家小杂货店,靠杂货店的收入度日。杂货店生意不大,但也足够他支付各种费用,生活还是很舒适的。他对眼下的生活是满意的,但又有点思恋过去。他一面催马前行,一面沉浸在"曲折溪流"般逝去的往事的回忆中。当他回想起家中的一桩隐情时,竟感觉到一种病态的快乐。多拉尔达有一段不光彩的历史。索罗皮塔是在妓院里和她结识的。每逢想起此事,他心里就十分难过,但他又忍不住去回想。这场戏的准备工作已经就绪。正如索罗皮塔自己供认,他和别人不同,他乐起来要乐个痛快,苦也苦得厉害。他和自己昔日的酒肉朋友、土匪达尔贝尔托相遇时的情景恰好证明了这一点。两人相遇,他倏地感到一筹莫展。他早已洗心革面,不和往日的狐朋狗友厮混,五年来未见过达尔贝尔托。出于礼貌,他只得将这位旧友请至家中吃饭,但他一直担心的是达尔贝尔托在其失足生涯中遇上过多拉尔达,此刻会认出她来。醋意开始噬咬他的心灵,而且简直是一种内心的地震。在返回庄园的路上,索罗皮塔和达尔贝尔托一面叙旧,一面渐渐打开紧锁的心灵大门。起初,两人还谈得兴致勃勃,但后来谈起往日的逍遥之事时,他很快就心乱如麻了。在达尔贝尔托一帮人中,有个大个子黑人,索罗皮塔对他异常恐惧。多拉尔达当年拉到自己床上睡觉的黑人不止一个,索罗皮塔怀疑那个大个子黑人就是其中之一。她在这一行当中干得相当出色,颇负盛名。索罗皮塔沉浸在想象中,好似看到了昔日多拉尔达被黑人奸污的情景。他的想象和达尔贝尔托正在给他讲述的事情不谋而合。达尔贝尔托说,他在一所妓院里结识了一位姑娘,并想娶姑娘为妻。他要索罗皮塔替他拿个主意。这是不是一种暗示呢?索罗皮塔心中罩上了"不祥的阴云……,预感到将要发生一场不愉快的事情"。他顿时就萎靡不振。回到家中,他又显得心不在焉,惶恐不安,动不动就火冒三丈。他为了折磨自己,强留达尔贝尔托在家过夜。他不安地窥视着达尔贝尔托的一举一动,同时又密切地注视着多拉尔达的动静。只要妻子瞅一眼达尔贝尔托,他都觉得其中必有蹊跷。他请他们一起饮酒,企图让他们酒后吐露真言。但一切平安无事,他心里十分失望。他坐立不安,茫然无措,直至达尔贝尔托最后退却。接着,他逼着多拉尔达脱去身上的衣服,赤条条站在他面前,严加责问,并玩味着妻子受辱的心境。夫妻俩就这样折腾到半夜。索罗皮塔随时都有可能怒气发作,拳脚相向。也就在这时,一种对纯洁的热望,一种对妻子——他的欢乐、幸福及生命的源泉——纯真的爱情突然使他清醒过来。翌日清晨,无辜的达尔贝尔托要告辞了,他心中十分欢喜。但临分手时,他还是和手无寸铁的黑人干了一架,并把他打翻在地。风云变幻的新的一天就这样开始了。索罗皮塔松了口气。他的生活是紧张的。他在发作之后,又渐渐恢复了平静,并且随着生活秩序的恢复,他又像往日那样,心中重新涌上宁静充实的感觉。

《山上捎来的口信》("O recado do morro")中轻浮的佩德罗·奥罗西奥的命运似乎更加悲惨。佩德罗是又一个心胸开阔、胆大无畏的巨人,也是那种不成功便成仁的硬汉。他是个寻花觅柳的好色之徒,情敌不少。无论他走到哪里,哪里就有冤家暗中跟踪。但是他要玩火。他现在在平原上充当向导。这一次,有几位文人要去佩德罗故乡坎普斯热拉斯附近的高地旅行。旅客中有一位先生名叫阿尔基斯特,是专门来采集本地矿物及动植物标本的外国博物学家。还有一位是黄头发神父辛夫朗,充任翻译。茹茹卡·德阿苏德是附近的一位地主。另一位是茹茹卡的长工,名叫伊沃。佩德罗抢走了伊沃心爱的女人,所以伊沃便对佩德罗怀恨在心。这张蛛网就由这样一些很普通的元素织成。这是一次长途旅行,对佩德罗来说,因为要回故乡,要重返自己当年冒险的地方,所以也是一次忆旧的旅行。他心中充满骄傲,有一种东道主的感觉。他自认为是这里的国王。这里茂密的森林、幽绿的草原、陡峭的山崖、巍峨的山峦、无底的深涧、数不尽的峡道及深谷等全是属于他的。然而,危险显然是存在的。他们向前走着,远方的草鹭峰一直在他们眼前。草鹭峰傲然矗立,犹若一种冷漠的先兆,"孤寂的,灰蒙蒙的,呈三角形,好像一座金字塔"。草鹭峰发出呼喊,这是天意,是对佩德罗的暗中警告,这警告是通过戈尔古略之口转达的。他是一个精神失常的山僧,像只蜻蜓似的住在蝙蝠成群的山洞里。口信虽然残缺不全,前言不搭后语,但还是给这次旅行罩上一层阴影。佩德罗受到了从山洞中袭来的强风冲击。大地在颤抖,古老的山岩在晃动,四周幽灵般的遗物像患热射病的鬼怪在眼前飘荡。是戈尔古略的弟弟卡特拉兹——一个疯子似的发明家——和当地一个患甲状腺肿、预言世界末日已经到来的怪人救了佩德罗的命。感谢上帝,他们总算平安地回到了原来所在的村庄。这时,佩德罗离开旅伴,独自去庆贺这件喜事。他这样做是合乎情理的。那天是星期六。他在村上有个女友,是个好姑娘,出身正派人家,父亲是个脚夫。佩德罗正打算在那几天向姑娘求婚。与此同时,他的眼睛注视着四周。上帝是至高无上的,人是多配偶的。村上四处熙熙攘攘,热闹非常,吉他奏出悠扬的旋律,街道上笼罩着节日的气氛。那歌声将扎根在人们心中,并将通过游人和瞎子的歌喉传遍四方。佩德罗兴高采烈、喜气洋洋。然而,请当心!"收税人"就站在这条街的对面,在那里打着自己的如意算盘。"收税人"已两鬓斑白,性格怪诞,自以为是个富翁,终日计算着自己的收入,并将一个个庞大的数字写在墙上。佩德罗,你要当心!伊沃热情洋溢地朝他走来,友好地拍拍他的肩膀,请他去喝一杯,要和他修好。他们来到市郊的一个贫民窟,故事在这里发生了转折。几杯酒下肚,佩德罗只觉得头昏眼花,神魂颠倒。他落入圈套了。伊沃的一帮人正等在那里,要取他的性命。他们一拥而上,将佩德罗团团围在中央。佩德罗处在生死未卜的危急关头。但就在此时,他拼命用肩一扛,一步冲出了重围。他头顶繁星,身披雾霭,越过崇山峻岭,返回自己家乡。四周"一片喁喁低语,一个人会想到从未经历过的事情,会从危险和痛苦的梦幻中醒悟过来"。

一个英雄就这样找到了自己的铭文,整个大自然为他感到欣慰。关于这一主题另一个结局美好的版本是《爱的故事》("Una estória de amor")。老曼努埃尔同样是个甲状腺肿患者。庄园主住在外地,他在为庄园主经管庄园。他在位于山坡上的母亲墓旁修起了一座小小的教堂。为此,他要举行隆重的洗礼仪式,附近的居民也要来庆贺。老曼努埃尔是有钱有势的弗雷德里科·弗雷雷的大管家。这个头衔是老曼努埃尔用血汗换来的,人们尊敬他就像尊敬当地的酋长一般。他从前当过牧人,也曾拼死拼活地做工,但挣来的钱全都挥霍一空。他的这份家业是从无到有、白手起家的。他现在无须在任何人面前卑躬屈膝。小教堂是他的最高成就,是他在人生道路上达到的顶峰。他心里高兴,要来一个惊人的举动,要不惜钱财好好庆祝一番。他这样做也许是觉得自己年迈力衰,已快走到人生道路的尽头。他预感到死神即将落到他的头上。作为万全之策,他把私生子阿德尔索和被他视为掌上明珠的阿德尔索之妻莱奥妮夏叫来，和自己住在一起。他的生活将由他们照料，财产也将由他们管理。他希望膝下儿孙满堂，安度幸福的晚年。不幸的阿德尔索是个无用之辈，饱食终日，无所事事。但更糟糕的事还在后头。庆祝仪式正在举行，宾客纷至沓来。在场的有修士佩特罗阿尔多——一位脸色红润的神父；有活泼的粗人若昂·乌鲁任；有当地的各个阶层代表，甚至有按照惯例、出于仁慈才被庄园请来的两个流浪者：老卡米洛及其女伴若阿娜·沙维尔——一个满身跳蚤、絮絮叨叨、和老卡米洛同居茅屋的老太婆。若阿娜会讲故事是出了名的。她开讲了，而且很快便讲得眉飞色舞。她还会唱歌，唱起来像金丝雀。晚会开得十分成功，从夜里直到次日上午，又从上午持续到下午。时间一小时一小时地过去，老曼努埃尔此刻身上渗出一身冷汗。人每逢欢乐之时，生活中那些不快和烦恼之事准会涌上心头。当他想到阿德尔索这条懒虫、这个不孝之子时，心里十分难过。他突然觉得身心异常疲乏，死亡的洪流像藤蔓一样在他的血管中流动。悲愁代替了欢乐。老曼努埃尔的身子失去了平衡。他再也支持不住了……"太阳落山，天色渐晚，我什么也看不见了。"但就在这时，年迈的卡米洛——谁都不认为他是什么能人——坐下来讲了个十分生动的故事，从而大大改变了众人的心境。我们揭开一条帷幔，进入神话王国。在"世界形成的初期……人类为了率先得到灵魂，需要和动物搏斗"。这是一首由"雀鸟、树木、土地和河流"共同组成的"简单的诗篇"，同时也是生活本身。

同样出自《舞蹈团》一书的还有《布里蒂》("Buriti"),它亲切地描绘了腹地里布里蒂·伯姆庄园。故事中的人物有俭朴严厉的老牌骑士伊奥·莱奥多罗;有大女儿玛丽亚·贝乌,她心地善良,尚未出嫁;有小女儿格洛里亚,她生得十分俏丽,正值青春妙龄,憧憬着幸福的爱情;儿子伊西奥和迪日娜住在河对岸。由于迪日娜有一段令人怀疑的经历,莱奥多罗不准她住到家里来。拉莉尼亚原本是他的儿媳,浪荡的儿子伊尔维诺抛弃了她,于是莱奥多罗便把她从城里接来,置于自己强有力的保护之下。

《布里蒂》这个故事讲的是一个庄园主的家庭生活,讲的是四季往复及随之而来的苦难。故事发生在高地平原上的一个沼泽附近的曲叶矛榈树下。曲叶矛榈高大挺拔,犹如一座高塔。它是一幅图腾像,在人们心目中是个光怪陆离的幻影。

腹地的生活是艰苦的,但只要辛勤劳动,报酬还是有的。布里蒂·伯姆庄园位于灌木丛中的一片空地上,介于几条急流之间。即使外部世界风云变幻,这里的一切依然是平静而兴盛的。至少可以说起初是这样的。但和往常一样,毛病出在表皮之下。第一个失足的是拉莉尼亚。她已在家多日,但并非完全出于自愿。是族长伊奥·莱奥多罗把她接到庄园里来,让她住下来,让她等待伊尔维诺回心转意,归来找她。但伊尔维诺迟迟不归,这种等待变得荒唐可笑了。拉莉尼亚已失去对伊尔维诺的爱,能否再见到伊尔维诺对她来说已经无所谓了。请来的几个流浪巫师施术驱邪,但都无济于事。拉莉尼亚在扮演着一个有名无实的角色。虽然她心中产生了私逃的念头，但又没有逃走的胆量。多年鳏居的伊奥·莱奥多罗——乡下到处有他的情妇——对她产生了一种奇特的魅力。拉莉尼亚的生活中不能永远没有男人。沉闷的空气笼罩着全家。水渐渐变得混浊了。每晚，当家人都已入睡时，拉莉尼亚和莱奥多罗就在客厅里相会。他们长吁短叹，卿卿我我，谈论着这无法成为现实的爱情。格洛里亚也误入歧途。她在等着曼努埃尔——一位年轻的兽医，终年坐着吉普车在乡下为牲畜接种疫苗。曼努埃尔在梦中见到了格洛里亚。在梦里，布里蒂·伯姆庄园成了世界的中心，成了路人的栖身之所。他把自己的恋人留在那里，结果也把自己的影子留在了那里。他的影子只在家里停留一阵，随后便消失了。曼努埃尔，你离家太久了！与此同时，格洛里亚和附近的一个庄园主——一位"家里的朋友"——打得火热。庄园主名叫瓜尔贝托·加斯帕尔，是个好色之徒，妻子已经精神失常。等待格洛里亚的也不是天堂……神秘的泽基埃尔便是将她全家埋没的流沙的象征。泽基埃尔长年提心吊胆地住在庄园边上一所闲置不用的磨坊里。暗夜就从这里开始。泽基埃尔和老卡米洛一样，是被潮水冲向大海的流浪汉。多少年来，他睡觉时总睁着一只眼，偏执地担心会遇上一个冤家对头，同时静听着腹地不祥的弥留之声。他像个夜游症患者一样，在梦魇中游荡。他如同一个神谕，将所有隐藏于暗影中的恐怖化为有形。乌鸦的号叫、树枝的摇动、一阵震动、沼泽中传出的声响、虫豸的鸣叫、流窜者的低语，统称为"白昼无法容纳的一切"，全是那茫茫暗夜的组成部分。用这些辞藻来描写《舞蹈团》从总体上来说是很合适的,因为在《舞蹈团》里,双眼都在黑暗中闪着光。这些形象在这个世界上是无法看见的,因为它们属于另一个世界,遵循另一种秩序:一条在一夜之间突然干涸、在空间留下奇特沉默的小溪会成为一件玄奥的事件,它会使醒着的人丧魂落魄,会使在寂寞的天地间酣睡的人惊醒过来。狗在吠,马在嘶,心脏在期待中停止了跳动。

我们终于讲到了《广阔的腹地:条条小路》。就目前看,这是吉马良斯·罗萨集大成之作,是一部荡气回肠的腹地群体史诗,同时也是被他称之为丰富多彩、规模空前的巴西小说的精神"约书"。

《广阔的腹地》比世界还要广大,它就是一个宇宙。它包含罗盘能指向的一切地方,甚至把读者也囊括在内。吉马良斯·罗萨也是如此,他在书中运用了一切可用的手段,从情节构思到心理描写,从幻想到感情抒发,皆而有之。至于社会意义,书中也有揭示。社会意义和故事情节融为一体,和别的方面也微妙地结合在一起。深度并不影响广度。《广阔的腹地》涉及的地理区域甚广,甚至有松散的倾向。但全书总围绕着一个可靠的轴心:主人公里奥巴尔多。里奥巴尔多绰号塔塔拉纳,又名萤火虫。他昔日是个雅贡索人,如今和吉马良斯·罗萨笔下的许多其他人物一样,是个有家有业的庄园主。他向一位无名氏听众讲述了本世纪初自己指挥几个头目、带领武装队南征北战的冒险生涯。里奥巴尔多的一生是有血有肉、有灵魂的一生。

一如既往,《广阔的腹地》可能根据他的一次巧遇写成。这种在大街上的不期而遇不仅常使他喜出望外,而且常使他有意外的发现。有一次,他在里约热内卢乘出租车,发现开车的司机是他的同乡。这位同乡过去曾是牧人,他们很快交上了朋友。"我请他喝了几杯酒,还为他耽搁的时间付了钱,"吉马良斯·罗萨在书中说,"我们坐着聊了一夜。"两人不仅相互以礼相待,而且还十分亲热。吉马良斯·罗萨让他的主人公自述身世,自己全神贯注,挥毫疾书。《广阔的腹地》中的那位听众可能也像他这样。和康拉德的小说一样,叙事者(主角)和他人(作者)在书中交谈着。他在叙事方法上虽有面铺得太广、故事情节不太连贯的倾向,开始给人以凌乱的感觉,但后来线条渐渐清晰,直至最后走向正轨。这样,最初的散乱——不画分章节——最终发展成感情的洪流。这股洪流在忏悔式的独白和滑稽、荒诞、热烈、离奇的流浪汉生涯间奔腾。他在写作手法上拥有中世纪谣曲的特点,也有堂吉诃德式的讽刺。但像通向母体的脐带一样,贯穿全书的那条折磨人的自我分析的主线采用的是德国和俄国小说的传统手法。其结构是个圆。穿越时空的旅行在开始的地方结束,起点即终点,终止于现时的心理;这种心理不断发展,逐渐深入内心,我们也愈加为小说所吸引。

雅贡索人的组成情况复杂,他们之中大多数是逃犯,也有流亡者、雇佣兵、背井离乡的庄稼人、猎奴人、像日本的武士或意大利的雇佣兵那样的冒险者。他们性情粗暴,放荡不羁,唯我独尊；他们对朋友忠心耿耿，对敌人冷酷无情；他们为形形色色的政治家及地方上的地头蛇卖命。他们的生活手段包括抢劫、拐骗及破坏。他们相互争夺，互相残杀，同时也掳掠当地居民。他们有时也会成为一支文明力量，如果头目是位有远见卓识的人。他们的生活具有里奥巴尔多那样的二重性：一方面，他们希望干一番轰轰烈烈的事业，创建丰功伟绩；另一方面他们又不由自主地去干那种野蛮、罪恶及鼠窃狗偷的勾当。在他们身上体现了一个原始的、正在形成的社会的基本矛盾。在《广阔的腹地》这本书中有勇敢善战、半神话般的军事首领，如德高望重的老将泽·贝贝洛、茹卡·拉米罗及梅德罗·瓦斯，也有像埃莫热内斯那样口是心非、奸诈狡猾的叛徒。

和高乔人一样，雅贡索人也生活在原野上。他们日夜奔走于腹地，困了便席地而卧，爱神和死神也随时随地会降临他们头上。里奥巴尔多的一生即是如此。他出于对神秘的迪亚多林的爱慕加入了雅贡索人的行列。迪亚多林，不只是个具体的人，而是人类逃避命运主宰的象征。迪亚多林隐瞒了自己的真正身份，女扮男装。里奥巴尔多不识真情，和她结为莫逆之交。迪亚多林的情况很像西班牙古老传说中那个身穿铠甲、为父报仇、大战摩尔人的姑娘。她现在正是要找杀死父亲的凶手埃莫热内斯算账。她为父报仇的决心始终如一。在里奥巴尔多眼里，迪亚多林是个有抱负、有志气的人。然而，迪亚多林这个人物体现的不止这一点。里奥巴尔多虽然多年和她朝夕相处、形影相伴，但从未怀疑过她的性别，直到对方死亡时这个秘密才得以揭开。这一事实表明，她那不可捉摸的性格并没有表现在她的日常言行中。如果说雌雄同体的迪亚多林是事物的一种异常现象，那么这其实只是生活中两性同形的一种反映，是一切人类活动所具有的二重性的反映。她和她的宿敌——坏蛋埃莫热内斯——看上去像两个对立的极点，但很可能是同一事物的两个方面。

除去这一秘密揭露的情节，《广阔的腹地》的故事主要以回忆构建。里奥巴尔多已经退伍，并且成了家。他已不再参加任何争斗，只在家里回顾人生。将问题解决、把一切和盘托出的时刻已经到来。

在里奥巴尔多生活中，仍有许多事情是混乱的、无法捉摸的。一种神秘的力量有时仿佛在帮助他，有时又仿佛在和他作对，但无论何时总在极力躲避着他。见鬼！生活原来如此！这只手给你的东西会由另一只手夺去。一个人从来不知道自己所处的地位。里奥巴尔多一直是个可怕的雅贡索人。他保卫的是自己的权益，而且光明磊落！他也曾多次滑到深渊的边缘，但他总能以这样和那样的方式脱离险境。在他看来，这不只是因为他命好。确实有什么东西在暗中帮助他。多棘手的问题呀！可他能找到解决办法。他大概已和魔鬼达成无声的契约。他回忆说，他曾多次在尘土飞扬的原野上看见魔鬼在旋风中飘荡。有一次，他和魔鬼达成妥协，并且结为同盟。那是一次奇遇。在一个天上看不见一颗星星的漆黑的夜晚，我们看见撒旦热烈地拥抱了他。此后，里奥巴尔多身上便留下了腹地的残余力量——这和着魔没有什么两样——并成了一个不可战胜的人。他像高举火炬的巨人,飞黄腾达,青云直上,直至成为当地一帮的头目之一。但突然有一天,也不知为什么,他偃旗息鼓,解甲归田了。从那时起,在他眼里,一切都是不可理解的了。

里奥巴尔多说,世界是个疯人院,一切都毫无意义;而一个人,即使他绞尽脑汁、煞费苦心也无法理解他的行为的真实理由。生活就意味着胡闹,可有什么办法呢!事情发生得太快,人们跟不上呀。谁企图在这场游戏中抓住魔鬼的尾巴,谁就只能把手失去。回首往事,现在看来过去的一切都那么不真实。"人生如梦,如此而已。"也许,人类是从地狱里出来的生灵,所以只好加入撒旦一伙乌合之众的行列。然而,人类的行为又好像有点随心所欲。是谁把杂乱无章的事物搅在一起的呢?里奥巴尔多认为,当一个人在善与恶之间摇摆时,表面看来是外部条件在起作用,但实际上是内心矛盾的反映。一个随波逐流的人是本人性格的俘虏。里奥巴尔多根据各种迹象,最后懂得了一条道理:他和魔鬼达成的契约正是他企图和内心各种相互矛盾的力量达成妥协所做的尝试。

腹地——生命的原野、勇夫的故乡——就这样进入寓言王国。那些走遍腹地寻找价值的人,如果他们能按照命运安排的路线前进,那他们就能如愿以偿。里奥巴尔多是这样的第一个,也是主要的一个。从前,他一直在无的放矢,希望或迟或早能击中目标。看上去他在恣意行走,但实际上总有一只无形的手在为他指引方向,这只手就是他自己的手。沿路的驿站——条条小路及小路旁的棕榈林——是他内心的路标。他在每一个路标——一种新出现的迹象——上都能找到自己的身影，发现自己的身份。他在让自己选择道路，他自己选择自己的道路。这一切他现在全都明白了。"每个人都有自己的路可走，只是在一般情况下自己找不到罢了……但无论如何路就在那里……路总是有的。否则，生活就成了个大杂烩。在我们看来，在一定的时刻，正确的行为只有一个。虽然有时看不见，但它是存在的。其余的一切……都是虚假的。"正因为有这种感觉，里奥巴尔多才摆脱了关于上帝和魔鬼的传统观念，得出了一条有关存在的结论："我自己的不幸是我自己造成的。"根本没有什么魔鬼，有的是内心的地狱，这便是里奥巴尔多的结论。人的契约是同内心未知的力量达成的。同这些未知力量搏斗，就意味着人在掌握自己的命运了。

《广阔的腹地》是一部错综复杂、略显凌乱的巨著，它并不完美。作品采用作者作为听众出场的俗套，有时会阻碍情节推进。里奥巴尔多很会讲故事。他不需要有形的听众。但是，陷阱就在这里。里奥巴尔多会为自己的故事所感动。他非常善于即兴创作，但长篇大论会让人疲惫。采用循环结构常常造成阻塞。虽然情节也在发展，激动人心的细节也不少，但许多篇幅似乎处于停滞状态。另一个问题是迪亚多林这个人物。迪亚多林不同于其他人物，不同于书中那些形象逼真的人物——也许不包括那些没有个性的女人，她们多为文艺作品中司空见惯的人物——从来没有完全具体化过。作者也确实没打算把她具体化。她仿佛神话或古谣曲中的悬空人物，刻画精致，但当她和心理小说的残酷现实发生矛盾时，幻想便破灭了。构思不完整，脉络不清楚，也使作品受到了损害。例如，里奥巴尔多和迪亚多林相处多年，竟会一直不知道迪亚多林的性别，即使作为寓言故事，这也不能完全令人信服。这个矛盾没有得到解决。此外，作品结尾显出一种疲态。最后两百页篇幅不短，但内容愈来愈平淡，直至最终草草收尾。从里奥巴尔多解甲归田直至他开始讲这个故事之前的若干年，作者只用了几段便一笔带过了。

然而，作品中实质性的东西依然完好无损。静中有动。作品里的人性丝毫不减。外表之所以发光，因为内部是亮的；作品之所以永垂不朽，因为它反映了另一个世界。书中对于精神层面的探讨随着情节的发展而不断深入，这才是最重要的。里奥巴尔多不只是一个人，而是一种抽象理论的化身。在雅贡索人开拓的原野上开庭审讯，每种意见都是一种判决，众人的声音反映的不止是他们自身。这一群梦游的肩峰牛在草原上徘徊，它们承载的伤痛反映了人间的苦难。受苦受难的人们有自杀的冲动，但又一刻不停期盼着永生。

吉马良斯·罗萨所说的"抽象的幼芽"也许正是每个人生死相交的十字路口。在这棵"幼芽"里，两种冲动皆而有之，两者并存，形成一种脆弱的平衡。两者像一个人用来支撑身体的双条腿：一条腿在今世，另一条腿在来世。

这也是《最初的故事》给人的总体感觉。这一部作品引人入胜，光彩夺目。腹地在光彩中燃烧，但燃烧最烈的不是它的躯体，而是它的幻影。《最初的故事》纯属精华。"抽象的幼芽"完全暴露在光天化日之下。小说故事短小精练，无法把"抽象的幼芽"完全包裹在内。故事在潜移默化中展开，是低八度的叙事。但视觉更加直观，比以往更加私密。故事里有一个限度，如同门槛，我们抬起一只脚，准备一跃而入。而吉马良斯·罗萨则先于我们，在其中来来回回。他告诉我们，他在1958年害过一场大病，险些送了性命，《最初的故事》是在这场病后写成的。他说，他患的是血液循环方面的病，与"血液代谢"有关，是血液突然停止了流动。他在这场病后变了，一种新的心态由此而生。"我说不准是怎么回事。仅仅是一种感觉，一种新的感觉……"他是个到过阴间边缘、归来后又注视着彼岸的人。

《河的第三条岸》("A terceira margem do rio")是《最初的故事》这部小说集里一个故事的标题，也是全书故事发生的地点。其中几个故事很像语言流畅的寓言……一个不识生身父母的孩子在充满印象派色彩的潮流中倒退，想寻找自己失去的身份……一位名叫索罗科的长者失去了长辈，也失去了后辈。故事根据作者儿时发生的一件小事写成。一位满脸胡子拉碴、衣衫褴褛的屠夫来到车站送别要去收容所的精神失常的女儿。故事中索罗科的情况十分凄惨。他不但在送别自己的女儿，而且在送别自己的母亲。在这悲伤的时刻，三人精神反常，全都穿着节日的盛装。载着母女俩的火车开动了。她们挤在拥挤不堪的车厢里阴森地唱起歌来。悲切的歌声像传染病一样传开去，村民们全都不由自主地随着唱了起来，响亮的歌声如洪钟般在空气中回荡。每人都有一本辛酸的历史，令人忧虑的不和谐下面掩盖着一种奇特的和谐。因为河的第三条岸——是疯狂？是死亡？——正是人类向往的去处。在那里，溺死者在呼吸，失去生气的人情绪激昂，失散的人重新团聚，活人和死人言归于好。只需撕破面纱或一失足便可到达那里。这样，一位慈父会在某一天突然抛弃亲友，划着一条小船扬长而去，最后成了河上的流浪汉。他弃家出走完全是由于一时的心血来潮。这种人是不回头看的，因而也没有任何东西能阻止他。在这个充满苦难、人们相依为命的世界上，和亲人永别也许要比出于情感纽带一同生活终生更容易些。多少年来，他在河上漂泊，完全被世人忘记了。他靠一堆篝火取暖，以施舍维生。光阴荏苒，妻子已经去世，女儿已经出嫁，现在只有儿子为他而泣。儿子渐渐长大成人，现在也老了。父亲仍在倾听过去的呼唤，儿子继承父志，也在静听。如有可能，他将取代父亲在船上的位置。但他失去了这次机会。父亲或曰父亲的幽灵突然出现在河湾，举着双臂向他致意，唤他到彼岸去。可他见此情景，毛骨悚然，最后溜走了。但后来他不无感慨地说，他当时不应该退却，而应该上船去，并且提出等自己死后，让他在河中顺流而下。

自凭借《最初的故事》离开河岸，吉马良斯·罗萨便如幽灵般撑桨前行。如今，他在创作一系列的短文，至少每月写两篇。他的这些作品刊登在一家发行量很大的医学杂志上，这家杂志不仅畅销内陆，甚至在那些很少见到报刊的地区也可以见到。这种办法对他很有好处。他说，他现在是名利双收。此外，这也是对他的一种约束。他写的故事必须简短,过程不可叙述太多,每篇最多两页,所以必须字斟句酌。"能有所约束总是好的。它可以使一个人保持清醒的头脑,并迫使他去寻找新的手法。"他也需要"许多维生素",他像一个死而复生的人那样生气勃勃地对我们说。

胡安·卡洛斯·奥内蒂，
或墙上的阴影

侯健 译

蒙得维的亚，平均主义者的天堂，总是笼罩在一种让人昏昏欲睡的氛围中。1965年7月寒冬时分，我们来到这座城市，这里既潮湿又炎热。厚重的云层——就像葬礼时刻的阴影——覆盖在天空上。工人罢工加重了官僚体系的瘫痪程度。旱灾迫使政府限制电力资源的供给。街道上一片昏暗。悲伤的风卷起了门廊下的垃圾。每当发生经济危机时都是这样，贬值的不仅是货币，还有人性。生活在继续，但是死气沉沉，极不真实。路人短暂投来的目光中反映出了难过的心情，看不清面孔的人们焦虑地冲进大门，急匆匆地爬上楼梯，奔入位于电梯损坏的老旧大楼内部的阴郁办公室。

细雨霏霏，他缩在大外套里，仿佛被这座城市的重量压弯了身子，也显得忧郁了起来。他继续前行，像是患了失眠症的夜幕中的梦游者。和这座城市一样，他也被岁月压得疲惫不堪了。他干瘦、高挑，灰色的头发中隐约可见几缕白发，眼神中透着忧虑，歪着嘴唇，露出痛苦的表情。他像教师一样高抬着头，像一个年迈的办公室职员那样无精打采又心有不甘。他的祖父是证券经纪人，他的父亲是海关公务员，而他更像是一部未完成作品的主人公。这些年来，他一直在谱写自己的人生，写出几章就"发表"几章，他是个"孤僻的男人，能在这座城市的任何地方吸烟……在夜里，他会转向墙上的阴影，想象一些不合常理的奇幻事物"。由于某种天生的缺点，或是某个至少在少年时期就已形成的内在缺陷，而且"如今已经没人该为之负责了"，他就像个孤儿，无所事事，毫不起眼，饱受祸事折磨。他离群索居，无依无靠地孤独生活。据他本人所言，正是这种肉体和精神层面的孤独使他成了作家，当然这也与他本人的选择有关。出于某些不为人知的原因，写作从一个爱好变成了"他的癖好、激情和不幸"。他微微前倾的双肩上仿佛背负着十字架，就好像在弥补某个难以饶恕的莫名过失。这就是我们对奥内蒂的印象，他是乌拉圭文坛的荒原狼，是生活在那种被马里奥·贝内德蒂（Mario Benedetti）形容为只有被罚忍受"所有层面的根本失败、对生活的全面误解、与命运的严重分歧"的人才居住的荒野上的人。

作为阿尔特的热情推崇者，奥内蒂属于在1940年左右成熟起来的"迷惘的一代"作家，这个词用来形容他们实在是再合适不过了，那正是这个国家的知识分子重新审视自己的生活的时代，也是政治蛊惑大行其道、政治觉醒层出不穷的时代。那时的欧洲正处于战火中。阿根廷被民族主义者和极权主义者掌控。乌拉圭忠实复制了拉普拉塔河畔邻国的样貌，正处于反动政府的控制下，这种掌控从1933年持续到1942年，它揭露出了这个国家单调的稳定外表下隐藏的脆弱与腐朽，并以此击碎了人们对民主抱有的希望。在那些日子里，许多人的生活支离破碎了。奥内蒂提到了他们那代人中流行的虚无主义思想——他在第二部小说《无主的土地》(*Tierra de nadie*，1941）中写到了这一主题——那是对欧洲战事的反感的延迟回应，是第一次世界大战的产物，在20世纪20年代大行其道。那种影响了一个时代的让人绝望的个人主义思想慢慢地把许多人拖到了边缘化的境地中，直到最后使他们被社会抛弃。奥内蒂在年轻时也受过它的影响。

乌拉圭和阿根廷一样，在20世纪30年代和40年代经历了文学领域的危机。在20世纪初时，乌拉圭文化依然以其多元和欧化的特点著称。彼时乌拉圭文学史上最经典的人物是一个叫卡洛斯·莱伊莱斯的身份复杂的农场主，他是传统派，也是反智派，还是唯美主义者，十分推崇西班牙文化。当然了，在1915年或1920年左右，基罗加确实已经开始写作了。不过基罗加在那个时代是个异类——那时没有人愿意在浑浊的水里钓鱼——他的旅程在当时并没有留下什么印记。20世纪初正是现代主义诗歌达到顶峰的时期，尽管从欧洲传来的文学形式已经走到末路了，但整体的文学氛围还是乐观的、充满希望的。巨大的移民浪潮于1880年至1910年间涌至拉普拉塔河两岸，中产阶级由此壮大，弗洛伦西奥·桑切斯（Florencio Sánchez）的作品就展现了这一阶层的雄心壮志，这位作家是乌拉圭（以及阿根廷）社会现实主义戏剧的奠基人。拉普拉塔河沿岸国家在第一次世界大战期间经历过经济繁荣的阶段。那时政治稳定，社会变革和文学实验层出不穷。我们都知道，那个幸福愉快的时期持续到1930年。阿根廷诗人卡洛斯·马斯特罗纳尔迪（Carlos Mastronardi）在不久之前曾不无留恋地回忆起那个时期的大环境，他说："我们是最后一批感受过幸福的人。"

随着民族主义者掌握大权，20世纪30年代成了某种粗鲁的觉醒期。在知识分子圈子里，恐惧和停滞开始抬头。最开始只有个别人，例如罗伯托·阿尔特，开始在日常生活中发现那些难以预料的深渊。拉普拉塔河地区一向反应滞后，在世界性危机的影响下，20世纪的苦难也降临到了这里。悲观主义情绪影响到了这个地区文学圈里的部分作家；在乌拉圭，擅长在作品中挖掘乡村生活阴暗面的弗朗西斯科·埃斯皮诺拉（Francisco Espínola）就是个例子。彼时那还只能算是个别现象，不过等到40年代已经蔓延开来了。我们的那位伟大的"悲观作家"埃塞基埃尔·马丁内斯·埃斯特拉达在《潘帕斯草原透视》一书中已经展现出了高超的诗学技艺，同时还把那个地区继承自这片大陆的种种缺陷曝晒于社会高墙之上。在《歌利亚的头颅》（La cabeza de Goliat）一书中，马丁内斯·埃斯特拉达将对城市化带来的灾难展开猛烈抨击。突然，30年代"就在这里，就是现在"的战争口号拉开了以检举告发为特点的时代的序幕，它属于一个已经在轰鸣声中慢慢垮塌的体系。为了延续自身，小说文体必须迎来革新。它需要一些比政治小说或与之相对的充满贵族愁思的小说更复杂的因素。因为谈论文学流派意义不大,所以我们那些生活在死气沉沉的大城市角落里的作家第一次转向内部,开始描绘人类的主观世界。这种写法是与体现在日常生活现实中的社会范式相匹配的。一种新的人类出现了,那是个今不如昔、心怀怨恨、居无定所、失落彷徨的物种,遍布于我们的大城市里。他们与其说是受辱的马克思主义者,倒不如说是精神和道德上的弃儿。阿尔特,布宜诺斯艾利斯暗夜中的独行客和预言家,已经为他们描绘出了画像。现在轮到奥内蒂了,他走到了舞台中央,顺从地接受了压在后背上的苦涩重任。在落款为1940年的布宜诺斯艾利斯的《无主的土地》前言中,奥内蒂这样写道:"我描绘了这样一群人,尽管他们在布宜诺斯艾利斯显得有些异类,但实际上他们很能代表一代人……事实是,在这个南美洲、年轻的美洲最重要的国家,道德冷漠的人越来越多,这些人没有信仰,也对自己的命运毫无兴趣。"就像耸肩动作的效果一样,他又补充了一句:"请不要苛责作者用同样冷漠的态度刻画出了这类人。"

在他的小说处女作《井》(*El pozo*,1939)中,阴郁的主人公埃拉迪奥——源自作者还不甚清晰的写作想法——已经在个人理想方面表现出了怀疑论的态度,在参与和重大事件直接相关的行动方面,他总是表现得冷漠又迟钝。埃拉迪奥带着悲伤的讽刺意味承认他自己完全缺乏社会责任感,缺乏"大众精神"。和奥内蒂几乎所有的作品一样,这个人物说话的腔调也带有隐秘的色彩。为什么连抓起笔来把作者的想法转化成声音这种事都要发愁呢,埃拉迪奥想道。他自己给出了答案,而那答案只不过是粗暴的自我辩解。"我的确不会写作,"他承认道,"但我起码是靠自己写作的。"埃拉迪奥既懂得克制,又有些厚颜无耻,他是典型的"孤僻之人"。他离群索居,困在自己内心的小岛上,在远离人群的微小角落里随波逐流,没有任何汇入大江大河的可能。他的生活始于自身,也终于自身。这也解释了他唯一的志向之来源:"我要写一个关于灵魂的故事,只写她本身,不写她摊上的那些事儿,管他呢。"尽管这句"管他呢"本身就透露了孤独之人在无意识中保存的群体意识以及离群索居者的离散状态。由于这种疏离状态,或至少由它引起,他本人就代表了一种时间、一个地点和一种精神状态。而这些又恰恰是让他的经历富有价值的东西。奥内蒂的长处就在于承认这一切。在冷漠的工业时代,那些生活在底层的孤独之人创造出的世界本可能被当作垃圾看待,可奥内蒂仍然关注着它。奥内蒂是个永不妥协的人,在1961年接受采访时,他无比谦逊地表示:"我只是想写写人类的冒险罢了。"

对于奥内蒂这个"木法多"——这是拉普拉塔河地区的说法,意思是"永远消沉的人"——来说,冒险似乎意味着某种不幸的事。我们两人在蒙得维的亚破败的市中心的一家酒店的房间里试图重构那种冒险。透过窗户,我们看见夜色降临了,厚厚的云朵飘了过来,飘到了肮脏的花园和乱糟糟的屋顶的上方。奥内蒂总是带着阴郁的情感去观察事物。那个房间光线很差,我们的谈话进行得就像是一张破旧唱片在播放,突然跳跃,很不连贯。奥内蒂是那种讲话很少、目光严肃、面无表情的人。他缩着肩膀，皱着眉头，坐在床边，一支又一支地吸烟，好像遇到了什么伤心事似的。

"是因为我想到有人专门跑到这里来，就是为了见我。"他这样说道，显得有些无聊，甚至有点轻蔑的意味，不过可能他的内心是在笑着的，我们隐约感觉到了他的一丝满足感。

我们是在某场会议召开的前一晚认识的。把他半拉半拽地带去的是我们两人的一位共同朋友——吉多·卡斯蒂略（Guido Castillo），一个诗歌爱好者，这一点和许多乌拉圭人一样，他那次用背诵荷马诗句的方式来逗乐我们。唱片机的跳针在旧唱片上旋转，播放出已故但不朽的加德尔那柔和的歌声，就像他的乐迷所说的那样，加德尔越唱越好；过了一会儿，我们觥筹交错了起来，大家激动地回忆着逝去的时光，奥内蒂依然话不多，很孤僻，显得沉默寡言，但说的话又都比较尖酸刻薄。

此时他步履沉重，就像筋疲力尽一般。在受到失眠侵袭的时期，他会不吃也不睡，这种状态通常会持续一周时间。他吸烟、喝酒，自己折磨自己，然后整日整夜地躺在床上。为了来和我们聊一聊，他抛下了在市立图书馆的工作，可是他在房间里只待了几分钟，到电话声响起为止。他的妻子很担心。奥内蒂在出门前没有告知她自己的去向。她很快就匆匆忙忙地赶来了。她个高、金发，有盎格鲁-奥地利血统，活泼、聪明、敏感，总是为了奥内蒂的事情忙前忙后。奥内蒂一见到她就耸了耸肩，任由脑袋耷拉下来，空气中弥漫着一股责怪的气息，他好像觉得自己冒犯了她，尽管他也不知道那种冒犯发生在什么时候，又是如何发生的。不过有她在场的时候，我们倒是觉得气氛不像之前那么紧张了。她会激励他、宽慰他、鼓动他。他也就更有精神，能够往前多迈一步了。仅此而已。他很不擅长谈论自己的作品。他不相信人们能进行真正的交流。"深刻的经验是无法传递的。"他这样说道。他坚持认为自己的话经常被人误解，他的玩笑话——有时候是些很沉重的玩笑话——甚至会令人反感。"经常会出现误解。"他强调道，目光向后方望去。他从来都不会重读自己写的书，它们会让他心神不宁。"回到过去的那种感觉会对我造成伤害。"他说道。他会全身心投入到写作过程中，那种沉浸程度让他自己都感到害怕。回忆自己写过的东西也会让他感到恐惧。他会把那些已经写成的书抛在脑后，忘掉它们，就像忘掉自己的生活一样。"我只在写作时是个作家。"他这样说道。和他崇拜的福克纳一样——他觉得自己和福克纳在许多方面很相似，包括福克纳那种广为人知的内向性格——他活在自己的世界里，远离各种文学流派。他的书一旦被写完，就会从他的世界里神秘消失。奥内蒂在1933年开始创作《拥抱时刻》(*Tiempo de abrazar*)——一部未发表的小说，也是奥内蒂的第一部长篇小说，当时他只有二十四岁。这部小说的例子相当有代表性。战争爆发前不久，他在布宜诺斯艾利斯提交了四份该小说的影印本去参加一项比赛。1934年，《前进》(*Marcha*)杂志——乌拉圭的一份有着悠久历史的政治文化刊物——刊登了该小说的部分章节，可原稿的其余部分似乎遗失了,而奥内蒂也再未费心将之寻回。也许正是因为他本人太心不在焉、疏忽大意,才使得他正式出版作品的时间推迟了数年之久。连他自己也不知道自己的手稿在发表前已经在抽屉里吃了多久的灰。后来的他对此也并不在意。那时的奥内蒂对于在充满敌意、鲜有读者认可的环境中,在"毫无资源"的情况下走上文学道路的难度心知肚明:作家得不到任何鼓励,也无法凭借写作取得经济独立。他的第一部引起评论界关注的作品是《无主的土地》,这部作品还在由洛萨达出版社组织的文学竞赛中获了奖。可这些都没能让奥内蒂产生什么大变化。他总是会弄丢自己写的书;而出版他作品的出版社也总是变来变去。"这么做可以让出版社分摊损失。"诚如他本人所言。他差一点就放弃《生离死别》(*Los adioses*,1954)了。当时书已经排好版、准备送印了,他买的房子却塌了。他的一个朋友抢救出了那份手稿,避免了让它坠入遗忘的困境,还把它交给了文学世界的那位守护天使维多利亚·奥坎波,她慷慨地自费出版了那本小说,但是并未获得成功,奥内蒂也就再次心不在焉了起来。哪怕出现再多版本,他还是不会太伤心,尽管他听说——也许只是在他身边层出不穷的流言之一——那本书在哈瓦那被重印了。他依然提不起什么兴趣来,只是暗想自己是不是又要分摊出版社的损失。不过至少他已经开始受到国内外评论界的关注了。时候到了。尽管质量高低不一,他的作品依然给我们的战后文学带来了一些最美好的时刻。也许是因为他始终没钱去做拉美作家总是爱做的欧洲朝圣——除了近期去了美国两趟之外,他的活动范围基本限定在拉普拉塔河地区，最远也不过只是去过玻利维亚——他身上有些纯正的"本土化的"东西，要比他的许多同胞爱搞的文学民族主义所提出的那些严肃异议更加深刻。他常年往返于布宜诺斯艾利斯和蒙得维的亚之间，这片区域的灵魂和性格印刻到了他的身上。在乌拉圭，城市小说并非奥内蒂的发明创造：这种主题已经存在了，不过那些作品中的城市往往都位于欧洲，而且写的也不是当下的故事。乌拉圭作家没什么兴趣去写本土场景。是奥内蒂改变了这一切。他的目光穿透优美风光和肤浅之物，他发现了他的祖国和城市的隐藏面孔。乌拉圭缺乏可供描写的宏大主题——被剥削的印第安人、奴役工人的工业体系、鲜血淋漓的独裁统治——可这完全没有让奥内蒂感到不安。一项更加隐秘的任务变得迫在眉睫了：通过虚构，重构人们的精神生活。圣玛利亚——奥内蒂的约克纳帕塔法——是一座虚构出来的城市，一半像蒙得维的亚，一半像布宜诺斯艾利斯，还带有其他一些城市的特征，从思想氛围、居民及其性格的角度来看，那里更像乌拉圭。在偶然性或偶发性中，就像那些完全虚构的东西一样，隐藏着某些根本性的东西。在这方面，他从习惯把世界放在显微镜下去观察的阿尔特那里接过了观察工具。奥内蒂能够突出放大那些围绕在周围的阴郁人群隐秘的内心思想，用他自己的话来说，它们能展示"生存的强度"。

我们的故事从1909年的蒙得维的亚开始。奥内蒂在那里度过了自己的少年时期，从中学毕业。谈到这些时他的音量很小，情绪也不太好，就好像他正在试着回忆一则令人不快的故事的已经遗失的版本。这种态度既定义了作为普通人的奥内蒂，也定义了作为作家的奥内蒂。"我是带着它出生的。"在提到写作的癖好时他这样说道。还是个小男孩时，他就开始讲述和其他人有关的故事了，"谎言"，他有些费力地这样形容那些故事，因为实际上他真的相信它们。也许这个词汇显示出了对于某种不可挽救的境况的顾忌：他生活在虚构的世界里，而且很难回到现实中来。他的世界有时比起实际存在来更像是堆幻影，充斥着无尽的思考、不全的表情、奇思妙想、犹疑、抗拒、相悖的论断。他对获取真相没太大兴趣，他更喜欢追求多种可能，它们会制造出更多的虚假之物，也会为现实提供更多的补偿。变化是无穷无尽的。那些想要找寻最终版本的文本的读者注定要失望。我们永远都无法从奥内蒂身上获得清晰的结论。我们甚至连搞清楚他究竟是个什么样的人都费了很大功夫。他的家族似乎对他没产生什么影响，或者影响不大。他的姓氏来自苏格兰或爱尔兰。这个姓氏之前被写作奥内提（O'Nety），他觉得这挺有意思。19世纪中叶时，他的曾祖父曾当过里维拉将军的私人秘书，里维拉将军是反罗萨斯暴政的起义军领袖，当时正着手将自己的影响力扩大到乌拉圭。

"他当上里维拉私人秘书的过程很奇妙。"奥内蒂狡黠地说道。他的曾祖父奥内提在内陆的一个村子里开了家百货商店。"有一天，里维拉前去支援在乌拉圭爆发的成千上万场革命中的一场，和这位老佩德罗·奥内提一起过了夜。他俩一起打牌，那是里维拉将军最大的爱好。最后，里维拉将军的人格魅力深深吸引了他，那个笨蛋把所有货物都装上了车，再加上他会读书识字，这在战场上可是件稀罕事，里维拉就任命他为私人秘书了。我读了一个姑姑收藏的旧信件，这才知道我们的姓氏之前写成那个样子。于是我开始调查。家族里第一个来到这边的人兴许是我的高祖父，他是个出生在直布罗陀的英国人。是我祖父把这个姓氏意大利语化的。我认为他那样做是出于政治原因，也许是当时的环境决定的……我也说不准。"那时，奥内蒂一家住在蒙得维的亚。至于他的母亲则是巴西人，中产阶级庄园主家庭的女儿——"是些主张奴隶制的人"。奥内蒂刻意强调道，母亲一家当时生活在南里奥格兰德州。

关于奥内蒂的早期生活，我们的发现并不多。他上完了中学，二十岁左右移居布宜诺斯艾利斯，那里是"小地方"来的人心向往之的地方。他经常到大学里转悠，却没有真正接受大学教育，在真正开始媒体工作前，他不停地变换工作——可能感到无趣，或是出于羞耻，他拒绝谈论相关细节。他曾在路透社工作，还在20世纪40年代初当上了该社在布宜诺斯艾利斯设立的办公室的负责人。同一时期他和《前进》杂志多有合作，为该杂志的发展贡献了力量。在结束路透社的工作后，在1950年左右，他又成了阿根廷杂志《看与读》(*Vea y Lea*)的撰稿人。后来又在一份名唤《热情》(*impetu*)的广告杂志工作。那是份由智威汤逊广告公司资助的小册子，每月出版一期，这份收入帮助奥内蒂度过了生活上的难关。他不带什么感情地说道："那份工作很好干，因为除了写点社论也没什么别的任务了，说说这个，谈谈那个，公共关系啦，这类的东西。剩下的工作就是从《印刷者》（*Printer's Ink*）杂志和《贝塔斯曼》（*Bertelsmann*）杂志翻译点东西过来了。"

奥内蒂在布宜诺斯艾利斯一直待到1954年，然后出于一些政治原因回到了祖国。当时路易斯·巴特列·贝雷斯（Luis Batlle Berres）在乌拉圭赢得了大选。执政党内的一些朋友给他提供了一份工作。于是他开始为党报工作，怀揣着有朝一日被委派去欧洲国家担任领事的愿望（这个愿望一直未能实现[①]）。他又在《行动》（*Acción*）杂志工作了两三年——他至今仍经常与那份杂志合作。后来他才在艺术文学图书馆干起了现在的工作。

比起外部经历来，透过他的作品无疑能更好地理解他的内心世界。他很少会在作品中写入私人经历——尽管的确有时会以作者的身份出现在书中——他总是全身心地投入创作过程中。从一开始他就把自己摆在文学地图的中央位置。他跟我们谈起《拥抱时刻》的最初创作尝试。那本书讲的是青少年的爱情故事，书中出现了一个美艳、伪装天真、早熟、来者不拒的淫娃（vampiresa ninfómana），男主人公试图将她从时间和年龄带来的堕落中拯救出来。那个女孩是奥内蒂作品中经常出现的假扮圣女形象的女性角色之一，她们是渴求性爱的"女祭司"，既难

[①] 奥内蒂后于1974年流亡西班牙首都马德里，并在那里一直生活到1994年去世。

以接近，又带有毁灭的性质。人们筋疲力尽忍受着的肉体接触象征着在所有人类关系中存在的分裂的力量。在奥内蒂笔下的男主人公——通常是些中年男人，颇有些作者本人的影子——身上，总有一种对青春和已逝去的纯真的绝望追忆，那些画面就像在时间的作用下被吸附到了一块生锈的磁铁之上一般。他们生活在一种"可以放弃的"过去之中，一只脚已经踩在坟墓里，为正在毁灭他们的生活而担惊受怕。他们还未成长，就已经衰老了，在经历了生活带来的诸多龌龊之后，人生急速下坠，甚至说不清缘由，因而只能挣扎苦熬。关于这样的例子，我们有《井》里的安娜·玛利亚，被男主人公视为女神，也激起了他那令人悲伤的淫欲。他为她生出的荒唐的爱，那种永远存在于幻想王国中的爱，隐藏于愧疚和歉意之后，成了恬不知耻的代名词。那种爱只不过是种"驱魔"行为罢了。事实是他有一次强奸了她——或者不如说是他终于将自己压抑着的欲望付诸现实——接着他们的关系理所当然地破裂了。但是在他的幻想中，强奸行为发生了一次又一次，而且带着极大的诗意，就好像那是爱的表征。埃拉迪奥最终以愿望完全替代了行动，然而已经太晚了：它变成了"已经实现的"愿望。在奥内蒂的作品中，哪怕是一念之差或者是一次厄运都能毁掉人的一生。也许，原因是这样的："爱情奇妙又荒唐，而且还无法让人搞懂它，它会造访每一种灵魂。但既荒唐又奇妙的人并不多；哪怕有这样的人，这种状态也持续不了太久，也就是在青年时期刚开始的那段时间。再后来他们就开始接受现实了，就开始迷失了。"

对于奥内蒂来说，从青少年时期到成年时期的过渡意味着接受无能和绝望的过程。在该过程中的某个时期，你会丢失一些东西，而且这些东西永远无法被弥补回来。奥内蒂这样说道："通常来讲，所有人都会经历这些。"在奥内蒂看来，选错路、放下该做的事情不做、失去机会和浪费机会是所有人都会经历的事情。他一直关注的也恰恰是这些东西。那是种空虚的感觉，非常令人不安。"每个人，包括知识分子，都会为了图方便而找到某件具体的事情，然后说'就是从这开始的'。尽管事实并非如此。"生活的贫瘠化是不可逆的。奥内蒂通过让笔下的人物逐渐失去幻想来定义他们。"因为我自己就经历了这些。这就是我那样写的原因。"实际上，在他的《井》《无主的土地》《为了今夜》(*Para esta noche*，1943)这些早期作品中，人物呈现得更多的是自己想象出的东西，是些片段化的幻想，没什么情节可言。

奥内蒂很喜欢把自己和叙事者混为一体。"我觉得这样更加自由，用这种方式写得更自在"，他这样说道。因此，埃拉迪奥，一个刚出道的作家，变成了作者的分身，他在记录一篇日记时不无戏谑地写道："人到了四十岁就该把自己的人生写成故事，尤其在他经历过有趣事情的情况下。"而在他身上恰恰并没有发生过什么值得记录的事情。在他身上发生的为数不多的事情实际上也比他想象得要虚幻、无趣得多。现实既令人厌烦，又平庸普通，永远达不到幻想的高度。也许叙事者的卑微感就来源于此，他得靠幻梦来弥补这一切，需要一种渠道来宣泄自己对这个世界的愤恨。因为"一切都总是透着股空虚感"。从这种"不足"出发，作者虚构出一些代理人式的角色，他们往往通过虚构出其他人物的行为来延续自己的存在，尽管那些人物只是如幽灵一般活着。"对于作家来说，"奥内蒂说道，"他的幻想世界就是真实的世界。如果不是这样的话，那他就是在自欺欺人。"这意味着读者阅读奥内蒂作品的过程相当于在摆满镜子的展厅中游逛。读者在叙事者-人物以及作者本人的思想或概念中踟蹰前行，不知道自己身在何处。奥内蒂的虚构文学作品创造出了一个生活于其中的作者，那些虚构故事反过头来让作者的形象愈发清晰了。所以奥内蒂才说他是"为了那些虚构人物"而写作的。他构思他们，又借助他们而生存，他们依赖他，他也同样依赖他们。他们身上的主观性很好地展示出了作者在他们身上灌输的情感，就好像他们就是他本人一样。他不无道理地说道："如果作者不喜爱自己创造的人物的话，他们就不会起作用。写小说是一种带着爱进行的活动。"

将这一点解释得最淋漓尽致的也许该数他的大师级作品《短暂的生命》(1950)，一部充满无尽分裂的作品，一部借由文学遁世的典范。"那是一部开放的书"，他这样亲切地形容它。那是本小说，有人物，有事件，但我们看到最多的是一系列没有真正情节的幻想，尽管其中有些分支故事可能解决了这一问题。动作同时在多个地点展开，作者通过表情和场景的变换在各处阴影之间游走。书名与书中提到的一首法国歌曲有关。奥内蒂说道："我想要谈的是几段不同的短暂的生命，或者说不同的人能够同时经历几段不同的短暂生活。一段结束，另一端开始，无穷无尽。"当然了，"不同的"生命实际上只是一种，只不过在那无尽的镜面中化出了分身。它们通过某些重复出现，可又各有变化的场景展现出来。在故事发生的不同地点之间，人物们互相通信，又或者互相创造着彼此。作者本人就存在于那些地点之一。另一个地点——也可能是同一个地点——是一座正方形的城市。故事层出不穷。每个章节都在展现不同的选择和变体。利用一座座房屋、一条条街道，奥内蒂的小说世界在《短暂的生命》中徐徐展开，作家将在日后畅游其中。他仿佛突然觉察到了未来将要踏上的那条完整的道路。我们在这本小说里第一次看到了圣玛利亚，那是"一座位于河流和满是瑞士农民的住宅区之间的小镇"；我们见证了迪亚斯·格雷这一人物的诞生，他是这本小说的叙事者，同时又是之后几部小说的核心人物。我们陪伴着布劳森待在也许是蒙得维的亚的地方，又陪伴着奥内蒂待在也许是布宜诺斯艾利斯的地方，或者相反，是同时身处那两个地方。《短暂的生命》是一部关于人物的小说，是一部关于时间的小说，是一场作者在其中寻获了快乐时光的噩梦。

《短暂的生命》中的主要人物布劳森是一家广告公司的小职员，为了逃离压抑的生活，他幻想自己是医生迪亚斯·格雷，他受朋友胡里奥·斯坦因的委托撰写一部电影脚本，迪亚斯·格雷正是他为了完成这一连名字都未定的脚本而进行的文学创作的产物。一场在他居住的公寓门厅的偶遇促使他幻想出了自己的第三重身份。至于第四重身份——分身于不同场景中、有时隐而不见的作者——则让这个奇怪的人物更加复杂了起来。布劳森强迫自己接受多重身份或多重幻想，不停地变换自己的角色。我们永远都不知道他最终选择了哪个身份。那种静态的环境就像固定的舞台布景一样一直处于故事的核心位置，哪怕偶有中断，布劳森就是在这样的环境中幻想一个又一个故事的：他幻想在盖卡的房间里发生的事情，盖卡是他的女邻居，是个他一直在偷窥的妓女。那个创造着不同世界的幻想者还是个"偷窥狂"。奥内蒂表示，那种静态的布景是"剽窃"自"奥尔布赖特的死气沉沉的自然景象"——一幅为《道连·格雷的画像》（多么诱人的书名啊）豪华版而作的水彩画，画中的桌子上摆放着各种物件，其中包括一只仍然保持着人手的形状的空手套，那只手肯定不久之前还曾戴过它。布劳森就在这静态的画布中进行虚构。他在那种环境中编织着自己的幻想，就像是在画一幅由延伸向各个方向、纷乱交织在一起的线组成的画一般，而每个交叉点又似乎是一条新的线的起点。作者始终注视着布劳森，参与到所有的故事中。每个故事里都有个女性角色，她代表了所有女人，在她身上可以看到传统女性的一切特点，她扮演着姐妹、妻子、情人、妓女等不同的角色。作家-人物在书中角色的生活中寻获了快乐。随着故事的推进，他即兴从一种生活逃到另一种生活。但是每一次逃避都只不过是逃入一条没有出口的巷子罢了。

在被布劳森当作逃避借口的所有创作中，医生迪亚斯·格雷（道连·格雷？）成了最有质感的人物，他逐渐从其他人物中脱颖而出,直到最后替代了作者本人。专横的布劳森把他安置在了自己偶然创造出的圣玛利亚城中,"因为我在很多年前去过那里,只是没什么目的地待了一天,不过那天过得很开心"。布劳森试图回忆的是真正美好的时刻,而那个时刻已经随着童年生活的结束而永不复返了。他四处寻找它,尤其想在他的妻子赫尔特鲁迪斯的一张年代久远的模糊肖像画上找到它,而他和她也已经分手了。赫尔特鲁迪斯的妹妹身上似乎还留有她在被画像时的那些美好时光的印迹,布劳森有时会在幻想中由这位妹妹来替代赫尔特鲁迪斯。赫尔特鲁迪斯由于得了乳腺癌不得不接受手术治疗,她也同样受困于衰老带来的痛苦,作为结果,她也希望能够重新回到已经逝去的美好时光中。她的"病症"在一个典型的奥内蒂式的场景中显露无遗:我们看到她不停地变换卧姿,这标志着她的思维的回溯过程,她在倒退式地回忆往日的表情和态度,直到最后几乎蜷缩成了胎儿的姿势。和布劳森一样,她也无比怀念地追忆着"我经历的这一切的源头,我成为现在这个样子的源头,困住我的源头,它刚刚显现,还很难搞懂"。奥内蒂笔下的所有人物都梦想着打破他们人生的那种不可逆的结构。布劳森找到的解决办法——如果可以这样称呼它的话——就是把那种虚幻的生活带到时间之外。有时他会后悔,会退缩,会自言自语地说"如果我爱过,如果说我就该每日承受悲伤,让欲望和饥饿感填充我的双眼和我发出的每个声音,这样一来大概我就不再想反抗了,也就不再感到绝望了",然而这种宽慰也是虚假的,只不过是另一种陷阱。

各种场景围绕着那唯一的主题铺陈开来。没有真正的按照线性时间发展的故事；一切行动和事件都是同时进行的。它们在一种永恒的时间中进行，即将之幻想出的思维的时间。支撑它们的是种独一无二的、催眠式的腔调，梦境的那种非理智的——且不带感情的——逻辑在其中运行。布劳森彼时已经无路可走了。"在这个世界上的任何地方都没有一个女人、一个朋友、一栋房屋、一本书甚至一种癖好能让我感受到幸福。"他生活在这样的状态中。支撑他生活下去的东西很少："除了误解，再无他物……我是个瘦小又内向的男人，这无可改变，我和自己诱惑过的唯一一个女人结了婚，不过也或许是她诱惑了我，我已经无力变成另一副样子了，连这种意愿都没有了。"他一直在忍受着自己垂死般的生存状态。他唯一的出路就是利用幻想虚构出另一种"短暂的生命"。那是一种和其他人生同样肮脏的人生，也有淫乱和暴力，但是能让人产生灵感、感受愉悦。同样的事情也发生在他的朋友——办公室主管——拉戈斯身上，他的整个人生——理想丧失、遭遇背叛、妻子离去——只是一片已经欺骗不了任何人的幻象，而他还继续那样生活着，"因为他害怕，因为他已经老了，因为他创造出的每一个拉戈斯都代表着一种可能性，而最后出现的可能性是：遗忘"。

布劳森时常体验到微小的"死亡"和"重生"，例如爱情，它们只不过是种把他变成"永生的操纵者"的"演习"。许多的经历，又或者说每一次类似的经历，都意味着"了解最终版本的我、立刻遗忘现在的我"的可能性。可是自由也只不过是海市蜃楼，只是他的幻觉在欺骗他。每一个场景都是其他场景的真实反映，每一个新出现的女人都是之前围绕在他身边的那些女人的再生，无休无止。然而布劳森不仅没有停下来，反倒不断重复着创造活动。他抱有微弱的希望：哪怕那些注定受苦的人们无法过上特殊的生活，无法具有某种特定的行动方式，但哪怕只是"有灵魂，有人格"也就够了。因此，他继续幻想"能够活许多次，体验许多或长或短的人生"。尽管缺乏信念，但人们还是可以"进入到诸多游戏中"，在其他人面前伪装自己，甚至连自己都能欺骗过去，为的是继续保持那种伪装。因为"激情或信念之所以能让我们感到幸福，是因为它们能让我们分神，能赋予我们某种无意识状态"。已经交叉的线无法被抹去，但也许可能被完整的情节加以修改，修改那些最初的定义。问题就在于如何让事物"在这一次以不同的方式开端"。因为如果可以修改"关于最初开端的记忆"的话，那也许新的开端就会有足够的力量来改变对接下来要发生的事情的"记忆"。只不过，无论布劳森怎样努力，"我的记忆或我的双手总是找不到"让轮子滚动起来的"关键所在"。然而寻觅的行为本身又仿佛是种"温顺的疯狂，忧郁的怒火"，就好像布劳森是在毫无理智地呼唤它，而它也不得不继续对那种呼唤做出回应。布劳森继续尝试"删除某些话语和场景"，想要"寻得能够表达一切的那个特定时刻：回答迪亚斯·格雷，回答我，回答整个世界"。那个属于"短暂的生命"的辉煌时刻中将蕴含着人生中已失去的天堂，蕴含着"那些把我们塑造成形的日子"。

在寻觅之后——寻觅秩序、安宁和不可能存在的完美状态——我们怀疑那里面隐藏着某种对神性的思念,可我们身处的是一个没有神明的世界。在某个时刻,一个卡夫卡式的主教登场了,他以上帝的荒唐又无法形容的代理人的身份证实道:人类应当明白"永恒即现时",而他——人类——只有"唯一的终点"。因此,那位传递神谕的主教建议说,尽管徒劳无用且注定失败,但人类还是应该怀揣所有热情在他们被指定的活动空间里生活下去。既然决定不了游戏规则,人类唯一的自卫方式就是全身心地适应它。"模范生"布劳森接受了这条好建议:"所有生存的学问……在于简单地跻身于在一件又一件不由我们的意志引发的事件之间的间隙中,不强求什么,就那样简单地过每一分钟。"如果真的存在的话,那么拯救的道路就在于"让骨头上的每个细胞都意识到我们的死亡"。奥内蒂笔下几乎所有人物都会做出的悲伤的选择就是接受这样一种命运:"在他人的目光中逐渐看清自己",或者说,变形、退缩。最好还是"努力忽视人们应当成为的那种人,忽视如奇迹般落到我们手上的东西"。最终"摆脱过去和未来的责任,把一切凝缩到一种我有能力放弃的结局上去。"这样的想法带有神秘色彩,又很让人神往。此外,他还提出了一种美学式的想法:分身到他虚构出的人物身上,作者可以借此抵达其他维度的空间。分身式的体验正是那部小说的核心内容。延长那种体验,丰富它,这需要做出巨大的思想上的努力。通过布劳森,迪亚斯·格雷和他的世界被创造了出来,这迫使奥内蒂肩负起了一项持续多年的任务。完成这项任务需要十足的专注度,仿佛任何分心都会使其前功尽弃。在同一本书中,就像作者说的那样,"为了使叙事者保持鲜活而做出了诸多努力及尝试"。在迪亚斯·格雷将之替代后,布劳森"又重拾那一人物,保护他、惩罚他、再次让他来到窗边看着那条河流。在某个时刻他说道:'离我上次见到迪亚斯·格雷已经过去这么多天了'"。就像上帝在他的造物中审视自己一样,奥内蒂的现实以及他那理应存在的意识也得靠他的创作来得到证实。

奥内蒂按照类似的方法创作出了《成真的梦和其他故事》(*Un sueño realizado y otros cuentos*),书中收录了他创作于1941年至1949年——也许和《短暂的生命》的创作时间差不多重合——的一些短篇小说,这些故事连续在《民族报》(*La Nación*)上首次刊发出来。《成真的梦和其他故事》借用并支撑住了《短暂的生命》的场景,塑造了一系列场景、谱系、态度、习惯和环境。面孔、表情、人物在荧幕上滑过,一个哈欠就能令它们模糊起来。我们还没有全面地了解那个文学世界,不过奥内蒂的主要主题都已经被暗示出来了。青少年虚伪的理想主义生活观在《欢迎,鲍勃》("Bienvenido, Bob")里得到了淋漓尽致的体现。在《岸边的艾斯伯格》("Esbjerg, en la costa")里,虚假希望引起的自负——一个男人为了满足他的丹麦妻子回到儿时生活的土地的缥缈愿望而欺骗了他的房东——被彻底粉碎了。幻想在和现实接触之后而破灭,这一主题在《成真的梦》里再次出现了。我们还又一次见到了我们的老朋友迪亚斯·格雷——

此时已经脱离"保护人"布劳森而独立存在了,他又一次被卷入了那个早已有之的艰难境地中去了:关于遥远过去的记忆伴随着他,那段记忆与他的生活中唯一可能的救赎时刻相关,可他辜负了那个给予他帮助和爱意的女人的信任(《沙上的房屋》,"La casa en arena")。迪亚斯·格雷习惯回首往事,这使得他捕捉到了关于他的故事中的许多关键点,可实际上比起解决问题来,这种状况带来的问题要更多。在奥内蒂的作品中,过去总是种虚假的、理想化的记忆,而且和现时一样,过去也有多种变化,使它愈发不稳定了起来。在《沙上的房屋》里,我们能够觉察出在"现实"中到底发生了什么,主人公幻想出了什么,他希望发生些什么,以及我们怀疑依然在发生的事情,生活经历的这些不同的层次在静止的时间里混杂在一起。奥内蒂不希望他的文学世界清晰透明;他希望它保持流动性。发生过的事情之所以会有不同版本正源于此,哪怕它们发生在同一片土地上,也可能无法交融。在某本书里讲述的故事可能会跟另一本书中的故事产生矛盾,甚至与同一本书中的其他故事产生矛盾。不过这种前后矛盾并不重要。因为那种迷惘、懒惰、愤懑、无耻的氛围并没有变,人物们受到某些空虚的推动力、突然生出的厌恶感、邪恶的幻想、让他们丧失动力的悔悟驱动,在那种氛围中彷徨生活。他们是过客,他们的生活中充满偶然事件,他们在昏暗的通道中游逛,每次与他人的相遇都会短暂地打开某些大门,可它们还会再次关闭。他们生活于其中的那座建立不久的城市也不过是那些人物的失落与失败的延伸罢了。到处都是"肥胖、穿着廉价衣服的人"。故事场景大多是寒碜的卧室、气味难闻的酒吧、散发恶臭的小巷或"随便哪个令人作呕的办公室"。对于次要人物表情和动作细致的描写——有时细致得令人作呕——进一步深化了末日般的氛围。每个表情，每种动力，都是另一种退化。正如主要角色是作家本人的分身一样，次要角色是主要角色的投射。他们组成了唯一一片幻想天地中的附加画面。"我就是这样。对我来说，人物和氛围的微小细节十分重要"，奥内蒂这样说道。在那些"人形幽灵"身上分布的特征不属于某个个体，而属于整体，属于作为整体的图书。将故事发生的舞台布景人格化是一种生气勃勃的写法，这种写法可以赋予它生机。奥内蒂虚构作品中的人物不是封闭的，而是具有舞蹈般的动态的。他说他没有能力创造出某种完整的心理状态。不过这也不是他的目标。他只在乎一种心理状态——这种状态几乎算得上抽象：异乡人的心态，所谓"异乡人"是多重意义上的，他们是所处社会中的精神错乱者。很多时候，他们是移民后裔，是些背井离乡的人。许多他笔下的人物有北欧人或日耳曼人的姓氏。不管他们来自何地，过了多年苦日子，过着"荒唐的生活"，和乏味的女性结婚，感觉希望破灭，雄心壮志日渐消磨，在他们那微不足道的人生中变得愈发微小，他们只能投入到幻想之中，囚禁于过去时光之内，被"每日每日都在做的那项隐秘的事业"腐蚀。

　　奥内蒂的另一种"行骗手段"是他的行文风格。我们也聊到了这个话题。在这些年里，他刻意发展出了属于自己的风格。在《井》中,语言直接而不加雕琢,几乎像是报刊式的语言,很像阿尔特的写法,此外还受到了陀思妥耶夫斯基《地下室手记》的影响:那是种反文学的语言。在《短暂的生命》里,文字更圆润了起来,不过并没有让语法变得过于复杂,保留了前一本书中文字的那种自发性特点。在《成真的梦》里,人工雕琢的痕迹更多了,这一点他已经通过《无主的土地》让读者感受过了,而同样的风格在《为了今夜》里让人难以忍受。有位文学巨匠对奥内蒂造成了巨大影响:福克纳。奥内蒂是有意识地接受这种影响的,他对此既不否认,也不感到有什么问题。不过读者有时却因此感到不太愉快。《成真的梦》里面有许多福克纳式的长难句——句子乱作一团、重复出现,再加上又长又多的形容性词汇——使得那本书读起来有种让人窒息的感觉,有时甚至令人感觉许多句子都是单纯的废话。奥内蒂钟爱环形结构和静止状态,它们也与他那早就预设好角色最终命运的文学世界相适应,在那里,每个人物都喜欢追溯往事,每个角色都有无法扭转的命运,因此,那里本身就是个重复又啰嗦的世界。那种重复也有助于营造让人压抑、躁狂、喘不过气来的氛围。在福克纳笔下,文字的堆积给予故事以力量和能量;在奥内蒂这里,则让故事显得冗长,容易使人分神。奥内蒂承认他在这里搞出了一个问题。他并没有尝试分辨他的文学语言是否明晰。他只是想指出福克纳和他在文学世界概念问题上所具有的明显差异。福克纳的关键词是"悲剧",而奥内蒂,如果必须找一个词汇来形容的话,则是"忧伤"。他也创作出了一个虚构地点，费心构思城镇里迷宫般的建筑布局，并将之作为故事发生的舞台，在这一点上他和福克纳是一致的。但是他们笔下故事的特质差异极大，故事框架也很不相同。也许这正是难以辨别的地方。福克纳笔下的人物都是独立存在的，他们脱离他生存于时间和故事里，每个人物都有独立的意识。奥内蒂笔下的人物则不同，他们和创造他们的作者联系十分紧密，这些人物似乎已经非物质化了。作者谈论他们越多，他们就显得越不真实。他们有时是一些浮动的存在物，有时只是些纯粹的文字。但是福克纳的幽灵依然笼罩在奥内蒂头上。直到今日，他依然坚持认为自己最好的文字是多年之前翻译的福克纳的一则短篇小说。

《生离死别》是奥内蒂最沉重的作品之一，讲述了主人公因壮志受挫最终选择自杀的曲折故事。一个时日无多的运动员——奥内蒂笔下最阴郁的怪人之一——退役后来到圣玛利亚等死。他在郊外的一座小山丘上租了一间房屋，他把自己关在那里，还在那里接待了两个女人，她们看上去像是死敌，约定了分别来见他。她们的一些信件不知为何落到了叙事者（在这本书里，叙事者并非故事中的人物，而是一家商店的老板，他为避难者提供物资，同时观察他们）手上，那些信件在后来揭示出了那两个女人的身份，她们一个是男人的妻子，另一个是男人和第一任妻子的女儿。这个故事的主题是孤独以及自杀这种自私的念头。走到人生尽头的男主人公执着于一场绝对私人化的死亡，他不想有其他人在场，因为"他只有死的权利了，他不想和别人分享它"。语言超出了情节的限制,就和奥内蒂的其他作品一样,传递到读者这里的语言已经是二手货了,它经过了种种流言蜚语的加工。这样写的效果并不明晰。由于省略了一些信息,小说那出人意料的结尾并没有让读者感到一切是不言自明的。不过,从某种程度上来看,与《短暂的生命》相比较,《生离死别》代表着一种进步,或者至少是一种再评价。叙事者尽管并未被抹除,但是退居次要层面了。主人公们——他们的秘密难以被触及——至少有了某种程度的自主权。

《无名之墓》(*Para una tumba sin nombre*, 1959) 是奥内蒂最值得一读的作品之一,情节扣人心弦,显示出了作者高超的驾驭语言的能力。小说内容涉及一个没有完美解决办法的邪恶谜团,在某些时刻能像优秀的侦探小说(奥内蒂本人十分喜爱侦探小说,他说他希望自己写的故事能像雷蒙德·钱德勒的小说一样精彩)一样激发读者的阅读激情。故事的发生地依然是圣玛利亚。主题是一个离经叛道的青年豪尔赫·马拉比亚的道德败坏问题及随之产生的种种猜疑和顾忌,此君在一个愿意聆听他倾诉的人面前敞开了心扉,那人也就是这篇小说的叙事者:迪亚斯·格雷。迪亚斯·格雷带着残忍的快感、从豪尔赫的大学室友蒂托·佩罗蒂那里搜集来的补充信息,再加上他自己的想象,记录下来的东西是一连串灾难性的邪恶事件。受影响最大的是一个不道德的女青年丽塔,她曾在马拉比亚家当过女佣,还当过豪尔赫的嫂子胡莉塔的弟弟马科斯·贝格纳的情人。她被马科斯诱惑,后又被他抛弃,最终在布宜诺斯艾利斯当了妓女,豪尔赫正是在那里读大学时认识她的,他们后来在一个小房间里同居了。尽管常有离题的情节,可《无名之墓》还是能算是一个关于"情感教育"的故事。豪尔赫痴迷偷窥狂式的色情幻想,他就这样跨入了成年生活的门槛。通过叙事者的揭露我们得知,早在还是小男孩的时候,豪尔赫就经常兴致勃勃地从锁眼里偷窥马科斯和丽塔。对丽塔摆出的各种亲密姿势的记忆折磨着他,久久无法摆脱,这使得现在的他觉得自己占有她是天经地义的事情,仿佛命中注定一般。他带走她,禁锢她,尽管他依然在靠父母的钱生活,同时还知道丽塔得了肺结核,就快死了,他还是一连数月开心地剥削她,完全抛下了学业。奥内蒂聚焦情节的方式很值得玩味。丽塔从一开始就注定是那个要占据书名中提到的"无名之墓"的人,她招引灾难,在耻辱中生存;她是这个世界上被侮辱和冒犯的无数个人中的一个。豪尔赫则是个微型的拉斯柯尔尼科夫①。纯粹的邪恶就是他的行动动因,他把自己想象成丽塔的前皮条客安布罗修的替身,从他对蒂托·佩罗蒂说的话来看,豪尔赫是这样理解自己的所作所为的:"我永远都不会后悔做过什么,因为既然我能做出那些事来,就说明它们处于人类能做之事的范畴内"。当然了,由于我们是逐渐知道这个故事中隐藏的秘密的,它不可避免地经历了扭曲变形,他也最终认识到了自己的错误。他在思

---

① 陀思妥耶夫斯基长篇小说《罪与罚》中的主人公。

想上的傲慢,由于出身中产阶级家庭而带有的自负情绪,使他带有奥内蒂笔下典型的诸多缺陷:虚伪、无耻、滥用信任,尤其是自比神灵的虚假骄傲。豪尔赫是个完美的伪君子。在他身上,过高的自我评价实际上是在掩饰他的怯懦、反叛、顺从。奥内蒂——或迪亚斯·格雷——并没有把罪责都归到他的头上。他只是简单地揭下了他的面具。豪尔赫想要找到某个出路;可是他失败了。他的罪过——以虚假借口掩饰的罪过——就在于他曾经相信自己能赢。他掩饰失败,想要抛下失败。作者——或叙事者——的裁决十分理智。豪尔赫的失败是所有人的失败。零零散散被我们得知的种种事件又披上了谜一般的外衣。出现过线索,可都是些非直接线索,它们会被毁坏,可又总能以各种不同的方式重组起来。在这里,奥内蒂找到了一种中间媒介。这种媒介被他运用到了后来的作品中,取得了或大或小的成功。迪亚斯·格雷作为审视整个故事的"眼睛",实际上并不能把一切收入眼底。有时书中连这样的见证者也没有。有些情节是用线性叙事的方式讲述的。有些情节则只能通过其他不同的内容来捕捉,一次、两次、三次。迪亚斯·格雷并没能完全脱离他的创造者,他变成了一个具有共通性意识的角色,一个聆听忏悔的神父,一个承受他者罪过的没有面孔的人。他的独立是有条件的:只要作者始终信任他,没有让他消失不见,他就要符合叙事目的的要求而存在。所以迪亚斯·格雷总是在寻找合适的角度和视野。突然,迪亚斯·格雷这个泡沫破裂了。作者本人成了演员。在想到——或者是迪亚斯·格雷想到——两人在这里合为一体了、豪尔赫的冒险对他来说是一种释放的时候，作者就被直接牵连在内了，在经历这些的时候，或者更准确地说，在把这一切都写下来的时候，他至少凌驾于"一种日常化的失败"之上了。

在《不幸的面孔》(*La cara de la desgracia*，1960)中，奥内蒂重拾了一些他常写的主题。这本书透着某种多变性特点，行文也比较简单，这在奥内蒂的作品中并不常见，故事以第一人称讲述，不过也使用了不少意义晦涩或具有双重含义的词汇。这又是一个讲述罪过和无法沟通问题的故事，发生在圣玛利亚河岸区的一个浴场内，正在过着退隐生活的主人公正因自己兄弟在不久前离世而拷问着自己的良知，他拒绝在那一事件中承担任何责任，为了宽慰自己，他在沙滩上和一个耳聋的姑娘——又一个淫娃的形象——保持着间歇性的恋爱关系，他把性命搭进了那场爱恋中（一场对抗事物既有秩序的丑闻：服丧规定、人类面对苦痛时的一致情绪等）。《不幸的面孔》的萌芽隐藏在一则名唤《漫长故事》("La larga historia")的短篇小说里，奥内蒂在多年之前（1944）就写完了那则故事。口气更加轻盈，腔调更加世俗，但它们没能掩盖作者彼时对材料掌控力尚弱的事实。那则故事中存在着太多盲点。不过在如今这个故事里出现了新的变化。叙事者-主人公，奥内蒂笔下的又一个梦想家，尽管受到生活摧残，精神遭受创伤，不过已经不是那种在环境面前毫无自卫能力的受害者了。他开始制定反抗的策略。他是奥内蒂之后作品中出现的负罪的圣徒形象的先驱，对于这些角色来说，落魄人生变成了信仰的一种精炼的表现形式。

这种自相矛盾的计划的最佳体现是小说《造船厂》(*El astillero*，1961)。《造船厂》的核心人物是拉尔森。我们已经在《短暂的生命》中匆匆认识了他，也是奥内蒂笔下的"异乡人"之一，其先祖的来历并没有介绍清楚（他有着斯堪的纳维亚人的名字）。实际上，拉尔森是个来历可疑的人；五年前，他因为开了家妓院而遭到驱逐。如今他又回到圣玛利亚，想要在一家荒废的造船厂工作，那家造船厂属于一个行将破产的富人老佩特鲁斯。那家造船厂实际上只剩一副空架子了，而且这种状态已经维持数年之久了；它只是在字面意义上运转，还有幽灵般的管理层，两个在空荡荡的办公室里消磨时间的半退休管理人员，如嘲弄性表演一般假装忙碌，实际上却在老佩特鲁斯的眼皮子底下倒卖造船厂里派不上用场的物件。不管怎么说，拉尔森都算是强势登场。他被任命为总经理，开始审查陈旧的账单和文件，在虚假的环境中发光发热，赚着想象中的工资，而老佩特鲁斯则表示他正在上层社会穿针引线，希望让造船厂的事业重回正轨。对于拉尔森来说，颓败的造船厂是他在人生中做一番大事的最后机会；实际上他本人对这个机会也持怀疑态度。一切都是逢场作戏，是一场正在蔓延的谎言。但拉尔森还是沉着又娴熟地掌控了局面。他和一个员工怀孕的妻子搭上了关系，同时还让老佩特鲁斯的傻女儿心中燃起了爱情之火。他等着她，或者假装在等着她，实际上怀的是继承那并不存在的事业的心思。小说中满是仪式性的、毫无结果和意义的行为。造船厂永远都不可能重获新生。最后，一些记录有佩特鲁斯在造船厂繁荣时期进行敲诈行为的文件曝光。老头子被警方逮捕入狱。所有复兴计划都无疾而终了。每个人都被其他人背叛了。早在奥内蒂揭示他的真实意图之前，拉尔森的人生就已经坠入谷底了。不过尝试后迎来失败总比从未尝试过要好。

在谈到萦绕在《造船厂》中的氛围时，奥内蒂干净利落地说道："就像是在下雨天，有人递给我一件吸水的大衣让我穿上。"他谈道："那是个封闭的世界，很遗憾在我写作时我也身处那样的世界之中，在心理上我也同样身处其中。我经历过许多无比消沉的时期，有种趋近死亡的感觉，感受不到生的意义。也许一种好规律，一个好医生就能治愈我。"他补充了一句，不过看不出什么希望。可是，也许，他是带着微笑来回首这一切的，因为实际上像迪亚斯·格雷这样的医生没能起到任何作用。不管怎么说，对于拉尔森而言，一切都太迟了，他最终陷入深深的孤独中，那种孤独驱使他走向了自杀的结局。

和奥内蒂笔下所有的人物一样，拉尔森对死亡也有一种着魔般的恐惧。他绝望地想要拯救自己已经迷失的生活，迫切想让时光倒流，以此修正那个真相被埋葬的时刻，人们认为那一时刻就存在于虚假美好的童年生活中。但是这本书里还出现了一个全新的要素——这在《不幸的面孔》里几乎没有出现过——它使得这本小说不同于奥内蒂之前的小说。这一要素的萌芽在《短暂的生命》的一个场景中已被埋下，当时布劳森想要接受自己的命运,不再反抗,而是去忍受它,也许这样一来就能够超越它。拉尔森也是如此,他接受无可避免的事物,把它们当成自己想要的东西,让自己变成它们的同谋。"如果他们疯了的话,"他这样对自己说道,"那么我肯定也疯了。"只有在属于他的游戏里,他才怀疑过自己。但既然其他人看上去都在陪着他做这场游戏,那么游戏"也就变成现实了"。朽坏的造船厂是没有上帝的荒唐世界的一个缩影,其中充斥着毫无意义、循规蹈矩的事物,生活在其中就意味着在道德上妥协,意味着坠入"约定好的谎言"中。老佩特鲁斯明白这一切。"从很多年前开始他就不再相信赢得游戏之类的想法了;他甚至愿意相信死亡,暴力又欢乐,在游戏里……"拉尔森,习惯了失落的人,也在仿效他。他知道从概率来看他很难成功。嘲弄游戏规则这种事情哪怕存在,也不可能出现。重要的是把这些与信念相关的东西伪装起来。他在造船厂的举动意味着对神明的挑衅和挑战——同时也是一种乞求。这部作品以福克纳的方式闪耀着光芒,同时也显现出陀思妥耶夫斯基的影响。拉尔森是那种中邪般的角色,同时也是个冷漠的造神者:一个斯塔夫罗金[①]式的人物。他的举止是具有象征意义的:那是种公开的挑衅。造船厂的运作方式就像是在宣教,这使它变得如反教会的组织一样,拉尔森这个"绝望的大主教"在一座早已破败的祭坛上进行着仪式。这个生活惨淡的前皮条客,最终变成了"神

[①] 陀思妥耶夫斯基的小说《群魔》中的主要人物。

学家",以他的失败为原材料,在罪恶的舞台上搭建着无用的建筑。

可以说,《造船厂》意味着奥内蒂创作生涯的第二阶段达到了高潮,在这部小说之后,他做了短暂停歇,写出了一些福克纳式精雕细琢的乏味故事:题为《如此可怕的地狱》(*El infierno tan temido*,1962)的短篇小说集。我们又一次回到了圣玛利亚,这座城镇如今让我们感到如此冷漠和压抑。大量重复的词藻让文本变得更加折磨人,读者在其中找不到什么明亮的地方。迪亚斯·格雷、佩特鲁斯和其他一些人物又出现了,而且不只是出场那么简单。一些次要角色有时会走到舞台中央,其中有一些刻画得十分出彩。在与这座城镇产生联系的过程中,他们会短暂燃烧,然后熄灭,留下空白,交由语言来填补。有时,对福克纳的学习接近戏谑般的模仿。而且,奥内蒂会加入自己的东西。那些短篇小说中最好的一篇讲述的是一个放荡男人的绝望经历,他爱着一个女演员,后者却跟另一个男人跑了,还通过不断给他寄来自己与其他男人的不雅照的方式来折磨他,似乎是在惩罚他爱上了她却放走了她。

罪责也是《像她一样忧伤》(*Tan triste como ella*,1963)的主题,疏忽过错也是这本书的主题之一。"它只是个草稿,我想写的东西最终没能写成,没能构思成熟",奥内蒂本人如此评价道。他说他犯了错,因为他试图描绘某件在现实中发生过的事:一段走上末路的婚姻。那个故事可能带有自传色彩:奥内蒂结过三次或四次婚。不管怎么说,那本书中有些情节没有太多虚构的成分。我们很怀念在奥内蒂的那些优秀作品中出现的直觉性的要素。这本书里的一切似乎都顺理成章。故事开头出现的甜蜜情书最终成了广播剧的一部分。对于一个已经在文学道路上前行许久的作家，出现这种过错确实有些让人感到讶异。他最新的一部小说《收尸人》（*Juntacadáveres*，1964）也未能让我们满意，这本书像是《造船厂》的改写版，其中充斥着零散、多余而隐秘的情节，这本书体现出了比《造船厂》所蕴含的更沉重的恶。奥内蒂承认说："事实上我先写的是《收尸人》。有一天，我正沿着一条长廊走着，眼前突然浮现出了拉尔森的结局，也就是《造船厂》里写的东西。于是我突然就撂下了《收尸人》。也许在重新开始写它时，我已经没有最初的那种情感了。"又或者是《造船厂》吸收了《收尸人》的所有能量。从某种意义上来看，这两本书实际上是一本书。

不过不管怎么说，《收尸人》都是奥内蒂"神学建筑"中有趣且有吸引力的附加物：它是又一座起于废墟之上的大教堂。我们如今已经不再身处造船厂中了：我们回到了拉尔森创办妓院的岁月。不过那家妓院也同样是为了对抗荒唐的生活而被竖立起来的幻觉般的建筑。小说慢慢写出了圣玛利亚居民面对那家奇特的妓院时的反应：政治利益牵连其中，教会、公民组织和良家妇人强烈反对。拉尔森，负重罪之人，残缺的圣徒，主持着他那充斥着亵渎和咒骂的黑弥撒。一个异类、恶徒——"异乡人"——诞生在了社会边缘，创办妓院是他的毕生梦想，他执着于此，这是他的力量源泉。为了这个机会，他等了太久，等到梦想成真之时,他觉得那似乎是在他去世后才得到的补偿,"就像是临终之时迎来大婚,又好像是见了鬼,或是在为上帝服务"。拉尔森归根到底是个百折不挠的人。尽管并不完美,可是他建立的乌托邦式的建筑并不比其他任何建筑要差:那是堪与当地神父居住的教堂相媲美的圣殿,自然也可与城郊那片废墟般的楼房相比,那些楼房是他的死敌之一马科斯·贝格纳(他毫不犹豫地批判拉尔森,尽管他自己也是风月场上的老手,玩弄情感的惯犯)的手笔。实际上,打着道德旗号对抗拉尔森的多股势力都生自同一个源头:每个人在面对周围的混乱局面时都想要自己说了算。反对的声音都十分相似,甚至可以互相抵消。这场冲突与其说与人格相关,不如说跟人们的内心意志相关。与此同时,自相矛盾的语言重复出现,好像在进行着自我抄袭。语言和行动的关系就像是寄生虫与宿主的关系。可这样写又恰到好处,这种腔调是与这个故事相适配的。城镇在堕落。街道上游荡着没有明晰面孔的人。甚至连自然界都像是失去了活力。连白天都一片凄惨的景象,微风都不吹了。时间在流逝,又仿佛没有流逝。人们的意图尽皆失败。所谓行动,只不过是些空洞的滑稽表演。我们又见到了迪亚斯·格雷,随着年纪增大,他也变得战战兢兢了起来;我们还见到了豪尔赫·马拉比亚,此时他只有十六岁,还是个偷偷写诗的敏感少年,却也即将迷失在性爱的旋涡中了。豪尔赫那看重尊严和教养、令人肃然起敬的家族肆意咒骂拉尔森的妓院,却刻意隐瞒了一个事实:豪尔赫的父亲一向目无法纪,也没什么道德,从来不放过任何一笔好买卖,把土地租给拉尔森建造妓院的人正是他。豪尔赫本人则陷在焦虑情绪中,他对哥哥的遗孀胡莉塔有着病态般的感觉。但是他的缺陷并不比其他人物要大。在奥内蒂的文学体系里,那些站在道德和良知一边的人——想要拯救一些浮于表面的东西——往往是最轻浮腐化的。相反,那些起身对抗既有秩序——哪怕只是无用功——的人,至少配得上同情式的尊重,可恶的拉尔森就是这样的人。在这样一个让人昏弱无力的世界里,连端起杯子、从椅子上站起来或走出门去都需要超出常人的意志力作为支撑。拉尔森是个有抱负的人,还带着股"神圣"的疯劲儿,是一个毫无缘由地反抗懦弱、反抗对孤独的恐惧、反抗死亡的起义者,他的身上有种英雄般的尊严。他失败了,但这并不重要。他的恐惧拯救了他。据奥内蒂本人所言,在拉尔森和神父或马科斯·贝格纳之间存在的斗争关系其实只是一种艺术层面的对立。作者本人也是他们的敌人之一。作者的另一个分身豪尔赫也是一样。迪亚斯·格雷也是,就像在《无名之墓》里一样,他又一次扮演了见证者的角色:他是被选中的那群人之一,被迫肩负起人们苦痛的重量。有一个时刻,豪尔赫面对迪亚斯·格雷,就像是面对作者一样——前者把在圣玛利亚发生的一切都归咎到了后者头上,因为他看到了一切、理解一切、认可一切。奥内蒂表示,在那个场景里,那个少年就像是在咒骂上帝一般。我们还记得反复出场的迪亚斯·格雷如上帝一般诞生于《短暂的生命》中,他的出场是为了让其他人物"活过来",同时他也依赖其他人物而活。某一天在下楼梯时，就和之前许多次一样，迪亚斯·格雷突然觉得自己能够很轻易地不再存在于那个世界中。就像是至高无上的造物主在某个时刻已经将他放弃了一般。可要是离了迪亚斯·格雷，造物主也就不算什么了。

《收尸人》，奥内蒂文学大楼的最新一层，具有一种包含着它自身毁灭结局的结构。我们不禁自问：奥内蒂在未来打算怎么写下去呢？

对奥内蒂来说，谈论未来的写作计划就像是针对天气做出可疑的预测。他说他脑海中有一幅画面正在日渐成型。最终结果取决于"气象条件"。他在做笔记，也在构思场景。不管从何而来的想法，他都会抓住它们。他正在回忆埃娃·庇隆去世时的那种不祥氛围，当时无数群众像对待圣徒一样崇拜她，人们一连数日在劳动部门前排起长队，为的只是瞅一眼那具已经涂上防腐药剂的尸体，它被盛放在了一口玻璃棺材中，供人瞻仰。在那段时期里，阿根廷举国哀悼庇隆夫人，奥内蒂认为那是一种群体性的奸尸癖。他很了解埃娃·庇隆，因为在为路透社工作时他经常会接触到与她相关的材料。

他这样说道："我们和一个在总统府工作的来自加泰罗尼亚的先生有联系。他们雇用这位先生就是为了给埃娃·庇隆涂防腐药剂的。我们在晚上与这位先生见面，想要了解他是否已经完成了那项工作。'很遗憾，还没有。'那个加泰罗尼亚男人还分发给大家关于他的涂抹防腐药剂技巧的小册子。他没有明确解释自己的技术；那是保密的。但他的确举了一些涂抹过防腐药剂的人的例子。他有一张不可思议的照片，照片里是个五岁或六岁、穿着小水手服的小男孩。他已经死了很多年了。他的家人把他的尸体存放在柜子里，每当到了小男孩生辰或忌日那天，他们就把他的尸体取出来，摆放在椅子上，邀请家人和朋友举行一场盛大聚会。"

在奥内蒂的改编中，故事发生的场景依然是圣玛利亚。我们对"演员表"再熟悉不过了。"叙事者会是豪尔赫·马拉比亚。故事发生在数年之后的圣玛利亚。队伍出现了，从这一刻开始就到了我要下功夫的地方了，我得用一种带点荒诞的方式把它呈现出来……埃娃·庇隆去世时，守灵队伍一直持续存在了一周、十天或更久。"埃娃也进了那个加泰罗尼亚专家的美人陈列柜，但那些药剂肯定会时不时地出卖她。他必须经常给她换药。"他们当时不得不关起门来修复她。因为负责照料埃娃·庇隆的是些信奉天主教的医生。他们在得知给她的尸体涂抹防腐药剂的主意后，刻意没有准时将她的死讯告知那个加泰罗尼亚人。我认为她是在早上去世的，但死讯传出时已经是晚上八点二十五分了，这个时间很精确，因为那时布宜诺斯艾利斯所有的钟表都停了下来。当时尸体已经处于半腐败状态了。因此他们只能关起门来，重新处理她的尸体。他们本应该在她去世之后立刻给她注射一种药物的。那是整个程序的第一步。然后才能涂抹防腐药剂，具体是什么药剂我并不清楚。由于医生们没有及时通知那位专家，他的工作就失败了。"

他继续着黑色幽默："我想写的正是这个。队伍是怎么组织起来的……实际上，最开始的时候，在第一天晚上，队伍是自发形成的。队伍里的人都很崇拜她。对于来自乡村的人来说，埃娃就像圣徒一样。人们来拜访她，她就给大家分发面值为一千比索的钞票，她赠送人们住房、汽车；当然了，这一切都得拍照，以作为宣传素材使用。她还创办了'埃娃·庇隆儿童城'，只在外国重要人物来访时开放……后来宣传部门组织了守灵活动，队伍就排起来了。有人下令从五点开始允许人群进入。后来又紧闭大门了。又或者布上了士兵，守住门不让人们进去。据统计，队伍前进的速度是每十五分钟走半米，类似这样吧，他们为的就是让队伍一直存在下去……所以说这个把戏很简单。让队伍前进得更慢就行了。每天都走上一块瓷砖的距离。于是一个排队的人就生活在那条队伍里了：他爱上了一个女人，和那个女人结了婚……并不能说我夸张，因为实际上就发生过类似的事情。排队的人不得不去敲路边房子的门来借用厕所。大家都买东西在队伍里吃，睡在大街上，在那里做爱。劳动部门前摆满花圈。清晨是纵欲的时刻；把死亡和情爱联系起来也很重要。"

利用这份材料，奥内蒂毫无疑问又将建造起另一座绝望神殿。可以这么说，他在构思这项计划时很冷漠。他还没从悲观主义情绪中摆脱出来。就像《收尸人》里的豪尔赫一样，他需要用各种各样的幻想来忍受他生活于其中的空虚世界，他需要去创造各种面孔和姿态，他有需求，也有雄心，他有足够的材料供他使用，他要更好地"牺牲"它们。他曾在《短暂的生命》

中这样写道:"每个人的命运都是非特指的,那实际上是所有人的命运。"他没有影射人类的真实本质,那种本质只存在于人们"短暂的生命"中的幸福时刻中。

胡里奥·科塔萨尔，
或形而上的耳光

黄晓韵 译

历史已经证明，无论在我们生活的地方，还是在地球的别处，与自己的国家保持冲突也许是理解它的最好方式。这种对抗的热情可能是仅有的能够敲打真理之钉的铁锤。如果说在我们的文学中，挑衅和侮辱正在取代手足情谊，那是因为小说家加深了对现实的体验，从而超越对社会的直接关注，在孤独中进行自我审视和质疑。他们与所有既定的价值系统绝缘，认为自己与其说是社会秩序的预言家，不如说是带有绝对个性的背叛者。从这种彻底的暴力的立场出发，他们着力解决那些最根本的、形而上的疑问。那是奥克塔维奥·帕斯笔下的"被迫孤独者"：面对人类的境况，他们不仅是简单地不认同，而是发起了反抗。

从阿尔特以及他的《七个疯子》和《喷火器》开始，阿根廷小说越来越多地涉及日常生活。马雷查尔的《亚当·布宜诺斯艾利斯》——这部小说多年来被边缘化，个中缘由却一点也不形而上：其作者曾经是庇隆主义者——对难以忍受的日常生活表达了藐视。小说的主角亚当就像奥内蒂笔下的布劳森,他渴望在遥远的将来某天,"人类之渴"能够找到"恰当之水和确切之泉"。从马雷查尔所谓的"田园牧歌情结"中,从文学神秘主义(那是被诅咒诗人的传统)中,出现了像胡里奥·科塔萨尔这样一位居住在边境地区的小说家。

科塔萨尔是我们所需要的证据,来证明我们的文学中存在着一股强大的、向形而上(或者说"病理学",当形而上被视为笑话时)变异的力量。"在边境结束的地方",奥克塔维奥·帕斯说,"道路消失了。"在经验的边界,我们遇到了科塔萨尔,他聪明、细致、富有感召力,在冒险与创新上领先于同时代的所有拉美同行。科塔萨尔引发了我们许多思考。对那些郑重地指责他不够严肃的大学教授,科塔萨尔抽走了他们的椅子。确实,在科塔萨尔的身体里永远住着一个爱开玩笑的人,对这个世界哈哈大笑。不过这个爱开玩笑的人同时富有远见。

科塔萨尔并非从来都是现在的样子,他进化了。他曾经是精致的美学家,后来以自己的方式,断断续续地转向了心理小说的创作。那是另一个转变阶段。他总是从常规体裁的反方向着手,在别的方向打开出路;他对共同点很快产生免疫。他的身上有着强大的抗体。随着时间的推移,他逐渐舍弃了传统叙事轻易达到的效果:情节剧、多愁善感、明显的因果关系、系统的建构、善意和修辞煽动。他在矛盾中寻找真正的和弦。他产生的影响在当时很难衡量,连他自己也抱持怀疑的态度。"我并不幻想自己能够取得任何重大成就。"他说。但毫无疑问,他做到了。他也许是第一位发表他所谓的"形而上的耳光"的拉丁美洲小说家。像所有的原创作家一样，如果他在当下显得稍微脱离主流，那么他很可能预示了未来。

科塔萨尔就像典型的阿根廷人，具有多重面向，来自一种折中的文化。他不轻易与人打成一片，总是以一种谨慎的和蔼态度与陌生人保持距离。他接待过我们两三次，每次都和我们聊很久。他对我们总是表现得专注和诚恳，但这似乎与我们无关。他的谨慎意味着我们只能在某些瞬间才能瞥见真正的科塔萨尔——那个科塔萨尔会想象到仰面摔倒的年迈的姑妈、在花园里搭建绞刑架的家庭、复活节岛上标记时间的镜子，以及在某闰年某奇数月在蜘蛛腿前倒台的政府。在这些虚构的背后隐藏着一颗像钻石一样多面的头脑。科塔萨尔的微笑转瞬即逝，手势迅速而精准，这对于拉丁美洲人来说很不寻常。他很高——应该有一米九五，瘦骨嶙峋，像苏格兰人一样长着雀斑。他看起来很虚弱，下雨时裹着一条大围巾，小心翼翼地穿过湿漉漉的街道，生怕滑倒和骨折——就像那次他因为摩托车事故住院时那样。在科塔萨尔的目光中有个眼花缭乱的孩子，他怪异非凡，焦虑不安。他是那个创造出连续不一致的艺术和随机思考的学科的人的孩子和父亲。

由于血统的关系，科塔萨尔继承了一个古老的矛盾。他于1914年出生在布鲁塞尔，父母是阿根廷人。他的祖上有巴斯克人、法国人和德国人。在精神层面，他从各种文化都继承了一点。他从四岁开始在班菲尔德生活，那是布宜诺斯艾利斯的城郊。布宜诺斯艾利斯的天性和态度构成了他作品的底色。没有人比科塔萨尔更像阿根廷人。但他很早便在精神层面放下了他的国家，以图进入一个更为宏大的背景。他总为内心持续不断地在不同世界之间迁移而感到焦虑，这是离乡者的命运。他的作品中充斥着的迁徙的人，见证了一个无解的冲突的永恒存在——科塔萨尔懂得运用它来丰富他的想象。他从一开始便设法超越了布宜诺斯艾利斯文化的局限。他像博尔赫斯一样，在故乡中感到疏离，于是在其他城市的地图里寻找自己安身立命之处。"我们这个年代的人，"他说，"开始为背弃阿根廷感到非常愧疚。我们非常势利，尽管我们中的许多人后来才意识到这一点。我们很少读阿根廷作家的作品，我们几乎只对英国和法国文学感兴趣；其次我们读意大利、北美和德国文学，读翻译过来的作品。我们沉迷于法国和英国作家，直到某个时候（二十五岁到三十岁之间）我和我的许多朋友突然发现了我们自己的传统。人们梦想着巴黎和伦敦。而布宜诺斯艾利斯是一种惩罚。生活在那里就像被囚禁一样。"科塔萨尔无法忍受在布宜诺斯艾利斯的生活，曾经在十八岁时和一群朋友试图乘坐货船前往欧洲，但没有成功。如果在接下来的二十年里，科塔萨尔不是在阿根廷发展，那么他的故事也许要改写。当他最终抵达巴黎时——他于1951年永久定居在那里——与他的国家断绝关系已经太迟，阿根廷的一切回忆都伴随着他的流放之旅。

　　与我们某些更多产的作家相比，科塔萨尔的作品很少：三部小说（其中一部未出版），一些诗歌，三十多篇短篇小说。但几乎所有作品都很有价值。科塔萨尔不知创作疲倦为何物，尽管它总是在近处窥伺着他——这位拉美作家在第一部作品取得成功后，桂冠便稳稳地落在他身上。随着时间流逝，热情和不耐烦让他的演变显得越来越激烈。科塔萨尔是不知疲倦的创新者，在每个阶段都重塑自己。如今他身处顶峰，年轻时的偶像都纷纷在周遭倒下了。他那颗不安的脑袋告诉他，留待他完成的事比以往更多了。

科塔萨尔大约从1941年开始投身文学创作——他不愿记起确切的日期——第一部作品是一本小小的十四行诗集，署名用了笔名胡里奥·丹尼斯（Julio Dénis），幸好它很快就被遗忘了。"很马拉美。"他简洁地说。那个时代的科塔萨尔有着精致的品位，是一位美学家。在一段长时间的沉默以后，1949年，他出版了以克里特岛牛头怪为主题的系列对话《国王》（*Los reyes*）。他最初的作品并没有引起人们的注意。但到了1951年，在《国王》出版后仅两年时间，令人目不暇接的《动物寓言集》展现了一个截然不同的科塔萨尔，这部作品标志着他进入了幻想文学的领域。《动物寓言集》中的科塔萨尔，尽管文笔依然精致，风格已变得简洁明朗。他阅读了爱伦·坡、霍桑和安布罗斯·比尔斯（Ambrose Bierce）后收获颇丰，仔细研究了萨基（Saki）、雅各布斯（W.W. Jacobs）、威尔斯、吉卜林、邓萨尼勋爵（Lord Dunsany）、E.M. 福斯特，还发现了卢贡内斯、基罗加大师，当然还有博尔赫斯。他讲故事的技巧非常纯熟，也许过于纯熟了。五年后，在《游戏的终结》（1956）中，作家继续以他的魔法自娱自乐。他不断地重复，以至于开始质疑自己的进步。然而，他的下一部短篇小说集《秘密武器》(1959)已经暗示了另一个根本变化。小说集中不乏幻想的情节，但从著名的《追求者》中，我们进入了"存在"的领域，由此科塔萨尔步入了我们所谓的"他的阿尔特阶段"。在不牺牲想象和形而上的情况下，科塔萨尔开始刻画日常生活中有血有肉的人物。他的风格更加即兴和充满活力。现在的他更了解自己，并且离阿根廷更远，他得以更直接地面对身边的世界。他在1960年创作的第一部小说《中奖彩票》中描述了他在那里的发现。这是一部实验性的、不完美的作品，这位缺乏安全感的作家正在借此寻找一个可以让他重新认识自己并找到恰当表达形式的主题。紧随其后的是出版于1962年的《克罗诺皮奥和法玛的故事》，这部精妙绝伦的作品包含了各种各样零散的笔记、草稿、片断、对隐秘维度的简单一瞥，这让他能够以幻想和幽默来处理阿根廷生活的各个方面。那些幽默可笑、无特定形态的克罗诺皮奥和法玛是诗意的泡沫，他们是穿着习惯奇特的无形生物，然而我们仍然可以从中识别出一幅以布宜诺斯艾利斯人为主角的讽刺漫画。这本书似乎意味着科塔萨尔的一个阶段的结束。随之而来的作品是一股飓风。它是《跳房子》(1963)，一部具有侵略性的爆炸性"反小说"，它攻击西方文明空洞的辩证法和理性主义传统。这是一部雄心勃勃且无所畏惧的作品，既是哲学宣言，也是对文学语言的反叛，是一场非凡的精神冒险的编年史。在《跳房子》里，科塔萨尔是一个在深海布下成千张网的渔夫，有着无穷无尽的资源：暴力、矛盾、欢乐、荒谬。他不仅作为一位幽默作家超越了我们文学中的其他所有人，而且是一位可怕的文学理论家——正如他在书中《可以放弃阅读的章节》里展示的那样，争论（有时显得卖弄学问）与正在酝酿的戏剧性材料微妙地混为一体。

科塔萨尔和妻子奥罗拉·贝尔娜德丝崇尚自由胜于一切，他们在联合国教科文组织担任独立译员以维持生计，每年花六个月左右的时间开展"保持西班牙语纯洁性"这项吃力不讨好的工作。他们每年到维也纳参加国际原子能委员会会议，忍受着那里的严酷天气；在假期时到南法的家中度夏。他们喜欢一起散步，寻找奇特的东西。他们经常造访省博物馆，阅读边缘文学作品，流连在人迹罕至的小巷。他们厌恶任何对私生活的侵犯，回避文学圈子，鲜少接受采访。科塔萨尔说，他们不想和任何人见面。他们欣赏马塞尔·杜尚的现成品、冷爵士（cool jazz）和塞萨尔的旧铁雕。科塔萨尔曾用两年时间翻译爱伦·坡的全集。而奥罗拉则是萨特、达雷尔和卡尔文的出色译者。科塔萨尔在1960年访问美国时，主要在华盛顿和纽约度过了几天假期，终日流连于格林尼治村的橱窗。他在那里观察到的一些东西，成了他在《跳房子》中刻画北美人物角色的点睛之笔。爵士乐氛围是他营造的众多世界中的一个。他向来是精神上的伟大盗窃者。他说，善用随机和巧合是一种艺术形式。关于这个原则，他举例道：在《跳房子》里，加插在《可以放弃阅读的章节》中的那个令人震惊的段落《世界和平之光》，实际上出自居住在乌拉圭某地的"天才疯子"塞费里诺·皮里兹的天才之手,他在联合国科教文组织的一场竞赛中,提出了这个解决世界问题的良方。他提出了一个"伟大的方案",将地球划分为不同颜色的区域,并根据面积和人口分配武器。科塔萨尔很喜欢这一段,因为在他看来,这是纯粹理性所能达到的极端非理性的完美范例(正如切斯特顿所说,推理能力是疯子最不容易失去的东西),于是一字不改地把它复制到作品里。它完美地融入了这样一个小说景观里:闹剧和形而上融合在一起,穿越一堆严肃但时而滑稽的想法(仿佛来自土耳其集市或跳蚤市场),打开了一条通往经验界限的道路。

相比之下,科塔萨尔的家——一个坐落在安静庭院尽头的三层楼阁——是一个明亮而有序的世界。我们在一个漆黑的秋夜探访了他的家。一阵强风把我们推到门口。他伸出瘦骨嶙峋的手与我们相握。我们爬上狭窄的螺旋楼梯,来到一个宽敞的房间,那里摆放的家具很少,只有几张矮桌、现代扶手椅、镂空屏风和挂在墙上的抽象画。几年前科塔萨尔一家搬来时,这是一座破旧的马厩,他们对其进行了彻底的改造。蜘蛛网消失了,一根大梁沿对角线撑起天花板。一座图腾雕塑——那是一次非洲之旅的纪念品——向我们微笑。在《跳房子》里——作品中的时间像屏风一样展开——有一个马戏团帐篷,它的顶部有一个洞,主角们可以通过这个洞瞥见小天狼星。在这个房间里,在晴朗的夜晚也可以透过天窗看到星星。书架像一把巨大的扇子覆盖了整面墙,它反映了科塔萨尔有失均衡的喜好:七成的书是法语的，三成是英语的，只有一成是西班牙语的。

科塔萨尔跷二郎腿坐着，双腿修长，两手交叉放在膝盖上。他等待着。他是一个对知识怀有满腔热情的人，鲜少谈论自己。但谈到自己的作品时，他没有自以为是，也没有虚伪的谦虚。他自由地表达自己，并且总是切中要害。

尽管在三十五岁时才凭借《国王》成名，但科塔萨尔几乎一生都在写作，他对我们说："就像所有热爱阅读的孩子一样，我很小的时候就尝试写作。我在九岁时完成了我的第一部小说。可以想象……我还写诗歌，灵感自然来源于爱伦·坡。十二岁时，我给同学写情诗……直到很久以后，到了三十岁还是三十二岁时，我才开始写短篇小说（此外还有大量散落的、丢失了或烧毁掉的诗歌）。"但他没有出版任何一部作品。在出版上的延迟是慎重的，也许还带着一点傲慢。"我本能地知道我的第一部短篇小说不应该发表。我清楚地意识到自己很高的文学水平，并且在发表任何东西之前，我就会达到。那些短篇小说是我当时在能力范围内写得最好的，但对我而言还不够好。然而，在它们当中有一些特别好的想法。"他在后续的作品中用到了这些想法。然而"我没有把作品送到任何编辑面前。我远离布宜诺斯艾利斯生活了很多年……我是老师。当时，我被布宜诺斯艾利斯的马里亚诺·阿科斯塔师范学院录取，进入哲学与文学系攻读文学教育学位。我通过了第一年的考试，但那时布宜诺斯艾利斯省的一个乡镇给了我教职机会。因为家庭拮据，我希望能够减轻母亲的负担。她为了养育我们，已经牺牲了很多（她把姐姐和我抚养成人；父亲在我很小的时候就离家而去，从此再也没有管我们）。于是二十岁的我，得到工作机会便接受了。我放弃了师范学院的学习，到了乡下。我在那里当了五年中学老师。在那里，我开始写短篇小说，但从来没有想过出版。然后我到了门多萨省的库约大学，他们给了我大学教师的职位。1944年至1945年间，我参与了反对庇隆主义的政治斗争，当庇隆赢得总统选举时，我宁可辞去教授职位，也不愿像许多选择继续任职的同事那样被迫改变立场。我在布宜诺斯艾利斯的阿根廷图书协会谋得了一份工作，在那里我继续写短篇小说。但我没有出版它们。因为我一直不相信出书的行为，我认为在这方面我一直很清醒。我看到自己不急不躁地成熟了。在某个特定时刻，我已经知道我在写的东西比同龄人在阿根廷发表的东西更有价值。但由于我对文学有很高的认识，所以在我看来，当时在阿根廷的那种什么东西都出版的习惯是愚蠢的，一个二十岁的年轻人写了几首十四行诗就急忙出版了。如果出版商不接受，他就自费出版。而我更愿意藏起我的书稿"。

科塔萨尔在谈论他的文学观点时所表现出的自信和平静，不禁让人猜测他来自知识分子家庭。但事实并非如此。他的父母都是普通职员。他说："我在一个受过中等教育的家庭长大，正如切斯特顿所说，这总是最糟糕的。这跟家人的亲密度没有关系，而是精神层面的问题……从某种意义上说，我很幸运。我上的师范学校是一所糟糕的学校，你可以想象的最糟糕的学校之一，然而我找到了四五个朋友。他们中的许多人在音乐、诗歌和绘画方面有一番出色的事业。自然而然地，我们组成了像免疫细胞一样的团体，以抵御几乎所有老师和同学的平庸。在阿根廷，没有比这更好的防御方式了。在结束学业后，我和那些朋友走得还是很近，但后来到了乡下，我过着完全孤立和孤独的生活。但我解决了这个问题——如果可以称之为解决的话，这得益于我的性格。我总是深深地沉浸在内在世界。我从小生活在小镇，有趣的人很少，几乎没有。我整天待在酒店或旅馆的房间里阅读和学习。这个经历很有帮助，但也很危险。从某种意义上说，这很有帮助，因为我如饥似渴地读了数千本书，我能掌握的所有书本信息都是在那些年积累起来的。这也很危险，"他补充道，微笑着回忆起那个博闻强记的时期，"因为这样的生活也许剥夺了我大量的生活经验。"

他那部被遗忘的作品《国王》说明了这个问题，科塔萨尔称之为"戏剧诗"，其主题是忒修斯和牛头怪。"那是忒修斯和米诺斯之间、阿里阿德涅和忒修斯之间，或忒修斯和弥诺陶洛斯之间的对话。但这个主题的焦点很奇怪，因为它是对牛头怪的辩护。忒修斯被描绘成标准的英雄，一个缺乏想象力和循规蹈矩的人，手里拿着用来杀死怪物的剑——怪物就是常规的例外。牛头怪则是诗人，他与众不同，彻底自由。他对既定秩序构成了威胁，因此被关了起来。在第一幕，米诺斯和阿里阿德涅谈论牛头怪，发现阿里阿德涅爱上了她的兄弟（牛头怪和她都是帕西法的孩子）。忒修斯从雅典赶来杀死怪物，阿里阿德涅给了他那著名的线团，让他可以进入迷宫而不迷路。在我的解读中,阿里阿德涅把线团给予他的同时,确信牛头怪会杀死忒修斯,并将能够离开迷宫与她相聚。也就是说,这个版本与经典版本完全相反。"即便如此,这个改动似乎没有给阿根廷文学界留下深刻的印象。几乎没有人知道,科塔萨尔说。尽管博尔赫斯读了这部作品,并将它发表在他的杂志《布宜诺斯艾利斯年鉴》上,但《国王》面世后所遭遇的却是"绝对的、空洞的沉默"。

但科塔萨尔没有感到挫败。他在那时已经有了不同看法。他写了不少短篇小说。"从某个时间开始,大概在1947年,我非常确定我那些没有发表的作品,几乎所有都是好的,其中某些甚至非常好。比如《动物寓言集》中的某一两个故事。我知道,这样的小说在西班牙语文学中从来没有过,至少在我的国家没有。有其他好的作品。比如博尔赫斯那些令人敬佩的短篇小说。但我做的是不一样的事情。"他并不着急。那时他刚完成一部短篇小说,一些朋友从他手里强抢过去,送到了洛萨达出版社,然而出版社以小说里带有"不好的词"为由拒绝出版;他一点也没有感到困扰。在科塔萨尔启程前往欧洲前,另一位读过《动物寓言集》的朋友坚持将作品交给了南美出版社,这本书马上得以出版,但没有获得成功。与此同时,科塔萨尔依然身在布宜诺斯艾利斯,继续过着非常孤独的生活。对他而言,由他的朋友、博尔赫斯和《布宜诺斯艾利斯年鉴》读者组成的为数不多的独家受众已经足够。

一位诗人和音乐学家朋友丹尼尔·德沃托(Daniel Devoto)

帮助他自费出版了《国王》。它从未再版，但对科塔萨尔而言，这一点也不算悲剧，因为"事实上，《国王》仍然是我深爱的一部作品，但它与我后来写的东西没有任何关系或只有很少关联。它有一种美学风格，非常精致，但它的语言归根到底是非常传统的。它是瓦雷里和圣-琼·佩斯的混合体"。

然而就在这本书中，科塔萨尔作品里不断重复的一个意象——迷宫——首次登场。在这里它只不过是一座大门加上错综复杂的小径。然而科塔萨尔给它赋予了更深层次的含义。他说，他比任何人都清楚，在这个原型符号（而且非常博尔赫斯式）的根源隐藏了哪些晦涩难懂的传记来源或文学回忆，他在其中发现了儿童仪式的痕迹。他记得，"从我孩童时起，与迷宫有关的一切都让我着迷。我认为这反映在我所写的大部分内容中。小时候，我在家中的花园里造迷宫。我造迷宫"。例如，从他在班菲尔德的家到火车站大约有五个街区。"当我一个人在路上的时候，我跳着走。众所周知，孩子们喜欢创造某些仪式：单脚跳，双脚跳……我的迷宫是我规划出来的完美路径，主要包括在途中从一条路穿越到另一条路。碰到我喜欢的石头，我会一跃而起，跳到那块石头上。如果碰巧我无法做这个动作，或者没有跳成功，我就会觉得有些事情不对劲，我没有完成这个仪式。几年来，我一直痴迷于那个仪式，因为它是一个仪式。"

科塔萨尔的作品总是充斥着街头的、仪式性的迷宫游戏。整部《动物寓言集》就像赋予该书标题的那篇故事，一位高度敏感的女孩的情感问题化身在一头噩梦般的老虎的形象中。这头老虎在一座大宅里打转，在那里，无尽的房间和走廊纠缠在一起，见不到尽头。在《被占的宅子》中，一对兄弟被不知名的入侵者（祖先？压抑的恐惧？庇隆主义入侵者？）逐渐地驱逐出他们自己的房子，入侵者不断地把门和走廊关闭起来。在《游戏的终结》里的一个短篇小说《毒药》，迷宫以巨大蚁丘的形式出现。"跳房子"这个迷宫游戏甚至成了作品的名字。

为了阐明意图，科塔萨尔指出《跳房子》原本应该取名为《曼荼罗》。"在我构思这本书时，我对曼荼罗的想法很着迷，部分原因是我一直在阅读许多关于人类学，尤其是关于中国西藏宗教的著作。此外，我还访问了印度，在那里看到了很多印度和日本的曼荼罗。"他被那个神秘的佛教迷宫所吸引，"它通常是一幅图或一幅画，被分成几个部分、隔间或格子——就像跳房子一样——人们把注意力集中在上面。通过这种方式，它帮助和刺激人们完成一系列不同阶段的精神仪式。它仿佛是一种精神进程的图像定格。就其本身而言，跳房子和几乎所有的儿童游戏一样，是一种具有神秘的、宗教的远古渊源的仪式。当然，它们现在被亵渎了，但在最深层仍然保留了一些古老的神圣价值观。比如，在阿根廷（和法国）普遍在玩的跳房子，其图形的两端展示的是地球和天空。小时候我们都玩过这些游戏，然而，我从一开始就真切地痴迷于它了"。

迷宫游戏在小说《中奖彩票》中再次出现，并呈现出更大的规模。神秘游轮上的乘客迷失了方向，他们发现去往船尾的通道被切断了。为了到达船尾,他们必须沿着蜿蜒的梯子走到船底,进入黑暗和混乱。从船的另一头走出去并不容易。随着小说的情节的展开,障碍不断增加。游轮也是一种曼荼罗。科塔萨尔说,在存在主义层面,小说中的人物都想不惜一切代价到达船尾,每个人都想完成一个既定路径,意味着在各自的情况下"寻求在人间的自我实现。因此有些人到达了,有些人没有到达。这是一个比《跳房子》更初级、更简单的过程"。

在《跳房子》中,迷宫是一个促使人"向中心坠落",从而进入"欲望的基布兹"的过程,是一种"已经在那里"的内在状态,就像处于奥克塔维奥·帕斯所谓的"存在的深渊"或佛教的涅槃中。《跳房子》是对那些梦想着将天地融合的尤克特拉希尔的人们发出的邀请,邀请他们翻个跟头,跳出时间,坠入永恒。这是对穆齐尔所说的千年王国的追寻;"那种最后的岛屿,"科塔萨尔说,"在那里,人们发现自己身处在恩典之中,与自己彻底和解,再无分歧。"

东方哲学,尤其是佛教禅宗和吠檀多,为科塔萨尔提供的"形而上立场",对他来说始终是一片沃土。"吠檀多等同于否认我们所片面理解的现实;比如人类的必死性,甚至多面性。我们互为对方的幻象;世界始终是一种观察方式。每一个人就是——从自己的角度来看的(但这样就不是'自己'了)——全部的现实。其余的人事物始终现象性的、外在的显现,它们可能走向消亡,因为它们在根本上并不存在;或者可以说,它们的现实得以存在,其代价就是我们的不现实。这一切都颠倒了常规，改变了天平托盘的位置。例如，希腊的精神以及在其背后的几乎整个西方世界所想象的时间和空间的观念，对于吠檀多而言是没有意义的。在某种程度上，人类发明时间这件事是错误的；因此，事实上人们只需要放弃难免一死的观念（在《跳房子》的某个章节谈及了这一点）便足以跳出时间，自然而然地落入一个不同于日常生活的层面上。我思考死亡的现象，它对西方思想而言是令人震惊的事件，正如克尔凯郭尔和乌纳穆诺认为的那样。但这种现象在东方世界没有什么震撼的，它是一种蜕变，而不是结束。然而造成这两种截然不同的出路的部分原因，是方法论的差异；我们通过讨论、通过哲学所寻求的东西，东方人则通过某种跳跃来解决了。禅僧或吠檀多大师（当然，更不用提众多的西方神秘主义者）的开悟是一道闪电，它让人脱离自身，把人置身于某个层面，在那里一切都是解脱。理性主义哲学家会认为这样的人有幻觉或者生病了；然而他们达到了彻底的和解，证明了借由一条非理性的道路，可以触碰到真实。"

科塔萨尔也用自己的方式——通过他的主人公奥利维拉，一个像作者那样介于两个世界之间的人——在《跳房子》中触碰到真实。或者说，至少他试图这么做了。"'试图找到一个中心'一直以来都是我个人的一个问题"，他说。这是在他作品中无处不在的问题。它永远不会找到具体的解决方法。即使是无限的《跳房子》——它就像一个巨大的目录，列举了所有可执行的方案——最终也只能提供部分的出路。

科塔萨尔说:"《跳房子》证明了那样的探索必然以失败告终,我们无法脱离西方人的身份,因为我们完全继承了犹太-基督教传统,正是它让我们成为现在的我们。"这个探索在短篇小说中已经开始。也许它隐含在所有的幻想文学中,尽管作者不一定有意识或故意为之。这大概是基罗加和博尔赫斯的教训。从这个意义上说,科塔萨尔的幻想故事,它们的紫外线区域和神秘的抉择,似乎具有预兆性。这种隐秘的、暗示性的、速记式的语言,几乎具有仪式性的功能。它带有一种神奇的节奏,就像一个魔法配方,为作者打开了一扇门,开辟了一条逃离自己的道路。科塔萨尔式的幻想还有疗愈的层面。它是一种驱魔术。"我的那些短篇小说(我甚至可以具体地指出一篇)许多都表现为一种自我精神分析。"科塔萨尔说。具体地说就是《奸诈的女人》,它写一个不知羞耻的女子为了让她的男友感到恶心,把塞了蟑螂的糖送给他们。"我写那个故事的时候,正在布宜诺斯艾利斯经历一段极度疲劳的时期,因为我想成为公共翻译,接连参加了所有的考试。我想找一份工作独立谋生,希望有一天能来法国。我在八九个月里完成了公共翻译的所有课程,感到非常痛苦。我疲惫不堪,开始出现神经官能症的症状;我没什么大碍(没想到去看医生),但心情非常不愉快,因为各种恐惧袭击着我,包括最荒唐的那些。我注意到,我在吃饭时总是担心在食物中看到苍蝇或虫子。然而食物是家里准备的,我百分之百放心。但我反复发现自己在吃每一口之前,都用叉子扒开食物检查。这让我产生了这个短篇小说的想法——关于不干净的食物的想法。说真的,我在写这篇小说的时候,并没有把它当作一种治疗方法,但我发现它就像一种驱魔术,我立即被治愈了。我想其他作品也是同样的情况。创作那个关于兔子的短篇小说——《给巴黎一位小姐的信》——期间,我同样处在相当严重的神经官能症阶段。我去的那个公寓——我还在它的电梯里吐了,吐出了一只兔子(说'我吐出',是因为故事用第一人称叙述)——是真实存在的,并且和小说描述的一模一样。当时我住在那里,处境艰苦。这篇小说的写作,也治愈了我的许多不安。因此,如果愿意的话,幻想故事可以是一种探究,不过是疗愈性的探究,而不是形而上的。"

有些短篇小说比其他的走得更远。有的就像填字游戏一样,对某种不可见事物的方程式进行加密。比如《公共汽车》是最微妙和最有思辨色彩的作品之一——因此对它的解读是最多元化的;它被视为一个关于死亡的寓言,有时也被视为一个政治寓言;科塔萨尔并不否认两者皆可,甚至还可以有其他解读——它似乎打破了障碍,让人们能够进入超越日常经验的现实秩序。它既不是纯粹的语言游戏,也不是简单的比喻,而是一种断裂。

"事实上,"科塔萨尔说,"那些短篇小说,如果从《跳房子》的角度来看,可能就像游戏;但不得不说,在我创作它们的时候,绝对没有任何游戏成分。它们是令我害怕或着迷的预兆、维度、通往可能性的入口,我不得不在写作的过程中试图穷尽它们。"

科塔萨尔说，许多作品是出于一股冲动写成的，一种几乎超自然的爆发，它让经验得以真实地传递给读者。在这些短篇小说中，重要的不是戏剧上或心理上的一致，而是一种氛围。这些小说捕捉到读者共有的一种自主体验，那是不可交流的东西，在日常生活的人物或情境中的几乎没有对应。人们无法轻易对角色产生认同，它总是单色的，只作为一个载体存在。人们处于一个封闭的回路中，受着语言公式的限制，这些公式一旦被使用，便在人们身上触发与曾经在作者身上触发的一样的一系列心理事件。

科塔萨尔说，短篇小说的说服力与其内在压力成正比。压力越大，经验的传递就越好。"我无法解释这种经验的传递是如何实现的，但不管怎样，我知道它只能通过对小说的冷酷执行来实现，也就是说，通过最大程度的严谨；这最大程度的严谨，则来自最大程度的自由。换言之，我看见自己以飞快的速度写作，后续无需太多修改，然而写作的快慢与小说的准备工作并不相关。在这种情况下，我察觉到自己始终保持专注，身体向后倾，这使我在写作时产生更强烈的冲动。这种压力不是执行上的压力，尽管它自然地被故事的段落俘获，然后作用于读者。压力本身先于故事。有时候压力酝酿了六个月，正是为了在后来的某个晚上，一个长篇故事被洋洋洒洒地写下来。我相信这在我的一些小说中有所体现。在那些最好的作品中，满载着炸药。"

"结构"，科塔萨尔把它们称为"结构"。结构虽然由文字支撑，但只能在字里行间被理解。语言——尤其在《动物寓言集》中——简单而直接。语言的雕琢几乎消失了。它的表面清澈而剔透，但内在涌动着一股股昏暗的力量，引向一种无声的净化，这净化中既有解脱，也有放纵。

如果说，在这样的放纵中，我们仿佛直觉感受到它近乎一种神秘体验，那么这直觉在后来的作品《追求者》中得到了证实。在这个故事里，形而上的维度处于现实的边缘。《追求者》不再是一个幻想的建构，而是一个处于特定背景下的故事。它的主题恰恰是神秘或形而上的放纵，这种放纵与艺术灵感的边界是模糊的。在这里，我们看到科塔萨尔从落地到巴黎的一刻起，便逐渐地意识到他真正的担忧。地点是巴黎。在写作《追求者》时，科塔萨尔早已将布宜诺斯艾利斯的生活告一段落，然而，距离让他的作品产生了一种与布宜诺斯艾利斯的临近感。我们发现，《追求者》中的神秘巴黎与阿尔特的黑帮有着深层的关联。

主人公约翰尼·卡特根据著名爵士乐手查理·帕克的形象改编，他是来自黑社会的人物，是一位拥有第六感但理智失常的黑人萨克斯乐手。对他而言，爵士乐不仅是一种表达形式——通往存在的入口、让人落到中心——而且是一种对精神转化具有深远影响的载体。穿过墓地试图让死者复活的约翰尼，听到了破碎的骨灰盒中的神圣声音的回响。他是对土地最深沉的怀念者之一、盲目的先知、天国的猎手、渴望绝对的人。他感到真实的自我受到了时间和空间的限制，就像一个徒劳地等待从个体的囚禁中解救出来的人质。他的天赋是他的力量——他可能的出路——但也是他的失败。这是因为他在内心深处是一个可怜的、迷失的灵魂，对自己的能力一无所知，由于无法理解自己感知到的东西，所以受尽它们的折磨。他捕捉到了那个他既不了解、也无法留住的"无限"的蛛丝马迹。它是一个无形的幻象，一个终会消散的星云。他走入下坡路，借助毒品，走向疯狂。就像《跳房子》里的奥利维拉（被理性所困的人）和玛伽（纯粹的、诗性本能的化身），约翰尼尽管也有和宇宙共融的时刻，但由于他太无能或太天真，他对那些突然产生的直觉、对那些像黑暗中的火花一样消失的未兑现的承诺，无法组织起一个连贯性的策略。

科塔萨尔谈到《追求者》时说："直到那一刻，我仍然满足于幻想类型的创作。在《动物寓言集》和《游戏的终结》的所有短篇小说中，创造和想象出一个幻想情景，并且它能够在美学上成立、讲述一个让我满意的故事——我在这方面的要求一直很高——对我来说已经足够。《动物寓言集》的作者是一个只在文学范畴里提出问题的人。这些短篇小说是封闭的结构，《游戏的终结》里的短篇小说属于同一个阶段。然而，我在写《追求者》时，我开始感到必须创作一些更贴近自己的东西。在这部作品中，我放下了安全感。我处理了一个存在主义的、关于人类的问题，这后来在《中奖彩票》尤其是在《跳房子》中得到放大。幻想主题的幻想本身，不再像以前那样吸引我了。那时，我已经充分意识到当一个小说家达到了一定水平，如果不求变,那么他的完美便是危险的。在《追求者》中,我想放弃编造,将我置身于自身的私人领土,即稍微观察一下自己。而观察自己即是观察人类、观察我的同伴。在写《追求者》之前,我极少观察人类。"

不久后,科塔萨尔在创作《中奖彩票》时,努力地弥补这一缺陷。在这部作品中,寻找出路——有时是异想天开的,甚至是滑稽的,但始终指向最终目标——变得复杂起来:它不再仅仅构成小说的主题和情节,还融入了写作的过程。科塔萨尔在《中奖彩票》中允许自己产生一点冲动,让事情自然发生,用聂鲁达的话说,就是"没有必须坚持的形式"。与短篇小说相比,这部作品中的刻意安排更少,更接近心理和社会现实。审美的倾向越来越隐蔽。在这部作品中,就像在《跳房子》一样,它间接地出现在某个人物的敏感情绪中,或者出现在一些关于艺术、音乐或文学的不寻常而渊博的谈话中。理论家仍然在那里,他到处出没,但总是那样风趣和狡猾。科塔萨尔说他是在一次漫长的乘船旅行中开始写《中奖彩票》的,当时他像牡蛎那样无聊透了,于是为了"自娱自乐",随意地即兴写作起来。"我看到了小说的整体,但完全没有定型。"他没有确切的想法,从这章到下一章,不知道哪里是抓手;每一页都有惊喜等待着他。前一百页的内容自然地展开,有点迷失方向。然而随后便有一股集中的能量,一种推力,于是其余的部分在惯性中完成了。科塔萨尔说:"在前几章(那几章太长了)里,我开始自娱自乐地缓慢地刻画人物,我丝毫不知道接下来会发生什么,但已经写下很多页了。我逐渐发现，让自己也成为书中的人物太有意思了；换言之，和他们相比，我没有任何的优势，我不是根据自己的意志决定他们的命运的造物主。我完全尊重游戏的规则。"游戏的规则非常复杂，有时令他失望。然而一旦启动，一台不可阻挡的机器便开始运作，创造出一个精彩的结局。

小说的主题，在情节的层面上，是一群基本不认识的人出于巧合，仅仅因为中了彩票而一起进行的游轮之旅。在象征的层面上，这是每位乘客与自己对抗的内心旅程。但这也是作者寻找真实自我的内心旅程。路上的障碍不计其数。结局始终是模糊的，是无法达到的。它在物质世界的代表是船尾，它对所有乘客关闭，原因很神秘。没人能够安然无恙地到达，即使作者也不可以，他和其他乘客一样，无从知道这个禁令的原因。"我和洛佩斯、梅德拉诺或拉乌尔处于同样的境地，"科塔萨尔说，"我也不知道船尾发生了什么事。直到今天我还是不知道。"

船尾的秘密影响着船上的所有人，给他们蒙上了一层阴影。我们不知道如何看待这种情况。事态应该非常严重。但谁知道呢？也许一切只是一个葬礼笑话。但问题在于，令人不安的迹象正在不断增加。船员的行为最可疑。有阴谋和合谋的迹象：无法解释的不在场（比如船上的医生）、阴险的面孔、过道上的混乱。这暗示了船上有走私违禁品的可能性。但是什么也没有发现。我们可能落入了一群地狱刽子手的手中，他们是潜伏在每个灵魂中的恐怖分子的可怕后代。

《中奖彩票》的一个有趣的方面——这也是科塔萨尔在写

作时密切地观察了同伴的证据——是他为布宜诺斯艾利斯人所描绘的精神肖像。精明的人物性格比比皆是,其中的一些描写,取材于科塔萨尔在环游世界途中相伴的一些真实人物。尽管科塔萨尔与社会学小说家最不搭界,但他很好地捕捉到了不同人物的本质特征。在《中奖彩票》中,克里奥尔人的讽刺话语具有自我讽刺的锋利刀刃。但讽刺的意图还是次要的。"每当这些情节让我面对社会关系的荒谬或不愉快的方面时,"科塔萨尔努力地阐明这一点,"我便坦率地展示它们。我没有理由不这样做。但这部小说并不是为此想象出来的,绝非如此。评论家倾向于把《中奖彩票》视为寓言小说或讽刺小说。但它既不是前者,也不是后者。"然而,这些不同的成分大大丰富了小说的质地。镜头下走过两个风趣健谈的老师:一个来自加利西亚的自负的百万富翁;一个有着天主教品位的圆滑世故的女子;一个唱高调的同性恋者;一个陷入可疑的性行为的少年;一位来自博卡街区的亲切的代表——科塔萨尔说,当地最典型的罪犯就出自这个坐落在布宜诺斯艾利斯热那亚社区的街区;狂热的足球迷——他的内心充满天真和善意,但举止粗鲁,情绪不能自控;一对正在度蜜月的夫妇——"两个典型的、自命不凡的瓜兰戈年轻人"——以叫喊声附和着这出闹剧,他们和那些阴险的船员一道,构成了一组社会人物画像。

《中奖彩票》中一个令人不安的角色——也许出现在科塔萨尔的牛头怪主题之后——是佩西奥。他是个静态的形象,有点抽象,是个有点占星家味道、更有美学家倾向的哲学家。他在整部小说中一直沉思,以神谕独白(采取内心独白的形式)评论各种行为。他的存在感不强,更像一个博学的旁观者;作者试图通过他对事件进行整合。他的博学让人喘不过气。那是纯粹的文学,非物质层面的智慧。他把这次冒险总结为一个既是占星的又是视觉的符号:船的形象被比作一把在毕加索画作中航行的吉他。尽管佩西奥有时候是个麻烦,但科塔萨尔在构思这个角色的时候认为他是必要的。科塔萨尔说:"在前两章之后——在咖啡馆里和登上马尔科姆号——佩西奥的第一段独白开始了。嗯,就在那前两章的结尾,我感觉到(当我说感觉时,我指的就是字面意思)接着发生的事情需要一个不同的视角。于是佩西奥自然成为了这一视角的发言人。正因为如此,在属于他的章节,我用了另一种方式进行编号并用斜体表示,更不用说,我使用了完全不同的语言。"科塔萨尔还说道:"我认为佩西奥不是作者的第二自我。他有另一个功能。佩西奥不是我的想法的发言人,尽管在某种程度上他可能是,就像书中的其他角色一样。佩西奥是那个对普通现实的形而上的视角。佩西奥从高处看事物,就像海鸥一样。也就是说,那是一个整体的、统一的视角。"

  科塔萨尔说,在佩西奥身上"我第一次产生了一种直觉,它不断萦绕着我。这种直觉在《跳房子》中有所提及,现在我希望能够在一本书中让它得到深入发展。这就是对我所谓的对喻象的感知。它就是这样的一种感觉(毫无疑问,我们许多人都有这种感觉,但我因为它感到尤其强烈的折磨)——在我们的个体命运之外，我们是我们所不了解的喻象的组成部分。我认为我们所有人都在构成喻象。例如，在此刻我们可能正在构成一个远在两百米以外的结构的一部分，那里可能有许多不认识我们的人，正如我们不认识他们一样。我不断地感觉到链接和封闭区域的可能性，它们把我们联结起来，那是理性无法理解的、纯然的人类关系。"他想起科克托的一句话，据他所说，构成星座的单个星体并不知道它们构成了一个星座。"我们看到大熊座，但是构成它的星体并不知道它们是大熊座。也许我们也是大熊座和小熊座，但是我们不知道，因为我们躲藏在自身之内。无论如何，佩西奥对正在发生的事情带有结构性的视角。他总是将事物视为喻象、群体，视为大规模的复合体，并试图以一种检视的角度来解释问题。"

我们的疑问：佩西奥的"形而上"视角似乎非常接近审美。它除了拓宽视野，还创造了一种几乎纯粹的形式。科塔萨尔因为这种手法不止一次地被指责。但他断言："对我个人而言，我认为在这方面没有什么可指责自己的。巧合的是，佩西奥的独白出自一种自动的写作过程，以极快的速度写成，不存在我在小说的其余部分所刻意保持的控制——尽管从效果而言，它看起来更像审美层面的问题。与刻意的调整完全相反，它就像一个潜意识过程的出气阀。此外，这些章节都是水到渠成地写出来的，并不像大家可能猜测的那样，是后来加进去的。如果它们给人的印象是后来做的调整，那么我感到遗憾，事实上每个章节都对应着它在书中当下的发展需要。有些东西向我指出需要中断一下叙述,稍微切入另一个视角。当然,那个指责仍然有效,因为它谈论的是结果,而不是当时的需要。"美学与形而上之间的模糊性,构成了科塔萨尔身上始终富有张力的两个极端,这个问题将在后续的《跳房子》中尝试解决。

《中奖彩票》的最大成就在于存在的层面。在科塔萨尔精准的笔下,六种人物的姿态和举止被刻画得惟妙惟肖,他们的命运被推向一个黑暗的目标——随着作者在这些角色上隐秘地实现了自己的意图,那个目标逐渐地显现为一个共同的符号。那个无精打采的牙医梅德拉诺就是这些角色之一,他把爱人离弃在陆地上,表现得像个恶棍,然而在这次旅途中得到了一次反省良心的机会。情绪激动且爱开玩笑的科塔萨尔给事件安排了一个戏剧性转变,把他推向了"禅宗信徒所说的顿悟,一种内在的爆炸"。梅德拉诺是一个跌跌撞撞地生活着的普通人,从来没有过多注意自己落脚在哪儿,他顿悟了。在这里似乎有一个关于作者的比喻——一个在完全投入之前已经写了很多页的作者。梅德拉诺在存在的火焰中耗尽自己,一头扎进了死亡。

梅德拉诺和约翰尼·卡特一样是一个追求者(却不自知),是科塔萨尔的绝对论家族中的一员,他们非常清楚真实的道路是艰巨的,有时甚至要为此付出高昂的代价——比如生命或理性。这是奥利维拉在《跳房子》中付出的代价——生命或理性,或两者皆抛。奥利维拉,一个自杀的胜利者,从蜿蜒的悬崖上跳了下来,他自身的毁灭的声音化作笑声,为之欢呼。在书的结尾,我们不知道他是从窗户跳了下去,还是变疯了。但这不重要。可以确定的是,他在那血腥而关键的冒险过程中,每一步都在颠覆自己,打破逻辑的范畴和理性的计划,与象征着普选的风车做斗争。他找不到落脚点,直到他陷入了堂吉诃德式的、不理性的终极理性——它是一口井,也是一块跳板。他那微不足道的落魄——那是刚愎固执的尊严和绝望的英雄主义的反面——赋予了他一种伪悲剧的伟大。奥利维拉生活在极端之中。他是幻想家,是个"慢性不满足患者",凭借乏味的诡辩、浅显的悖论和虚假的自我批评,把自己逼迫到一个境地,以至于无法找到生活或做任何事情的理由。对他来说,一切都是平等的:抽象思想、艺术、公益事业、科学、爱情。用他自己的话来说,他选择了"无为而非作为",并把自己耗费在"一场纯粹的辩证运动"中。对于奥利维拉来说,"思考比存在"更容易。理性和非存在像紧身衣一样让他感到窒息,为了打破困局,他挥舞着嘲弄、闹剧和荒谬的致命武器。

科塔萨尔说,如果说他的探索很奇怪,那是因为他"讨厌严肃的探索"。因此他赞美禅宗,"首先因为那个宗派的大师不是严肃的。最深刻的事情有时来自一个笑话或一个耳光;尽管看起来不像那么回事,但它触及着事情的最深层。在《跳房子》里,那种态度,甚至可以说那种技术产生了很大的影响"。

他引用书的结尾关于木桥的章节作为例子。奥利维拉在巴黎经历了各种失败后——与玛伽的决裂、玛伽儿子罗卡玛杜尔的去世、在塞纳河桥下悲伤的夜间漫步——回到布宜诺斯艾利斯,情绪非常低落。他遇到了一位老朋友,他的名字自相矛盾地叫特拉维勒①;在特拉维勒身上,奥利维拉逐渐认出了自己的双重自我、他生命的上一个阶段的化身,同时也是他的许多愿望的化身;后来,他还糊涂地开始把特拉维勒的妻子塔丽妲与玛伽联系起来。奥利维拉屈从了他的错觉;在三个角色间展开的滑稽而看似毫无意义的情节中,问题爆发了。这几位朋友住在同一条街的两边,房子的窗户相对着。奥利维拉在房间里修东西,需要钉子和一包马黛茶。塔丽妲负责给他送这些东西。为了不用上下楼梯,奥利维拉在窗户和窗户之间放置了一座木板桥。塔丽妲身穿晨衣,冒着生命危险从木桥上走过。她的命运在这前后不一的场景中定格了。当塔丽妲停在空中,身处奥利维拉和她丈夫的中间,暴露在街上人们的目光中时,所有面具都脱落了,虽然主角们继续故作不见,但那个瞬间的所有重量穿透了他们。

"对我来说",科塔萨尔说,"关于木桥的那章是书中最深刻的瞬间之一,在某种程度上,命运就在那里决定了。然而,那简直是个疯狂的笑话。"

在《跳房子》中,玩笑、笑话和嘲弄不仅是调味料,而且构成了作品本身的活力。科塔萨尔利用它们构建完整的场景。他在每一页都为我们准备了惊喜和失望。他出色地运用怪诞、讽刺、"glíglico"(一种他自创的语言)、不合逻辑、双重或三重含义、粗话甚至陈词滥调,以一种肉食者的胃口进行调味。他

---

① 原文为英文"Traveler",字面意为"旅行者"。

是建构情节的大师。他在《跳房子》中引用纪德的话:"永远不要利用势头",每章都是一个错位。闹剧与幻想交替出现,白话与学术交替出现。他以一种令人眼花缭乱的精湛技艺,让夸张、影射、突然的过渡、纯粹的捕捉、漫画艺术的所有资源在作品中相继出现。

科塔萨尔解释,与超现实主义有关的某些形式可以说明这种倾向。他说,尽管年轻的时候,他的判断力非常不可靠,几乎无法区分蒙田和皮埃尔·洛蒂(Pierre Loti),但他还是彻底受到某些法语文学的影响,比如他在十八岁读的科克托的《鸦片》为他打开了一个新世界。读完科克托之后,他扔掉了一半的藏书,一头扎进了先锋主义。在科克托的带领下,他涉猎了毕加索、拉迪盖(Raymond Radiguet)、六人团的音乐,由此进一步接触到布勒东、艾吕雅和克勒韦尔的超现实主义。科塔萨尔相信超现实主义实验是本世纪的高光时刻之一,直至它变成一场纯粹的文学运动、而不是关于生活的哲学而被毁掉。在超现实主义的先驱中,科塔萨尔最崇拜的有三位:洛特雷阿蒙、阿波利奈尔和雅里。"从很年轻的时候起,"科塔萨尔说,"我就佩服阿尔弗雷德·雅里(Alfred Jarry)的个人和文学态度。雅里完全意识到,最严肃的事情可以通过幽默来探索;超形上学[1]的发现和使用正是通过黑色幽默触碰到本质。我认为这极大地影响了我看待世界的方式,我一直认为幽默是世上最严肃的事情之

---

[1] Patafísica,又译"啪嗒学",是雅里自创的概念。据雅里自己所说,超形上学"乃是研究从内部或外部加之于形而上学之上的东西的科学"。

一。"对于总能看到"事情的可笑而严肃的一面"的科塔萨尔，幽默是高度文明的一个指标。他宣称自己赞成"最好的欧洲文学所深谙的、探索事物时所采用的轻松态度，无需使用大词或陷入我们的海滩上充斥的那些庄严修辞"。对于幽默能成就什么，"英国人太明白了，伟大的英国文学比其他任何文学都更深刻地建立在幽默之上"。

科塔萨尔认为在他生命中的那个"超现实"时期，幽默还是一种自卫机制。他记得20世纪40年代的痛苦岁月，阿根廷的现实变成了无尽的噩梦。在第二次世界大战期间，这个国家以牺牲尊严为代价换来了中立和虚假的繁荣。这是一种虚伪的和平主义、虚假联盟、狭隘自私和可悲背叛的时代。庇隆主义很快站稳脚跟。科塔萨尔，带着许多同时代人所感到的绝望情绪，在与门多萨的文学系的政策发生了短暂的冲突之后——他因学生骚乱被监禁时接受了枪林弹雨的洗礼——退出了战场，他承认宁愿选择逃避而不是犯错。对庇隆主义的反对使舆论两极分化，造成了不可调和的极端局面，没有明确立场的知识分子冒着扮演荒谬角色的风险。对于有些人——比如科塔萨尔——来说，庇隆主义作为一种社会运动有其潜在的价值，但是他们拒绝接受庇隆夫妇的煽动；另一方面他们又无法加入反对派的行列，因为反对派与其所反对的政权一样，都是机会主义的。因此，唯一的选择就是小心翼翼地退场，自嘲一笑。

各种各样的笑声，无论是咯咯的笑声还是痛苦的笑声，是《跳房子》的关键。它的目的是让读者措手不及，让他们感到困惑和茫然——让他们摆脱理性和常识的束缚。科塔萨尔在那些最精彩的场景中取得的某些效果，正是得益于其叙事基调与主题之间的巨大反差。一个场景的本质有时与叙事的表面非常不协调，它像一条无形的线在文本中展开。有时平行线会相遇，像被照亮了一样。《跳房子》中有一章很典型，奥利维拉心不在焉地重读了玛伽的一本俗气的书——加尔多斯的几页文字——同时在阅读的文本中穿插了一个讽刺性的心理评论，这造成了一种反差，正是这种不协调放大了场景的悲情。

"我认为《跳房子》最成功的瞬间之一是奥利维拉和玛伽之间的分离场景。那里有一段很长的对话，他们不断地谈论一系列与他俩的核心问题显然毫不相关的事情，甚至有一次他们像疯子一样在地板上打滚大笑。如果我只寻找这种处境的可悲一面，我就不可能传达出我在那里成功传达的东西。那只会成为文学中已然存在的无数决裂场景中的又一个。"

另一个虚假平静的场景是罗卡玛杜尔的死。它发生在一个混乱的夜晚，在一个肮脏的酒店房间里，在香烟烟雾和爵士音乐中。玛伽和奥利维拉痛苦不堪，孩子快要死去，所有人在说话。天花板上的敲打声、走廊里的争吵声、那些既阴郁又与现实情境毫不相关的、没完没了的谈话分散了他们的注意力。作者和故事中的角色都很清楚发生了什么，但他们假装不知道。

惊恐万分、情绪低落的奥利维拉透过这些错觉，继续寻找最后的岛屿。在《跳房子》中，探索的主题在各个层面都有所体现，包括在语言本身。《跳房子》的语言就像一个做减法的过程，最终汇入一种终极的宁静。迷宫的"中心"可以是一种审美平衡、一种宇宙和谐，或者"存在"债务的一笔勾销。在《跳房子》中，语言的功能是通过将问题简化到荒谬的程度来消除问题。

"整部《跳房子》都是通过语言来完成的，"科塔萨尔说，"换句话说，它对语言做了直接的攻击，正如这本书许多部分明确指出的那样，它几乎用我们所说的每一个字来欺骗我们。书中的人物坚定地认为，语言是人与其最深层次的存在之间的障碍。原因众所周知：我们使用的语言，相对于某种更深层次的现实来说，是完全边缘化的；如果我们不被'语言解释一切或假装解释一切'的便利性骗走，也许我们可以触碰到那个更深层次的现实。至于奥利维拉的结局所象征的那种终极平衡，也就是那个我们无从确切知晓发生了什么的结局（我自己也不知道，我不知道奥利维拉是不是真的跳窗自杀了，还是没有自杀但完全疯掉了，此外，更不用说他也已经被安置在疯人院，所以没有什么问题：他从护士变成了病人，只是换了件制服），我认为这是试图从西方的观点展示——即便在所有的限制和不可能的情况下——禅僧或吠檀多大师所做出的那种绝对性飞跃。"

被语言背叛的奥利维拉采取了激烈的措施：他放弃了语言，走向了行动。但还有一个难题有待解决：奥利维拉的行为不可避免地需要被描述，因此对作者来说，它仍然是语言。

"在那里，我触碰到这个问题最棘手的一点，"科塔萨尔说，"有个可怕的悖论：作家是运用文字的人，却与文字作斗争。它有一种自杀的意味。然而我并不反对语言的整体或其本质。我只是反抗某种用法，一种在我看来是虚假的、混蛋的、用于卑鄙目的的语言。如果要说的话，有点像当时（说到底那是错误的）反对诡辩者时所说的。毫无疑问我必须从文字本身发起斗争，这就是为什么从风格的角度来说《跳房子》写得非常糟糕。甚至有一章（第七十五章）开始使用极其优雅的语言来说话。奥利维拉回忆他在布宜诺斯艾利斯的过去时，用的是一种精致而优美的语言。在半页书以后，奥利维拉笑了起来。就在这同一面镜子前——刚才他还在这里回忆起过去的所有——他拿起剃须皂，开始在镜子上写写画画，拿自己开玩笑。我认为这段话很好地概括了这本书的意图。"

科塔萨尔说，语言应该成为作家始终关注的问题，对于在这方面仍然有所欠缺的文学（比如我们的）尤其如此。他认为部分原因在于欠佳的翻译。翻译语言是缺乏惯用语基础的一种抽象形式，是将所有风格简化为一个共性的世界语。"在一个有着丰富文学传统的国家，由于普通读者在母语的发展中经历文化的演变，就像西班牙、法国或德国，他们对风格的敏感度、对听觉和形式的要求很高。但在阿根廷，我们被剥夺了这一点。"如果说在我们的文学中充满了精雕细琢的风格，那是因为写作的艺术被视为一种展示，展示着一种立场。作家清清嗓子，像孔雀一样展开他的羽毛，然后"在文化层面上反复重申他与文化程度不高的人——即半文盲——完全相反的态度。在不得不写一封信的时候，他们认为必须使用一种完全脱离口语的语言，仿佛在克服一系列的禁忌，与身体的某种障碍做斗争"。

科塔萨尔的作品谴责了这种虚假的语言。正如他所说，他反其道而行。正如他面对角色——宇宙万花筒中的那块小玻璃——的方式是反心理学或超心理学的，他在表达上是反文学的。莫莱里是一位爱讽刺和卖弄的教师，出现在《跳房子》的《可以放弃阅读的章节》里；他说出了作者想说的话——他提出，一部小说不应该被"写"出来（按照这个字的一般含义），而是"不写"出来。我们可以将莫莱利的这个观点视为科塔萨尔的出发点，他很早就开始致力于建立一种"反语言"的回路，这种反语言去除了所有干扰真正交流的概念性障碍。

"我现在想写的书，"他说，"而且是我希望能够写出来的，会比《跳房子》难得多。它将把这一切带到终极的结果。这将是一本读者很少的书，因为读者在逻辑上需要的、语言上的惯用桥梁将会少之又少。然而在《跳房子》里，那些桥梁比比皆是，从这个意义上说，它是一本兼而有之的书，是我发起的第一轮攻击。如果我能写出那本书，那将具有正面的意义，因为完成了对传统语言的攻击（这是《跳房子》的本质）后，我将尝试创造自己的语言。这是我正在做的事情，一点也不容易。我的理想是语言消除所有口头禅（不仅是明显的口头禅，还有其他的、伪装的口头禅）和所有不费力的资源——那些马上就轻率地被认定为文学风格的东西。我知道我的语言是一种反文学的语言，但它是一种语言。我总是认为，如果一个人没有同时或预先改变其认知工具，那么谈论如何改变他是荒谬的。如果继续使用柏拉图使用的语言，那么一个人如何转变？问题的本质没有改变；我的意思是，在公元前五世纪的雅典引起反思的问题类型，到现在基本还是一样的，那是因为我们的逻辑结构没有改变。问题是：我们可以做不一样的事，到达不同的目的地吗？超越逻辑、超越康德的范畴、超越西方的整个理性机器（例如，像提出非欧几何的人一样假设这个世界）后，有进步的可能吗？我们能够触及最真实的究竟吗？当然，我不知道。但我相信可以。"它将会是某个星体的语言，来自另一个星座。"喻象"就是在这里介入的。

科塔萨尔说："对喻象的感知对我来说是一种工具，因为它代表了一种与任何小说或叙事的常用方法截然不同的方法。常用的方法倾向于把角色个性化，并赋予他们个人的心理和特点。而我想以这样的方式写作：叙事在最深层的意义上充满着生命，充满着行动和意义，同时，生活、行动和意义不再是指个体之间的单纯互动，它们超越了由角色的星座所构成的那些喻象。我知道这解释起来并不容易，但我对喻象的感知越来越强烈。换句话说，我与世界上其他元素的联系越来越紧密，我变得越来越不自私，越来越清楚地觉察到自己对其他事物和存在、以及它们对我的持续互动。我感觉到这一切发生在另外一个层面，那里有与个体的世界不同的另一套规则和另一种结构。我希望最终能写一个故事，展示那些喻象如何构成与个体现实的决裂以及对其的否定，但大部分时候，小说中的人物几乎意识不到。在《跳房子》中已经存在的许多问题之一是，一个角色能够起作用到何种程度,让某些事情在他之外发生,他却丝毫没有意识到这种活动,丝毫没有意识到自己构成了那种超级行动和上层建筑的一环。"

为试图解答这个问题,科塔萨尔不得不动摇关于时间和空间的传统观念。在《跳房子》中,莫莱利已经向我们否定了对人物和处境的一般认同,更进一步指出"假设存在一种绝对的历史时间是错误的",并建议作者不应当"依赖于情景"。这一原则,科塔萨尔已经在一部名为《万火归一》的新短篇故事集中开始实践了。集子里的一个故事《另一片天空》,它摒弃了关于时间的刻板印象。"同一个角色生活在当下的布宜诺斯艾利斯和1870年的巴黎。他碰巧穿过布宜诺斯艾利斯的中心,在某个特定时刻,他非常自然地发现自己身在巴黎;唯一可能感到惊讶的是读者。这条通道的象征和载体是拱廊街,对我来说,它们总是神秘的、独立的所在。就这样,小说人物穿过布宜诺斯艾利斯的古埃姆斯通道——文中没有指出连续性是如何解决的——前往位于洛特雷阿蒙居住的街区的维维安拱廊街;此外,他到达那个街区的时间是一个世纪前。在阿根廷是夏天,在法国是冬天;小说人物生活在两个世界(但对他来说是两个世界吗?)。"

这是在《跳房子》著名的《可以放弃阅读的章节》中的异乡人的发问。他梦到了在巴黎的一个思乡之夜,吃着法式面包……但那是布宜诺斯艾利斯的法式面包。奥利维拉的问题的根源在于他无处扎根,分裂地生活在"两个世界"的中间。两个世界相互找寻却无法完全地重合在一起。

奥利维拉，用他自己的话来说，是一个"法国化的阿根廷人"；"没有任何像被迫代表一个国家这种事更能杀死一个人的了"——作者在卷首引用了雅克·瓦歇（Jacques Vaché）的话。对于一个无国界作家而言的不证自明的话。科塔萨尔说："我讽刺地使用了这句话，我认为它在我的作品中有所体现，因为我从未认为自己是一个本土作家。我们——包括博尔赫斯和其他一些人——似乎已经明白身为阿根廷人的最佳方式是不要到处宣扬自己是阿根廷人、不要像有的'本土'作家那样大声吆喝。我记得在将要动身来巴黎时，一位年轻诗人（现在已是阿根廷著名评论家和散文家）曾暗讽我的离开，并指责我犯了非常类似于叛国的罪。我认为我在法国写的所有书，都让那个人的话成了响亮的谎言，因为我的读者认为我是阿根廷作家，甚至认为我非常阿根廷。因此，我认为对于那种大肆宣扬的阿根廷身份而言，瓦歇的话很有讽刺意味。我认为有一个更深层次的阿根廷身份，很可能在一本压根儿没有提及阿根廷的书中体现出来。我不明白为什么阿根廷作家一定要把阿根廷作为写作的主题。我认为，身为阿根廷人意味着在最多元化的层面上参与一系列的价值观和去价值观，承担它们或拒绝它们，进入游戏或将球扔开；这跟作为挪威人或日本人没有两样。为什么即使在并不愚蠢的人当中，学术界中的爱国主义观念仍然具有如此强大的力量？在阿根廷，民族文学和文学民族主义之间仍然存在着严重的混淆，准确来说它们并不是一回事。无论如何，我后来的著作中的阿根廷在很大程度上是虚构的，至少在具体提及它的时候是如此。在《跳房子》中关于布宜诺斯艾利斯的内容，除了被提及的具体街道和街区以外，都是在纯粹虚构的背景下发生的。换句话说，我的写作不依赖于阿根廷的实际存在。"

我们也许可以谈论布宜诺斯艾利斯在《跳房子》中的"形而上"的存在，它的几何形式，它的"喻象"。科塔萨尔的布宜诺斯艾利斯以及那里的所有坐标，与其说是一座城市，不如说是一片地平线，一个屋顶，从那里可以跳往宇宙。莫莱利主张作家应当置身于"所在时代的表层时间的边缘，在另一种时间里——在那里，一切都与喻象的状况关联，一切都作为符号而存在，而非描述的主题——试图让作品远离甚至对立于周遭的时间和故事，但同时仍包含它们、解释它们，并最终将它们引向人类正在期盼的一种超越"。

"浪子远游，勿忘故土。"《跳房子》第二部分的开头引用了阿波利奈尔的这句话。奥利维拉亲身在形而上的维度体验了这场冒险——他的个人悲剧；幻想文学的蜕变也是如此。奥利维拉是一个影子，在所有镜子中追逐自己的影像。当他遇到他的双重自我特拉维勒时，他转变了。特拉维勒邀请他重新融入那个他已失去的存在的统一体。双重自我以及它的无数变体，是科塔萨尔作品的永恒主题。它可以是梦一般的幻想，比如在短篇小说《仰望夜空》，一个正在做梦的人分裂出另一个自我，在古老的道路上奔跑；在《彼岸》中，一个在匈牙利度蜜月旅行的女人，与梦中的自己的形象在一座桥上的迷雾中相遇；或者

251

它可以成为思索不朽的基础,这在《一朵黄花》中表现得尤为明显。科塔萨尔说,双重自我就像他的"喻象"一样,或者更确切地说是相反的,"喻象在某种程度上是双重自我主题的极致,因为它在展示或试图展示不同元素之间的一种连接和一种关系;但从逻辑的观点来看,这是不可理解的"。

科塔萨尔的这种展示,把我们带到了陌生的地方,带到了现实的边缘和底层。正如奥拉西奥·基罗加所说,这些场景对应的是在"边界"的人物。在《跳房子》的水晶球中,相继出现了一个黑暗的码头、一个小便池、一个在帐篷里有萨满洞的马戏团,然后是最后的疯人院的地下室和电梯。

"事实上,边缘的境况对我很有吸引力,"科塔萨尔说,"我更喜欢偏僻的小巷而不是大道。我讨厌所有的经典路线,无一例外。"有时候,小小的决裂就足够了,就像在《克罗诺皮奥与法玛的故事》里——一本他所擅长的、严肃但令人毛骨悚然的笑话选集:关于上楼梯或给手表上发条的奇怪指南;关于斩首之不合宜的评论;标题为《奇特职业》的部分——其中的所有职业都让人感到不安。在《克罗诺皮奥与法玛的故事》中,死人的指甲会抓挠,甚至假发也会变秃。还有关于拉链的风险的警告。神秘的克罗诺皮奥到处游荡,就像街区里那些带着克里奥尔人特有活力的肿胀的怪物那样抢劫守灵会。该书在阿根廷出版时,受到了猛烈抨击。科塔萨尔说,诗人尊重他,但为数不多的、屈尊提及他的评论家感叹道,这样一位"严肃"的作家竟然允许自己写出如此不重要的书。"那本书,"他说,"触及了我的国家最糟糕的事情之一,那就是对重要性的愚蠢关注。为游戏本身而游戏,这回事在我们的文学中几乎不存在。"在《克罗诺皮奥与法玛的故事》中,科塔萨尔致力于证明它的反面。这本书就像闪电一样降临在他身上。"那是在1951年,我刚到巴黎……一天晚上,我在香榭丽舍剧院听一场音乐会的时候,突然想到了一些被称为克罗诺皮奥的人物。他们太夸张了,以至于我没法看清楚他们;他们就像一种飘浮在空气中的微生物,一些绿色的气球,逐渐地形成人类的特征。在咖啡馆、在大街上、在地铁里,我快速地写下克罗诺皮奥的故事,名声和希望逐渐在他们身上累积……写下这些文字,只是一场纯粹的游戏。这本书的另一个部分(《指南手册》)是我在婚后写的,当时我们到意大利待了几个星期。这些文字的灵感来自我的妻子。有一天,我们疲惫不堪地爬上博物馆的巨大楼梯时,她突然对我说:'问题在于这楼梯是下楼用的。'我很喜欢这句话,于是对奥罗拉说:'应该写一些关于如何上楼梯和下楼梯的指南。'"他这么做了。同样地,在《跳房子》中他描写了某个马戏团的场景,因为这让他有机会"加入一些幽默和纯粹虚构的元素:比如那只精明的猫,我和它一起哈哈大笑"。

奥利维拉也和那只精明的猫一起笑,不过那是淘气的笑。

科塔萨尔的幽默使音节松弛了下来、捣乱并且放弃控制。平静,作为超现实主义者的毫无根据的行为,制造了极端的状况。《跳房子》是由极端的状况组成的。幽默作家的手指扣动扳机,发射子弹,就像安德烈·布勒东说的,他走到街上,向路过的第一个人开枪。科塔萨尔说,极端的状况通过增加作品内部的压力来保持读者的兴趣;此外,就像那些边缘的场景一样,"它们构成一种让读者感到'陌生'的手段,把读者逐渐置于自身之外,去推断自身"。在这样的状况下,"理性的常用范畴爆发或即将爆发。逻辑的原则陷入危机,同一性的原则动摇了。对我而言,这些极端的资源是最可行的方法,首先让作者、其次让读者纵身一跃,与自己疏远,从自身抽离出来。换言之,如果小说人物像一把被拉到极致的弓,处于完全拉满和紧张的状态,就有可能产生顿悟。在我看来,《跳房子》中关于木桥的那一章最能说明这一点。在那里,我打破了所有理性的规则。但通过违反常识,将人物——因而也将读者——置于几乎无法忍受的状况(就像一个穿着晚礼服、却被塞到浴缸里只剩脖子以上露出来的朋友在接待我们),我真正想表达的就会发生,它成为了读者的体验。我在关于木桥的那一章想说的是,在那一刻,特拉维勒和奥利维拉在内心深处发现了彼此。(也许双重自我的概念在这里成型。)更重要的是,他们为争夺塔丽姐而战……奥利维拉在塔丽姐身上看到的是玛伽的形象"。木桥的细节让人想起这本书中的第一个场景:玛伽在巴黎的一座桥上——这座桥在神圣元素水的上方延展。桥梁和木板桥是"从一个维度到另一个维度"的通道的象征。

在《跳房子》中还有其他形式的通道,比如下地狱。在《中奖彩票》已经有一个通往地下世界——船舱——的阶梯。而《跳房子》中的意象则更可怕,也更为贴切。奥利维拉和塔丽姐乘坐升降机下去疯人院的太平间,这个冰冷的地狱就像火焰地狱一样,令人印象深刻。奥利维拉在这一幕完全袒露自己,突然吻了塔丽妲。一点也不天真的她上楼告诉了特拉维勒,并抱怨道:"我不想成为任何人的僵尸。"他捕捉到了信号,并且"认为那样堕落到地狱也许是制造紧张的一种方式,以展示那个几乎无法理解的瞬间的现实。如果奥利维拉在过道或者他的房间吻了塔丽妲,我想她不会意识到发生了什么。然而在太平间,塔丽妲和奥利维拉都处于极度紧张的状态。状况如此极端,以至于奥利维拉立即回到他的房间,并开始建立他的防御系统,因为他相信特拉维勒会来杀了他"。

像往常一样夸张的奥利维拉开始在房间里布置细绳和水盆,这样特拉维勒进房间时就会绊倒,无法靠近他。过了一会儿,特拉维勒打开门后,发现他摇摇晃晃地在窗台上掩护着自己,仿佛要一头扎进院子里;他刚刚在院子里发现了塔丽妲——那个正在跳房子,从一个格子跳到另一个格子的玛伽。奥利维拉的坟墓打开了。他是一个深度的艺术爱好者,一个跳进深海的"有意识的流浪者",宁愿带着尊严沉没,也不愿像尸体一样在共谋的谎言表面漂浮。我们看到成为胜利者的他,为自己的失败而庆祝。他彻头彻尾地失败了,但天知道他掉进的陷阱是不是一种解脱、迷失自己是不是找回自己呢?

奥利维拉是作家所创造的,对于作家而言,文学创作在本质上是一种革命性的行为。因此,"虽然在我的青年时期,文学对我来说是'最伟大的',也就是说,除了经典作品,还有已经表现出古典主义的先锋文学:瓦雷里、艾略特、圣-琼·佩斯、埃兹拉·庞德——为了便于理解,应该称之为歌德式文学;然而现在这一切对我的吸引力小了很多,因为我发现自己基本上处于它们的对立面。没有人可以否认它们的非凡成就,但同时它们完全被西方传统的主流所限制。现在让我越来越感兴趣的是我所谓的例外文学。雅里的一页好书比拉布吕耶尔的全集更能激发我的兴趣。这个判断没有绝对性。我相信古典文学依旧未变。但是我认同雅里那伟大的'超形上学'原则:'真正有趣的不是规律,而是例外'。诗人必须致力于寻找例外,把规律留给科学家和严肃的作家。"科塔萨尔说,例外提供了一个通往未知的"裂缝或开口",并且代表着"希望"。他说:"我至死也不会失去这个希望:在某天早上太阳会从西方升起。我对它的固执和顺从感到恼火,但在古典文学作家看来,它未必那么糟糕。"

但如果他在一个晴朗的早上看到太阳从西方升起,他将会如何传达这一景象?别人是不是也看到了同样的东西?我们认为答案在《跳房子》里。在显而易见的情节之下,有另一种潜在的体验,但只有有能力发现自己身处其中的读者能够体验到。这是他从一开始就取得成功的原因。他响应了一种召唤。他不仅反映了读者的渴望,而且将读者变成了作者。在流放中——心智和精神上的流放,这对于很多人来说无需收拾行囊就可以做到——科塔萨尔触及了核心。

"总的来说,能在一代人中流行的书,"科塔萨尔说,"是那些不仅由作者所写,而是由整整一代人以某种方式所写的作品。"这就是《跳房子》的情况,它在布宜诺斯艾利斯出版时引起了争议。第一版在一年内售出了五千册,很快就印了三版,收到了热烈的反响。"我收到的关于《跳房子》的来信证明了这本书在拉丁美洲'风靡一时'。在一些信中,有人用苦乐参半的语气对我说:'您偷走了我的小说',还有'如果我的书应该像《跳房子》那样,我为什么还要写下去?'这说明存在着一种延迟,一种虚拟性。这本书碰巧由我写出来,仅此而已。但这只是问题的其中一个方面。另一个方面是,一本举足轻重的书必须贡献新的东西,依靠'风靡一时'的东西,实现向前的飞跃。"

《跳房子》在多个方面实现了"向前的飞跃"。除了"形而上"的方面,它是第一部以作品本身为中心主题的拉丁美洲小说,即在彻底的蜕变中审视自己,在每一步中创造自己,与读者共谋,让读者成为这个过程的创造者。

如果说《跳房子》有一个缺陷,那就是它主要在普通读者难以理解的知识水平上展开。它的博学——尽管机智而敏捷——令人生畏。事实上奥利维拉不是普通人,他是个失败的作家,有较高的文学造诣。这相当于认为或者假设:艺术家的质疑以及他如何经历那些质疑,是所有人面临的问题。科塔萨尔坚持认为,在奥利维拉身上,他创造了"一个来自街头的人,一个聪明而有教养的人,但同时他普通甚至平庸,所以读者可以毫无障碍地与他产生认同,甚至可以在自己的个人经历中超越他"。但《跳房子》关注的许多问题是深奥的。科塔萨尔承认他"犯了超理性主义的罪，就像我做的许多事情一样"。在《跳房子》的某个部分，他承认自己"很晚才发现"这个事实："审美的领域更像是一面镜子，而不是通往形而上的焦虑的通道"。但他坚持说道："我不能也不想放弃那种智力活动，只要我可以把它和生活结合起来，让它随着每个词和每个想法搏动。我像游击队员一样运用它，总是尽可能地从最不寻常的角度射击……我不能够也不应该抛掉我所知道的，它是一种有助于我单纯活着的偏见。问题在于增加组合的艺术，在于找到新的出路。"

《跳房子》的出路不仅仅是文学实验。它将艺术家与人类等同起来。这听起来很狂妄，但它是一个探索人类可能性的邀请。它邀请每个人都伸展到他们的能力范围以外。科塔萨尔说："我相信没有一条路是对某个人完全关闭的。"

今天的科塔萨尔比以往任何时候都更坚定，不拒绝或允许与自己或世界进行虚假的和解。他说："世界上充满了虚假的幸福。"他将继续威胁我们所接受的现实的稳定性。他感兴趣的是将生命带回到文字中去，让他想保留的东西得以表达出来。一直以来，学会自言自语是科塔萨尔与他人建立对话的方式。这样的努力并没有白费。"最终，"他说，"我感到非常孤独，但我觉得这没有什么大不了的。我不指望单凭西方传统能取得有效的通行证；在文化上我更与东方传统相去甚远，我也不相信它能够轻易成为西方文化的补偿。事实上，我越来越失去对自己的信心，而我感到很满足。从美学的角度看，我写得越来越差。我很高兴，因为也许我正在接近某个点，从那个点开始，我可以按照自己所认为的、在我们时代应当采用的方式来写作。从某种意义上说，它可以被认为是一种自杀，但自杀总比成为活着的僵尸好。应该会有人觉得，作为一名作家，如此坚持淘汰自己的劳动工具是荒谬的。但问题是，我认为那些工具是虚伪的。我只想重新装备自己，从零出发。"

胡安·鲁尔福，
或无名的哀伤

张伟劼 译

老旧的地域主义已经死了。这是一种文献记录式的、抗议式的文学，展现的是在封建主领地、大庄园、矿井和热带种植园里发生的社会斗争。这种文学倾向于表现外在的、民俗的东西，成了粗线条的庸俗壁画，其中的印第安人和农民，更多是文学作品中的动因，而非属于作者亲身经历的现实。这些作品往往华而不实，浮于表面，最典型的代表就是阿尔西德斯·阿格达斯的《青铜的种族》，书中的高原印第安人被理想化了，被表现为剥削的牺牲品。在秘鲁作家西罗·阿莱格里亚（Ciro Alegría）那里，地域主义文学获得了某些诗性的时刻。在萨尔瓦多作家萨拉鲁艾（Salarrué）手上，它拥有了一种漫画式的方言。厄瓜多尔作家豪尔赫·伊卡萨则给这种文学赋予了掷地有声的战斗精神。墨西哥作家阿古斯丁·亚涅斯创造了一种实验性的地域主义文学。《死屋》（*Casas muertas*）则让这种文学获得了一点说服力，米格尔·奥特洛·席尔瓦（Miguel Otero Silva）是最为晦涩的文学预言家之一，他在这本书中描绘了道德沦丧、每况愈下的委内瑞拉外省生活。

今天——可以说，从 20 世纪 50 年代开始——已经有一种新的、更深入人的内心的地域主义了。比如，何塞·马里亚·阿格达斯的《深沉的河流》(*Los ríos profundos*)，这本自传体小说源自乔伊斯《一个青年艺术家的画像》开创的传统。在书中，一种充满隐喻的、融入了克丘亚语节奏的语言创造出一个别样的世界。米格尔·安赫尔·阿斯图里亚斯把他要表达的那个世界升华成了神话和诗。奥古斯托·罗亚·巴斯托斯（Augusto Roa Bastos）在他那本忧伤而优美的《人子》(*Hijo de hombre*)中记述的巴拉圭历史，仿佛是他亲身经历过的。这些作品都是值得铭记的。而出现在一种古典悲剧的背景中的，则是胡安·鲁尔福的作品。

鲁尔福，这个孤僻的、目光总是在躲着人的男人，1918 年 5 月 16 日出生在一块崎岖不平的坚硬土地上：哈利斯科州，与墨西哥城之间的直线距离有约五百公里。在这个州的北部，能看到野山羊在巨石间攀爬。此地人口密度较高，而哈利斯科州首府瓜达拉哈拉以南的地区则是干燥、炎热、荒芜的。低地上的生活，向来是贫苦的。这是一个常年遭受旱灾和火灾折磨的低沉之地。持续不断的革命、庄稼歉收、土地侵蚀，使得这片土地上的人口逐渐减少，他们中很大一部分人迁往蒂华纳，希望能穿越边境去打短工。殖民征服之前居住在这块土地上的印第安人，很快就被斩尽杀绝了，因此这一地区的居民以沉默寡言的土生白人为主。他们的祖先来自卡斯蒂利亚和埃斯特雷马杜拉,这是西班牙最为干燥的两个地区,因此这些居民,正如鲁尔福所说,"他们一般要比中部地区的农民多出十倍的力,才能获得同样的产量"。这些人不易亲近,艰难维生,然而,正是他们为这个国家贡献了相当高比例的画家和作曲家,更不用说他们在流行音乐上的贡献了。哈利斯科州是兰切拉舞曲(ranchera)和马里亚契音乐(mariachi)的摇篮。

鲁尔福用他惯有的沉郁的声音说:"这个州很穷。可是人们干很多活儿。出产很多。我不知道他们从哪儿生产出那么多东西。产量太高了。这个州是全国产玉米最多的州。这个州不算很大。我想,它的面积在墨西哥也就排第八吧,可是它出产的玉米要给整个墨西哥共和国的人填肚子。它的牲口数要比国内其他任何一个州都多。可是您到首府之外的地方去看看呢,到处是穷困的景象。玉米对土地的破坏力是很大的。土地就这么给破坏掉了。很严重,有些地方都没有土地了。这是彻头彻尾的侵蚀。"

在我们住的酒店房间,他深陷在一张扶手椅里。酒店下方是熙熙攘攘的改革大道。他把他那双瘦骨嶙峋、布满青筋、抖动不已的手叠在一起,收在怀里。他的脸在黄昏的阴影里显得模糊不清。他说话时会紧张,会忽然眉头一皱加快语速。他跟我们解释说,这是"迟来的火花",这是他们当地的一个说法,那里的步枪在开火时常常失灵,只要不炸膛就好。他就像他家乡的土地那样,又干又瘦,长着黑眼圈,身上没有一点肉。他说话的声音几乎无法听清。

他的过去,迷失在重重雾障和传言里,有许多空白。

"我出生的地方,现在是一个小村,是萨尤拉区下辖的一个社区。萨尤拉曾经是一个很大的商贸中心,在革命之前和革命之后,都是如此。不过,我从来没有在萨尤拉生活过。我对萨尤拉并不了解。我说不出来那个地方是什么样子的……只是我的父母在那里给我做了出生登记。因为我出生在革命的年代,或者说,革命连着革命的年代,那是一系列的革命……我那时住在一个叫作圣加百列的村子里。在我看来,这才是我真正的故乡。我在那里度过童年。圣加百列也是一个商贸中心。在以往,圣加百列是一个很兴盛的镇子,科利纳国道就经过那里。"圣加百列就位于连接曼萨尼约与内陆的公路边上,在殖民地时代,东方的进口货物都是在曼萨尼约港卸下的。在圣加百列的全盛时期,财富丰盈,仓库的大小不是通过长度单位,而是通过有多少道门来衡量的。"从17世纪起,直到革命年代,圣加百列和萨波蒂特兰是这个地区最重要的两个镇子。"这一地区被殖民时,最初实行的是委托监护制,西班牙王室将土地赐给那些士兵-探险家,土地上的人口也一并赠与,以奖励他们的汗马功劳。这些西班牙委托监护人就把当地人口集中在为数不多的几个相对来说易于管辖的中心地带。就这样,形成了像圣加百列和萨波蒂特兰这样的人口聚居区,此外还有托里曼、托纳亚、恰恰瓦特兰、圣佩德罗,等等。但这一切都是很久以前的事了。最近的这五十年,是烈日炙烤的五十年。今天,"在这个地区,有大约五到六个村子,都建在炎热的土地上,在海拔八百米到九百米之间"。因为商路的变迁,再加上沙漠吹来的风,这些镇子就慢慢地成了废墟。变革更新的希望,是微乎其微的;这样的进程,是不可逆转的。有一些村子似乎还在一片灰蒙蒙之中显露出生命的迹象,走近一看,则是一片墓地。仅有的几个居民,几乎都是极为苍老的人,呆滞而沉郁。"这里的人很闭塞。也许是因为不信任,不光是对路过这里、来到这里的人不信任,他们相互之间也不信任。他们不想谈论他们的东西,不想透露他们在干啥。外人不知道他们靠什么营生。有的村子除了投机买卖就不干别的了。那儿的人闭口不谈。他们单独行事,几乎是秘密行动。"那里的风景是荒凉破败的——墨西哥百分之四十五的土地都是完全的荒漠。活人们生活在死者的包围中。

死者们缠着鲁尔福。也许是因为,当他离开自己扎根的这块史前时代的土地时,也把他们从土里带了出来,于是无论他走到哪里,他们都陪伴在其左右。离开此地的那些为数众多的人都是如此。鲁尔福回忆起这个他度过童年的、如今像月球上的火山口一般的村庄,是如何一步步地变为荒地的:"那里曾有一条河。旱季的时候,我们常跑到河里去洗澡。现在这条河里已经没有水了……"村子周围的山,像一块一气呵成的马蹄铁那样把整个村子包住,山上原有大片的树林,如今已经被砍光了。几乎所有人都迁徙出去了。留在村子里的人之所以不走,只是因为不忍抛下故去的亲人。"把他们拴在这块土地、这个村子上的,是祖先。他们不想抛下他们死去的亲人。"有时候,他们会带着他们一起上路。"他们把死去的亲人背在肩上。"有时候,即使抛下了他们,他们也以某种方式把他们带在身上。

鲁尔福知道,祖先的分量会随着距离的延长而增加。他的祖先与他相距遥远,他从来没有抛下他们。他一直在不断地开掘坟墓,寻找他失落的根源。"我的第一个祖先,"他说,"我想是在1790年从西班牙的北方来到墨西哥的。"在"历史好奇心"的驱使下,他在图书馆、保险箱、银行地下室和户口登记档案中苦苦挖掘,尽管往往是无功而返。墨西哥是遗失档案的天堂。他的这个地方,尤其如此,被埋没在一团混乱的行政管理当中。"这个地区最早不是属于哈利斯科的。哈利斯科曾经的名字是新加利西亚,1530年被努涅斯·德古斯曼(Núñez de Guzmán)征服。而我的家乡曾经的名字叫阿瓦洛斯省,因为它是阿隆索·德阿瓦洛斯(Alonso de Ávalos)征服的,他终结了科利纳和哈利斯科州南部的战事。阿瓦洛斯省原来是属于新西班牙,也就是说,直属墨西哥的,是殖民总督区的首都直接管辖的。虽然它挨着新加利西亚的首府瓜达拉哈拉,但它跟瓜达拉哈拉既没有政治上也没有宗教上的联系。在很长一段时间里,阿瓦洛斯省的档案是丢失了的,因为这地方大部分的人口都被热病和各种传染病灭绝了,有时候,是被征服者杀绝的。我母亲那边的一个祖先姓阿里亚斯……有件事很怪的。大部分的西班牙征服者,那些参与了墨西哥征服行动的西班牙人,都是探险家,是从牢里面放出来的人:有的僧侣其实不是僧侣,有的神父其实不是神父,这些人都是有案底的。有些人的姓原本是不存在的。比如,比斯开诺。我的姓里面有一个比斯开诺,来自我母亲。但是，这个姓在西班牙是不存在的。在西班牙只有一个比斯开省。这个名字①是在这里才给变成一个姓氏的。也就是说，所有给自己安上比斯开诺这个姓的人都是罪犯。这些人改名换姓是常有的事。他们没有继承父亲的姓氏，而是以家乡地名来做姓氏。家族谱系就这样给丢掉了……所以，墨西哥所谓的那些'名门望族'，都是假的，不过是因为积累了一定财富才成为名门望族的。"鲁尔福说，要追溯他的族谱的话，最早的祖先要么是个神父，要么是个罪犯。"那条线究竟该画到哪里，很难确定。在阿瓦洛斯，档案都已经找不到了。阿瓦洛斯的居民都被杀光了，首先是在革命中被杀掉的。档案都被烧毁了，档案的副本也仅仅存放在墨西哥或者说新西班牙，是很难获取的。现在，可以在一些美国的银行里找到这些资料中的相当一部分（因为科罗纳多的远征队②正是从我们那里出发前往加利福尼亚的），这些银行有兴趣收集这些档案，因为这里面有加利福尼亚、得克萨斯、新墨西哥和亚利桑那的历史。"鲁尔福在所有这些地方都做过调查。

关于他的家族，他能知道的是，他的祖父是个律师，他的外祖父是个庄园主。他的父母来自哈利斯科州北部一个叫洛斯阿尔托斯的地方。"这个地区的人口是严重过多的，土地侵蚀得

---

① "比斯开诺"（Vizcaíno）意指来自比斯开（Vizcaya）的人。
② 西班牙征服者巴斯克斯·德科罗纳多（Francisco Vázquez de Coronado）曾组织了一次从墨西哥北上前往今天的美国南方寻找黄金的行动，于1540年启程，1542年返回墨西哥。

很严重。这个地方的人，我想是从本世纪初开始就成批地迁往南边的。至于我的父母是怎样在南边落脚的，我就不知道了。洛斯阿尔托斯的人来自高地，人也长得很高。外人们都管他们叫'长背'，因为他们的背部都长得挺长。"鲁尔福也遗传了这种特征：细腰上穿一条短裤。他的眼珠也是浅色的，这在洛斯阿尔托斯也是常见的，此地的农村姑娘往往是金发蓝眼的。另一方面，他们很穷，姑娘们出门都没有鞋穿。"在这个地方，从来没有过谁拥有大地产。只有小地产主。没有大庄园、大牧场。农民们向来是穷得很的。他们要去哪个村子的话，总是走到人家村子口了，才把鞋子穿上……这些村子的习俗仍然是母权制的。在这些地方，女人说了算。显示母性权力的一个时机，正是在基督军革命期间，起来闹革命的就是女人。"

这段时期大约始于 1926 年，当时的总统是卡列斯（Plutarco Elías Calles），这位中央集权主义者试图实现墨西哥在宪法意义上的整齐划一。这段时期的动荡和贫困交加，深深地印在了鲁尔福最早的童年记忆里。

"基督军革命，是一场反对联邦政府的内战，战火遍及科利马州、哈利斯科州、米却肯州、纳亚里特州、萨卡特卡斯州和瓜纳华托州。起初是因为颁布了一条法令，有一个革命的条款，要求神父们不能在公共管理机构担任公职，规定教堂是国家财产，就像现在这样。每一个村、每一个数目的居民配备的神父数量都做了限定。于是，人们就起来造反了。他们开始闹事，引发冲突。他们都是非常反动的人，很狂热，思想很保守。战争打了三年,从 1926 年打到 1928 年,是在瓜纳华托州的高地地区开始的,就在那里爆发的。"到了 1928 年,战争已经蔓延到鲁尔福的家乡。在战争的头几个月,他失去了父亲。六年之后,他又失去了母亲。他在长到八岁时就被送到瓜达拉哈拉去读书了,丧母之后,他被法国圣约瑟会的修女们收养下来,这个修会在哈利斯科州几乎所有的重要城镇都建有学校。他在瓜达拉哈拉是有亲戚的,"鲁尔福家族是一个人丁众多的家族,女性成员尤其多"。但是似乎没有人愿意收留他。他的祖辈们都已经离世,只剩下他的外婆,一个虔心信教、几乎一字不识的老妇人,来自"阿里亚斯家族,他们在 16 世纪来到这里,可能是安达卢西亚人"。

在鲁尔福的记忆里,孤儿院像是某种少年管教所。他在那里面过了几年。他说起这段经历时,声音低沉,仿佛不值一提:"这是很常见的。现在那里的很多农村人还是那样,要是想给子女受点儿教育,又找不到人来管他们,就会把他们送去学校当寄宿生。"

比这更讽刺的,是他自己的一篇短篇小说里的一句话,他很可能是在此追忆在孤儿院里度过的孤独时光:"明知自己赖以生存的东西已经死掉了,还要成长,这的确很难。"①

这个可怜的乡下孩子被带离了自己的土地,在城市的浮华幻景中艰难地奋斗、成长。瓜达拉哈拉是一座徒有虚表的都市,

---

① 出自短篇小说集《燃烧的原野》中的《求他们别杀我!》。本篇引自《燃烧的原野》的译文,均出自译林出版社 2021 年版本。

浑身充满贵族式的傲慢自负,而事实上,正如鲁尔福所说,它只不过是一潭散发着怀旧气息的死水,靠着殖民地时期辉煌历史的残破余晖勉强维系着一点体面。读完小学后,就要学点儿比较实用的东西,鲁尔福开始学会计。会计就像兀鹫一样,在任何时候总能活下来,哪怕遇上最糟糕的光景。可是没过多久,他的这条路就断了。"我是跟我的一个姓比斯开诺的表弟一起上中学的,入学时正好赶上一场罢课运动。学校关停了差不多有三年。"他不得不转去墨西哥城,重拾他被中断的学业。当时是1933年,他刚满十五岁。

一个从外省来到首都的年轻人,一开始无依无靠,要面对许多困难。鲁尔福对这些只字不提。但这段时光还是在他的人生中留下了印记。他过着颠沛流离的生活,干的都是临时的、朝不保夕的工作。除了会计,鲁尔福也学了一点法律,"很不正式的那种"。每当有闲暇的时候,他就跑到大学里去听文学课。1935年,他在移民局谋得了一份差事,就这样在官僚系统里安身了十年。这可算不得是一份美差。欧洲的大战爆发时,墨西哥保持中立,但对于同盟国持同情态度,鲁尔福负责遣送滞留在墨西哥的来自纳粹德国的船员,他们有很多都是在石油运输船上工作,他们的船停靠在坦皮科和韦拉克鲁斯的时候,赶上大战爆发。这些船员差不多被当成战俘,给关进了内地的军用营地,这些营地往往设在瓜达拉哈拉周边。瓜达拉哈拉就成为了一个大型的外国人聚居地。这份工作,鲁尔福干得很糟心。1947年,他的这个岗位被撤,他转投古德里奇公司从事广告业务。他在公司的销售部一直干到1954年。1955年，他加入了帕帕洛阿潘河开发委员会，这个委员会建立的初衷，是组织一项惠及韦拉克鲁斯附近干旱土地的灌溉工程。这是米格尔·阿莱曼（Miguel Alemán）总统极为看重的一项工程。帕帕洛阿潘河每到雨季就会漫出河岸，淹没当地的村庄，委员会在河上建了一座水电站，还计划在此兴建公路。然而，这个项目破产之后，所有的计划都泡汤了。鲁尔福在1956年回到墨西哥城，靠着撰写或者改编商业电影剧本挣几个比索。在他看来，电影业是一片施展其才华的沃土。然而，这成了又一个破碎的迷梦。"结果很不理想。"他耸耸肩说。1959年，新的机会来了。他加入了瓜达拉哈拉电视台。新成立的电视台资助他开展收集旧年刊的工作，这些年刊都配有历史主题的插图，对于鲁尔福来说，这成了又一项搜寻往昔的遗失物证的有趣工作。"在瓜达拉哈拉，唯一的文化活动是一家银行开展的。哈利斯科工业银行每年都会出版一批关于瓜达拉哈拉历史的书，是拿来送客户的。当时我的想法是从殖民征服纪事中总结出哈利斯科的历史，这些书也行。就像通过电视节目送毒药那样，每年他们都会送一本书。"至于这个计划有没有搁浅，计划的发起人后来是不是退休了，鲁尔福没有说。

从1962年起至今，鲁尔福就职于原住民研究所。这一机构致力于帮扶那些生活在原始状态的印第安人群体，使他们融入墨西哥社会。这些印第安人群体无法分享进步的果实，被抛落在后面，越来越边缘化，受那些善于煽动民意的政客的摆弄。这份工作很累人，也很容易令人沮丧，鲁尔福得不断地东奔西走。他会深入到偏远地区的那些与世隔绝的印第安人聚居区，一连好多天，回来时形销骨立，眼窝深陷。每一趟差旅都要比上一趟耗费更多的精力。不出差的时候，在平常的工作日里，他就在办公桌前弓着身子辛勤工作。他的办公室一尘不染，位于研究所大楼的相当高的一层。大楼里每有一处有电话铃响起，他就会从位子上跳起来跑去抓听筒，仿佛每一次来电都是找他的。他一直绷紧神经等待着，四周都是玻璃墙。走廊另一边的落地窗外，有几个正在高空作业的瓦工。包围着鲁尔福的玻璃墙会随着瓦工们的一记又一记的锤击而一道震颤。要是没有人瞧见，他会像一道影子一样溜走，钻进电梯，一声不响，凝神静气地下到一楼，从面朝大街的那道门闪出去，消失在街角。要是他在出去时恰好撞见前来拜访的人，就不好推脱了，后者就成了贵宾。他会躬身为客人们开门，给他们搬椅子，表情是躲躲闪闪的，眼神是惊慌失措的。他害羞得接近病态。他穿着黑西装，稳稳当当地坐在办公桌前，搓着手，神情疲惫，既殷勤又茫然，像一个把自己关在告解室里聆听世间一切烦忧的乡村神父，在漫长的一天告终时，唯有孤独相伴。太阳落山时，只要还剩有一些精力，他就会急匆匆地离开办公室，像是赶任务似的沿着街道走回家里，晚上专事写作。尽管是中等身材，他走起路来悄无声息，仿佛走着走着就能消散在傍晚的霞光里。他如同做贼般地盗取时间，有时候还会抖抖簌簌的。他必须写下去，这是一种苦修，他心甘情愿地投入其中，尽管这项劳动常常令他沮丧。伏案一整晚，要么就写出了寥寥几行字，要么精疲力竭，一无所获。他发表的作品极少，他的名声仅仅建立在两本书的基础上。有传闻说，他亲手撕毁了上千页的手稿。他在1948年结婚成家，住在一间有很多孩子的房子里，但他给人的印象还是很孤独，他的孤独是一种无名的哀伤。他曾在某一个时刻感受到这个国家的心跳，但如今已经感受不到了。"在墨西哥，"他说，"我们停滞在某一个点上，死气沉沉。"

在一个六月的黄昏，经过一个星期的不懈努力（我们去他家找他，去研究所找他，他要么不在，要么正在忙，要么约好了然后又失约），我们终于在我们住的酒店的大堂跟他会上了面，他惶惶然地抵达，为自己的迟到解释了一通——他迟到了几个钟头，两眼不安地四处张望。我们一起上楼，气氛比较僵，到了房间里，他在一张扶手椅上深深地坐了进去，然后两眼盯着地面。他一定很想逃之夭夭。他有太多的事情要忙。除了研究所的差事，他还在忙一部抗议主题的实验电影。按他的描述，这部电影是配有维瓦尔第音乐的一系列戏剧画面，大概有一点布努埃尔的《无粮的土地》(*Las Hurdes*) 的味道。他开始了一个内心羞怯之人的独白，一个劲儿地说下去，那苍白的双手在空中舞动着。他说出来的种种想法是零散无序的，最后都终于沉默。谈话一次又一次地陷入冷场。然而，他又表现得异常兴奋。"我说话不讲究的。"他微微一笑道。

他这个人，也不知道是怎么进入了文学世界的。他开窍比较晚，忽然一觉醒来，就爱上文学了。也许这都是圣加百列的那位堂区神父的错。那是基督军战争期间。鲁尔福跟随他的外祖母在一个家庭农场过了一段日子。他的外祖母，就是那位虔心信教、几乎不识字的老妇人，她连她的"日课经"①都几乎读不了，鲁尔福怀疑她都是凭记忆在朗读，也记得她有一回想去罗马朝圣，去见教皇。就是这样一个老太太，在家里有一间小小的图书室，里面的书都是属于堂区教堂的。政府军把她的家变成兵营后，那些书就给暂存在那里。鲁尔福一家能得到政府军的保护，是因为鲁尔福的母亲是一个正在和基督军作战的上校的姻亲。那个小小的图书室就成了鲁尔福的私人领地。"那里面的书，我全看了。"他说。那些书大部分并非经书，更多是探险小说，他沉浸其中，想象着他也能写这些书。

要到很多年以后，大概在1940年，他才第一次拿起笔写作，灵感来源于大城市。他开始创作一部气象恢宏的、关于墨西哥城生活的小说，但不久之后他就放弃了，把手稿撕毁了。"这本小说，"他说，"有一点循规蹈矩，有一点过于敏感，但是，它更多是想表达某种孤独。也许正因为这样，它有些过于敏感的东西。它不能让人满意。但是，我之所以会写作，正是因为这个：似乎我是想通过这一途径摆脱长久困扰我的孤独。我不是在墨西哥城才感到孤独的，很多年前，从我进孤儿院的时候起，我就一直很孤独。"

那是一次徒劳的尝试，鲁尔福说，一叠厚厚的手稿，"文

---

① 原文为 breviario，指天主教做礼拜时为训诫而选读的部分《圣经》内容。

字是有一点做作的，当时我对此非常清楚。那不是我自己，我不想那样说故事。于是，我开始练习如何写得更简单，人物更精简，我要摆脱那种做作的、繁复的，甚至可以说是臃肿的写作语言。当然，我就这样倒向了另一端，彻头彻尾的简简单单。但我写的人物，参照的是哈利斯科的农民，他们说的是一种16世纪的西班牙语，用词很少，几乎是什么也不说……"练习的结果，是他的第一个短篇小说：《生命本身并非那么严肃》(La vida no es muy seria en sus cosas)，1942年刊登在瓜达拉哈拉的一本名为《面包》的杂志上。鲁尔福在这篇作品的创作中再度注入了大量精力，没有放松对自己的要求。他找到了一种属于自己的独特音调，能实实在在地把握住个人体验的张力。1945年，他发表了他的著名短篇《我们分到了地》。之后又陆续发表了一系列短篇小说，虽然数量不多，但篇篇是精品，1953年结集出版，以其中一篇的篇名作为小说集的标题：《燃烧的原野》。1953年至1954年，在洛克菲勒基金会的资助下，他写出了《佩德罗·巴拉莫》，小说在1955年出版，当时他正投身于帕帕洛阿潘河的工程。

鲁尔福短暂而辉煌的创作生涯，是我们文学的一个奇迹。从本质上说，他不是一个革新者，恰恰相反，他是传统主义者中最为精深者。他的力量，正源于传统。他只写他知道的和他感受到的，他的激情是一种朴素的激情，来自大地上的人与那些最基本的东西——爱、死亡、希望、饥饿、暴力——的最直接、最深刻的交会。在鲁尔福那里，地域主义文学解除了它惯有的宣言式的战斗姿态,抛弃了民俗色彩。鲁尔福并不是用文明偏见的滤镜来映射现实,而是把现实赤裸裸地展示出来。一片片的荒原、乡村里的骚动、灾害与暴力、家族间的怨恨与仇杀、节庆与决斗、永远徘徊在灾难边缘的艰苦生活、死亡,这一切都具有残酷而原始的诗意,他似乎是与之暗通款曲的。他的语言和他的世界一样,简朴而粗粝。他不是一个说教者,而是一个见证者,见证了这些荒漠地带的贫困景象。在这些地方,在永远的正午烈日下,土地如火焰般熊熊燃烧,过去绿草如茵的地方,经历了旱灾,遭受了遗弃,如今都成了石头坟墓。鲁尔福是一个斯多葛派,他不会诅咒生活,他接受命运的安排。因此,他的作品闪耀着一种碑文式的庄严之光。

"这么多的地,却是啥用也没有",《燃烧的原野》里的一个人物这样说道,他的目光迷失在炽热而荒芜的、延伸至天边的茫茫原野里。这些印象派的画面,与其说是短篇小说,不如说是一团团炙烤着灵魂的火焰。并不是所有人都在时间中或空间中有联系的,但他们的生活是一样的,就是这片土地上的人过着的生活,辽阔而冷漠。这块土地,大体上说,是哈利斯科州的东南部,从查帕拉湖开始,向西包括萨科阿尔科,直到阿尤特拉和塔尔葩,向南包括萨尤拉和马萨米特拉,直到哈利斯科州与科利马州和米却肯州接壤的地方。在革命期间,这一地区惨遭多个武装团伙的蹂躏。接下来,等到之前被迫离开的居民们回来了,又爆发了基督军之乱。鲁尔福说,在这场骚乱中,"出现了某种程度上的人口重组。军队把人们集中在牧场和村子里。革命之火烧得更旺的时候,这些村子的人就被赶到更大的聚居地去。正是因为这样折腾,人们开始逃离此地,去往别的地方谋生。过了些年,就再也不会回来了"。农业改革则是雪上加霜,一团混乱。"土地不是分配给农民,而是分配给了那些做手艺的人,分给了木匠、泥瓦匠、鞋匠和剃头匠。只有这些人才会组成行会。要成立一个行会,需要有二十五个人。这二十五个人抱成团一起去申领土地。农民不会去要土地。何以见得?直到今天农民们也没有土地。他们本来就是靠着农场主、靠着老爷生活的。过去实行的是租种人制度,也就是说,地是这样种的,老爷把地交给农户,农户把收成的一半交给老爷。"无政府的状态助长了投机的风气。到现在,一切还跟过去一样,哈利斯科的小农们"已经没了生计。他们穷得响叮当,要么去沿海地区讨生活,要么去美国打短工。他们会在雨季时回来,种一小块地。他们的子女呢,能走就走了……这个地方快要消亡了"。自然灾害还在继续摧残这块土地,鲁尔福说。蒂华纳的人口,有百分之四十到五十就是从这个地方来的。都是人口众多的家庭,一对夫妻至少养育十个孩子。此地唯一的工业是龙舌兰加工,这种植物可以用来酿龙舌兰酒(tequila)。所以,瓜达拉哈拉西北方向有一座小城名叫特基拉(Tequila),这不是没有原因的。龙舌兰也是龙舌兰发酵酒(pulque)的源泉,只有在行将消亡的贫瘠土地上,才出产这种植物。

鲁尔福是在为这块土地撰写墓志铭。《燃烧的原野》是为一个处在弥留之际的地方发出的一串沉重的悼词。宿命的乌云,像一块裹尸布一样盖住了它。时间变得像石头一样，没有幻想，只有苦楚，低头认命是普遍的规则。在沉寂的外表之下，隐藏着斯巴达式的怒火，它会时不时地爆发，变为粗野的暴力：或是野蛮的劫掠，或是血腥的仇杀。在这个地方，男人们总是在被追杀，女人们总是被遗弃，"死人比活人更沉重"[1]。"我们总不能做没办法做的事"[2]，人们这么说。死亡近在咫尺，他们低下头来，等待着最终的解脱，可以告别这个把他们洗劫一空的生活。这就是他们唯一的坚定信仰，他们最后的渴望，"总有一天，黑夜会来临"[3]，他们将在黑洞洞的坟墓里安息。

悲伤与苦难，从童年时代就开始了，正如在《都是因为我们穷》里，大水卷走了本要给一个女孩做微薄嫁妆的母牛和小牛犊，女孩结婚嫁人的希望由此破灭了，不得不走向堕落——她的姐姐们已经决绝地走上了出卖皮肉之路，要从贫苦生活中竭力地榨出一点点欢乐来。那个叫马卡里奥的小男孩更惨，在那个以他的名字为题的故事里，一个孤儿在收养家庭里过着恶劣的生活，他唯一的安慰来自一个好心的厨娘，她会爱抚他，给他吸自己的有木槿花味道的奶，成了他的奶妈。马卡里奥生活在他养母的阴影之下，她会威胁他，吓唬他，要是他表现不好，他一定会下地狱。她是个神经衰弱的女人，夜里只要听到声响，就会失眠。为了让她好受些，马卡里奥就在阴沟边上打青

---

[1] 出自短篇小说集《燃烧的原野》中的《那个人》。
[2] 出自短篇小说集《燃烧的原野》中的《我们分到了地》。
[3] 出自短篇小说集《燃烧的原野》中的《塔尔葩》。

蛙——青蛙的叫声让他养母睡不着——也在家里杀蟑螂。心底深处的愁烦啮咬着他——怨恨、对缺失的母亲的怀念。他会癫痫发作，拿脑袋一击一击地撞地，想象着自己听到节庆时大街上回荡的鼓声。他抬脚踩死蟑螂，把它们大卸八块，弄得家里到处都是，享受着一种施虐狂式的快感。他唯独会饶过蛐蛐，因为人们相信，蛐蛐唱起歌来，能盖住炼狱里亡灵们发出的哀号声。

在《你还记得吧》这篇故事里，能看到把人推入深渊的那些隐秘力量是如何串连在一起的。这篇故事是一个村民的速写式画像，一个喜欢充好汉的人忽然就堕落了，谁也不知道为什么，他成了有罪之人，成了远离家乡的逃犯。他想改过自新，当了一段时间的警察，甚至还想去找神父。但是，一股盲目的力量驱使他投向了暴力，最终，他被人吊到了一棵树上。命运充满讽刺意味，在最后一刻还给予他自由选择的权利——那棵树是他自己挑的。

鲁尔福说，革命释放出来的那些激情，慢慢地就在这些村子里变成了人们习以为常的东西。虽然在最近这段时期，犯罪活动渐渐地移往沿海地区，但在哈利斯科的一些村镇，犯罪活动仍然很猖獗，已经成了一种行当，甚至可以说成了一种生活的体系。在《科马德雷斯坡》里，我们能看到犯罪活动的危害。这个故事是一个看似冷血的叙事者不动声色地讲出来的，我们能从中感受到一种饱经苦难的冷漠，对于这些人来说，死亡永远近在咫尺，人生不值一钱。以托里柯兄弟俩为首的一个四处游走、拦路抢劫的盗匪团伙，让科马德雷斯坡的居民们恐惧不已。此地有一些可以耕作的小小的地块。这是又一个受到命运的残酷折磨的地方。这里的人们,就像鲁尔福小说中所有的人物那样,怀有转瞬即逝的幻想。受着这些幻想的诱惑,他们一家一家地搬离了此地。人口的流失,托里柯兄弟要负一部分的责任。叙事者跟他们很熟。他跟他们一起抢过装满糖的袋子,差点在冒险行动中丢了老命。后来,雷米希奥·托里柯拿着一把砍刀站在他面前,一口咬定是他杀了他的兄弟奥迪隆的,而事实上奥迪隆是在一个村子里跟人起纠纷时被打死的。叙事者把缝补袋子的针插在了雷米希奥的肋间,后者一命呜呼。他讲起这些时,跟没事儿一样,那种平淡的语气令人血液凝固。故事是在那块环抱着萨波特兰的人烟稀少的土地上展开的。鲁尔福说,在这些地方,上演着最凄惨的故事,而没有人会为此大惊小怪。"在托里曼,之前有一阵,地下埋着的死人都给拖了出来。谁也不知道原因,不知道怎么回事。这种事情隔三岔五地就来这么一次,是循环往复的……"他又想起另一个例子:"这些村子里面,有一个叫作埃尔羌特列的,很多逃犯都跑去那里藏身。那里没有政府。政府的人也不想管到那里。那个村子就是一个收容亡命之徒的地方。您也能在别的地方遇到这种人。一般来说,他们是这个世界上最和气的人。他们身上不带家伙,因为都已经给缴了械。您要是跟他们聊两句,会觉得他们拍死一只苍蝇都不会。这些人很平静,就是农民当中的一种,有点儿精明,有点儿狡黠,但没有恶意。可是,这样的人可能背了一身的罪。你就不知道是在和什么人打交道,他有可能是某个大老爷的枪手,也可能只是普普通通的一介农夫而已。"

很多时候，为政府维持秩序的人不会比他们追捕的罪犯表现得更文明。在《那个夜晚，他掉队了》里，出现的是一个被追捕者们暗中窥伺的土匪，他们已经把他全家人都结果了。他在夜间偷偷摸摸地回到家门口时，透过篝火堆上升起的烟雾，看清了在马场中央一棵树上吊着的他的两个叔叔的尸体。士兵们就围在这两具尸体的四周，等着他落网。他低下头来，潜入草丛中溜走了，他能听到身后传来的话语，是野蛮人的逻辑："从今天到明天，他还不来的话，我们就把经过这里的第一个人干掉，那就算完成任务啦。"

另一个被人在身后追击的，是《那个人》中的主人公，他在急促的逃亡中翻过一条又一条地平线，罪责一直压在他的心头，未减一分。他杀了整整一家人。视角一直在不停地流动，就这样一点一点地揭开了故事的谜团，同时也预示了将会在《佩德罗·巴拉莫》中臻于完美的叙事技法。故事的第一部分在客观的层面上展开，有两个时间：一个对应的是被追击者的感受，另一个是追击者的感受。故事在行进中会切换到第一人称叙事者，也就是逃亡者的视角，之后又转到一个偶然出现的证人的视角——一个牧羊人向当地警方提供证词。所有的人物形象都是飘忽不定的，微微一闪光，然后就迅速消失在茫茫原野上。

在这块罪人的土地上，没有人为自己的过错负责，但与此同时，所有人都是有罪的。因为即使丧失了人性，人们还是要继续为人性付出代价。有时候，人甚至不知道自己犯了事，但还是会在心头压上沉重的罪责，正如在《清晨》这个故事里，一个在牧场干活儿的短工被指控在一场争斗中杀死了他的老爷,他在监狱里醒来,虽然什么也记不起来了,他几乎是欣慰地说:"他们把我关在牢里,肯定是有什么原因的。"有时候,人是清清楚楚、明明白白地知道自己犯了什么错的,正如在《塔尔葩》里,一对偷情男女——一个男的和他的嫂子——带着那个一面被欺骗、一面受着疫病折磨的丈夫行进在漫漫长路上,要去拜一拜塔尔葩圣母,"趁着她的神力还没消失"。这趟长旅有双重的目的,也有双重的意义。罹患重病的男人对于他的亲人们来说,是一个负担;他们知道,他会在旅途中累死,这样他们就能更快地摆脱掉他了。可是,他们在旅途中也受着折磨。这个浑身散发着臭气的男人或许猜到了什么——而另两个人只是隐隐约约地感觉到了——于是把自己变成了一个殉道者,一个拿鞭子往自己背上抽的赎罪者,这让另两个人备感痛苦。在一股盲目的热情的驱使下,他蒙上自己的双眼,戴上荆冠,跪下来拖着自己的身子前行,双脚皮开肉绽。他的苦痛就是他们的苦痛,他的失败也是他们的失败。一种共同的绝望,得到了戏剧性的呈现。他死去时,留在人间的那两个人无法卸下心头的罪孽。两人之间的爱,是靠着这个病人维系的。病人死了,他们的爱也完结了。

在《求他们别杀我!》里,负罪感再次成为故事的核心主题。这是一个关于复仇的故事。主人公的一桩在多年前犯下的罪行,没有被流逝的岁月撤销,终于又找上门来。当年被他杀掉的那个人的儿子把他绑在一个木架子上,带着一点富有矛盾意味的同情，先给他灌几口烧酒以便减缓疼痛，然后让人结果了他，并且自始至终不看他一眼。事实上，最厉害的惩罚，可能是他主动原谅他，因为这个仇人在之前一直不得心安，已经被吓死了千百回了。这是一种讽刺，总是如此。把他打成筛子的那些子弹，解决了事实上已经还清的债务。这只是给一具死尸来上最后一击。

苦痛会让人的内心也变坏。外在的贫困同时也意味着道德的贫乏。贫穷会把它的毒汁散布在个人生活最为私密的角落，让爱也受感染，让信任与友情严重受损。这就是《你听不到狗叫》的主题。在这个故事里，我们自始至终跟随着一个父亲的脚步。他背着他受伤的儿子去一个村子找医生看，一路上说个不停，数落儿子的不是。在鲁尔福的作品里，几乎总是有父亲和儿子之间的怨恨，他们会互相指责，哪怕是打算向对方伸出援手，也会发生撕裂。一代人可以传给下一代人的，仅仅是一种持续多年的无力感。年轻人一无所有，被抛到这个世上来，毫无防备，不得不想方设法把日子过下去。生命力顽强、精神头儿好的人可以过得滋润一些，其他人则一天天地衰下去，或是去干违法犯罪的勾当。"孩子们会抛下你走掉的，不会感谢你一句；他们会把你所有的东西连同你的回忆都吃个精光"，一个故事里这么说①。夫妇之间的关系不会比父子之间的关系更幸福。《北渡口》讲的是一个年轻人暂离他的家人，试图非法穿越

---

① 指短篇小说集《燃烧的原野》中的《北渡口》。

美墨边境的故事。那一边迎接他的是子弹，当他计划失败、返回家乡时，发现他的妻子已经跑了。他撇下他的儿女，消失在寻妻的路上，注定会成为一个在此地漂泊的苦痛灵魂。

也总有那么一些人，能想方设法地从他人的不幸中获利，即使是在影响到所有人的灾难中。《燃烧的原野》里的那些流窜的匪帮就是如此，他们洗劫庄园，焚烧农田，在大平原上策马飞驰。政府军在他们后面紧追不舍，但要么追不上，要么就在几乎要把他们吃定时让他们跑了。他们是萨莫拉的人，一伙寄生虫式的匪帮，"虽然现在我们还没有一面为之战斗的旗帜，我们应当抓紧时间积累钱财"，他们靠着杀人和积累战利品来训练自己。他们的头头跟俘虏们玩"斗牛"，先解除他们的武装，然后操着他的短剑向他们发起进攻。他们破坏铁路，让火车脱轨，劫掠妇女。叙事者运气不好，在牢里蹲了一段时间，出狱时，多少算是改过自新了。故事的结尾带着一点柔情的意味，那个在他出狱时张开双臂迎接他的女人或许会拯救他。但是，他很可能不久之后就会重回老路的，也有可能找到另一种虚虚实实的谋生方式，就像安纳克莱托·莫罗内斯那样。《安纳克莱托·莫罗内斯》这个故事最能体现鲁尔福辛辣的讽刺艺术。安纳克莱托靠着兜售圣徒像发了财，把做买卖的艺术和宗教的话术结合在一起。他的名声给他创造了丰厚的收益。在他的一众死心塌地的追随者中，有一帮虚伪的老巫婆，她们排成一队，一再地为他的魅力所倾倒。他一死，就从一个卑微的货郎变成了"圣子安纳克莱托"。老太婆们想让他被正式封为圣徒，就跑来找他的女婿卢卡斯·卢卡特罗，想让他证实她们认为安纳克莱托·莫罗内斯行过的圣迹。但是，卢卡斯·卢卡特罗非常清楚地知道，安纳克莱托就是个骗子。他创造过的最大的奇迹，就是让他自己的女儿，也就是卢卡斯的妻子怀了孕。卢卡斯结果了他的性命，把他的奇迹连同他的一切都埋到了地表之下。

或许，到头来卢卡斯·卢卡特罗和安纳克莱托还是要比《我们分到了地》里的那几个老实巴交的农民运气更好。这个炽热的、带着丧葬气息的故事一直是鲁尔福最为动人的短篇小说之一。故事暗暗地带有一种同情，因而发出了双重的声音。故事讲的是，根据政府的一项分配方案，一群人领到了土地，这些土地都在一个寸草不生的区域。河边的肥沃田地，原是大地主专有的，他们还是根本沾不上边。在这片"什么也长不出来，连秃鹫都不会停留"的荒漠上，他们口干舌燥地走了十一个钟头，最后只剩下四个人。

然而，生活还是要继续的。"要让一个人起死回生，可要比创造一个新生命更困难呢"，鲁尔福在某个地方说过[①]，这是一种普遍的态度。这脆弱的希望支撑着卑微的生命。鲁尔福的一个长处，在于捕捉那些具有原初力量的东西。他的精湛之笔能深入那些微小的细节里。作为讲故事的人，他也是有弱点的。过度的诗化，让一些故事场面凝滞了。他笔下的人物有时候过于脆弱，一碰就碎，不是一个完整的人。他们的声音，他们的

[①] 出自短篇小说集《燃烧的原野》中的《北渡口》。

神情，闪现一下就灰飞烟灭了。他们缺乏内在的力量，最终在读者心中引发的也只有同情而已。这种悲怆是危险的。但也有出口，通向另一个维度：讽喻和悲剧的舞台。在鲁尔福那里，活着就是一边流血一边死去。大平原就是人的境况。每一个神情中都有死亡的身影。在荒漠里走了整整一天所致的疲乏，鲁尔福可以用一句简简单单的话来概括："我心想，我们先前走过的路加起来，也没有这回走的路长。"一个女人提起她见不到的丈夫，整整一生的烦忧和渴望，难以言表，最终是以平静的语气说出来："这会儿他还没回来。"一个母亲失去了她所有的孩子，只是一句简简单单的评论："据说她是有自己的钱的，却全花在丧葬上了。"[1] 鲁尔福写的是悲剧，因为这些文字通向某种更为宏大的东西。父子之间、兄弟之间的冲突，负罪感和孤苦伶仃的感觉，是古希腊悲剧和《圣经·旧约》的再现。他的写作风格，在得到最完满的展现的时候，是和他的那些风景一样简朴的。他笔下各色人物的声音，渐渐地汇聚成一个合唱，唱出的是预言。

《卢维纳》是《燃烧的原野》里最具代表性的故事之一。卢维纳是一个山村，那座山全是石灰岩。村子遭受着一个黑暗的诅咒，那个地方常年吹拂着一种似乎是携带着火山灰的风。"在那个死气沉沉的地方，连狗都死光了。"就像曾经是沃土的科马德雷斯坡那样，卢维纳是一个注定要被遗忘的幽灵之村。"要我

---

[1] 出自短篇小说集《燃烧的原野》中的《你还记得吧》。

说，就是一个让忧伤筑了巢的地方。在那里，人们不晓得欢笑，好像所有人的脸上都盖着一面板子。"讲述者是一个此前在卢维纳生活的居民，他对一个正往那里去的旅人这么说。他是知道的，因为"我在那里住过。我把人生留在了那里"。如今，在卢维纳住着的只有"老头老太和那些还没生出来的……以及单身女人"。那些没走的，按照惯例，都是因为被亡灵们拦在了这个地方。"他们就住在这里，我们不能把他们孤零零地撇下啊。"他们说。他们尽力忍受着这一切，心里想着："它该刮多久，就让它刮多久吧。"

在《佩德罗·巴拉莫》里，在科马拉，也是这样，活人——如果说还有活人的话——和死人是难以区分清楚的。科马拉是世界的尽头，几乎是山野中的一块洼地。但是对于它的居民们来说，科马拉是一口滚热的锅，"好像搁在炭火上一样，仿佛就是地狱的门口"[①]。在那里，人的血肉之躯要么化为顽石，要么蒸发殆尽。只剩下鬼影幢幢，它们是逝者们不安的魂灵，一遇见阳光就会消失不见。

《佩德罗·巴拉莫》讲的是一个地方豪强的故事，这个人物是这类文学的经典形象。虽然已经死了，埋在地里了，仍然能感受到他的存在。他的儿子胡安·普雷西亚多想在回忆中拼凑起他的人生。他向人打听他，要在他的遗物、村里人的各种声音、窃窃私语和各种传闻中找到他。胡安是跟着他母亲一起

[①] 本篇中《佩德罗·巴拉莫》的译文，均引自该书译林出版社2021年版本。

生活的，在遥远的别处长大。多年以后，为了兑现他在母亲撒手人寰之前答应她的诺言，他抱着渺茫的希望回到了科马拉，他也是在寻找他自己的身世。我们在这里可以看到"钦伽达之子"①这个墨西哥神话的一种表现。他自小就没有父亲，父亲对他来说是一个陌生的人。钦伽达之子是那个被征服者强暴过的墨西哥大地母亲生出来的后代。

胡安·普雷西亚多发现的是一个已经成为废墟的村庄，一个仅剩下人声和回声的村庄（事实上，在哈利斯科州最南边靠近科利马州的地方，的确有一个叫科马拉的村子）。一条小路在山坡上延伸，走到头就是科马拉村。胡安·普雷西亚多在路上遇见了一个赶驴人——阿文迪奥，他是佩德罗·巴拉莫的一个私生子，因此也算胡安·普雷西亚多同父异母的兄弟——他从后者口中得知，佩德罗·巴拉莫已经死了。没过多久他就明白了，此地所有的居民都已经死了，包括他自己。此时是八月，盛夏季节，热得令人窒息。胡安·普雷西亚多在昏睡中四处游荡，如同一个幽灵。他遇见的所有人都要么是幻影，要么是鬼魂。这些村庄，鲁尔福说，是真正的用来供奉亡灵的墓穴。基督教对死者的尊重与祖先们对亡灵的异教崇拜混合在了一起。根据人们的说法，一年当中有一些日子，比如十月份的头几天，

---

① "钦伽达"即 la chingada，字面意思为被强奸的女人。很多人认为，作为混血民族的墨西哥人诞生于西班牙征服者埃尔南·科尔特斯与墨西哥原住民女人马琳切的结合，前者强占了后者，但并不给后者正妻的身份，因此墨西哥人是带着私生子的耻辱诞生的。可参见奥克塔维奥·帕斯的名著《孤独的迷宫》。

亡灵们会归来，在生者面前显现。"有一种说法，带着未赎之罪死去的人会继续在大地上游荡，他们是亡者之灵。"他们无法平静，无法安息。很快，胡安·普雷西亚多就感到"头脑中充满着喧闹和各种嘈杂声"。事实上，我们会渐渐发现，他在讲述他的故事的时候，已经在另一个世界里了。小说进行到一半时，才显示出他已经死了——或者更确切地说，那时他才忽然意识到自己已经死了。有一天，有目击者看到他躺在街头，"像那些被吓死的人那样全身抽搐"。他确实就是这么死的。"是那些低声细语杀害了我。"在他的墓穴里，在地心深处，听着躁动不安的亡灵们发出的声音，胡安·普雷西亚多继续把佩德罗·巴拉莫的故事拼凑完整。

时间回到了20世纪初，在革命爆发前夕。故事场景的轮廓，大体上可以说是哈利斯科的，但鲁尔福说，他的想法是展现墨西哥的全貌，而并非单独一个省区。他更看重的是一种精神氛围的营造，而非地理上的精确性。"我对墨西哥共和国是非常了解的，我知道在格雷罗州，还有其他地方，存在着相当强势的酋长制。我之所以把《佩德罗·巴拉莫》放在哈利斯科，只是因为我对哈利斯科了解得更多一些。我有一个不好的习惯，喜欢把一些想象出来的人物放在某个具体的地方。我喜欢给人物设置地理属性。那个地方的氛围就是这样的。"

佩德罗·巴拉莫是谁？

他可不是墨西哥北方的那种以遥控指挥的方式控制着地产的大地主。革命就是在那里爆发的。这种大地主一般居住在首都，土地交给专人打理，甚至可以从来不看一眼自己的土地，子女都送到欧洲去接受教育。而佩德罗·巴拉莫则"代表了哈利斯科一般的庄园主，他们就住在自己的土地上，也会干农活。他们会拿着犁下地播种"。尽管如此，在他称王称霸的那个地方，他依然可以巧取豪夺，偷盗成性。

他的形象渐渐地从群体记忆的阴暗角落中浮现出来，越发清晰。佩德罗·巴拉莫起初从他父亲堂卢卡斯那里继承了一块重要的地产，叫作半月庄。堂卢卡斯被一个雇工杀死了，他对全村人的恨就转移到了他儿子身上，很快的，全村人就开始怕他儿子了。此前，佩德罗·巴拉莫不过是一个游手好闲的小青年，喜欢在乡间四处拈花惹草。在仇恨和野心的驱使下，他握紧了手中的缰绳。一个充满暴力的复仇时代开始了。为了巩固自己的权力，佩德罗·巴拉莫对他的邻居们要么收买，要么下驱逐令，伪造文书，挪动地界，必要时就动用武力。面对堂卢卡斯欠下的一堆债务，他把自己撇干净。一个受雇于他专门处理各种纠纷的律师在台面下帮他把事情办了。他也总能有招儿。他最主要的债务人中，有姓普雷西亚多的一对姐妹。佩德罗·巴拉莫决定把她们当中的一个娶进家门，那就是多洛雷斯，她能为他消得人憔悴。他一旦做了决定，谁还能拦得住他？富尔戈尔·塞达诺是他的心腹，能帮他打理事务，擅长谈判。他说服多洛雷斯答应下这桩婚事，速办速决，尽管在她那里，根据当地的那个江湖郎中的说法，"月亮在暴怒"——她来月经了。佩德罗·巴拉莫可不是个心慈手软的人，非要霸王硬上弓。

多洛雷斯的儿子胡安·普雷西亚多从一个叫爱杜薇海斯·地亚达的女鬼口中知道了这一切。她是他母亲儿时的闺蜜。在坟墓里的一片静谧之中,她回忆起那个新婚之夜,原来她也爱着佩德罗·巴拉莫,她在婚床上做了多洛雷斯的替身,在关键时刻帮她渡过这一关。然而,多洛雷斯后来还是受了佩德罗·巴拉莫的凌辱,被他抛弃,不久之后就逃离了这个地方,再也没有回来。

与此同时,半月庄兴旺发达起来。然后有了突发事件。有一天,传来了革命的先声。传闻说潘乔·比利亚的部队在那里活动。后来又来了"基督军"。不过,这一回佩德罗·巴拉莫使了些手段,成了赢家。他"参加"了革命,以保全实力。他招待反政府军的士兵们住宿,允诺给他们提供钱财和物资,然后派他的一个亲信达马西奥带上一些人马加入他们的队伍,同时监视他们的举动。他的计划没有耗费他一分钱。他甚至不需要给他的人马提供给养。他们劫掠邻近的庄园,不仅能靠着战利品养活自己,并且也间接地为半月庄的主人创造有利条件。

但是,好景不长,戏幕总有落下的时候。佩德罗·巴拉莫遭受的第一个打击,是他的爱子米盖尔之死。这是个坏种,十七岁的时候就杀过人,村里一半的女孩都被他玷污过。只是靠了他父亲的关系,他才免于牢狱之灾。最终,有一天早上,他结束了一整夜的游荡回家时,被他的坐骑掀翻在地。就这样,他的寻欢作乐的生活到头了……米盖尔之死,从某种程度上说,是命运向佩德罗·巴拉莫发起的一次致命袭击。他很快清楚地意识到，等待他的会是什么。"我正在付出代价。还是早点开始好，这样可以早点了结。"他这样说，他承认自己倒霉了。看到米盖尔等待入殓的样子，他预感到自己也大限将至了。"看起来他比原来的个儿还大一些。"他伤感地说，极为沮丧。

最终，让佩德罗·巴拉莫坠入深渊的，正是让鲁尔福创作的其他小说人物同样坠入深渊的那个东西：幻想。佩德罗·巴拉莫的幻想，是他与美丽的苏萨娜·圣胡安之间的不可能的爱。"她可不是个凡间的女人啊。"苏萨娜是他童年时的玩伴，他曾经光着膀子和她一起在乡间的溪流里洗澡，在"刮风的季节"里一起放风筝。他永远忘不了她，这个轻盈飘渺的形象在他的记忆里成了逝去的纯真留下的印记，成为一种对不可能的幸福的渴望。苏萨娜实际上是一个怪异的姑娘，脆弱、敏感，总是徘徊在发疯的边缘，有点像奥菲莉娅①。她会有幻觉，有梦魇。她在很小的时候就没有了母亲，之后，又被她的父亲巴托洛梅·圣胡安害惨了。巴托洛梅·圣胡安是个矿主，执着地要找到一个埋在地底深处的宝藏，跟他女儿保持着一种不清不楚的关系。有一回，他让她绑着一根绳子，下到家里木地板上开出来的一个洞口的深处，让她捡东西，他以为她会捡到金币，结果那是一堆发臭的骸骨。幼小的苏萨娜回到地面上时，已经给吓得半死。更糟的是，她长成少女时爱上了弗洛伦西奥，在热烈的拥抱中畅想她的一生。佩德罗·巴拉莫派人把弗洛伦西奥

---

① 莎士比亚剧作《哈姆雷特》中的人物。

干掉了……苏萨娜开始"守寡",跟她的单身父亲一起生活,后者把她带到一个靠近矿井的村子,想让她忘掉伤心往事……鲁尔福说,这个老头在女儿身边创造出一种乱伦的氛围,这是他破除魔咒的方式,他要她回到现实中来。于是,童年的阴影就要卷土重来了。但是,一切都飘忽不定,模棱两可。只有暗示、提示的"线索"、迹象、未言明之意。老头已经完全破了产,同意让佩德罗·巴拉莫来安置他,后者要求他把女儿许配给自己,他俩已经三十年没有见过面了。佩德罗败局已定。苏萨娜成了他的妻子,但仅仅是纸面上的妻子。她的脑袋烧得越来越厉害,幻觉越来越严重了。夜里,她在床上翻来覆去地呼唤弗洛伦西奥的名字。当地的那个浑身散发着死亡气息的神父,更让她痛苦不堪。她死去后,佩德罗·巴拉莫像疯了一般要求科马拉教堂连续鸣钟三天。但没有什么办法能让苏萨娜回来了。更糟的是,欢快的钟声在村子里营造出一种节庆的气氛,苏萨娜的丧事伴随着人们开开心心的盛会。佩德罗·巴拉莫决定要报复他们:"我只要采取袖手旁观的态度,科马拉就得饿死。"接下来果真如此。佩德罗·巴拉莫一把火烧掉了他的财产,把他的土地甩下不管,在余生中就坐在路边上,凝视着苏萨娜下葬时经过的那个山坡。他内心的剧烈波动反映在外在的世界。河流干涸了,村民们一去不复返了。科马拉的兴衰,仿佛全是由单单一个人的意志所决定的。在他不可一世的时候,他的权力维系着科马拉的牢固与稳定;现在,则是全面的崩溃。科马拉没有了灵魂。鲁尔福说:"事实上,这是一个村庄自行死亡的故事。它不是给什么东西毁了的,也不是给什么人灭了的。"它只是老了,衰败了。佩德罗·巴拉莫再现了人在面对宿命时的普遍情感。他在疲惫和沮丧中等待着死亡降临。那一天终于来到了。赶驴人阿文迪奥成了涅墨西斯[①],他在妻子去世后喝得酩酊大醉,胡乱地怪罪佩德罗·巴拉莫,拿一把刀捅进了他的身体。对于佩德罗·巴拉莫来说,这是最终的圆满时刻。"这就是我的死。"他说。他像迎接一个亲人那样迎接死亡。

这就是故事的主线情节。但佩德罗·巴拉莫(这两个词的意思分别是石头和荒原)的面目是在尘土飞扬、鬼影出没的镜像中成型的。他的周围是亡灵的叹息、飞逝的黑影。鲁尔福采用了明暗对比的画法,虚实相间,微弱的光亮、耳边私语和闲言碎语混杂在一片黑暗之中。鲁尔福仿佛是在自问自答地说起他是怎样创作出这部作品的:"我想象那个人物。然后我就看到了他。再然后,我想着该怎样塑造这个人物,很自然地我就遇见了一整个死气沉沉的村庄。当然,死人是不会居住在空间和时间之中的。我因此可以自由地、无差别地安排这些人物。也就是说,我想让他们进来,他们就进来,想要他们隐身,那么他们就消失不见了。"这是一种心灵感应。思绪像人那样走动,直觉在起作用。这是一个只见现象、不知其因的世界。正如在鲁尔福的短篇小说里那样,是那些微小的细节确定了一个场景:或是一个反映了某种存在方式的姿态,或是一种说话的方式。

---

① Némesis,古希腊神话中的复仇女神。

那些次要人物也显现得轮廓分明，比如雷德里亚神父，对那个为教堂提供赞助的有权有势者，他躬身效劳，这成了他的传教事业的一个讽刺。当他去忏悔时，他被拒绝宽恕，到了夜里，他独自一人流于形式地做着祷告，心里没有信仰："我在重温圣徒的名单时，就好像在看一群山羊跳来跳去"。与他共同沉浸在痛苦之中的，是爱杜薇海斯，她颤抖着回想伤心往事；一对保持着乱伦关系的兄妹，曾让胡安·普雷西亚多在他们家里过了一宿；多罗脱阿遭受着良心的谴责和身心紊乱的痛苦，她要么是仅仅在想象中生过孩子，要么是孩子流产了，我们永远无法确定这两种可能当中哪一个才是事实，但这无关紧要，因为无论如何，她是注定要受惩罚的，因为她给米盖尔·巴拉莫拉过皮条。

《佩德罗·巴拉莫》也是有一些瑕疵的。书里有一个大写的母亲的形象，是典型的墨西哥母亲，暗暗地在最深处的角落里抹眼泪。只要一唤起她的形象，我们就要滑向感怀伤情的一端。佩德罗·巴拉莫这个形象也是依照一个旧模子刻出来的。虽然描述他的文字是简朴的，而且多是侧面描写，但这改变不了事实：在本质上，他就是那种地方豪强的刻板形象。佩德罗·巴拉莫的好色成性，他的机会主义、他的匪气甚至是他对一种象征着已逝纯真的青春之爱的带着点傻气的留恋，统统都是文学上的老生常谈。但始终存在着另一种更为开阔的景色。鲁尔福从古老的故事中提取出了精华。《佩德罗·巴拉莫》不是史诗，而是挽歌。能取得这样的效果，很大一部分要归功于鲁尔福对民间语言的节奏和直觉力的运用。"这是一种用在口头的语言。"他说。但在小说里,说话的声音并不是作者的声音,而是众多人物的声音。鲁尔福把这些声音加以融合、组织、调配,更重要的是,他专注地倾听这些声音。给他的著作赋予生命的,正是语言。当然,他也声明,"这不是一种收录而来的语言,不是说我带着台录音机跑到那里,把人们说的话录下来,观察他们:'他们是怎么说话的?我来把他们说话的方式抓取下来。'不是这样的。我从出生时开始,就听家里人这样说话,这些地方的人就是这么讲话的"。对于鲁尔福来说,语言的节奏就是血管里血液流动的节奏,其他的就是修辞。他向来是反对拉美文学的装腔作势和巴洛克式繁冗的。他说:"我要抵御巴洛克主义的影响。我会利用我手头掌握的一切资源去避开巴洛克主义。"他的语调是羞涩的,含蓄的。他会从几百页的手稿里单单提取出寥寥几滴汁液,注入一个故事,使之达到完美的境地。

墨西哥是一个文人爱组小圈子的国家,鲁尔福却始终追随着他自己的影子,似乎跟任何人都没有联系。阿古斯丁·亚涅斯,作为该国的重量级小说家,同时又是现任的教育部部长,跟鲁尔福来自同一个州。但鲁尔福似乎都没有听说过这个人。他们俩的性情相差如此之大,很难想象有比这更强烈的对比了。在墨西哥,鲁尔福发表的关于同行的尖刻评论很容易伤到人。他属于这样一种人,对于这类人来说,写作是一件非常私密的事情,只在夜深人静之时进行。只要一提到写作,他就会变成一个迷信的、保守的人。他什么都可以聊,就是不会主动聊起写作。"一帮小丑",他这么称呼那些好表现自己的人,而他呢,从他学习写作的时候开始,从他在熟睡中的城市边缘点燃一支蜡烛、开启他孤独的作家生涯开始,他就一直把自己藏得好好的。很多年以来,他不认识与他同时代的任何一个作家。他说他也会翻阅很少的几本文学期刊,但仅此而已。他只知道,"好像我非得当作家不可"。他承认,有那么一个时期,从1948年到1952年,他经常参加一个叫作"美洲"(América)的小团体的活动,这个团体还编了一本杂志,取的也是"美洲"的名字。"要往前进,就得拉帮结社",他略带讽刺地说。事实上这是一个很不规范的团体,把互相最不一致的人也拉了进来。他们几乎算是唯一的共同点,就是喜欢隔三岔五地在一家中国人开的咖啡馆里聚会,喝喝冷饮,聊聊八卦。这个小圈子会随着成员们的进进出出而忽大忽小,直到最后不剩一人。幸运的是,鲁尔福说,那家杂志已经没有了。

鲁尔福在墨西哥文学当中会处于什么样的位置呢?

鲁尔福必定是最后一个知道这个问题的答案的。他说,他上学的时候,墨西哥文学是没有多少东西的。在那个时候,墨西哥人读的本国作家是巴斯孔塞洛斯(José Vasconcelos),是革命中涌现的政治作家,是时代的记录者们:马丁·路易斯·古斯曼,马里亚诺·阿苏埃拉。"但即使是他们,写出来的东西也很少有人读。那时候墨西哥文学几乎没有任何价值。比如,当时人们把革命小说看成是一些事件的纪实报道。这些小说印了很多(从占比上看,的确是吧?),但没有人看。人们更爱看其他国家的文学作品。在学校里,读的是西班牙文学。在课外,可以自由选择的时候,读的是俄国文学,这些书是从西班牙过来的,是在西班牙翻译、出版的,但不是西班牙文学。西班牙在出版俄国文学的同时,还出版美国文学,引进了多斯·帕索斯、辛克莱·刘易斯、埃尔默·赖斯(Elmer Rice)和海明威。在革命之前,从西班牙过来的翻译作品曾形成一个高潮,特别是社会写实性质的作品有很多。"

鲁尔福从一开始就不相信那种唾手可得的传承。他在业余时间修过一点文学课,老师们在课上常常把西班牙文学中最差的那些东西拿出来讲,这让他既忧心又失望:"佩雷达,98年一代……我知道,这就是拉美文学落后的地方:我们是从一种与我们的性情、我们的生活方式完全隔膜的文学里吸取营养的。"另外,西班牙文化也在走下坡路。"连数学都被他们神学化了。"西班牙有几百年的时间都自绝于世界。正是西班牙的虚弱,给拉丁美洲国家提供了争取独立的机会。然而,它们还没有在文化层面上实现独立。鲁尔福又赶忙承认他的西班牙祖先。他的眼里忽然亮了一下,补充说,他的一个祖先还加入过卡列哈[①]的保王军,与争取独立的革命军作战。他对西班牙的批评,针对的是它的固步自封和语言上的怠惰。"西班牙让我心痛的是,举例来说吧,他们正在失去他们的语言。"他说。这个话题,他

[①] 此指菲力克斯·马里亚·卡列哈(Félix María Calleja, 1753—1828),西班牙军人,曾在墨西哥独立战争中镇压过起义军,1813年至1816年任新西班牙殖民地副王。

是一直在跟人争论的，他会为此论证大半天。在拉丁美洲，西班牙语遇到的是相反的情况。一方面，因为吸收了印第安人的各种方言，西班牙语更为丰富了，另一方面，在一些长期与世隔绝的地区，西班牙语保留了它的古典式纯洁。鲁尔福很早就意识到，"西班牙没有什么文化可以供美洲学习的"。他一直更欣赏俄国文学——安德烈耶夫（Leonid Andreyev）、柯罗连科（Vladimir Korolenko），他还特别推崇北欧文学：塞尔玛·拉格洛夫（Selma Lagerlöf）、比昂松（B.M. Bjørnson）、克努特·汉姆生（Knut Hamsun）、西兰帕（F.E. Sillanpää）。"我曾经有过一个理论：文学是起源于欧洲北部的斯堪的纳维亚，然后下到欧洲的中部，再从那里传到其他地方的。"他一直是哈尔多尔·拉克斯内斯（Halldór Laxness）的忠实读者，视之为欧洲文学的一个伟大的革新者，这一视角是与法国学派截然相反的。他认为，美国文学在近些年里也发挥了积极的影响。虽然鲁尔福喜欢那种清澈纯净的风格，但他还是更偏爱北欧作家，喜欢他们作品里的那种"雾蒙蒙的气氛"。他同样喜欢瑞士小说家C.F. 拉米（C.F. Ramuz）的作品，这些作品呈现了一批阴郁的农夫的群像，他们一直在与一个敌视他们的文明做斗争，对于鲁尔福来说，这具有极为丰富的意蕴。鲁尔福并不打算用一种学究式的标准来规范他的喜好。比如，他非常喜欢让·吉奥诺（Jean Giono）的那些乡村故事，他认为让·吉奥诺是法国文坛的一个被低估了的才华横溢的人物。鲁尔福说，吉奥诺突破了朱尔·罗曼（Jules Romains）、莫里亚克（François Mauriac）等作家的传统写作手法，他认为这后两位作家的作品没有什么区别，"你都不知道读的是哪个，他们写的都一样"。总之，他们的作品像是"写出来的"。而这恰恰是他一直竭力避免的。"我不想让小说里的人说起话来像书里写出来的。我要的不是说出来像写出来的，而是写出来像说出来的。"

如果说，幸运眷顾了他，让他实现了自己的目标，他说，那是因为事实上他从未有意识地要发展出一套自己的风格。"这个东西，本来就已经在那里了。"他发现了它，然后就原封不动地用起来了。在这方面，他倒是有可能为墨西哥新一代的作家们指了一条路，他们已经开始对日常生活用语加以更多关注了。他说，这并不意味着有人在模仿他。他不喜欢这种想法，并且竭力否认。但是他的作品有可能揭示了民间语言的些许文学潜力。"采用这种语言写作的人，并不是受了《佩德罗·巴拉莫》的影响，"他说，"他们只是发现，自己一直就是这么说话的，说的就是这样的语言，但是从没有把这样的语言加以运用。"

《佩德罗·巴拉莫》发表之后，十一年过去了，鲁尔福一直令人奇怪地保持着沉默。他不大情愿提起他在这段时间里发表了什么，又是什么时候发表的。我们问起这些时，他立马就不安起来。他提道："有个短篇，本来应该收在《燃烧的原野》里面的，跟那里面的故事是一个路数。我不知道它怎么就放在那里了……很有可能是被放错了地方，书出版的时候，就没有被收进去……"出版社怎样出他的书，他似乎不怎么管，可能是出于谦逊，也有可能是他根本不上心。比如，据说《佩德罗·巴拉莫》的法文译本要比原版更厚。究竟是怎么回事呢?也许是在中途混了几页纸进去……

现在,他有其他的计划。当人们在好奇他会不会再次显露出生命迹象的时候,他打算一鼓作气把一本小说给出了,这本题为《群山》的小说还没完稿,他已经承诺了很多次,也反悔了很多次。"我差不多是在写了。"他说。不久之前,他自觉已经完稿了,但在最后一刻,他决定推倒重来。需要重新完整地想一遍。"我觉得有一点稠密。"现在他想说说这部作品了,但"有点难说清楚"。场景再一次设在了哈利斯科的乡村,"但现在是从它们最初的样子出发,那是16世纪"。鲁尔福从一个西班牙委托监护人家族的根源写起,写他们的人生和命运,写这个家族经历战争和迁徙的世世代代,直至今天。和他的其他作品一样,这是一趟在脑中进行的长旅,由逝者们的后人断断续续的回忆拼接而成。"其实,这是一个女子作为家族的最后一个传人讲出来的故事。"或许,这是又一个失落的灵魂,被时间打上了无名的哀伤的烙印。因为在鲁尔福那里,历史的教训就是,往昔可以被遗忘,却永远不会被掩埋。所以,他在他的作品中一直尝试着要"展现一个我了解的并且希望其他人也了解的现实。我想说:'这就是过去的事和现在的事',以及:'我们不要幻想。假如这件事情是注定要发生的,我们来想想怎样补救。'但其实我不是宿命论者。我只是了解一个事实,希望其他人也能了解它……正是在《群山》这本书里,我想写出农村人的质朴,展示他们朴素的心灵,这是首要的。在城里人看来,他们的问题只是农村的问题。但其实这是整个国家的问题。同样也是城市的问题。因为那里的人就是从这里来的,是从农村迁到城市里去的,这就有一个变化。但是,进了城的农村人,在某种程度上还是那个过去的自己。他们把问题带过来了"。鲁尔福自己就是一个例证,他在内心里还带着那个燃烧的原野。

卡洛斯·富恩特斯，或新异端

张蕊 译

老问题越来越多，新的问题又不断产生。在墨西哥这片充满激烈冲突的大地上，问题就像"十字架苦路"绵延不绝。近年来，"宇宙的种族"业已被大都市化，城市居民的焦灼为其文学赋予了新貌。

现代墨西哥文学，就像今日墨西哥诸多事物一般，始于1910年的墨西哥革命，一场将其解放力量延展至该国生活和文化的所有角落的爆炸。1910年，是国立大学重启的一年，它曾被马克西米利亚诺（Maximiliano）皇帝关闭；也是现代主义消亡的一年，彼时冈萨雷斯·马丁内斯（González Martínez）决定"扭断天鹅的脖子"；还是让奥罗斯科（José Clemente Orozco）、里维拉（Diego Rivera）和西盖罗斯（David Alfaro Siqueiros）脱颖而出的伟大艺术展出之年；仍正是在这一年，巴斯孔塞洛斯召集了一群热情的青年，点燃了"青年协会"（Ateneo de la Juventud）的火炬。几十年前，冷漠的马克西米利亚诺被贝尼托·华雷斯（Benito Juárez）枪杀，后者的土地改革计划想要摧毁自征服以来一直扼杀该国经济的寄生性的大庄园制。但华雷斯所拍卖的那些没收来的财产，实际上只是易手而已。在其晦气的继任者波菲里奥·迪亚斯（Porfirio Díaz）的统治下，一个新的特权阶级，即商业出身、信奉实证主义、欧化的"波菲利亚派贵族"上台，通过偏袒、垄断和集权进行统治。这场革命——本质上是资产阶级的，尽管其中不乏农民英雄——是民族意识的觉醒，正如奥克塔维奥·帕斯所说，"墨西哥突然沉浸于其自身"。那是一个漫无方向的混乱时期，其间，墨西哥作为能够为其提供灵感但非意识形态——彼时俄国革命还是未来之物——的遥远的欧洲自由主义的继承人，被迫以"几乎盲目的方式……从其深处和脏腑中攫取新国家的基础"。面对"现实的爆发"，它必须自发地生成自我，而在这突如其来的"生成意志"中，它发现，一夜之间，"它敢于成为自己"。仓促间，墨西哥创造了一副面容。它首先要返回自身，将视线转向了殖民期或原住民的过去。沉睡在封建架构下的化石复活了，墨西哥突然间扯掉了欧洲主义的面具，自傲地宣告着墨西哥主义。但墨西哥主义不仅应恢复失去之物，更要预言未来。墨西哥主义者以某种方式收回了这一乌托邦愿景——如阿尔丰索·雷耶斯（Alfonso Reyes）所观察的，是发现者将其带到了新世界，一个由欧洲想象力创造的世界。"我们的大陆，"——帕斯确认道——"就其自身属性而言，是大地，但它不是作为自身存在，而是作为一种被创造和发明之物存在。它的存在，它的现实或实质，在于它永远是未来。历史，被证明不是在过去，而是在将要发生之事中。"因此，在革命的催化时刻，我们看到了一个乌托邦式的墨西哥，既是自发地又是预谋地，它在最初的源头啜饮以找寻其最终的形象。

那一时期，在文学上，现代主义崩裂，象牙塔也随之轰塌。同一批现代主义者，那些为美洲艺术的国际化做出过巨大贡献的固执的精神上的骄奢淫逸者，在他们最后的时期已然走下帕纳萨斯山，庆祝本土传统那或是所谓的或是真正的荣耀。大约在1905年，达里奥热切地追随印第安主义的幻想。尽管他表现得有所夸张，但他的《阿根廷颂》("Canto a la Argentina")仍然以自己的方式自豪地肯定了拉丁文化价值观，以此对抗"北方巨人"[1]的入侵。达里奥完成了一个古老的拉丁美洲旅程，他从海外揣摩自己大陆的真实情况，在即将失去它之时，识别出了自己的身份。他不是唯一一个为返回起始之地而不得不环行世界的人。"为了回归，"帕斯说道，他深谙其理，"你首先必须冒险离开。只有浪子才会回头。"在墨西哥恰是如此，正如尖锐的现代主义者洛佩斯·维拉尔德（López Velarde）这样的革命浪子们，毫不犹豫地将他们最华美的诗篇和躬身践行的最好的努力投注进民族事业中。

"青年协会"的成员不遗余力地传播民族事业，他们的热情，有时达至狂热，蔓延至各处。"15年一代"已很活跃，"殖民主义运动"在此期间短暂掌舵——该运动崇尚殖民时代的遗

---

[1] "Coloso del Norte"，拉美地区习语，指美国。

物，旋即出现著名的"当代派"和"尖啸派"，他们试图通过各种方式将革命信息与先锋主义及形式实验结合在一起。与此同时，1921年，当巴斯孔塞洛斯被任命为国立大学校长时，墨西哥教育迈入了全面复兴时期。在他的庇护下，诗人和学者——托雷斯·柏德特（Torres Bodet）、卡洛斯·佩利塞尔（Carlos Pellicer）——沉浸在探索墨西哥灵魂的阴影这一时常费力不讨好的任务中。他们悲天悯人的洞察力发现的往往是一副无助和颓废的社会全景。在20世纪二三十年代，没有人比雄辩的"孤独派诗人"——何塞·戈罗斯蒂萨（José Gorostiza）、哈维尔·维拉鲁蒂亚（Xavier Villaurrutia）——更深刻地感受到革命理想的颓败，他们那潜存着永恒承诺的对失败的苦涩见证在之后阿里·丘马塞罗（Alí Chumacero）和奥克塔维奥·帕斯的作品中得以延续。幻灭感也浸透在墨西哥革命的编年史作家马里亚诺·阿苏埃拉和马丁·路易斯·古斯曼的作品中。前者在《在底层的人们》中记录了战争的杀戮，后者在《鹰与蛇》——一幅横在小说和纪实报告之间的伟大油画——中深情地为他的朋友和战友潘乔·维拉（Pancho Villa）立传，并记录了整个革命壮举。无论是古斯曼还是阿苏埃拉，他们都是马德罗主义者，即墨西哥第一任革命总统马德罗（Francisco Madero）——没过多久就被暗杀了——的支持者。他们的作品大部分成书在激烈战争的年代，因而不能对事件提供客观的看法，也无法给出中肯的评价。自20世纪30年代之后，距离战时纷乱已有时日，阿古斯丁·亚涅斯的小说相继问世。这位钟情古典神话的哈利斯科人，将童年的记忆镌绣在唤起其家乡阴郁风景的纵横复杂的挂毯上。亚涅斯，尽管他的调色板很丰富，但从赫胥黎的《对位》以及多斯·帕索斯的《曼哈顿中转站》等遥远的模板中拿来了一系列文学技巧之后，他进行的雄心勃勃、毫无顾忌的尝试并不成功。自从丢弃了"天真"，以马克思主义为导向的抗议文学或许成为了更尖锐的文学，如《人类的悼念》(*El luto humano*)，出自何塞·雷韦尔特斯（José Revueltas）之手，一位精明的心理学家，早在20世纪40年代就将他的"织布机"搬到了城市，为城市小说进一步奠定了基础。

在20世纪中叶，墨西哥仍在过去和未来之间权衡，仍然是一个正在找寻定义的国家。随着革命壮举第一次旋涡的结束，重估的时刻到来了。"墨西哥的历史，"帕斯在彼时写道，他激活了一个老问题，"是那个寻求其归属和起源之人的历史。"帕斯笔下的墨西哥人反抗所有的标签。"他相继法国化、西班牙化、推崇土著主义、'波丘人'，但他既不想成为印第安人，也不想成为西班牙人。他也不想成为他们的子嗣。他否认他们。"我们认识到他是"始于自身"的梅斯蒂索人的原型，因此，以矛盾的方式，"他并非以梅斯蒂索人自我确认，而是作为一种抽象之物：人。于是他成了一个'无中生有'的孩子"。滋养了革命后年代的混血神秘感，帕斯提醒道，最终滋生了一种"孤儿"之感。他总结说："墨西哥革命无法在世界视野中阐明其所有的拯救性爆发，墨西哥的智慧也无法解决存在于我们传统的不足与我们对普遍性的要求之间的冲突"。这是墨西哥思想执着于试图提炼"墨西哥性"的本质的时刻。突然间，所有人都从事本体论研究和文化精神分析。美妙的反思时而伴着自我陶醉，就如在乌兰加（Emilio Uranga）的作品中一般。在《对墨西哥性的分析》(*Análisis del ser mexicano*)中，他明确宣称："一种否认将寻找墨西哥性作为其基本主题的哲学，在我们中间，在最好的境况下，也仅是学术温室中一朵优雅的花而已。"帕斯，一个在不同文化中旅行和生活过的人，他不那么专制，看得也更远。他不断唤起墨西哥人的孤独感和孤立感。但在那个"孤独的迷宫"中，帕斯发现了一种联结的可能性。于他而言，墨西哥主义并非口号，而是包裹着团结的冲动和责任共担之感的一种生活阅历。这似乎是最契合20世纪60年代墨西哥现实的态度。或许此刻，最终因为对自身传承的相对确定，墨西哥人能够感觉到，如阿尔丰索·雷耶斯很久以前在《阿纳瓦克的愿景》(*Visión de Anáhuac*, 1917)中所预见的，将其与其民族联结起来的不仅是共同的遗产或利益，还有从"面对同一自然物的日常情感"中涌出的更加深邃的精神共性。他或许已经开始意识到其真实身份存在于他的个体中。换言之，成为20世纪的墨西哥人就是成为所有人的同代人。

如果说有谁在背景、气质和教养方面具备理想的条件来担起这个角色的话，这个人就是卡洛斯·富恩特斯，一个年轻的世界主义者，也是我们的文学中最自信不羁的人物之一。他1928年出生于巴拿马，辗转于这片大陆的众多首都——圣地亚哥、里约热内卢[①]、布宜诺斯艾利斯、蒙得维的亚、基多和华盛顿，度过了他一点也不平淡的童年和青年时代早期的大部分时光。这些首都皆是其父——一位从业三十多年的职业外交官，现任墨西哥驻罗马大使——被指派过的地方。富恩特斯的那些来自德国和加那利群岛的先祖早就在世界各地奔徙。其中，他父亲这支，有一位来自达姆施塔特的曾祖父，喇沙修士会的社会主义者，在俾斯麦政权下流亡，并于1875年登陆墨西哥，在韦拉克鲁斯种植咖啡。他的儿子成了一名银行家，在革命将他驱逐时，他迁居到了首都。在他母亲这支，富恩特斯记得有一位外祖父，是马萨特兰的商人，他的妻子是一名学校督学。"一个典型的小资产阶级。"富恩特斯谈到他的家谱时兴高采烈。

毋庸置疑，富恩特斯有时会因奔波受些苦，但也因此获益。他在大陆一些最好的学校接受了悉心的教育，其中包括智利尊贵的格兰奇学校。早在四岁时他就在华盛顿开始学习英语。他的法语相较其英语逊色，是他通过阅读积累而学成的，始于1905年，彼时，富恩特斯在公海上航行去欧洲，靠着一本字典尝试攻读巴尔扎克的《驴皮记》。当时，富恩特斯打算去日内瓦学习国际法。那时，他和他的父亲一样，已入职外交部门。在日内瓦度过的那一年，他是国际劳工组织墨西哥代表团的成员，也是大使馆的文化专员。回到墨西哥后，又在大学担任各种"行政职务"，后来被任命为外交部文化关系司司长。在1955年

[①] 里约热内卢是巴西在1961年建立巴西利亚之前200多年里的首都。

取得律师资格的时候,富恩特斯早已投身于文学。他是负有盛名的《墨西哥文学杂志》(*Revista Mexicana de Literatura*)的创始人之一,其编辑原则一直以来都反映着他的信念,即"自律是创作的日常名称",以及"一种文化只有在具备慷慨的世界性时才能成为有益的民族文化"。

在一个文学活动能反映其经济形势的大陆上,在现代墨西哥居支配地位的有利条件中一个令人鼓舞的征兆是,富恩特斯从几年前开始就以笔为生且精力愈加旺盛。他的写作囊括了整个文学范畴,从短篇小说、长篇小说到各类文章(通常直接用英语写成,在美国出版)和电影剧本。他主要以电影谋生,曾与阿比·曼(Abby Mann)合作拍摄电影版的《桑切斯的孩子们》(*Los hijos de Sánchez*),并与布努埃尔合作将卡彭铁尔的《追击》改编搬上银幕。最近,他与一小批前卫的年轻艺术家,其中包括著名的插图画家何塞·路易斯·奎瓦斯(José Luis Cuevas),进行了实验电影的尝试,一个诞生自墨西哥的新兴运动,借助一批技术人员的专业知识以反抗制片人联盟臭名昭著的商业专制。富恩特斯提供剧本,其中一些来自其短篇小说。多变性和多样化助力了他在墨西哥和国外日益广泛传播的声誉。富恩特斯是我们最被看重的严肃小说家之一。他的作品已被翻译成十三种语言。在政治上,他是左派,是梅勒(Norman Mailer)的朋友,也是赖特·米尔斯(C. Wright Mills)——"美国真正的声音"——的崇拜者。他的这种态度曾让他一度失去美国签证。但是,他仍是一个自由的思想者,而非任何学说的广告代理人。他也不带任何民族主义色彩。他经常旅行,在每次旅行中更新其国际公民的身份,如果他总是最终回到墨西哥,(他会向狂热的爱国者们眨眼表示)那是因为他在墨西哥能安静地工作。"毕竟,这里生活便宜,天气宜人,还能独处。在墨西哥很容易隐于市。"

将自己与社会旋涡、政治诱惑、文学喧闹隔离开来,正是他所需要的,而他也通过将自己安置在一栋"艾米莉·勃朗特小说中特有的"绿树成荫的古旧大宅中达成所求。房子坐落在一个安静的住宅郊区,圣安赫斯·伊恩,钟情殖民期建筑的人们在那里的藤蔓中竖起他们的围墙,周围是梁柱、车库门、瓷砖庭院、铁栅栏和其他从被拆毁的房产或从拉古尼拉的集市和古玩店中淘来的旧物。这是一个阳光明媚的市郊,其中古老与现代、贵族门面与棚屋相映成趣。一条条蜿蜒街道的尽头是死胡同、芬芳的花园、带游泳池和瓷砖铺砌的露台。沿高速公路从城市中心驶来的出租车会在这个鸟鸣声声、金银花在沉睡的树上攀绕的偏远之地迷路。中午时分,印第安工人在便道上生火,在他们的遮阳篷下,全家人聚在一起吃饭,他们背街而蹲,身后最新型的敞篷车隆隆驶过。

富恩特斯的家隐在一个拐角处。天气凉爽宜人,主人在大门口迎接我们,他身着蓝色的敞口衬衫、一尘不染的白色裤子和网球鞋。他健谈、随和,带着一种很墨西哥式的谈吐,灵感频出,才思敏捷且蛊惑人心。他时而大笑起来,显得兴奋,随即恢复常态,陷入沉思,双眼发亮,谦虚地否定自己,脸红得像个孩子。他大步流星，紧张的能量随之燃烧。小胡子、高高的颧骨、清晰的前额，赋予他英俊的气质——而且他的妻子是墨西哥电影界的著名美女丽塔·马塞多，——但一种强烈的、不安的、其中聚集着所有内省动力的目光，让他免于徒有其表之嫌。"各位随便问，我是一个话匣子。"他以每日和麦克风、聚光灯打交道的礼貌对我们说道。我们跟随他穿过一个幽暗的庭院，从那里我们瞥见一个有秋千和花坛的花园，进入一个质朴阴凉的会客厅，然后快速沿着一个螺旋楼梯上来，走进一个宽敞的房间，里面有一个巨大的旧式壁炉，被书架包围，书架延伸到远处低矮的天花板。墙板之间的墙壁上镶满了毕加索的版画和抽象画，石面具、带底座的小雕像和扭曲的锻铁雕塑装饰着角落。在一个迎窗的僻静角落里，放着一张大写字台，上面堆满了纸张，在房间中央、壁炉前方，几张沙发和软垫沙发椅围着一张小咖啡桌，上面横七竖八地堆放着最新的杂志，以及美国作家梅勒、弗兰纳里·奥康纳的新书。我们坐在豪华的椅垫上，聊着天，喝着咖啡。富恩特斯心情不错，他坐在地板上，伸直双腿，随后又收回双腿，将手肘撑放在膝盖上，一支接一支地抽着烟。

他是一个狂热的人，于他而言，创造性的想象力是疑病症的一种形式。"我用我的胃部神经写作，对此我付出了十二指肠溃疡和慢性结肠炎的代价。"自从生病，他就像一个身处黑暗而被判定得以救赎之人，他知道通往天堂的道路要经过地狱。"因为我以这样的直觉写小说，"他不久前在一场关于梅勒的讲座中，面对聚精会神的听众如是说道，据他自己描述，讲座变成了一种公开的脱衣舞，"我只为此而活，如写作般生活，因为过度和不足、因为意志和冷漠、因为爱和恨。"他引用了梅勒——另一位在众多谨慎的公众场合充满自信、游刃有余的人——的话："要用对一个人而言鲜活的一切来写作：爱、暴力、性、毒品、遗失、家庭、工作、失败。但尤其要写的是对作者之外的其他任何人都无关紧要的东西。"没有必要给那个东西命名。富恩特斯早已了然其中深意。

"我从很小的时候就开始写作，在智利有过一些发表，比如，从我十二岁或十三岁开始，当我在那里学习时，发表在智利国立学院的学报上的，还有格兰奇学校杂志上的一些故事等等。"1954年，当墨西哥作家胡安·何塞·阿雷奥拉（Juan José Arreola）为青年作家创办了一家名为"当代人"（Los Presentes）的出版社时，他这种早年的热情获得了正式的认可，"然后，"富恩特斯说，"我们这些满腔热忱的人都开始疯狂地为出版社写作。"

对他来说，这一成果就是他快速创作的第一部短篇小说集《戴面具的日子》，"其中有一系列我一直关注的主题，我记得我伏案写作一个月，就为了能及时赶上1954年的书展"。这本书现已绝版。富恩特斯强调这本书是其长篇小说的"温床"，也是对墨西哥那些依然在现代生活中持有效力的过去的不朽神话的首次致敬。富恩特斯说，它们是汲养自"残存的充满魔力生活方式的古老墨西哥世界"的故事，构成一个"过去的重要性不可限量的国家无处遁形的主题,因为尽管西班牙征服者取得了胜利,但墨西哥是唯一一个由于其政治和历史后遗症而将胜利给予被征服者的国家。它就是夸乌特莫克(Cuauhtemoc)的雕像。在利马则是皮萨罗的雕像;在圣地亚哥,则是瓦尔迪维亚(Valdivia)。在这里,失败者得到了荣耀。为何如此?因为这是一个英雄只能被设想为逝者的国家。在墨西哥,英雄只有死了才是英雄。如果弗朗西斯科·马德罗先生、埃米利亚诺·萨帕塔(Emiliano Zapata)先生或潘乔·维拉先生今天还活着,并且做生意涉足行贿,他们将不再是英雄,对吗?他们是英雄,因为他们牺牲了。在墨西哥,唯一能肩负拯救的命运就是牺牲的命运……对来自源头的过去的缅怀,自然是因为失败的事实。因为墨西哥曾是一个失去了其语言、习俗、权力……失去了一切的民族。它沦为了一个奴隶国家。在墨西哥讲的西班牙语是奴隶们的西班牙语,完全是一种绕圈子的西班牙语。但还发生了其他事情,那就是,如果在一个典型的新资本主义国家,例如法国或美国,那它们可以没有革命的修辞言论而进行统治,但在墨西哥仍然不可能,因为各种物产和财富仍不丰裕。当能分配很多利益的时候,修辞术就可以搁置一旁。在墨西哥,政府需要用一系列的神话来证明自己的合理性。我们都知道,是墨西哥的资产阶级政府领导并取得了革命的胜利。但这个资产阶级是包裹在一系列的神话中现身的。也就是说,统治阶级、革命制度党(Partido Revolucionario Institucional)、共和国总统,就等同于国家、革命、过去、荣耀、阿兹特克人,等同于一切。

因此,他们需要鼓吹一种在墨西哥具有野蛮效力的神话修辞术,只因后者乃是基于权力本身"。

《戴面具的日子》的灵感源自神话。"该卷最好的短篇,"富恩特斯说,"现在还可以看到,因为它被收录在《墨西哥短篇小说选集》中。"该篇名为《查克·莫尔》,以纪念阿兹特克诸神中的雨神,其力量似乎并未随着现代文明而衰弱。这一点在1952年清晰可见,当时该神的雕像被装载上船,作为墨西哥艺术展的一部分远赴欧洲,引发了整个大陆的海上降雨和风暴。

"这件事传得沸沸扬扬。比如,之后来自西班牙某些久未降雨的山谷的农民通过邮局向巴黎的夏乐宫寄去一些比塞塔,它们被放在查克·莫尔的肚子上,五十年后那个山谷里就降了雨。该神的雕像在从未见过的风暴中横渡英吉利海峡……这就是故事的起源。这是一个小官僚职员的故事。在拉古尼拉市场,他淘到了一尊查克·莫尔的复制品。他把它放在地下室,地下室被神秘地淹了。查克·莫尔身上覆着苔藓,它开始获得某种肉质的柔韧性,之后便出现在他的卧室,彻底掌控他,方式有些可疑,因为主人公最终逃跑了,死在阿卡普尔科。再之后,当一个朋友将其尸体带回其住所安置时,发现了一个怪异的泛着绿色的印第安人,此人穿着长袍,举止优雅,香味浓烈,妆容厚重……最后这位屋主的去处就是那位最初在拉古尼拉的神灵的去处。"

《戴面具的日子》中勾勒的许多松散的想象,依富恩特斯所言,在《最明净的地区》已更加成型。

《最明净的地区》(1959)——标题带着嘲讽意味，暗示了洪堡在发现墨西哥上游山谷时所说之语——是将富恩特斯推向神坛的作品。它是一部超级小说，同时，正如富恩特斯所言，也是"一座城市的传记"以及"墨西哥当下的综括"。小说的目标高远，但也牢牢扎根于现实。富恩特斯深入地察访了一个既富有又贫困、既出众又平庸的墨西哥的生活和价值观，这里"没有悲剧，一切皆是羞辱"。他为我们提供了一份对20世纪50年代初期墨西哥现状的清算和完整的总结，那是一个总在寻找自我定义和身份的墨西哥。富恩特斯以临床医生般的视角向我们描绘了墨西哥城各层面的社会环境，从上层中产阶级、新工业阶层、封建贵族的过时残余到永远受压迫的无产阶级，尤其重点刻画了处在不断变化的阶层：暴发户、后起之秀和机会主义者。一个没有脊梁骨的墨西哥逐渐呈现，它诞生自在革新冲动被制度化、过去的反叛者被提升为银行和工业的主管时背叛了其革命事业的那一种革命热情。既不是说所有旧的改良都已无效，也不能说是一种倒退，但确是一种复辟的趋势。小说的主要情节发生在1951年（尽管它植根于革命时代），铺展开了主人公们命运的浮沉。这是一部关于腐败和利己主义的编年史。写作技巧是电影式的：急速铺列的画面相互重叠，在关于俱乐部及鸡尾酒会大世界的前几章中画面有些许失焦，但随着将聚光灯打在体现现代墨西哥人的原型身上时，画面处理得更加有条理了。

在一个流离失所的社会中，每个人都在牢牢抓取他所能抓取之物。因为共同的哲学、国家目标和团结一致的缺失，纵容了强者要求弱者做出牺牲、解释现行法令之人要求存疑之人做出牺牲。这就是富恩特斯所描绘的画面。他看到了一个动荡不安的世界，其中的规则尚未确立，命运摇摆不定，自身被暴力的利益冲突撕裂，濒临毁灭。这是一个今天的被奴役者会变成明天的特权者的尚未成形的世界。每一个生命都处在荣耀与毁灭共有的时刻。"在墨西哥，"富恩特斯说道，"每一个阶段很快就被烧毁。"进步是一颗闪亮的彗星，拖着一条长长的泥尾巴。谄媚之下隐藏着怨恨；而在宫廷礼仪之下，是古老的部落姿态。带着沉重的讽刺意味，富恩特斯将墨西哥生活中逆行返祖的力量与对效率的现代崇拜进行了对比。每种态度在写作提纲中都有其代表。有像依克斯卡·西恩富戈斯这样的倒退残留人物，还有像利布拉多·依巴拉这样的投机者，他出卖自己的灵魂并以工会律师的身份充实自己的腰包，或者如罗贝托·雷古莱斯，另一个敲诈者，二者都是白丁出身，企图创造自己的价值观，从而赢得碾压他人的权力，甚至成了特权阶层的代言人。此外，还有制度的受害者：破落的老工团主义者，死于背后中枪；被剥削和失业抛至社会边缘的妓女和劳工；盲目、无助和性感的情妇；好色的百万富翁的豪华玩物，骄淫、贪婪和占有欲一起混在他身上。消费社会在墨西哥占主导地位，受制于权力的普遍象征：社会地位、政治影响和物质占有，其中包括豪宅、游艇、汽车和人。

可疑的社会进化力的杰出代表是银行家费德里克·罗布莱

斯，他也是白手起家，出身卑微的佃农家庭，当纯粹的意志不足以满足他的需求时，他以诡计和欺诈行至很远，而且他的谋算以某种方式象征着现代墨西哥的实用主义和功利主义精神。罗布莱斯是新阶层的建筑师之一，他为自己的角色感到自豪。其庇护神就是成功。为了完整他的金融帝国，他为自己买了一位漂亮的配偶诺尔曼·拉拉戈伊蒂，后者与他一样有着世俗的野心，并且有本事让轻浮看起来是一种存在的理由。渴望"名誉和金钱"的诺尔曼过着狂热的生活，嘲笑那些指责她势利和暴发户的抨击者。她说，她的地位是她天赋的产物，是她"生活热望"的产物，事实上，她作为一个店主的女儿已经走得很成功了，她仅凭厚颜无耻就成为"这个国家能提供的最好的人"。诺尔曼很早就意识到，那些知道自己想要什么并愿意在每一次打击中冒一切风险的人迟早会被命运眷顾，因为他们身上驻扎着一种原始力量。现在她嫁给了一位手握财富之人，富人的声望会保护她，即使在她那些让全城哗然的荒唐艳事上。成功有它的危险，但也带来辉煌。因此，罗布莱斯将她用于他的目的，正如她利用他一样，他将手放在胸前并乐意承认，他是"我们这些弄脏手的人"之一。为何不呢？"没有我，没有过去三十年立起的少数几个费德里克·罗布莱斯，就什么都没有。没有我们，我的意思是没有那个最小的权力圈，在我看来，一切都会在我们人民传统的冷漠中消失。"他并不羞于成为既得利益集团的发声者。对他而言，重要的是结果，毫无疑问，结果对他有利，验证了他的论点，"这里只有一个真理：要么我们使国家繁荣,要么我们死于饥饿。没有别的选择,要么富有,要么贫困。为了获得财富,就必须加快迈向资本主义的步伐,让一切都服从这种模式"。如果说这个方子看起来很肤浅,但在艰难的实践中,它的成效还不错。

不是每个人都赞成罗布莱斯的观点。还不止如此。那些与之抗争的人,有时是出于善意,但通常则是出于嫉妒和诡辩,可惜的是,他们也没有任何作为。典型的例子是萨马科那,他是一个优柔寡断、碌碌无为、清教徒式的知识分子,正如罗布莱斯所说,他把时间花在"高谈阔论"上,讨论墨西哥的"离心"。依据萨马科那的说法,墨西哥是离心的——他赋予了这个词其词源意义——因为,正如乌兰加所说,"离心"是事物秩序中的一个意外,与世界和自身疏远,在任何"理性计划"之外。萨马科那的论点是,墨西哥在对外国文化及习俗的病态模仿中失去了自己的身份。"我们总是奔向不属于我们的式样,穿上不适合我们的西服……"墨西哥已经变成一个垃圾场,容纳世界其他地方的潮汐带来的一切东西。"只有墨西哥是那个与欧洲完全迥异的世界,却必须接受欧洲全面渗透的宿命,说着欧洲的语言和生活方式、信仰,即使它的生活和信仰的实质与之完全相反。"迄今为止,这个国家找到的唯一选择是"背对世界",将自己封闭起来。因为欧洲的影响是一种侵犯,而不是一种丰富。出于这个原因,为了寻找失去的纯洁,墨西哥痴迷于自身的起源,将它与独创性混为一谈。它的错误恰在于此。因为在墨西哥这样的混血国家,基础的融合不仅是种族的,而且也是精神的,"独创就是不纯,就是混杂"。墨西哥定义自己,不应向后,而应向前。因为"比起天生的原创,重要的是我们成为原创……我们必须自己开创一个起源和原创性。进步必须在我们是什么和我们永远无法放弃成为什么,以及——在不牺牲我们现在的情况下——我们有可能成为什么的可能性之间,找到平衡"。萨马科那的话令人钦佩,但他认为未来的前景黯淡。墨西哥现实的艰辛,他说,或许还带着些许诗意,要比欧洲集中营的暴行更严重,或者在任何情况下甚至更为荒谬,"因为那些遭受轰炸和集中营的人……他们最终能够接受并消解他们的经历,为自己和刽子手的行为做出解释……最可怕的经历,达豪或布痕瓦尔德,只是突显了被侵犯的俗规:自由,人的尊严"。而"对于墨西哥的痛苦,没有类似的辩护公式。原住民世界的毁灭、我们被美国打败、伊达尔戈和马德罗的死亡证明了什么?饥饿、旱地、瘟疫、谋杀、暴力证明了什么?为了什么伟大的理念,可以忍受这些?出于什么目标,这一切可被理解?"最后,他援引以弥赛亚的话语构想的墨西哥的神圣拯救使命,主张一种在社会领域的基督教人道主义,在其中,每个人都像基督一样,承担同胞的痛苦和内疚,并以自身为祭、赎罪。他将墨西哥比作拉萨罗的形象,死而后生并接受处罚。因此,他在自己那本笔记本上胡乱涂写,笔记本永不会见光,这代表了在一个非个人化社会中带着无效用的个人主义的自恋之人的立场。

萨马科那的对立面是令人印象深刻的半神话人物依克斯

卡·西恩富戈斯,前哥伦布时期墨西哥的化身,他强烈抵制变革,会所有魔法的仪式,以及"比所有记忆都古老的秘密和匿名力量"。依克斯卡·西恩富戈斯,无处不在、见利就图的阴影,几乎潜入书中的每个场景。他既有远见,又是推进行动的牛虻。他是每个人意识深处的声音。他可以去往任何地方,"通往官员,上流社会,以及大亨们的沙龙"。现在他恰好是"某个银行家的魔法大脑",之前是"一个舞男或一个单纯的大麻使用者"。我们永远无法确定他是谁,但知晓他代表谁说话。他是见证者,会读心术的男人,猜测隐秘的欲望,用目光穿透每个人,促使他们"深入"自己,在那里他们会找到自己的本质性现实。"在你生活的所有条件下做你自己"是他的战斗口号。他是诱惑人的魔鬼,是促使戏中的主角们堕落的祖先之神。对他来说,墨西哥在忘记"第一个墨西哥,那个与自己的肚脐相连的墨西哥"、体现"原始意志"的墨西哥那一天受到了判处。萨马科那关于个人责任的想法对他来说毫无意义,因为整篇论文"基于一种能够接受和产生救赎、内疚等的人格观念"。但这样的人格不存在于"骨头、石头和怨恨构成的扭曲的大众",即墨西哥,这个有着"空气、血液、阳光、无名的骚动……但从未有人"的国家。依克斯卡·西恩富戈斯的世界是个体解体、传统主义和集体主义的世界。富恩特斯说,受害者耳中的"做你自己"只不过是一个"道德陷阱"。他们听到的只是他们自己思想的声音,仅此而已。因为,一旦墨西哥是"永远固定不变,无法进化的东西",它将不可避免地会被其死去的英雄召回,被那些在深处"淹没并改变一切"的过去召回。现代墨西哥是一个海市蜃楼，一个纯粹的面具和表象，掩盖了一个无情国家的解体，"我们，你和我，从未跪在一起，接受同一个主人；我们一起被撕裂，一起被创造，但我们只会为自己而死，孤零零的"。正如伊克斯卡的魔法伙伴特奥杜拉的遗孀所说："我们正在接近分水岭。"水流已经开始向上游流动，将把一切都卷走，"让黎明在沙漠中找到我们，除了我们的皮肤和我们的言语之外别无其他财富"。如此，在小说的推进中，当一系列自然和人为的灾难发生时，每个人都在其中遭遇了毁灭或死亡。就像伊克斯卡，在最后的变形中消失在无名街道上稀薄的空气中，消散在"广阔而无名"的城市中，他宣布了一场将撕下所有面具的世界末日，让每个人都赤裸裸地看到自己的"真面目，第一个，也是唯一一个"。

这种对墨西哥"真面目"的执念是《最明净的地区》的中心主题。不同人物提出的各种观点构成这一主题辩证的对立点。行为在一个端点和另一个端点之间摇摆不定，相比情节而言小说更强调论争。"角色的象征性游戏"在前景中脱颖而出，富恩特斯本人回想起来时，称其"写得太过明显"。《最明净的地区》因其中大量的争论不休和言辞啰唆而被诟病。作品强制性地对"墨西哥主义"的关注使其不合时宜，这也是富恩特斯的看法，尽管他也指出必须从其历史背景来看待这部小说，即墨西哥到达其伟大十字路口的那个"不仅是我的，而且是墨西哥文学的"非常特殊的时刻。

富恩特斯说，在革命前期，在波菲里奥·迪亚斯的统治下，墨西哥文化中存在对外国形式的"一种超逻辑的模仿"，"这使得墨西哥的过去完全被扼杀"。随着革命，过去的方程式被颠倒，产生了"一场大众知识爆炸的运动……革命发现了所有这些色彩、味道、音乐、噪声和形式，它们可能在壁画、绘画运动中得到了最大的表达，尽管也在卡洛斯·查韦斯（Carlos Chávez）、雷维尔塔斯（Silvestre Revueltas）的音乐中和在阿苏埃拉、古斯曼等的小说中得到了体现。但是，一旦知识的阶段过去，就得达到一定的认知阶段，即消除知识爆炸流通起来的那些僵死之物。为此，必须要做出选择。而这一选择阶段，也是象征和理性归约的阶段，就是奥克塔维奥·帕斯与塞亚（Leopoldo Zea）、波蒂利亚（Jorge Portilla）、比略罗（Luis Villoro）等组成的'亥伯龙群体'（el grupo Hiperión）在 1950 年围绕'墨西哥的'（lo mexicano）开展的运动。但是'墨西哥的'自身是一种抽象之物，因为没有什么'墨西哥的'，有的只是墨西哥人。这就是下一个阶段。一方面，所有的革命艺术，通过重复自己，将自己神圣化，变成了漫画。西盖罗斯和里维拉的模仿者最终创造了一种波普艺术，革命的波普艺术，仅此而已。另一方面，'墨西哥的'的讨论运动也陷入了一系列抽象之中，它试图完全普遍化自己，而牺牲了墨西哥人鲜活的特性"。战线被拉得太长了。"我认为，在当时墨西哥有一种猖獗的理论专制主义，如果我们从 1965 年的角度来看，它相当陈腐，但在小说出现的 20 世纪 50 年代则非常时兴。当时，有两种明确的意识形态观点：一是拉萨罗·卡德纳斯（Lázaro Cárdenas）政府在墨西哥政治上所代表的观点，一种民众政府的可能性，以及一个在人民参与以及所有马克思主义思想在每一项政府行为中具有效力的基础上建立的墨西哥社会主义；另一个是，在1946年代表反革命的反动的米格尔·阿莱曼的政治论点，其论点是汉密尔顿主义：财富在上层积累，在上层集中，然后向下扩散。在政治和经济上，这些就是当时的选择。"

《最明净的地区》注定要以某种方式成为当时各种矛盾观点的论坛。它要求辩论，而不是一个最终决定。具有典型性的是萨马科那的表现，其无休止的犹豫和弥赛亚情结，引起反思，但也招来嘲讽。

富恩特斯说，萨马科那是许多墨西哥知识分子的"综合肖像"，是他们的"一种叠影。"因为在整个研究'墨西哥的'运动的深层，正是这种救赎者的态度……所以，我认为《最明净的地区》是一部在很大程度上有意通过其他论点（远非我的观点），反映那一时期对确定、总结、提炼'墨西哥的'的关注；反映对民族性、土地和墨西哥的过去那种过度的和神话式的关注。与此同时，它还想要成为一部批判性的革命小说，在一个人们可以对曾经的墨西哥革命抱有一种视角——一种与潘乔·维拉同行在马背上写作的纪实小说家所无法拥有的视角——的时刻。"出于这个原因，《最明净的地区》，在墨西哥文学中揭开新篇章的小说，被称为"另一种革命小说"。它列出清单，盘点并首次综括。它必须与事实保持谨慎的距离，富恩特斯说道,"就像夏多布里昂没写法国大革命的小说,而是由巴尔扎克和司汤达在四十或五十年后付诸笔端"。

备忘录和壁画在《最明净的地区》中结合,但有时显得脱节。其中,蒙太奇手法使用太过显眼,丰富到了浪费的地步。这是一部摄影小说,其方法清晰明了,其精湛的技艺令人眼花缭乱。对人物的刻画差别细微,倾向于广告牌的艺术。论辩扼杀了对话。情节发展相当混乱。书中的长篇大论、没完没了的独白、人物永恒的自我剖析让人恼火,他们不断地郑重自问自己是谁、去向何处、墨西哥是什么等等。许多章节的讽刺意图消失在漫画式写作、俗套——每个人都中邪似的抽烟,烟头扔得到处都是——和插科打诨中。诸多的对抗,不是体现在行为中,而是趋向口头。此外,书中有一些迷人却不甚真实的人物,如依克斯卡·西恩富戈斯,以及一些似乎并非不可避免的灾难。但最终,这座小说大厦还是屹立不倒,它被一种好斗的、曲折的和压倒性的散文支撑着。小说中,费德里克·罗布莱斯的生活中有许多令人难忘的场景,他是所有角色中刻画最精准、最少风格化的人物,在他傲慢任性的妻子诺尔曼的生活中也出现了难忘的场景,当她向社会和其所有的繁文缛节提出挑战,并无礼地投身到最后的激情之火时,她的傲慢几乎是崇高的。另一个场景则是依克斯卡·西恩富戈斯的死亡和变形。富恩特斯不仅文笔了得,还能巧妙地捕捉到大众话语的节奏。他对街头场景的运用自如且富含幽默。他也不惧纯粹、大胆的尝试,在《最明净的地区》中不乏出色的修辞辞藻,其中有一段包括对妓女性器官鲜活的列举描写，就像梅尔维尔对白鲸之白的赞美诗一样精彩而迷人。

令人惊叹之处还在于，富恩特斯采用了北美小说中一些最迂回的技巧，却成功地创作出一部整体上如此协调、和谐而又如此墨西哥的作品。在《最明净的地区》中对多斯·帕索斯的"先知之眼"、闪回、拼贴、风格和时间的对位，甚至对其街头白话的使用所欠之债显而易见。

富恩特斯承认《最明净的地区》存在的衍生性，但他认为这是不可避免的，从拉美小说家的角度来看也是合理的，也许是因为后者的文化自卑感，在接受外来"借款"时从未有所顾忌。对外来事物的敬意——充满悖论——恰源于自身的隔绝。"中心"文学并没有这么明显地相互模仿，其普遍的特质之一是意识到用一种语言完成的事情在所有语言中已永远完成。相反，"离心"则催生哑剧。直到最近，我们的文学作品才被翻译到足以普及的程度。这就是为什么我们的作家对文化整体上仍然没有多少责任感。他想贡献一些东西，但不是对整个世界，而只对他自己的传统。他接受而不给予，并不想有所创新，只希望证明他也可以做别人已做之事。这种态度在富恩特斯身上有明显的余痕。"失去时间的黑天使盘旋在拉丁美洲生活的每个方面"，他在最近为纽约一家报纸撰写的一篇文章中这样写道，并强调一个正在经历"狂热急切的发展过程的大陆"应该"跳过在欧洲和美国缓慢达到的阶段"。匆忙之人会选择他的同伴能抵达之地。因此，在《最明净的地区》中，我们将看到桑切斯的孩子们任由自己被乔伊斯的门徒安排。毫不夸张地说，这部作品反映了——有时是模仿了——1920年至1940年间美国正在兴起的大部分文学习惯。它几乎可以被称为仿作。

多斯·帕索斯、福克纳和D.H.劳伦斯是富恩特斯特别提到的作家，他解释说："我一直在做一个不同时间的游戏，我对这三位作家看待时间的方式颇感兴趣。除了阅读作为样本的他们每个人的第一部小说之外，我还常读多斯·帕索斯，以此获得为墨西哥小说给予一种逝去时间的可能性。在多斯·帕索斯处，一切都是过去。即使他用现在时写作，我们也知道那是过去。在福克纳处，一切永远是当下。甚至最遥远的过去也是现在。"他还提到了D.H.劳伦斯的影响。"在D.H.劳伦斯那里，有的是那种迫切的、预言性的语气。它总是在抓挠未来；它承载着未来。所以我对这三种影响的接受是十分有意识的，因为它们是我想在《最明净的地区》中编织、组织、对立和混合的三种时间。"

富恩特斯将多斯·帕索斯——以及我们可以补充说是所有无产阶级文学及其主题和技巧——对拉丁美洲文学的整体影响归结为："在我看来，显而易见的原因——因为拉丁美洲总是经历至少四十或五十年的文化延迟，形式总是姗姗来迟。拉丁美洲的实质是滞后的，总是姗姗来迟；如今我们生活的实质在约翰·多斯·帕索斯四十年前创作的那种文学作品中能找到一种非常合适的形式。"

模仿转化为发明。这并没有损害到《最明净的地区》。富恩特斯坦言，尽管有错误，其中一些还很"严重"，但最终这部作品强化了自身的个性。风格的多样性，富恩特斯说，"取决于它的主题，那是一个关于眼下缺乏统一性、充满着可怕反差和对立的城市的主题。我自然而然，同时也带着反思，逐渐找到了适合这一主题的风格，以整合这部壁画式小说"。

在笔调和手法上与此迥然不同的是富恩特斯的第二部小说《好良知》(*Las Buenas Conciencias*，1959)，它开启了一个循环，因此被构思成未来大厦的地基。与《最明净的地区》相反，《好良知》是一本结构清晰、节制又细腻、平衡且富有建筑感的小说。舞台不再是墨西哥城，而是瓜纳华托，一个被富恩特斯描述为地方保守主义缩影的殖民中心。独立运动发祥于此，其贵族居民——顽固的传统主义者、墨西哥最令人敬畏的耶稣会大学的创始人、典型的老派西班牙风格的傲慢守护者——自诩是"共和国中心精神的顶峰"，实则是蒙昧主义和虚伪的化身。

他们的后代之一是年轻的主角海梅·塞瓦略斯，来自一个富裕的、如今已飞黄腾达的商贩之家。他在青春期的某个危机时刻产生了对社会现实和性的觉醒。我们认出了被加西亚·洛尔迦神圣化的古老西班牙主题，即宗教狂热是情色本能的沉淀或升华。家庭的虚伪和社会的不公在肉体上折磨着海梅，就像对他最私密的感官的肢解。他反叛，他陷入信仰危机。他从自己内心寻求真正的基督教神诏，而不是教会仪式的虚假虔诚。就像《最明净的地区》中的萨马科那一样，他觉得自己注定要秘密殉道，以自己的肉身承担人类的所有过错和罪恶。从他焦灼的青春期的深处，他察觉到社会行为对他的召唤，并将此作为对其个体的肯定。

海梅在其明亮的童年记忆中首次瞥见了救赎之路。有一次——这个场景让人想起狄更斯的《远大前程》——他在谷仓里藏了一个追求正义的难民。在那个人——因为试图组织合作社而受到迫害——正直的脸上他发现了英雄主义和奉献精神。无法阻止逃犯最终被捕入狱的事实一直困扰着他的良心。他的疑虑随着与混血朋友洛伦佐的谈话而增加，洛伦佐是一名年轻的纵火犯，狂热地想要实现通过成为首都的律师来为劳工事业服务的想法。海梅也为其母阿德利娜的苦难而感到动容和愤慨，后者一直因为卑微的出身而遭到塞瓦略斯家族的鄙视，并且在她生下海梅后不久被赶出家门，沦落到卖淫度日。众多的罪魁祸首中有鲁道夫，海梅的父亲，一个无所倚仗的软弱之人，实际上他也是这种情况的受害者，此外，罪责更大的还有鲁道夫的妹妹——亚松森姑妈，一个内心苦闷的虔诚女人——和豪尔赫·巴尔卡尔赛尔，她的丈夫，一个卫道士。海梅在他们家里长大，长辈们的装腔作势和道貌岸然让他压抑不已。

其家人道貌岸然的"良知"成为最能刺激海梅反叛的原因，但要背负十字架则并非易事。巴尔卡尔赛尔，一个头发花白、冷酷无情、在虚假的尊严中装模作样、以德行的判决和骇人的惩罚震慑家人的暴君，他的形象无处不在。挫败的亚松森总是盯着他——她是那些默默受苦度过一生的孤独者的化身，生来就无法吐露不快的真相——她因丈夫不育而没有子嗣，因此她残忍地一心想要占有和支配她的养子。海梅唯一可能的守护者，鲁道夫，是一个悲哀的无能之辈，沦为家族的一个穷亲戚，委曲求全，在家族老商店的柜台后面卖呢料。鲁道夫、巴尔卡尔赛尔和亚松森都是被压抑的生命。萎缩是他们每个人为自己的良知付出的代价。

海梅竭尽全力抵御环境的力量，但他逐渐在失去阵地。仅仅试图看清楚一切是不够的。但到了决定性考验的时刻，他失败了。那是一个孤注一掷的关键场景，在那个场景中，鲁道夫以出人意料的勇气，突然起身，如释重负地说出那讳莫如深之事，"多么的不同……我们与我们本来可以成为的样子"，他在用餐时在餐桌上对家人宣之于口。紧随这些可怕话语之后的是一片愕然的沉默。这是彻底的摊牌。那一刻，鲁道夫征服了海梅的心。他期待着海梅的表态。这是海梅的机会，然而他默不作声。他放任这一刻过去。一切又恢复如常。不久之后，鲁道夫死了，他被儿子抛弃，原本他希望听到儿子说原谅他。正如家庭的忏悔牧师告诉海梅："除了你的爱，他对生活没有任何期待。他不想没有它而死。但你没有说给他听，即使是象征性的，你也未能给出一个姿态。你判他在痛苦和绝望中死去。你是个胆小鬼……"海梅低下头。他意识到自己太弱，无法战斗。很快他就被迫与家人一直不待见的忠诚朋友洛伦佐分手。在这次失败的打击下，他跑到阁楼寻找庇护，"在那里，他头抵绿色的木头，祈求自己和其他人一样，他向另一位上帝祈求，与他年轻时信仰的上帝毫无瓜葛的新上帝，将他从爱与骄傲、牺牲与罪行的极端话语中拯救出来"。正如他曾向洛伦佐坦白的那样："我一直没有勇气。我无法成为我想要的样子。我一直无法成为基督徒。我不能独自面对失败；我无法承受；我必须有所依靠。我没有比这更多的支持：我的姑姑、姑父，他们为我准备的生活，我从所有祖先那里继承下来的生活。我屈从于秩序。"富恩特斯说，他的放弃和投降是"一种诚实的行为，自相矛盾的是，这是他在小说中唯一实现的诚实行为。唯一一次他对自己绝对真诚，也是他唯一一次承认真相"。

富恩特斯在《好良知》这本书上获得了什么成就？他让道德参与其中并对之进行拆解，以此开启了一部精心联构、结局必然的戏剧。小说文笔清澈、精确、优雅，尽管略显雕琢过甚。简洁、有节制的步骤，富恩特斯说道，"是我非常有意识且着力寻求的。出于某种很清楚的原由，这一点在我完成《新人》四部曲后大家会看见，其中《好良知》是第一部。我需要以此主题和风格作为四部曲的地基。之后的写作，我要离开瓜纳华托的世界——它是以非常 19 世纪的形式被表现的，非常佩雷斯·加尔多斯（Pérez Galdós），非常巴尔扎克——将人物带到墨西哥城，并实现小说节奏和风格的改变。也就是说，《好良知》是一种将被其后的小说所打破的风格。一种在整个小说系列中或多或少发挥着嘲讽作用的风格"。为了夯实这一地基，富恩特斯尝试了一种疏离的基调。这个全知的作者知晓并看到一切，阐明情况并解决问题。他想给人物和事件一种自主的氛围，但一切都太过明确。

与往常一样，在富恩特斯这里，据他自己的定义，核心问题是"处在发展中的集体里的个人责任"，换句话说，是个人喜好与阶层和家庭利益之间的冲突。富恩特斯尽量保持距离和客观。但他无法抗拒在每一页上都对海梅做出评判，这让读者产生了抵触情绪。我们会觉得海梅以必然的、甚至是颇显刻意的方式被预先审判，这就好比玩牌时事先做好标记。富恩特斯对他想证明的论点深信不疑。他过多的言论让他处于说教的边缘，描述太过传统，选择太过明确，而且最终的结局太容易预测，这些都是为了让论证看起来没有倾向性。又一次，就像在《最明净的地区》中，虽然没有了啰嗦冗长，但解决之道还是话语上的。归根结底，《好良知》是一个训诫故事，带着寓意和道德评判。它在其最薄弱的地方终结，令它的结局显得突兀。海梅的屈服是象征性的：成为论据的部分，而非生活阅历的部分。通过人物之口说话的是作者，人物被他当作棋子移动。"写得不好"，富恩特斯笑着表示同意。他打算在下一版中弥补这一缺陷。

尽管如此，《好良知》还是通过那些小说标志性的景象所展示的力量而令人尊重。我们会看到一个在不眠之夜后刚起床的神情木然的亚松森，她在镜子里检查着自己没用的乳房和干瘪的肚子，随后倨傲地起身，将晨衣扣至脖颈处，迈着高傲的步伐离开房间，开始新的一天；我们看到高高在上的巴尔卡尔赛尔，半醉着在妓院里被抓现行；我们看到海梅跪在地上，画十字祈福，然后在教堂里掀起基督的袍子，检查他的身体构造，随即，他热切地亲吻"被钉十字架的双脚"，期待着让他永远与众不同的神示；还是海梅，他成了一个穿着麻布、灰头土脸的隐士，他用荆棘鞭挞自己，片刻后，他痛苦地放任自己接受一种让他摆脱虚弱不堪的施虐狂的冲动，在街上用石头砸了一只猫。

富恩特斯更具野心、更有扩张性的作品是其第三部小说《阿尔特米奥·克罗斯之死》，该小说的写作始于1960年，彼时富恩特斯逗留在古巴。这部小说据说是从一种对作者支持的古巴革命的考量视野写就的。实则相反，它并不是、也不想是一部政治小说，此外，它也并非一部有争议的小说。但它确实反映了新一代作家的介入视角。如同《最明净的地区》一样，它也是全景视野，但这一次是思想上的全景。镜头直指内心，聚焦在主角的意识上，他在临终前重温了自己的生活，进而重温了现代墨西哥的生活。

阿尔特米奥的故事——跨越了几十年并在整个国家投下了阴影——就是墨西哥革命的故事。阿尔特米奥与革命一起成长，一起繁荣，也一起败落。他在自己最初坚定且毫无保留的岁月里率领叛军，看着革命延展其偌大的承诺，像一条通往河口的大渠般拓宽自己，但后来衰落，直至失败。就像《最明净的地区》中的罗布莱斯一样，他在那个时代深知爱、忠诚和勇气，但他妥协了，放弃了他的理想，追求一种虚荣的物质幸福，从中收获的只是厚颜无耻和幻想破灭。他之所失亦是墨西哥之所失。因此——有着确切的并行和对等——记忆中折磨他的青春之爱与他革命时期的愉悦相重合。他晚至的婚姻是利益和协定的产物，伴随着被制度化的革命的停滞与肮脏的交易。在他的中年，一位爱慕他的情妇为他提供了重振精神的可能，但阿尔特米奥放弃了重新出发。革命理想再一次在其心中短暂跳动，是当他的儿子洛伦佐全速扬帆启航、投身西班牙内战的烈火中时，彼时恰逢墨西哥卡德纳斯的总统任期。但很快，这最后的幻想破灭了。洛伦佐死在西班牙，阿尔特米奥陷入崩溃。这就是他的生活对他的反馈。现在，在他时日无多的最后时刻，他也只能自食其投资的苦果，只能继续累积财富，毒害自己和那些围绕其身侧直至他死去的人，他的死将结束墨西哥历史的一个篇章。

作为道德瓦解的写照，《阿尔特米奥·克罗斯之死》有其辉煌的时刻。力量在于专注。这是一部精心写就的作品。阿尔特米奥·克罗斯的肖像很复杂，未流于漫画式的描写。阿尔特米奥，墨西哥考迪罗[①]的原型，"是一个"——富恩特斯说道——"鉴于我们倾向于区分黑白而在墨西哥很容易被归为黑色系的人物。我的意图，尤其是在我写这本小说时逐渐形成的意图，是不要出现这种情况。阿尔特米奥·克罗斯是其英雄，同时也是其反英雄"。

富恩特斯作为小说家日益成熟的一个衡量标准，在《阿尔特米奥·克罗斯之死》中，正是他对问题的细化和人物塑造的

[①] Caudillo，意为"首领"或"头目"。特指代表地主（庄园主）利益的，并在一个时期内掌握了国家或地方军政大权、具有独裁性质的军事首领。

完善。阿尔特米奥在他的冒险过程中不断发展。的确，他的生活限制了他。但在他所处的框架内，他越走越深，最终虽然失败了，但他比最初更了解自己，并企及了自己的高度。他知道，也明白……他不是四处射击的自然主义文学的傀儡。他有其他的维度。他，在不同的时候，有时就是同时，残酷又亲切，狡猾又坦率，令人钦佩又让人鄙夷，固执，沉默又令人感动。如果说他一直活得鲁莽草率，可他也能在与世界清算的时刻反省。如果说他总能欺世盗名，那他也被当场抓过现行。他看清自己的样子，而这种对事实的认识使他富有人性。此外，如同《最明净的地区》中狂放不羁的诺尔曼，他之所以活着，是因为他一直热爱生活。在对其悲剧的承担中，他获得了——如果不是救赎——至少是某种英雄的伟大。

《阿尔特米奥·克罗斯之死》以其令人难忘的革命运动的场景，以其充满活力且总是丰富多彩的文笔，取得了远超富恩特斯前部作品的一种戏剧性共鸣。作品丰富而不冗长。不甚出彩的是他使用的一些过于华丽的技巧。和在《最明净的地区》中一样，富恩特斯对时间的游戏颇感兴趣。为了交织不同的时间，他诉诸内心独白（现在时）、闪回（回溯的时间）和一种令人好奇的"未来化"——姑且给它这样一个名字，它体现在一种意识的声音中。在内心中以"你"称呼主人公，这样做的结果是伤害了句法并延缓了行动。一些在《最明净的地区》中虽有些许不连贯但自然顺势的写作方法在《阿尔特米奥·克罗斯之死》中变得机械化。富恩特斯最出彩的地方在于"直接"的叙述。

《阿尔特米奥·克罗斯之死》中最有成效的场景是线性的。而在其他部分，富恩特斯趋向自动化的写作。对他而言，轻而易举是写作的劲敌。在《阿尔特米奥·克罗斯之死》中，很多篇幅，除了厚重和精微，也因太过雕琢，以至于因纯粹的机械化而失之鲜活。

另一种角度的批评可针对作品《奥拉》(1962)，这是一部相当不神秘的神秘小说。事实上，它提出了个人身份的问题。场景不可避免地是一座挂满蜘蛛网的古宅，里面住着一位古怪的老妪——作者似乎读过亨利·詹姆斯的《阿斯彭文稿》——和她的二重身，一位唤作奥拉的姑娘，老妪可随意化身为她，以重温幼时的幻想。一位客居古宅、在此工作的年轻学者爱上了奥拉——被施了魔法等待其浪迹在外的骑士的少女——并陷入巫术。不久之后，他得以解脱，心中苦痛，发现女人就是女巫。

《奥拉》引用儒勒·米什莱（Jules Michelet）的话开篇："男人狩猎战斗。女人谋划织梦；她是奇幻之母，是众神之母……"且从未超越这个文学命题的虚无。脆弱的奥拉，连同她所有的咒语，永远不会让读者中咒。糟糕的是小说的结构，因为想要有揭秘，首先就得有神秘之处。相反，在这本书里，作品的全部用意从一开始就很明显。《奥拉》在两个相互依赖的层面展开，既是一个寓言故事，也是一个鬼故事，但无论哪一个，都没立住，因为小说既没生出悬念，也没造出臆想。就连富恩特斯的风格在《奥拉》中也有所松弛，变得"令人愉悦"，甚至趋于平庸的程度。一切都安排得太好了。然而，富恩特斯对《奥拉》青睐有加，他一直忙着将其改编为电影（也许那样效果更好）。身份主题——在之前的小说中投射到国家层面——在《奥拉》中不披任何外衣地出现，这构成了叙事心理学的一部分，它试图通过混淆读者与中心人物来对抗读者的身份。实际上，《奥拉》是指向第二人称的，他的身份——是演员也是观众、是主角也是读者——保持着含混的状态。小说虽然远离"社会"现实，但它旨在探索集体无意识的奥秘。毕竟，富恩特斯表示："每一个故事的背上都有一个幽灵。"幽灵，在《奥拉》中，是"掌握秘密的知识，即有效的知识、广泛的知识、普遍的知识"的女人。

更具说服力的作品是《盲人之歌》（1964），这是一部短篇小说集，收录了富恩特斯数篇最佳之作。富恩特斯是为数不多掌握短篇小说写作条律的拉美作家之一。据悉是因为他对这一文学体裁繁盛的北美文学的特殊好感，他爽快地说道，"我非常热爱这种形式。我喜欢短篇的结构，浑圆的整体结构"。短篇小说也是使用那些总是对富恩特斯具有吸引力的精湛手法的理想体裁。它是套牌和惊喜的艺术，没有人比富恩特斯对此更了解，他驾驭这种形式就好像是他发明了它一样。

短篇集的标题暗示了盲人是预言家这一古老信仰，他们是被授权阅读人们心中隐藏的真相并揭露他们的秘密罪行的"先知"。这一传统将古代的盲人吟游诗人和神谕者奉若神明。在西班牙，还有一个关于街头盲人吟唱者的传统，他们在集市上唱诵悲剧性的民谣，通常会有引路童的帮助，后者会用指示棍

——指出那一系列画在悬挂在框架上的木板上面的故事里的转折，就像在大基诺剧院一样，展示的大多都是血腥和怪诞的轶事。

如此，在《盲人之歌》中——该书讽刺诡计、做作、轻浮、对时尚的崇拜以及墨西哥社会的所有妆容——富恩特斯邀请我们参加一场可怖的盛宴。出门去踢家人的骷髅，将脏衣服晒在太阳下。《两个埃莱娜》中的艺术家埃莱娜，她厌倦了艺术画廊，在看了电影《祖与占》之后，宣称自己是"三人行"的解放信徒，她想象自己将在其中得到充分的"补充"，却没有怀疑她的丈夫已经通过爱上她的母亲而提前实现了其三角关系的打算。《纯洁的心灵》是神秘的道德谋杀和黑暗的阴谋，是兄妹间的乱伦故事，让主人公陷入怀孕、堕胎和自杀的境地，揭露了大男子主义的病态。《捉海蛇》为詹姆斯笔下被欺骗的童贞这一主题创造了变体：一个颤巍巍、人老珠黄的老处女，揣着她在墨西哥的礼品店赚的一点积蓄，乘坐一艘英国客轮去度假，在船上，被一个冒充是费城——友爱之都——富人家长子的英俊男子引诱，但他原来是个同性恋舞男。在《娃娃女王》中，一位怀旧的叙述者在寻找遗失的童年伙伴时发现了一堆无用的旧物，被伙伴的崇拜亡灵的父母存放在一间层层上锁的房子里，他们将瘫痪的女儿藏起来，而他们崇拜的是以蜡像形式保存的女儿以前的美丽。《旧道德》是关于对一种可疑的纯真的腐蚀。一个男孩和一个下流的祖父一起生活，这位祖父会令人作呕地抚摸他的女管家，时常侮辱街上路过的神父。几位年长的姨妈取得法庭许可,要带男孩去一个更好的环境。但新的寄养家庭情况比之前的更糟糕,因为不久之后,其中一个老东西玷污了他。《生活的代价》讲述的是一名出租车司机在巷子里被刺杀;而《命中注定》则向我们展示了一位时尚画家,他与邪教徒的嬉闹并未妨碍他发现自己对于爱情的无能和无欲。一段引自雷蒙·拉迪盖的题词——有一个新版本,其中有一段来自《真爱集》——点明了作品的意图,并对作品的情节做了收尾。我们得出结论,墨西哥既年轻又古老。在其老练中已有了一丝颓败的气息。在令人眼花缭乱的现代性中,与过去捆绑在一起的旧生活的方式依然探出其触角。新墨西哥伴着悖论式的繁荣。它没有打破它的束缚,但它已开启了危险的生活。

自《最明净的地区》年代以来,富恩特斯说道,时代已经发生了变化。选项和替代方案不再像当时那样清晰。

"发生了什么?世界本身以不同的速度发展,它逐渐消除了许多意识形态的差异。已经出现了新资本主义的整体现象,东方的国家形式与西方的资本主义形式日益融合。而墨西哥是一个拥有很聪明、也很精明的统治精英的国家,他们非常敏锐地意识到了新资本主义的路线,并开始在墨西哥实行。在一个处于沃尔特·惠特曼·罗斯托(Walt Whitman Rostow)所说的'起飞'阶段的国家,墨西哥政府,尤其是现任政府迪亚斯·奥尔达斯(Díaz Ordaz)政府,已经开始在墨西哥的生活中推行一系列典型的新资本主义理论和实践。所以,视角已经完全改变了,在文化上强烈反对沙文主义,强烈反对过度关注墨西哥性。具体的事实是,由于所有这些阶段,墨西哥问题已经被很好地消化,尤其是精英、知识分子、年轻人、学生,他们不再站在镜子前自问成为墨西哥人意味着什么。我们说,这所有的艺术运动,由何塞·路易斯·奎瓦斯(José Luis Cuevas)、新作家、新电影制作人所领导,他们都认为成为墨西哥人是自然而然的事实。问题是成为一个人,对吧?因此,他们正在制作的艺术作品反映了这种新的人格和这种新的含混。"

新艺术也反映了墨西哥艺术家的日益孤立,据富恩特斯的说法,这种现象,"我认为很显然是由于一件事。传统上,在拉丁美洲,从独立的那一刻起就存在萨米恩托所指出的这种明显的划分,甚至体现在他的一部作品的副标题中——《法昆多:文明与野蛮》(*Facundo: civilización y barbarie*)。显然,这位拉丁美洲半封建世界的知识精英站在反对野蛮的文明一边。于是,选择就很简单、很断然。他支持受法国大革命和美国宪法启发而提出伟大拯救方案中的开明元素,反对我们的西班牙遗产中所有伟大的封建残余……我认为如果今天有像巴尔加斯·略萨、科塔萨尔和我一样的作家,很大程度上是因为这样的选择已不再那么容易。也就是说,现代性的世界已落户拉丁美洲,通过一系列事件:北美资本主义的进入,它创造了一个购买阶层、服务业、转型工业、消费、电视、娱乐,所有这一切;在拉丁美洲的大城市里,驻扎着现代世界。于是,选择不再是文明反对野蛮,因为文明就在那里。作家曾是少数精英的一员,他们从左翼谈到寡头政治的右翼,面对后者极度的冷漠态度,无论如何都有着行动和产生更大影响力的可能性,但突然之间他们淹没在小资产阶级中。于是,史诗性选择产生的史诗文学——《堂娜芭芭拉》《旋涡》《堂塞贡多·松布拉》——一点点成为了一种焦灼、含混和批判的文学,成为那些从传统位置上离开,面临着需要写出更个人化、更精雕细琢、更孤独的文学作品之人的文学。眼下,这一切最先发生的地方,我认为是在墨西哥,因为墨西哥的革命事实,知识分子作为精英反抗迪亚斯独裁统治是其统治的一个方面。在墨西哥,诞生了一种具有大众根基的艺术,有时非常蛊惑人心,它做出过巨大的贡献、是伟大的发现,却最终在沙文主义中落脚自毁。但这一事实破坏了作家、艺术家作为精英成员的可能性。它把他们带到了墨西哥的小资产阶级,以及正在形成的中产阶级的层面。我们已经知道身处中产阶级的艺术家的问题是什么。尤其是其中的拉美艺术家,他们对精英有某种怀念,有些想要回到那个精英的黄金时代,对吧?"

拉美艺术家的这种有名的精英怀旧,毫无疑问,部分原因是由于他在一个逐渐废除其权力和缩小其影响范围的社会中感到被边缘化。精英作家在某种程度上是车轮上的车轴。置身于长期摇摆在独裁和无政府状态之间、"缺乏媒体民主、新闻自由、负责的国会、独立的工会"的国家,正如富恩特斯所写,"个体小说家被迫要同时成为立法者和记者、革命者和思想家"。他是国家的良心,背负评估和评价的责任,并保持"社会表现与文学想象之间关系的连续性"。他是一个没有职务的部长,正如此刻富恩特斯在延展这个主题时告诉我们的那般,"他扮演了救赎者的角色,向被压迫的印第安人伸出援手,向被剥削的农民伸出援手。这是所有拉丁美洲文学的根源。那是一种抗议文学,在其中作家填补了所有在拉丁美洲的公共传播机构的空缺"。

相反,此刻,作家被困在一个不断迫使他拒绝其价值观的阶层中。他的艺术源于分歧和反叛。然而,这种处境也有其优势。"因为很明显,"富恩特斯说,"小说的诞生是作为作家的对立与反叛,作为作者所表达的与社会关系的僵化形式相悖的生活的对立和反叛。也就是说,小说家不可能没有异化而存在。异化为小说提供了道路。因此,对我而言,置身中产阶级并随之抗争、与之抗争是完全自然的:我认为这是(我这么说有点不知羞)写好小说的唯一途径。而且,"——他补充道——"我根本不参与梦想实现一个在其中异化将消失的、更好的社会。对此,我们在苏联社会中看得很清楚,那种国家的形式再次造成了异化,新制度的异化。小说家又一次为生命运动提供了通道,以对抗瘫痪的固化。这就是小说的含混之处:面对神圣的、封闭的艺术,小说作为对既定秩序的反叛而出现。可一旦小说想要的秩序获胜,它就陷入了不得不批评小说自身曾捍卫的秩序的悖论。我认为这对社会主义秩序也同样有效。这就是为什么如科塔萨尔或巴尔加斯·略萨的小说如此重要,在其中拉丁美洲左翼作家的单纯和原始幻想已被丢弃。例如,在《城市与狗》这样的小说中,显然存在一个与小说中的正义感既对立又综合的世界的悲剧视野。也就是说,巴尔加斯·略萨并没有停留在如加列戈斯等作家所有的对正义的天真的愿景之上。他有的是另一种将正义包裹、复杂化和具体化的视野:悲剧性视野。在巴尔加斯·略萨处,悲剧视野被完全内化了,他对通过用笔或是用步枪进行战斗,就会拥有乌托邦式的改变不报任何幻想。这完全不可能。在完美的社会里,孩童依旧会死去……"

至于消费社会,富恩特斯对日益增加的去人性化和精神破产的危险持悲观的看法。他说,对知识分子而言,总是有可能设立自己的道德准则,培养出闲暇和教育赋予他的感性。但这是"一种虚假的可能性,根本无足轻重"。作家不再是、也不应是那些本世纪初诗人自闭其中的那种"没有回声的独白"或"无人回应的无声电报"。城市小说收集大众的声音。

富恩特斯完成了名为《换皮》(*Cambio de piel*)的新小说,将于今年在墨西哥、意大利和美国同时发行,在其中编织了墨西哥中部历史名镇(乔卢拉)的现代生活和这同一城镇在科尔特斯时代的生活之间的精妙对位。他说,这又是一个"个体与世界之间冲突的故事——是一个私人的、古老的、怀旧的情感的故事,我们认为能以这一情感来确证我们的生活;也是一个对我们否认的世界之激情的故事。不同的时代和文化,教堂和金字塔互相重叠"。

另一个例子是《伽拉忒亚》(*Galatea*),"良知"系列中的第二部小说。这部小说受希腊神话中仙女故事的启发,它描绘了一个女孩,她是一群皮格马利翁或者斯文加利斯的受害者，他们没有塑造她，却毁了她。它本是"一部完全个人的小说，"——富恩特斯对我们说道——"关于墨西哥的一个女孩以及在墨西哥城成长的艰辛，但完全脱离了'良知'关注的问题……是一个孤立的、内心的生活，在其中腐败多少是纯真的同义词。一个人只能靠越界、腐化、铤而走险生活。"

《伽拉忒亚》并不成功。它原本要组成的系列也是如此，但其野心是成为一部更主观的小说。新一代的小说家，富恩特斯说道，受其小说前辈的影响比受卡洛斯·佩利塞和何塞·戈罗斯蒂萨等孤芳自赏的诗人的影响更小——具有讽刺意味的是，后者是"没有回声的独白"那些人；而现在，则受奥克塔维奥·帕斯的影响，越来越倾向于"个性化，内心生活的小说。我认为，尤其是针对以前那种必须建立一个流派，一个主题和风格都非常明显的运动的倾向，今天，由于墨西哥的生活变得非常含混和复杂，这种倾向就是一系列来自每个作家的非常个性化的表达。能为他们每个人贴的唯一标签或主义就是他们自己的个人标签或主义"。

富恩特斯本人，虽然和朋友之间有着"黑手党"和派系式的亲密关系，并对他们无条件地支持，但他从未与任何叫得上名字的文学运动发生联系。与之合作的墨西哥文学杂志也不向任何人做出承诺。相反，他说：自1956年成立以来，杂志一直秉承"拒绝地域主义、风俗主义、沙文主义以及封闭的墨西哥文学"。在政治层面上，它代表着"对任何先验的意识形态的拒绝、对第三世界的兴趣、对美国和苏联判断标准的独立性"。

然而，不偏不倚并非漠然的同义词。富恩特斯抵制小说中流行的危机或颓废概念，他认为他的作品与战后美国小说家如斯泰伦、梅勒和贝娄的作品之间有着强烈的亲缘关系。他说自己与梅勒面临相同的处境："被困在我们拒绝的中产阶级中的事实以及对众多存在主义、甚至是虚无主义态度的回应。如果我和梅勒有什么共同点，那就是都确信某种无政府主义的左翼潮流正在新资本主义国家内再次形成，确信这一事实为我们提供了一种文学表达方式和一系列的人物"。他以《换皮》为例，这是一部"一个正在衰老的虚无主义者、一个垮掉的人、一个年近四十岁的没来由的反叛者所讲述的小说"。如果梅勒谈及"无限拓宽可能的领域"，富恩特斯则对他自己的艺术有着同样的先见之明，他说，"作家必须迈出步伐，无论他身处怎样的社会，都要带着一种新的异端精神，唯此方能存有对自由的渴望，这或许是能获得自由的最切近的方式"。

被边缘化的可能性并不让富恩特斯担心。"我们必须自问，"——他说道——"随着这种新资本主义典型的社会和经济多元化现象在我们这些国家愈演愈烈，小说家是否注定会被越来越边缘化。但总是要有一种弥赛亚式的、整全化的意图。"因为，正如他所相信和肯定的那样："在一个永远未完结的世界中，总有一些东西只能通过虚构的艺术来表达和补充。"

加夫列尔·加西亚·马尔克斯，或钢丝绳

叶培蕾 译

他强壮而结实，但又很灵活，留着令人印象深刻的小胡子，酒糟鼻，牙齿镶补过。他身穿领口敞开的亮色休闲衬衫，窄腿裤，肩上搭着一件深色夹克。帕茨夸罗是一个晴雨不定的高原湖泊，位于墨西哥城西三百多公里处，就在通往瓜达拉哈拉的路上。在摄像机和聚光灯之间工作了一整天——他正与一组电影人在附近一个小镇泥泞不堪的街头拍摄，那里时不时就会落一场阵雨——之后，他在夜幕倏然降临时开始思考。

"举目望去只有死人。"他这样形容他祖国的文学。的确，自里维拉的《旋涡》——一部已然过时的经典——之后，这个国家再未以其小说家而闻名。哥伦比亚是天主教保守主义的堡垒，是政治传统主义和文学纯粹主义的博物馆。那里从事写作的都是学术界人士和语法学家。曾经也出现过一些值得尊敬的例外：比如何塞·亚松森·席尔瓦（José Asunción Silva）那样极度敏感的诗人；理智的现代主义者：吉列尔莫·瓦伦西亚（Guillermo Valencia）；以性格古怪著称的阴影之预言家：波菲里

奥·巴尔巴·雅各布（Porfirio Barba Jacob）。至于小说方面，田园诗般的《玛丽亚》（María）是属于浪漫主义的灵光一现。除此之外，哥伦比亚之所以引人注目，是因为那里出产了南美大陆上最糟糕的一些作品。只需回想一下《泥之花》（Flor de fango）的作者巴尔加斯·维拉（Vargas Vila）的花里胡哨的行文便已足够，这部作品因融合了异域风情与色情而曾在世纪初风靡一时。其他时期，作为哥伦比亚风俗小说的开创者，托马斯·卡拉斯奎拉（Tomás Carrasquilla）的作品也值得称道。他所谓的风景写实主义实际上旨在说教。奥索里奥·利扎拉佐（Osorio Lizarazo）以左拉式的自然主义描绘出戏剧性的画面。但经久不衰的只有《旋涡》，而且很大程度上是因其为更富技巧的小说家们所留下的热带文学原型。这些小说家的领袖正是加西亚·马尔克斯。

加西亚·马尔克斯历尽磨难的一生足以不止一次将他摧毁，但也为他留下了宝贵的个人体验，后者丰富了他的作品。这是一个在遭遇海难时不会溺水而亡的人。他在墨西哥住了许多年。假如可以的话，他愿意回到祖国——他说，如果祖国需要他，他会立刻抛下一切——但此刻他与哥伦比亚无话可说。挡在他们中间的，除了其他，还有那些让他走上流亡之路的政治分歧。与此同时——旅居生活或许不甚舒适，但之于他也意味着成功——他像一位小心翼翼的司库，身边环绕着夜晚的珍宝。他名下的作品寥寥，却已然好似一位创作界的百万富翁。他以《枯枝败叶》（1955）出道，之后，伴随着一道无从遮掩的眩光，《没有人给他写信的上校》（1961）、《格兰德大妈的葬礼》（1962）

和《恶时辰》(1962)很快接踵而至。他是这个具有一定异质性的国际青年"黑手党"的创始人,其全部成员——富恩特斯、巴尔加斯·略萨——都在三十岁上下,他们的作品彻底改变了我们的文学。这群异乡人很少聚会,也并非全都见过面,但仍保持着跨越国界的交流。他们既彼此仰慕,也相互竞争。尽管嫉妒是不可避免的,但他们也感到一个人的成功就是所有人的成功。加西亚·马尔克斯称之为"团队意识"。所有人都在打破陈规。在如今的拉美,才华俯拾即是,而且一旦出现就会广为人知。这里有一种繁盛的新意,一种欣快之情。加西亚·马尔克斯说,至少在眼下,拉美小说是解决法国新小说[①]不育症的唯一答案。他对自己的才华依旧心存怀疑。然而,他活在、并感觉到自己存在于作品之中。就像许多作家一样,他的创作是为了弥补某种个人缺陷。他是一个激烈、无常的人,用他的话说,为了能够走进人们的心里,为了赢得他们的喜爱,他什么都愿意做,哪怕是写书。他心中对于童年回忆的细致再现,出卖了那个将房子驮在背上浪迹天涯的流亡者。

因为加西亚·马尔克斯的存在,哥伦比亚最有趣的地方是一个名叫马孔多的热带小镇,它在任何地图上都难觅影踪。它的一侧是沙丘和沼泽,另一侧是难以翻越的山脉,像这样炎热而衰败的海滨小镇,在地球的腹地上还有成千上万个,但它也非常特别,既陌生又熟悉,既奇特又普通,像心跳般转瞬即逝,

---

① 即 nouveau roman,也叫"反传统小说",是20世纪50年代至60年代盛行于法国文学界的一种小说创作思潮。

似被遗忘的风景般永恒。在这样的地方，旅人之所以离开，是为了归来并找到自我。马孔多，与其说是一个地方，不如说是一种氛围，它既无处不在，又无处可寻。往马孔多去的人会开启一段内心的旅程。它是地理，同时也是历史和自传。

加西亚·马尔克斯1928年出生于阿拉卡塔卡，一个位于圣玛尔塔附近的小村落，那里或许与马孔多极为相似，因为后者的名字来自他幼年时当地的一个香蕉种植园。他在那里长大——他在某种意义上依然在那里生活，当年家中的闲言碎语化身成为神话。

马孔多曾有过一段动荡的历史。上世纪中叶或末叶，那里的第一批定居者是从当时摧毁了哥伦比亚乡村的内战中逃离的难民。战争——"哥伦比亚漫长而痛苦的现实"，加西亚·马尔克斯这样说，它们始终存在于他的背景之中——于1903年前后结束，但它导致的后果仍然没有消失。马孔多在1915年至1918年间迎来鼎盛期，也正是"香蕉热"让那里随处可见冒险家的时期：那是一群"枯枝败叶"般的人类，满怀痴迷的希望到来，又很快被坏时代的飓风席卷而去。当香蕉公司抛下这个小镇时，它带走了繁荣，留下了惰性和冷漠。能走的人都走了。剩下的人熔化了。几乎没有任何东西能让他们打起精神。留给马孔多的只有昔日的宿怨、消失的英雄、溃烂的盛世妄念、迟到的回忆。在这种普遍性的绝望之中，有一段时期盗匪盛行，镇子被洗劫一空，随后天降瘟疫和灾祸、干旱与洪水。当时曾有一个所谓的"安抚"计划，也陷入了困境。比经济崩溃更加糟糕的是道德崩坏。这是一个充满恶意、仇恨和怨怼的小镇。往事被活埋，又以一种悔恨不安的形式卷土重来，成为集体的噩梦。马孔多无人安睡。那里充斥着怀疑和猜忌、暴力和敌对的气氛。长久以来，除了某个潦倒的马戏团意外来访或是邮轮每周一次到港，似乎再没有什么能改变那种沉沉死气。然而更糟糕的事情还在酝酿之中。你能从空气里感觉到这一点。马孔多正享受或忍受着一种岌岌可危的稳定性。但通过某种第六感，它察觉到巨震将至。这是革命的末日时代。游击队在山林里出没。尽管谁也不提，所有人都对此心知肚明。镇上的医生在分发秘密传单；爱说闲话的理发师在一张写着"莫谈国是"的纸条底下干活；神父又瞎又聋；裁缝铺是一个叛乱窝点。历史即将碾过马孔多。预兆与日俱增。不久之前，鸟儿们从天空坠落。马孔多，乏味而疼痛的马孔多，正身处地震前夜。翘首以待的加西亚·马尔克斯捕捉并凝固了这个等待的瞬间。一切都尚未发生。但在某种意义上，一切都已然发生。夜晚的炎热与痛苦已经对即将到来的白天做出了预告。

　　时间和距离蒸发了马孔多。它的轮廓波动不定，它的统计数据同样如此，而它的地理和人口学特征则显得模糊不清。它完全可以是不止一个地方。有时加西亚·马尔克斯会将它描绘成一个村庄，有时——他称之为"便利方案"——则是一个具有相当规模、与首都之间每日都有列车往返的城镇。那里只有一个破旧的电影院，但至少有两名同时在任的神父，还有半打退休的上校，全都背负着封存于心的回忆。有很多细微的矛盾和不协调之处。但这并不重要。信息之所以有出入,是因为它们只是例子而已。马孔多的意义不在于其本身,而在于它所暗示的东西。它只为那些心中的眼睛而存在,因为它们所见的不止眼前之物。正如所有神话之地一样,马孔多不止一个:一幅令人如坠雾中的图景。

神奇的是,这样一个离根万里的人竟然能够寻回自己的本源。当加西亚·马尔克斯在1940年随耶稣会士去波哥大上学时,马孔多已然是一个幽灵。那年他十二岁,记忆中的那个孩子有一双明亮而惊惧的眼睛。他因变化而感到痛苦,但对城市生活的美妙并没有太多感触,而且是一个不太上进的学生。他的求学生涯——中学和之后在波哥大大学法律系的耻辱经历——也不甚顺利。他通过某种方式保持着内心的平静。在此期间,他必须挣钱谋生,于是一头扎进新闻行业碰碰运气。与此同时,他也走上了创作小说的奋斗之路。他读了很多乔伊斯和卡夫卡的书,然后模仿他们,"恶搞他们",结果不尽如人意,像"玩杂耍的"。此路不通。他说,要是最初那几篇小说还在他手上,他会将它们毁掉,可惜它们正在《观察家报》[①]——这份自由主义报刊的文学副刊是最先发表其作品的刊物——的档案室中静待后人。正是这些小说的其中一篇在1946年为他敲开了新闻界的大门。他在《观察家报》担任了好几年的编辑和记者职务。这份工作带他走遍了祖国的东西南北。1954年的一

[①] *El Espectador*,哥伦比亚的全国性报纸,于1887年3月22日在麦德林创刊,也是哥伦比亚目前仍在发行的历史最为悠久的报纸。

天，报社将他作为驻外记者派往欧洲。他迫不及待地动身，然后在罗马安了家，在那里发现了他的庇护所——罗马电影实验中心。电影一直对他充满吸引力。他念了一个导演课程，同时将自己对于当下影片的印象与评论发回哥伦比亚。他从罗马前往巴黎——那是一位作家的轮毂——并从那里出发游历了东欧。旅途中，他带着愈来愈强烈的紧迫感，全心投入到一部作品的创作之中。这部作品有许多悬而未决的章节，其中之一将会独立生根，成为《没有人给他写信的上校》。

有那么一段时间，一切都顺风顺水，直到1955年底，将国内反对派逼入绝境的独裁者罗哈斯·皮尼利亚（Rojas Pinilla）关停了《观察家报》。报社此前一直按月给他汇款、从未有失，如今却让他无处安身，等着一张永远不会寄到的支票。他度过了饥肠辘辘的一年，不知道下一顿饭将从何处来。他记得他曾在万神殿附近拉丁区一间肮脏的酒店房间里饱受胃痉挛的折磨。他欠了一整年的房租，共计十二万三千旧法郎，这在当时是天文数字。同时他也有一个愉快而病态的发现，那就是自己并没有绞尽脑汁地想要走出困境。实际上，他过得并不是那么糟。他正处在某种模棱两可的境况之中，兼具诱惑和恐惧，而他的意志被工作麻痹了。而且，奇怪的是，酒店对他充满同情，并没有试图让他付账。他说，酒店负责人信任他，因为他从不离开房间，他们甚至因他损失了客户，因为他夜里用打字机写作时会发出噪声。最后，一文不名的他溜进了阿尔萨斯大街上的一间不止有女仆的女仆房。

诅咒在他 1956 年——他先是在哥伦比亚停留了一阵，与焦灼等待了他四年的女友梅赛德斯完婚——移居加拉加斯时解除了。在那里，他就职于《时刻》(Momentos) 和《精英》(Élite) 杂志编辑部，其间完成了另一部从上面那本书中独立成章的作品——《格兰德大妈的葬礼》。1959 年，当卡斯特罗入主哈瓦那时，他受命前往波哥大开设拉丁社①办事处。次年——也就是赫鲁晓夫持鞋敲桌那一年——他代表拉丁社参加了联合国大会。这份工作为他带去了满足和（暂时的）宽裕。但随着与拉丁社的关系很快恶化，他辞职了。

最后，他在 1961 年来到了墨西哥，口袋里揣着一百美元。就在他快要把最后的十美元花光时，"团体开始发挥作用了"。他在墨西哥的朋友们帮助他融入了位于市郊的住宅区——圣天使旅社街区的艺术家群体，他在那里如鱼得水。他在墨西哥写完了《恶时辰》这部在西班牙有些遭到曲解的作品。这一年间，他拿到了应得的文学奖项，但无法以此糊口。他辗转墨西哥各地，以为新浪潮电影撰写剧本为生。他其中的一个故事《咱们镇上没有小偷》，被一个实验剧组拍成了电影，并在 1965 年的洛迦诺电影节上展出。他尽可能地窃取时间和精力，将其倾注到在他内心深处继续生长的那部作品之中。那是一个无底洞。

我们的座上宾加夫列尔，是一位从天而降的天使②——

---

① 全称为拉丁美洲通讯社，1959 年 4 月成立于古巴首都哈瓦那，是直接受古巴共产党中央委员会管辖的官方通讯社。
② 加西亚·马尔克斯的名字加夫列尔（Gabriel）与《圣经》中的天使长拼写相同，故有此一说。

那些贫瘠的岁月赋予了他一种极度慷慨好客的性格，他坚持要帮我们支付酒店账单——与他在明净的帕茨夸罗共度的黄昏宛如一梦。空气纯净，然而我们几乎无法呼吸。我们所在的地方是位于通往邻镇的道路边上一个安静的殖民地风格旅馆。阴暗的入口通往一个有着盆栽植物和馥郁花坛的内院，四周拱廊环绕，顶上幽暗的房间开着窗，透出微光。前台对面挂着一块板子，上面有名单和拍摄时间。这里清晨五六点钟天亮，夜幕也降临得早。此时是十点，剧组收工的时间，餐厅里剩下四只猫。我们走进一间潮湿而空荡的吸烟室，一间带乒乓球桌的游戏室。一个人影穿过走廊，一把笨重的钥匙在门锁里辗转，一扇门砰的一声关上了。但入夜之后，就很少再有动静。

正当我们坐在房间里等待，借助铅笔和笔记本整理思路时——我们不被允许使用录音机——留着扎人的小胡子、眼中含光的天使加夫列尔从走廊上一处黑暗的角落里现身了。他进来得悄无声息，似乎有些不安，但是心情不错。他在帕茨夸罗过得很无聊，因为身边总是同一群人，所以他乐得有人聊天。成为谈话的主题令他受宠若惊，兴致盎然。"你们不能多留一段时间真是太可惜了"，他说，因为我们告诉他，我们第二天中午就要离开了。他像一个接受精神分析的病人那样向后倒在床上，躺着不动了——这是一个芬芳的良夜。

他的语速飞快，谈话间，烟头装满了烟灰缸。他随心所欲地编织出一连串想法，它们翩然起飞，有时在他还没来得及抓住之前就消失了。他自我催眠，并且故意显得心不在焉。但他并没有走神，实际上他专心在听自己所说的每一个字，就像努力想要从旁边或楼下房间里的谈话中探听到只言片语似的。

他写作时也是如此，从不制定计划，但处于一种完全警觉的状态，将灵感记录下来。他不依循任何预定配方。"我有坚定的政治理念，"他说，"但我的文学理念会随着我的消化情况发生变化。"当他讲述一个故事的时候，与其说是为了展开一个主题，不如说是为了发现一个主题。对他来说，事件与数据都是暂定的，它们是有效的尝试，但无法作为定论。今日之所见，明日或可抛。如果到了最后，所有数据相加所得的结果并不总是净值，也许那是因为我们在计算时应该采用减法，而不是加法。他的世界没有起点，没有终点，也没有外部边界。支撑和定义它的是内在的张力。它始终处于即将具象化的状态，但依然还是无形无状的。而且它也本应如此。它与客观现实之间的关系，正如同一张底片能够以不同的方式显影。他的全部想象都汲取自同一个源泉。它们共享同一幅背景图。《没有人给他写信的上校》（以下简称《上校》）、《格兰德大妈的葬礼》（以下简称《葬礼》）和《恶时辰》这三部作品差不多创作于同一时期。原本《恶时辰》这本书应该同时收录这三个故事的。"我想把我知道的都写进去。"加西亚·马尔克斯说。他与之搏斗了五六年，但一直看不到出口。积淀太多了。他舍弃了一部分，然后扩展了另外一些自行获得生命的部分。《上校》以及《葬礼》中的大部分故事就这样从亚当的肋骨中诞生了，它们重复了属于同一架构的同一批人物和场景。加西亚·马尔克斯说，《上校》起初是《恶时辰》中的一个篇章。但主角随着分量与篇幅渐增而"离家出走"，直到他不得不专门为他造了一栋房子。

从那以后，加西亚·马尔克斯一直在执着地挖掘自己独一无二的优势。一条脐带将他与他笔下的主题们连接在了一起。讲述和重述并未令其枯竭，反而使之愈加丰富。他在不断重读自己的作品。他可以整个整个章节地背诵。他对其进行检查和修改，试图寻找替代方案，但又总是回到起点。"我已经不知道我在写哪一本书了。"他说。他的固执源于怀恋：对一个时间和一处地点的怀恋。他已经离开太久了。"我的传奇正在冷却。"他愿付出一切让它们复活。它们是来自他童年时代的光——以及灵感的幸福。

"我有一个奇妙的童年。"加西亚·马尔克斯说。他几乎没见过父母。他将缺席的母亲想象成一个无限宽广、而他从未置身其中的怀抱。他在七岁或八岁那年才第一次见到她。她将他留给外祖父母照顾，而后者在他记忆中是神奇的存在。"他们有一栋巨大的房子，住满幽灵。他们是想象力丰富而又非常迷信的人。每个角落都有亡灵和回忆，傍晚六点之后，房子便无法通行。那是一个惊人的恐怖世界。交谈用密语进行。"他是一个受惊的孩子，会缩在角落里的一把椅子旁边，或是将自己藏在家具后面。他的床脚下隐约闪现一个巨大的金色祭坛，上面有石膏做的圣徒，他们的眼睛在黑暗中发光。外祖母像一个痛苦的游魂般在房子里出没,会在夜里蹑手蹑脚地走进来,讲故事吓唬他。她是一个精神紧张、容易激动的女人,常常陷入癫狂和幻觉。相反,外祖父——他在当地政府机构有一份小官职——是他的亲密同伴、朋友和知己,"我生命中最重要的人",加西亚·马尔克斯如是说,他在不止一个人物身上再现了外祖父的特征。他们一起走很长的路,一起去马戏团。这位老人曾经参加过内战,战争在他身上留下了深深的烙印。他曾经被迫杀了一个人:那段经历始终困扰着他。"你都不知道一个死人有多重。"他叹息着对自己的外孙说。他在男孩八岁时死去,这之于加西亚·马尔克斯是整个时代的终结。"之后的一切对我来说都很平淡。"他说。成长,求学,旅行,"这些全都没有引起我的注意。从那以后,我身上再也没有发生过任何有意思的事"。

他说,他至今为止写下的一切都是八岁前就已经见识或听说过的。在能够善用这些回忆之前,他需要一段漫长的沉淀期。召唤回忆是一项棘手的任务,没有万全之计。他摸着石头过河。一切似乎不请自来,或来自迷雾,或来自虚空。要说他创造了什么,那也几乎都是歪打正着。"我写的全都是我了解的东西、我见过的人。我不做任何分析。"他的职责在于接纳。"我不太清楚每个人应当被置于何处,也不知道他们意味着什么"——他们在一个突如其来的动作、一次争执、一抹微笑、一个被遗忘的声音中现身,闪耀一瞬,然后消失。要是有可能,他会及时把他们抓住。有一半时间他抓住的只有虚空。

时刻保持警惕的人迟早会得到回报。加西亚·马尔克斯的回报是《枯枝败叶》,这部他十九岁就开始动笔、但直到八年后才出版的作品。这本书是一个雏形,仅是对于未来之物的一个承诺,但是充满戏剧性、色彩斑斓,另外还包含了大量日后将构成他其余作品背景的历史事件。在《枯枝败叶》里,加西亚·马尔克斯将亡灵们从坟墓中翻搅而起。马孔多的故事所涵盖的时间——1903年至1928年——其实比它的作者要早。它在他出生的那一年落幕了。

那些围绕棺材中的一具尸体展开的迂回独白回顾了马孔多的兴盛与衰败,它们在一个家族跨越三代人的命运中得到映照。每一代人里都有代表登上舞台,他们是叙述者,也理应为表演提供观赏角度。开场时现身的是那个典型的加西亚·马尔克斯式的人物:那位傲慢的老上校与内战隐约有所关联,而如今已经光荣地从战场上退了下来。上校的第一任妻子死于难产。上校再婚了,第二段婚姻给他带来了一个任性而活泼的女儿——伊莎贝尔。她在被变心的丈夫抛弃后,与父亲一同住在祖宅——加西亚·马尔克斯说,那是他外祖父母的房子的翻版。上校、伊莎贝尔以及她的儿子——男孩是作者本人模糊的投影——是一起普遍性悲剧的见证者。

他们在家族的一位故友悬梁自尽之后重忆往昔。故事围绕死者这一轴心,逐步重建了他走向自杀的动荡之路。这是一个古怪的人物,一位来历成谜、出身可疑——也许是外国人:他总是在读法语报纸——的大夫。很多年前,他带着某位身份未知的共同熟人的神秘引荐信,像命中注定一般来到此地,在这个家里住了下来。这家人收留了他，但从来没有人清楚原因，也许是因为只有上校的第二任妻子阿黛莱达才了解的某种遥远的友谊、联系或亲缘。很多年里，他是镇上唯一的大夫。他是一个沉默寡言、忧郁内向、久坐不动的人，在上校的庇护下冷漠地行医。在"香蕉热"期间，随着人口增加、其他医生随之拥入小镇，他渐渐与世隔绝、离群索居，直到把自己关在蛛网密布的房间里闭门不出。在那里，这位单身主义者为幻觉所困，在空荡荡的床上辗转反侧，彻夜难眠。那时谣言四起，说他暗中勾搭理发师的女儿：那是一个能够看到鬼魂的可怜姑娘，而且，后来她似乎还将一个鬼魂带到了人间。直到有一天，大夫与那家人的女佣梅梅私奔了。他已经让她堕过一次胎，然后又再次让她怀孕了。大夫为她提供了极其豪华的住处，将她打扮成一位上流社会贵妇人的模样，最过分的是，他还以送她去教堂为乐，以此消遣镇上那些虔诚的妇女。他甚至用自己的积蓄为梅梅买下了一家小铺子，而当她历尽艰辛把生意做起来时，全镇人都对他一直以来的羞辱之举忿忿不平，于是指控他为了避免梅梅给自己下毒而杀害了她。

那时大家对于大夫有一种普遍的敌意。而他也没有表现出想要和解的意思。当暴乱之徒令马孔多化为废墟、其他大夫忙得不可开交时，他却不知为何断然拒绝救治伤员，这最终引发了所有人的刻骨仇恨。阿黛莱达坚信他是恶魔的化身。还有一个同样未经证实的假设是，他可能是一个迷失的忏悔者。圣徒或魔鬼，善良或邪恶的灵魂，这个问题没有答案。无论如何，暴怒的人群一直挤在他家门口，若非对他抱有神秘同情的神父在最后一刻介入，他们将以私刑把他处死。

如今，死去的大夫依旧在兴风作浪。小镇一片哗然，街头陷入骚乱。似乎大夫只要一现身，就能活生生地刺激到人们，释放他们被压抑的恐惧和仇恨。他就像马孔多心里的鬼，永远不得安宁。新来的安赫尔神父说出了民众们的心声，拒绝将他葬在教堂的墓地中。只有老上校——自从那场击垮了马孔多的流感之后，他就欠了他一条命——替他说话。面对教会的反对，他坚守着旧时的承诺，要按照上帝的旨意安葬他那位阴暗的友人。可是，谁说土里有他的容身之处呢？一段出自索福克勒斯的《安提戈涅》的引文为这一幕给出了讽刺的注解："至于惨死的波吕涅克斯的尸体，据说已经出了告示，不准任何公民收殓，不准为他掉泪，就让他暴尸野外，不得安享哀荣，任凭俯冲而下的兀鹫吞噬他……"

《枯枝败叶》在哥伦比亚大获成功，甫一问世便售出三万册；根据加西亚·马尔克斯的说法，这要归功于他在新闻界的朋友们。这是一部有些杂乱、浮躁和冗长的作品，以跳跃和冲动的笔触写就，就像并不完全连贯、有时会缠成一团的链条。作者似乎在将他的主题翻来倒去，但始终不得要领。因为有点太赶了，他说。《枯枝败叶》上了他的身，这是之后其他任何一本书都无法做到的。它喷薄而出，不甚连贯，也不带任何"文学"意图；他说，这是他唯一一本用"真正的灵感"写就的书。他记得有一股洪流般狂热的想法吞噬和拖曳着他。那是他的福克纳时期。在福克纳——他坚持也应提及弗吉尼亚·伍尔夫——身上,他不仅找到了某种哥特式的氛围,而且也找到了一种技能和风格。正如他之前的许多作家,他与福克纳的相遇仿佛一个启示:"读到福克纳的时候,我想:我必须成为作家。"福克纳笔下近乎浮夸的暴力、衰败的家族、自内战时期传承而来的恩怨,所有这些福克纳用来制造噩梦的混乱素材都与哥伦比亚的现实非常相似。福克纳向他展示了这团乱麻能被塑造成何种模样。但这也令他不知所措。

《枯枝败叶》有其闪光之处,但仍不尽如人意,这是因为它是用一种借来的、永远无法归为己有的语言写成的。那些交织的情节、重叠的章回、由倒回和重复构成的时间游戏,都还是未被妥善使用的手法,有悖于其本应为之服务的目的。三位叙述者互为补充的独白沉闷而模糊,并没有细致入微地刻画事件,而是让它变得破碎和复杂。它们未能照亮角色,反而令其愈发面目不清,因为他们全都在用作者的声音说话。由于这些独白不具备独特性,它们所带来的并不是厚重感,而是单调。很快,在主线事件之外,关于男孩这个他希望更具立体感的人物的生活的章节失去了说服力。整体而言,《枯枝败叶》中有很多无用功,它尽管饱含深情,却依然不成形而弥散。

不过,它也并非一无是处。未来将填满其他作品的某些人物原型已然脱颖而出:年迈的上校、灵魂饱受煎熬的医生、平静如一的女性形象——在加西亚·马尔克斯笔下,她们永远是一座逆境中的堡垒。那些神秘而致命的缘分出现了,让最不可能发生关联之人因为某种群体性诅咒般共有的秘密特质而联系在一起。比如，大夫与他的神父朋友样貌相似，像一对兄弟，而且在同一天来到镇上。他们很少碰面，但每次相遇都仿佛在对方身上看到了自己。这么说吧，他们就像摆在天平两端的砝码：一个应该以某种方式体现神的旨意，另一个则是深渊之力的化身。我们凭直觉对情况有所判断，但无法给出解释。而一切——就像博尔赫斯最擅长的身份游戏一样——似乎都是一项未经阐明的计划的组成部分。《枯枝败叶》中有一些故弄玄虚的元素：加密的指代、省略、留白、断续、盲点。除了构成故事的日常事件之外，它还透露出一种魔术式的意图。我们偶尔会感觉到自己正身处一个永远不会揭开的谜题边缘。加西亚·马尔克斯避免揭秘，因为他视之为"一项糟糕的文学手法"。正如博尔赫斯所说，揭秘之所以会失败，也是因为谜底无论是乏味或是夸张，都比不上谜题本身。加西亚·马尔克斯热衷于创造期待和预兆。而这正是马孔多：一个为预示着瘟疫和灾难的不祥之兆所困的小镇。

处于马孔多式氛围之中的还有《上校》中主人公所居住的镇子。上校是加西亚·马尔克斯迄今为止最完美的作品中塑造得最为完整的人物形象。《枯枝败叶》与《上校》的区别就好比大肆挥霍与绝对精打细算之间的差距。在这两部作品之间，加西亚·马尔克斯读了、也读懂了另外一位他心爱的作家——海明威。他没有模仿海明威独特的风格，而是学会了他的凝练。《上校》中没有一克矿渣。所有一切都是用"最少的文字"完成的。清晰,精确,有所保留,比从前的冗赘更具吸引力。它有一种光芒,来自未曾出口的话语、半明半昧的光线,那些胜过千言的沉默之所以动人,是因为它们描绘了上校冷峻的灵魂,他的骄傲和尊严。一缕灵感的清风贯穿了整部作品,它只有短短百页,却沐浴在明亮的阴影之中。

上校,一位风烛残年的老人,与他患难与共的妻子一起在一栋被典押的房子里麻木度日。自从多年前退伍以来,他就一直在徒劳地等着政府向他发放应得的退伍金。与作者的外祖父一样,他也是奥雷里亚诺·布恩迪亚上校那支战败的革命军的司库。由于政府战后宣布大赦,他有权得到这笔补偿。然而时间一天天过去,信始终没有来。有一个律师号称正在处理此事,但只是敷衍了事。上校寄去的抗议信和申请表似泥牛入海,因为远方那些迷宫般的官僚体系中显然有他的敌人,正在暗中窥视他。永无止境的等待是上校的宿命。每当邮船靠岸时,他的心就会狂跳起来,然而无济于事。与此同时,他的儿子奥古斯丁在一次政府军的扫荡中丧生,他的名字变成了丛林游击队的暗号。善良的吉拉尔多医生是游击队的联络人,他每天都来拜访上校,与他开玩笑,令他振作起来。上校本人也一贯充满幽默感,坚强地承受了一切。这并不妨碍他喜欢别人对他好,他也会在妻子哮喘病发作时抱怨不休,因为这让他夜里睡不着觉。他也有季节性的情绪低落、乏力和疼痛症状。在多雨的十月,他觉得"肠子里好像有什么小动物在折腾似的"。但他没有被击垮。有一天,他想到了一个绝妙的主意。他的儿子给他留下了一只斗鸡。他打算把它养得肥肥壮壮，好让它在斗鸡大赛中闪亮登场，将邻镇来的公鸡撕成碎片，为小镇带来荣耀和财富。幻想中的神兽就这样诞生了。

穷困潦倒的上校连自己都快养不活，更别说养活那只斗鸡了。但哪怕一无所有，他也要战斗。如有必要，他将变卖一切家当。于是，家具开始被卖掉了，等他意识到时，妻子已经不得不当掉了婚戒。他以一种斯多葛式的平静面对这个新的考验。全镇的人恰好也都将希望寄托在这只斗鸡身上，因为他们全都下了注，笃信自己能发财。人们开始向这个本地骄傲的象征奉上礼物和贡品。尽管如此，上校还是只能吃鸡食。绝望之中，他动了将这只畜生卖给镇上一个有钱的奸商堂萨瓦斯的心思。然而这意味着背叛那些信任他的人。此外，他也得顾及一下面子。如今他已别无他法，只能继续往前走。他盖着冰冷的床单、哆哆嗦嗦地躺在床上，坚定地期待着：冬天会带着它的诅咒离开，茅草屋顶上漏水的洞会消失，然后霉运会过去，上帝保佑，"一切都会不同"。于是他没有放弃。要是妻子对此有异议，那就让她受着吧。他们总能找到办法。在厄运面前，他哪怕没有屈服，也已经习以为常了。最重要的是，他必须考虑尊严问题。他是一个"为了不必在别人面前脱帽"而干脆不戴帽子的人。晴朗的一天到来了，上校一如既往地被天气感染，充满了乐观情绪。他急切地唰一下站起来，表示"这么美妙的早晨，教人真想拍张照片"。春天回来了。他想栽些玫瑰花。猪会把它们吃掉的，他的妻子说出了常识。而他显然已经想到这一点，于是满意地说:"吃玫瑰花长大的猪,肉味一定香极了。"

拉美小说中很少有像这位苍老而疯狂的上校这样引人入胜的人物,能令读者在读完整本书之后,依然长久地记得他的形象。他像一个年华不再的神童,疯狂而理智,感人而人性化,令人出乎意料、既悲又喜。他不止拥有人格,而且拥有灵魂。

《上校》是一个故事,但首先是一幅画像。它带我们走近了一个人物,而不是一起事件。加西亚·马尔克斯说,他并不打算将上校塑造成一个圆满的人,而是希望让人感受其"人性的重量"。伴随着叙述的节奏,上校活了起来。他话不多,每句都掷地有声。他在字里行间呼吸。作者懂得如何通过一颦一笑写活一个角色。

《上校》的很大一部分效果是通过那种微妙的幽默感实现的。厚着脸皮的笑容。而在笑容背后,则是痛苦的表情。加西亚·马尔克斯并不自认为是幽默家——假如这个词有任何确切含义的话。他说,人们总是提到他作品中的幽默,但那只是一个添头,而非他所追求的东西。他不信任幽默,尤其是用来填补空白的俏皮话。此外,他也郑重其事地补充道,他一直都觉得自己缺乏幽默感。散落在他作品之中的笑点都是在某个情境下自发产生的,他只是偶然为之般地随手将它们丢在那里。不过,他也在压力下承认,上校在他最初的设想中是一个喜剧人物。但后来情况发生了变化。在巴黎创作《上校》期间,《观察家报》被关停,加西亚·马尔克斯不再能够按月收到支票。他饱受煎熬,与上校同病相怜,这种处境一点儿也不好笑。要是他写着写着笑了起来,那是为了不要哭出来。上校也是如此,他知道每一次笑都有可能是最后一次。笑声帮他击退妻子的理性和他自己的疑虑。吉拉尔多医生理解他。当医生带着温度计来帮上校测体温时,他们会互相开一些令人毛骨悚然的玩笑。他也通过幽默的方式与堂萨瓦斯对话,后者身患糖尿病——被剥夺了一切享乐的百万富翁——抱怨自己不得不用糖精为咖啡调味:"它是糖,可又不含糖。"对此,上校带着"嘴里一股甜中发苦的味道"回答道:"这就像有钟声可又没有钟一样。"他如此受人敬重,以至于警察在宵禁期间发现他在台球室玩轮盘赌时,他口袋里正揣着一张秘密纸条,但警察没有搜查就让他出去了。然而,后来与妻子独处时,他们想起自己"本来就是没儿没女的孤老",一种难以忍受的悲伤侵袭了他。

上校与他妻子的性情形成了鲜明对比,他们是截然相反的两极。在加西亚·马尔克斯笔下,男人们喜欢异想天开,是容易滋生无用幻觉的梦想家,他们有能力在某些时刻成就伟业,但在内心深处仍是脆弱和不理智的。另一方面,女人们往往坚定、明智而恒常,是秩序和稳定的典范。她们似乎更能适应这个世界,更加扎根于现实。加西亚·马尔克斯换了一种方式将其道出:"我的女人们是男性化的。"她们整体上不如他笔下的男人们复杂:母亲、女族长、几乎抽象化的新娘。《枯枝败叶》中无性的伊莎贝尔是一个典型。"性功能在我的书中是相当缺失的。"加西亚·马尔克斯说道。没有情爱场景,甚至——除了某些白日梦之外——也没有欲望。上校的妻子与伊莎贝尔如出一辙，被生活劈开了一道口子，但始终坚不可摧。她们的双脚站得稳稳当当。也许这些女性是作者的某种眷念的化身。这些形象源自某些难以忘怀的情境，后者激发了他的灵感。这种情景曾经出现在《礼拜二午睡时刻》这篇作品中，它是《葬礼》一书中写得最早——大约在1948年——对加西亚·马尔克斯而言也最为私密的一个故事。在一个令人昏昏欲睡的午后，一位寡妇带着女儿来到马孔多，她们打算去墓园的一座坟墓上献花。坟墓里躺着寡妇的儿子。男孩被当作小偷打死了，一种敌意的气氛环绕着她们。故事发生的场景主要集中在神父的住所，她们到那里去要墓园的钥匙。正如加西亚·马尔克斯众多重要作品一样，《礼拜二午睡时刻》的源头是他童年记忆中的一幕。他说，有一天，一个女人和一个女孩带着一束鲜花来到镇上，消息很快就传开了："小偷的母亲上这儿来了。"打动他的是女人不可战胜的尊严，她在众人的敌意之中展现出的性格力量。在那个故事里，寡妇是一个高傲而刚毅的形象，一个戏剧化的剪影，有点像从一幕希腊悲剧中走出的幽灵。加西亚·马尔克斯描绘了一个乏味而贫穷的小镇中的情感暴力，这一画面令人想起《枯枝败叶》中的相似章节。潜伏在日常生活之下的威胁是他永恒不变的主题之一。当寡妇手里拿着钥匙准备前往墓园时，全镇的人都冲上街头，用仇恨的目光迎接她。就像《枯枝败叶》中那位不止一次遭到众人排斥和孤立的大夫一样，她将不得不从敌人的队列中间走过。故事就在这里——作者并没有描述她是如何走过的——戛然而止。它向我们展示了一幅尚未发生之事的图景。故事就存在于这个细节之中。加西亚·马尔克斯说，他在构思故事时，首先看到的是被排除在外的那个部分。不过它也并未完全被排除在外，因为它在我们的想象中发生了。

正是影射与留白的艺术让马孔多及其居民获得了一种暗示力。《葬礼》中的一切都是用寥寥数语表达出来的，唯一的例外是与书同名的那个有点肤浅的故事：它是一篇针对当地母系家族的讽刺之作，与此同时，用作者的话说，也是对哥伦比亚新闻文学中"一切官方辞令的巨大嘲讽"。热带地区从来都是如此郁郁葱葱。我们与自然主义小说的景观写实主义之间存在一种绝对距离，因为后者将灵魂沉浸并分散到环境之中。而加西亚·马尔克斯将它拾起、集中，给予它全部的垂直荷载。风景得到升华，它不再是简单的布景，而是成为内心的空间。如果说居民们的情绪随着季节变换而波动，那是因为自然界的循环反映了人的精神阶段。比如，对于老上校来说，秋天是烦躁和不适，冬天是抑郁，而春天是欣快。乍一看，似乎是外部因素决定了人生态度，但实际上发生的情况恰恰相反。自《卡奈依玛》和《旋涡》以来，我们的文学作品发生了明显变化。现在，图像存在于看到它的眼睛里。在不牺牲社会学观察——他的作品在这方面一贯准确——的前提下，加西亚·马尔克斯将他的人物们个性化，赋予他们人性。他们同时具有特征性和特异性。即使他有时会倾向于复制某些特征——他笔下的寡妇、医生和上校们总是与其各自阶层的其他成员相当类似，那也并非为了还原现实，而是由于作者气质所限。激发其全部创作的都是同一种主观性。所有粉墨登场的角色都来自他脑海中唯一的人物库。

在与世隔绝的马孔多，信马由缰的幻想和彻头彻尾的悲观主义就像打摆子一样，有规律地交替出现。其中一个典型的例子是那位天才木匠巴尔塔萨，他为大地主蒙铁尔夫妇的儿子制作了一只鸟笼，梦想着能够名利双收。蒙铁尔一家没有像他所期待的那样将鸟笼买下，而是无比冷淡地拒绝了他。此情此景并未令巴尔塔萨灰心丧气，他把鸟笼送给了那个孩子，然后走遍小镇，想象自己将会把他从那笔没有发生的交易中挣到的钱都花得干干净净。

蒙铁尔一家住在从当地的女族长格兰德大妈那里继承来的庄园里，后者是一个堂娜芭芭拉式的人物，一生中积累了大量家产，漫不经心地管理了它们九十二年。从采矿到政治，她什么都插手，而且她将选举舞弊与对内暴力统治结合到了一起，因此权势滔天。她的领地除了肥沃的土地之外还包括领海，那里的公共舆论和基督教道德观都由她说了算。她当以处女之身在"在圣洁的气氛中"死去时，围绕在她身边的是一个庞大的半乱伦家族，其中很大一部分人的结合都是不合法的。她留下了装满假文件的大木箱，以及一个由五个区和三百五十二个佃农家庭组成的帝国。教皇和共和国总统都出席了以官方之名举办的宏大葬礼，举国为其哀悼。而大妈在死后仍旧阴魂不散。直到蒙铁尔一家接管那座庄园很久之后，她依然在那里出没。蒙铁尔一家同样非常古怪。关于一家之长何塞·蒙铁尔，我们知道他富有、吝啬、寡言,而且死于"生气"。他那位脾气火暴的妻子比他活得长,她在空荡荡的房子里走来走去,骂他们的老仆人卡米查埃尔是个扫把星,因为他总在客厅里撑伞,所以招来了厄运。不跟卡米查埃尔过不去的时候,她就会呆坐在窗前,思念着她的女儿们,她们住在欧洲,拒绝回到这个"野蛮国度"。另一个半疯的人物是何塞·阿尔卡蒂奥的寡妻丽贝卡·布恩迪亚,她的丈夫是一位冒险家,年轻时跟着吉普赛人背井离乡,环游世界六十三圈之后神秘地死去了。丽贝卡在《枯枝败叶》时期以孤女的身份来到马孔多,随身携带着一个装有父母骨殖的口袋。如今她成了一位忧悒的老太太,住在"一所非常宽敞的宅邸里,有两条走廊,九间卧室",并且饱受幻觉和妄想之苦。

走在同一条路上的还有诺拉·德哈科夫,一位被抛弃的妻子。她有一个过分拘谨的追求者本哈民,他的礼貌令她难受,于是她一边躲着他,一边在旁边的房子里与阿希斯兄弟的其中之一幽会;与她同样不幸的还有镇上的独身女人米娜,她与母亲和瞎奶奶在一间破屋子里靠扎纸花勉强糊口,那些纸花就在她手中枯萎了。

马孔多的公职人员们的运气也好不到哪里去,比如冷漠的安赫尔神父。人们对其工作漠不关心的态度令他感到空虚,而事实上他也早就放弃了自己的使命。他背负着一桩令他的良心饱受煎熬的罪过:他曾经拒绝宽恕一位通奸的妻子,因此造成了一起家庭悲剧。从那以后,他一连好几年都在长时间地午休,郑重其事地端坐在他空荡荡的忏悔室里睡觉。照料他的是侍女特莉妮达，一个有些男性特质、嗓音低沉的姑娘。她每晚都在教堂里放捕鼠器，把死老鼠收集在鞋盒里。日落时分，安赫尔神父准时敲了十二下教堂的钟——这是他唯一的工作——并对当天播放的题为《夜半处女》的电影进行谴责，仿佛就像在给他自己举行葬礼似的。

马孔多是一个罪恶的小镇。希拉尔多医生是个性格爽朗但毫无效率的人——作者称他为说教者。他试图颠覆秩序的方式是接收夹在邮件里的违禁报刊。理发师瓜迪奥拉在理发店里煽动流言，悄无声息地策划阴谋。奥雷略·埃斯科瓦尔，这位躲在储藏室里熬过革命的牙医，则别出心裁地在牙科椅上折磨自己的政敌。还有一个虐待狂是怀恨在心、充满报复欲的堂萨瓦斯，他是一个叛变的前革命党人，通过出卖同志换得了自由。此外，有一次他花两百比索买了个女人，直到榨回了本才将她赶出家门。有传言说，他靠在贩卖毛驴的生意中做手脚发了财。他在其中一个项目上得到了阿尔卡迪奥法官的支持，后者已经结束了十年的腐败勾当，如今完完全全就是在混日子。镇上的电报报务员也在偷懒，利用空余时间向另一个城市的某位陌生女同事传送情诗。在镇上走动的人只有骗子、蛇类爱好者、算命先生和草药师，当然还有汗流浃背的小贩摩西，他必须在上午将自己的那些布料卖出去，才能在中午之前赶去做祈祷。最后还有台球厅老板堂罗克，他——在《咱们镇上没有小偷》这个故事中——报复了一个潜入店中偷走了几个台球的可怜小贼，后者在归还台球时恰好遇到了堂罗克，被对方逮个正着，还在警方面前指控他偷了抽屉里的钱。

一个逐渐浮出水面的形象是无所不能的马孔多镇长，这是一个阴险的犬儒主义者，资深阴谋家。他通过手下的爪牙统治小镇，但本人又是自身权力的第一个牺牲品。正如镇上所有的居民一样，镇长的良心也不好过。这种痛苦表现为无法治愈的慢性牙痛。牙医愉快地接待了他，让他吃尽了苦头。镇长无处可逃。他无可奈何，只得付出代价。镇长的处境正是所有人的处境，因为他是共同宿命的化身。作者对他的描写有些模棱两可。他将其看作可悲而卑鄙的人物，但并没有对这样一个地方芝麻官进行简单的讽刺。尽管一贫如洗，加西亚·马尔克斯依然对自己塑造的角色抱有一种显而易见的同情。他在超越道德审判的层面进行创作，试图抓住人物的本质。因为镇长以一种非常独特的方式对全局做出了阐释。他正是加西亚·马尔克斯所说的"一个纯粹——传统意义上的纯粹——的人物"，也就是说，一个苦行僧。他只喝气泡水，"纯洁，不识情爱"，因此活在一种可怕的孤独之中。他的压抑中包含着某种病态：他是那种具有暴力倾向、容易失控的男人，必须不停克制自己才能避免发狂。他的谨慎背后是恐慌。他就像遭到教会驱逐的人，每天都活在地狱之中。马孔多来了一个马戏团，他说服马戏团老板将一个占卜女人借他作为私用。作为交换，他将允许马戏团在镇上演出，这个代价可不小。女人等待他的爱抚，但他竟没有碰她。他性无能，不育，内心已死。根据作者的说法，镇长的性冷淡在某些读者看来是在暗示他是同性恋。在一份被弃用的大纲中，有人给镇长安上了这个头衔。为了消除疑问，在另一版从未被采用的草稿中，加西亚·马尔克斯将镇长写成了当地的一位蛇蝎美人——富婆雷薇卡·阿希斯的秘密情人。但这么写似乎有些牵强，所以这个问题最终被搁置了下来。

事实上，镇长这个人物引出了一个加西亚·马尔克斯承诺之后将会阐发的主题：悲剧性的"暴君的孤独"。他说，他一直都想写一本关于拉丁美洲独裁者——占据其想象力的核心人物之一——的书，写他坐在自己的宫殿中，与世隔绝，手握令其困惑而迷信的臣民感到极度恐惧的绝对权力。相比社会效益，他会更加关注人物自身的病理。有一次，他甚至已经就这个主题写了四百页，但又全都撕掉了，因为他觉得自己尚未为这项任务做好准备。他无法足够靠近那个男人。他想为他的内心世界画一张肖像，却不得其门而入。从那以后，他一直在推迟这个计划，虽然并不是无限期搁置。这一人物模型的缩影就是《恶时辰》里的镇长，他同样也代表了那个地方的本质。他的牙痛也是马孔多的牙痛。

这种疼痛影响了所有人，甚至包括途经小镇的旅人。它波及了《周六后的一天》里那位年轻的主人公——一个进城领取母亲退休金的穷苦农民。他的母亲是一位退休教师，打算用这笔钱来养猪。小伙子在马孔多下了火车，想去车站旅店——一家臭烘烘的小酒馆——里吃点东西，结果误了火车。他的钱和文件全都落在了火车上，自己则被困在了炼狱之中。那正是几年之前，雷薇卡·布恩迪亚有一天早晨醒来，发现自己的纱窗被一群从天而降的鸟儿撞破的那一刻。灾难恰好在那个年轻人到来的时刻降临，仿佛就是他带来的。他是流浪的犹太人，根据传统的说法，他每走一步，一切生灵都会像苍蝇般坠毙。至少，安赫尔神父的前任——主持祭坛圣礼的安东尼奥·伊萨贝尔神父，这位"九十四岁那年很肯定地说自己曾经三次亲眼看见了魔鬼的和善的堂区神父"，是这样认为的。安东尼奥·伊萨贝尔神父是个天真的老头，除了跟孩子们在公园里玩耍，就是在一个连蝙蝠都待不下去的教堂里做弥撒。这天早晨，他的情绪特别敏感，因为头天夜里他为一位妇女行了临终涂油礼。他看见那个流浪的犹太人鼻孔里喷出火焰，绿宝石般的眼睛在燃烧。对马孔多来说，这位实际上什么也没有带来的外乡青年既是异教徒，也是弥赛亚。人们多年来第一次拥入教堂，而安东尼奥·伊萨贝尔神父发表了一生中的终极布道辞。而且时机正好。在富有的寡妇雷薇卡——她已经给自己当主教的表兄写了信——这位宿敌的煽动之下，他即将丢掉这个堂区，因为她有足够的理由对他怀恨在心。安东尼奥·伊萨贝尔神父非常清楚地知道，她丈夫的死亡对她造成了沉重的心理负担。虽然她说他死于自杀——也许的确如此——可无论如何，诅咒都降临到了她身上。

在加西亚·马尔克斯笔下，马孔多的历史仿佛一部中世纪灾难编年史。《枯枝败叶》里有过瘟疫、盗匪和倾家荡产，《上校》里有过道德危机。灾祸——惩罚——在《葬礼》中继续发生。如果说跌死在寡妇雷薇卡纱窗上的鸟儿令人想到加缪的

《鼠疫》中的老鼠,按照加西亚·马尔克斯的说法,那是因为"那本来就是我想写的书"。瘟疫作为一个濒临崩溃的国家的末日象征,在《恶时辰》中全力登场。

在这部作品中,不幸的马孔多在一轮新革命的前夜遭遇了匿名贴危机。一夜之间,匿名贴粘上了小镇的所有墙壁。它们将家族秘密公之于众,肆意诽谤,诋毁名誉。骚乱爆发了。第一个信号是一位有钱的木材商塞萨尔·蒙特罗杀死了妻子的情人。过往的幽灵骤然复活:陈年旧仇、乱伦、不忠。伴随着将城镇淹没、将房屋连根拔起的倾盆暴雨,一切都在加速。当这场危机——一场真正的大洪水——到达高潮时,墓园附近的一块高地成了唯一安全的地方,为无家可归的人们提供了避难处。这块土地自然属于镇长,他利用这份好运将其出售给镇政府,获取了可观的利润。马孔多陷入绝望的狂欢。在极少表露内心传教意图的加西亚·马尔克斯看来,这幅画面——他将其与古代农神节的氛围作比:男人在街上追逐女人、母亲们抛弃了自己的孩子、人们在坟墓间跳舞——与当今哥伦比亚的政治局势何其相似。正如在他其他的作品中一样,政治在《恶时辰》中被剔除在外,但又隐含其中。当马孔多即将彻底失去理智时,此前始终在没有直接干预的情况下对这种局面加以利用的镇长,终于下定决心采取行动。他宣布马孔多进入戒严和宵禁状态。

镇压运动的幽灵就这样回到了马孔多。没有人知道谁是匿名贴的始作俑者。罪魁祸首始终没有被发现。最后,人们找到了一只替罪羊:一个名叫佩佩·阿马多的小伙子,他在为常年在镇子附近游荡的游击队散发秘密传单时被抓个正着。镇长派人折磨他,直到要了他的命。随后,由于害怕造成后果,他试图将尸体埋在监狱后院,以掩饰谋杀。但全镇的人都知道真相。在集体负罪感的阴影之下,每个人都如同良知未泯的俄狄浦斯,发现各自身上背负的罪恶。我们怀疑,匿名贴并不是某个单一作者的产物。它们是在为所有人发声。每个人都在其中读到了自己的命运。洪水渐渐退去,生活回归常态。然而常态恰恰正是马孔多的暴力法则,那里的每一个灵魂中都潜伏着凶手,等待着以牙还牙的时刻。

《恶时辰》一方面带有寓言意味,但在此意义上它并未完成,而是给偶然性留下了太多空间。它想说什么,但还是保持了沉默,缄口不言,没有给出口令或密码。它更多像是一个未能实现的意图。此外,这种构筑是偶发性的,基于一系列转瞬即逝、有时方向不明的短暂推动。人物出现了又消失,场景上演了又落幕,并没有形成真正的戏剧序列。比如,故事开篇的那起激情犯罪很快被抛诸脑后;事件的主角们再也没有被提起。作者有时会在走入死胡同时即兴发挥。他就匿名贴问题给出的解决方案就非常典型。它是象征性的,并不真实;是一种天外救星[①]的手法。不过,《恶时辰》中某些时刻所承载的意义会拖着读者往前走。在人物和情境之下,有一根逐渐成形、但

---

① 原文为拉丁语 deus ex machina,原意是指古希腊戏剧中剧情因无法解决的难题而陷入胶着时,舞台上突然出现强大的神明将问题解决,令事情得以收场的现象。也译作机械降神、解围之神等。

尚未完成的链条，宛如一段无法言喻、永不完结的旋律。加西亚·马尔克斯说，这部作品之所以有些虎头蛇尾或半途而废的感觉，是因为实际上他并没能将它写完。他不断被政治和个人问题所打断，直到有一天，为了满足几位朋友将它送去参加哥伦比亚文学院的一项比赛的愿望，他抓住时机，尽可能地完成了它，但也留下了许多不圆满。

然而，有一点他从未疏忽，那就是他一贯犀利的语言。加西亚·马尔克斯知道"文学是一个文字问题"。他始终在追求一种"干净"和准确的语言。将这一原则推向顶峰的《上校》一书写了九稿。"我感觉我在用法语写这本书。"加西亚·马尔克斯说，以此形容那种毫不死板的严谨。《葬礼》同样是一部精雕细琢的优雅之作。

他风格中的纯粹或许有一部分源自著名的哥伦比亚纯粹主义。但他对此加以否认。他只是说，他的语言不属于哥伦比亚，而是属于他的外祖母。老太太充满诗意，而且"她就是这么说话的"。她的声音时常在后屋远远响起，提醒着加西亚·马尔克斯儿时那个神奇的世界，他在其间长大，它也化作了他笔下那些最优秀的篇章。留存在记忆之中的童年氛围贯穿了加西亚·马尔克斯的全部作品。在他的作品中，场景、动作、语句和情境以一种强迫症似的规律重复出现。其中有许多依然是未解之谜，比如属于他一个人的笑话或传奇，再比如变作了鬼魂的人物。"提供文学价值的是谜题"，加西亚·马尔克斯说，他在创作中总会留下一条"钢丝绳"——对于那些转瞬即逝、如一旦醒来就会消失的梦境般无法破译之物的匆匆一瞥——那种"存在于日常行为之中的魔法"就在其上振动。加西亚·马尔克斯原封不动地保留了他所发现的传奇。他从不会停下来探究谜题，以免它从他眼前消失不见。比如，他在作品中大量提及一位神秘莫测的马尔伯勒公爵，后者似乎与马孔多的内战有着某种不为人知的关系。加西亚·马尔克斯说，他的外祖父经常会唱起《曼布鲁上战场去了》①这首歌。他儿时唯一听说过的"战争"就是老人家曾经投身的革命战争。结合种种线索，他得出的结论是公爵曾经参加过那些战争。另一条加密信息出现在《蒙铁尔的寡妇》中，一个古老的声音告诉寡妇，"当你觉得胳膊累了的时候"，就会在睡梦中死去。加西亚·马尔克斯的外祖母曾经带着这条讯息在他母亲的梦中现身，吓坏了全家人。另一个被精心保存在某篇故事之中的句子，是作者从妻子那里妙手窃得的，后者曾有一次在午睡醒来时说："我梦见自己在用黄油做小人儿。"加西亚·马尔克斯原原本本地记下了这些句子，没有改动一个音节。他需要保留它们的纯粹状态。它们赋予他的作品他最为欣赏的抒情性。而且，更重要的是，它们让他的灵感之源保持鲜活。否则，他将陷入迷茫。在某种程度上，面对召唤一个随时间流逝而逐渐消亡、或有一天将完全蒸发的世界这样一项日益艰巨的任务，正是他现在的问题。"我经常从评论家的角度阅读我自己的作品。我的看法没有改变。我认为它

---

① 著名法国民歌 *Marlbrough s'en va-t-en guerre* 的西班牙语版本。

们很好。"他在帕茨夸罗对我们说。但他也提到自己的再生能力是有限的。那一刻，他神情凝重。他略显忧伤地说，他只能写他的感受力直接可及范围之内的东西。而那些他无法直接吸收的东西——例如，一个独裁者，或是他那位遥远的革命英雄奥雷里亚诺·布恩迪亚上校的经历，后者也是他曾经动笔、但同样不得不放弃的一部传记体小说的主人公——在他看来则是虚假的。他感到自己似乎被一种对风格和技巧的狂热关注逼到了墙角。他觉得已经不知道该去往何处，而在《枯枝败叶》、尤其是《上校》时期，他是知道的。"现如今，"他对我们说，"单纯依靠技巧就能写出一本书。"如果略施小计，"我每年都能出书"。这种"无果的手熟"正是令他最为恐惧的东西。大众读者们或许不会察觉，但他的朋友们会。而后者的意见才是他看重的。

他正在经历一段自我怀疑期，几乎难以落笔。状态糟糕时，他感到疲惫、空虚，头脑一片空白，觉得自己完了。也许那个时候，躁动湖面上的雾霭和喧嚣的夜晚加剧了他的忧郁。他告诉我们，不拍戏的时候，他像奴隶一样坚持不懈地工作，清晨六点就起床"以保持引擎的温度"。整整一天的工作也许最多只能换来一个八行或十行长的段落，到了夜里还很有可能被丢进垃圾桶。

但从那以后，天使加夫列尔恢复过来。他重新发现了自己的隐秘之书，而且它比以往任何时候都更具力量。这本书的下一个章节将在1967年的三四月间问世，名字叫作《百年孤独》。

这是一部万众期待的人物传记，属于那位狡猾的革命军上校奥雷里亚诺·布恩迪亚。突然之间，他的完整形象在其创造者头脑中萌发了。"我幸福得要发疯了，"1965年11月，加西亚·马尔克斯在给我们的信中写道，"五年的颗粒无收之后，我在写这本书时文思泉涌。"他说他肯定能写到四五百页，对他来说是一场真正的马拉松。就像拜访了一位老朋友。"某种意义上，它是我十七岁时开始写的第一部小说，但现在得到了扩展。它不仅是奥雷里亚诺·布恩迪亚上校本人的故事，也是他整个家族的故事，从马孔多诞生之日开始，一直延续到百年之后，最后一个布恩迪亚自杀、血统终结为止。"

在众多何塞·阿尔卡蒂奥之中，最为引人注目的是第一代，他是马孔多的创立者，也就是与世界一同新生的那个布恩迪亚：那时候，这位年轻族长心头压着另一个生命的重量，与他坚韧的妻子乌尔苏拉——加西亚·马尔克斯笔下又一位堡垒式的女性——一同抵达此地。他是一位爱鸟人士，他制作捕鸟机关和鸟笼，让整个村庄到处都养满了鸟。他还具有某种科学和发明狂人的气质，并与一群吉普赛流浪者建立了不朽的友谊。这吉普赛人的首领——先知梅尔基亚德斯——是一位博尔赫斯式的魔法师，在历次转世中遭受过世上所有疾病的折磨——坏血病、脚气病、蜀黍红斑病——但每次都奇迹般地活了下来。梅尔基亚德斯与他的族人及其后代是炼金术秘密的传承者，他们为村子带来了神奇之物：能将钉子从墙上吸出的磁石、能够聚焦阳光的放大镜、望远镜、冰块、飞毯。何塞·阿尔卡蒂奥试图用一台吉普赛人留下的原始银版照相机拍下上帝的照片;借助吉普赛人的六分仪、星盘和罗盘,他还惊恐地发现地球是圆的。他的妻子一直活到一百一十五岁,而他在晚年陷入疯狂,死去时被绑在栗树上,用拉丁语说胡话,还与神父大谈神学。

然而,他的儿子奥雷里亚诺上校或许才是影响最为深远的那个人。奥雷里亚诺是"第二代中最杰出的一员,发动过三十二场武装起义,无一成功"。在他冒险的一生里,奥雷里亚诺有过十七个儿子,全都在一次政治大屠杀中被除掉。他本人至少曾经莫名其妙地逃过一次枪决,后来在院子里兴师动众地小便时死去。

加西亚·马尔克斯说,所有这一切之中都包含了某种宿命。《百年孤独》"就像我在之前的作品中陆续给出的那些拼图碎片的底板。所有的关键信息几乎都在这本书里了。它展示了人物的来处和结局,以及马孔多完整的、没有空缺的历史"。我们了解了第一场瘟疫——失眠和健忘症,它被丽贝卡·布恩迪亚带到镇上,然后又通过乌尔苏拉的糖果传遍各处;我们了解了第一个死去的人——梅尔基亚德斯,他的尸体为墓地揭了幕;我们了解了最后一位奥雷里亚诺自杀离世的悲惨结局,他为孤独而生,身上背负着古老的家族耻辱:一条猪尾巴。于是,"尽管在这部小说里,毯子会飞,死人会复生,天上会下花雨,"加西亚·马尔克斯说,"它也许仍是我所有作品里最不神秘的一部,因为作者试图拉住读者的手,以免对方在任何时候迷路,或是留下任何暗点。写完这本书,我就结束了马孔多周期,未来我会彻底改变主题。"

其中一个即将出现的主题就是独裁者的内心世界。这部作品将被命名为《族长的秋天》,而根据加西亚·马尔克斯的说法,它"不会是一本篇幅很长的书,而是比《上校》长不了多少。我不知道我之前为什么没想到:它应当是独裁者在受到大众法庭审判那一刻的独白。我正在写笔记"。

而这一次,笔记不会以被丢进垃圾桶告终。扔掉东西总是很痛苦,正如加西亚·马尔克斯所知,最糟糕的情况是,有时这些东西之后还会复活。他有一份手稿,题为《伊莎贝尔在马孔多观雨时的独白》,是他从《枯枝败叶》中删掉的,后来却变成了——他的朋友们说服他在一本杂志上将其发表——小说集中的一篇。这再一次说明,在文学创作的悲伤与快乐之间永远都存在一种风险,那就是人们恰恰会因为某个人努力想要遗忘的东西而将他铭记。

马里奥·巴尔加斯·略萨，或连通器法

侯健 译

1966年，我们依然在追求全景小说的道路上前进。这个目标给我们提供着越来越多的动力。巴尔加斯·略萨就是个很好的例子。不到四年之前，他当时刚满二十六岁，只写出了两部作品——一本短篇小说集和一部长篇小说——可已经是我们年轻一代作家中的佼佼者了。除了天赋之外，助他脱颖而出的还有专注力。他总是有无尽的灵感，仿佛是在火舌下降生的①。他有力量、信仰，还有真正的创作激情。他很快就获得了声望，不过他受之无愧。如今他正埋头创作他的第二部长篇小说，他的才华在其中更加淋漓尽致地展现了出来。他实验的是如交响乐般的诗篇，而且从各个层次来看都是如此，他正在为拉丁美洲小说树立新的典范。

秘鲁文学有着悠久的历史：印加·加西拉索·德拉维加的

---

① 典出《圣经·新约·使徒行传》2：3-4："又有舌头如火焰显现出来，分开落在他们各人头上。他们就都被圣灵充满，按着圣灵所赐的口才说起别国的话来。"

回忆录展现出殖民者的语言在面对万物有灵论那充满隐喻的世界时是多么苍白；还有写出《秘鲁传说》的里卡多·帕尔玛，这位图书馆馆长曾试图将美洲语言加入进皇家语言学院编纂的词典。还有关于自治和创造的英雄证词。不过在如此荒芜的文化背景下，它们只能是些零散的例子。帕尔玛打开了前半个括号，可这个括号却随着他的辞世而关闭了，秘鲁又经历了几十年持续的政治和社会危机，时至今日依然在迟缓地发展。和往常一样，诗人们是最先振翅飞翔的。塞萨尔·巴列霍登上舞台，又是一个杰出人物的特例，和往日那些诗人一样，他的羽翼也被太阳融化了。秘鲁小说在三十年代借助何塞·马里亚·阿格达斯的作品第一次结出硕果，在我们的文学史上，他是个很奇怪的例子，几乎算得上独一无二，由于特殊的受教育经历，他非常关注印第安人的生活以及口头文化传统。没太大趣味性——可又随处可见——的是风俗派文学。巴尔加斯·略萨与他们不同，他超脱了既有的文学秩序，同时又没有脱离常规化秘鲁生活的框架。卡彭铁尔肯定会说因为有了巴尔加斯·略萨的作品，秘鲁的人民和景色才成为了所有人的幻想世界的组成部分。

类似的情况在拉丁美洲已经出现过许多次了，巴尔加斯·略萨在这个谨慎小心的男人仿佛凭空出现一般。在秘鲁这样的国家，抛开其他原因不谈，经济因素迫使文学成了一项边缘化的事业，一种在周末消遣时间的活动，而且产出的总是不成功的文学作品，巴尔加斯·略萨却懂得该如何无情地坚持去走这条事关自己真正志向的道路。他将自己超凡的感知力与全身心投入的状态和将文学职业化的选择结合到了一起。到目前为止，他眼界开阔，但不够深刻，视野多有受限；他的描写是图解式的，甚至有些过于简单了；他还是个冷酷的宿命论者，不喜欢神鬼玄幻之类的东西。不过他的性格及内心情感中仍有股无可比拟的丰富性，尽管他本人否认这一点，但他无法抑止这种丰富性让他的叙事材料变得紧实起来。他娴熟地运用对话和动作描写，非常善于观察。他在现代小说那宽广的世界中遨游，娴熟地开辟着道路。他灵活又平衡地运用所有类型的叙事技巧，使得自己的作品不落俗套。他对秩序和连接的问题十分敏锐，总能把推动小说发展的要素和小说的紧凑感交织在一起。他不愧是个伟大的结构布局者。

巴尔加斯·略萨1936年出生在阿雷基帕。他还记得自己的童年生活相当动荡：父母离异，他的母亲在他刚出生没多久就带他搬去了科恰班巴，这是他遭受的第一次创伤，母亲在科恰班巴外公外婆的家里抚养他。他说自己是个娇生惯养、任性淘气的小男孩，想干什么就干什么。后来他和母亲回到秘鲁，在皮乌拉过了段苦日子，这是1945年的事了。他的父母后来和解了，一家三口又搬去了利马（1946）。但是皮乌拉永远印刻在了他的记忆中，那是小城镇资产阶级生活的象征。皮乌拉位于贫困高原区的边缘区域，在沙土漫天的荒漠中央。巴尔加斯·略萨跳出皮乌拉的山丘，旋又坠入利马的泥潭。最初几年他在一家教会学校上学，后来进入莱昂西奥·普拉多学习，那是一家有劳教所性质的军校,父母让他寄宿在那里,有部分原因是他们怀疑他喜欢文学。

巴尔加斯·略萨说他在莱昂西奥·普拉多苦熬过的两年给他留下了永难抹去的影响。要抓重点的话,军校生活给他灌输了达尔文主义的人生观。莱昂西奥·普拉多军事学校也就变成了他的第一部长篇小说《城市与狗》(1962)的主题。所谓"狗",指的是军校中的士官生,他们互相吞噬。这个世界的法则就是粗野的暴力。弱者将被淘汰,只有最强壮的适者才能生存下来。作者在那部小说里描绘出了一幅充斥着暴力、肉体和道德腐化的画面。他按事物的本貌来讲述它们。他无意取悦任何人。不仅学校的氛围和布局被保留了下来,连名字也没变。作者的记录过于忠实——有人认为那是诽谤——以至于激起了官方的强烈反应。《城市与狗》在秘鲁以普及本的形式出版,旋即在一场官方典礼上接受了"审判",一千册图书在军校广场上被焚毁,两位将军控诉该书,认为它是对军校的亵渎,同时指控作者是秘鲁的敌人,是共产主义者。

人们绝对不会把"丑闻"和"宣传机器"与巴尔加斯·略萨的人格联系到一起。他很安静、单纯,总是面带微笑——那是种沉默的微笑,他还很羞涩、内向。声望不期而至的现实至今仍令他感到惊讶。对他来说,《城市与狗》获得了史无前例的成功。在某个时刻,手稿的篇幅达到了惊人的程度,有一千五百页之多,他觉得那本书永远也无法出版了。"我当时想的是我肯定得自费出版它了,在秘鲁经常出现这种情况,"他说道,"我用了三年的时间来写它。我算了算,幸运的话,五年能攒够出版它的费用。"有人建议他把手稿寄给西班牙的出版社。他一时没能下决心,因为他不信任西班牙的审查机制。"而且我当时几乎完全确信那是本彻头彻尾失败的小说,我已经决定把它保存几年,然后再重写它……"不过后来他下定了决心,把手稿邮寄给了巴塞罗那的塞伊克斯·巴拉尔出版社(Seix Barral)。八个月过去了,他没收到任何反馈。然而有一天,他突然收到了一封热情洋溢的电报。从那时起幸运女神就向他露出了笑容。赞誉式的评论如雨水般纷至沓来。《城市与狗》进入了1963年福门托奖的决选名单。这本小说在西班牙赢得了两项文学奖,简明丛书奖的一位评委甚至公开表示它是"近三十年来写得最好的西班牙语小说"。这股热情冲破了语言的藩篱,如今《城市与狗》已经被译成了全世界几乎所有的主要语言。

巴尔加斯·略萨毕业于利马圣马可大学的哲学与文学系,后又于1959年在马德里大学[①]获博士学位。他作为作家的首秀是在第二次生活在皮乌拉期间(1952)上演的,他在那里写出了剧本《印加王的逃遁》(*La huida del Inca*)。当时他正在读中学最后一年,刚刚摆脱了莱昂西奥·普拉多的禁锢,开始在一家报社工作,以此自食其力、寻求独立。对他来说,皮乌拉已经不再是第一次来的时候的那种地狱了,事实完全相反。后来在回忆起那段时光时,他甚至认为那是他人生中最幸福的时期之

[①] 今西班牙康普顿斯大学。

一。他在利马喜欢上了戏剧，主要是受了当时正在整个大洲做巡回演出、途经秘鲁的阿根廷多个五流剧团的影响。1951年夏天，他写成了后来在皮乌拉上演的那出戏剧。那出神话主题的戏剧不仅大获成功，还成了当地的一件大事。巴尔加斯·略萨如今已经不再想回忆那部作品了，在他看来，它能取得那样的成功倒不是因为具有多么大的文学价值，而是因为当初那特殊的演出环境——作为小城节日的核心剧目获得演出机会，另外还由于它的作者是个来自大城市的外地人。

1958年，巴尔加斯·略萨出版了短篇小说集《首领们》。其中收录的大多是关于利马和皮乌拉街头生活的故事，展示出了为挣扎求生、压人一头而进行的斗争，这证明它们并非莱昂西奥·普拉多军事学校特有的东西。这些故事中的主人公都是些叛逆、迷茫、慌乱的少年或青年，他们生活在一套等级制度森严的体系中，这套体系的根基就是挑战和争斗。出于无情的敌意和对抗立场，不同帮派的成员互相残杀。对他们来说，每一场行动都是烈火的锻炼；每一个表情都是在要求回应、敌对和报复的挑衅。力量、诡计和将意志强加给别人的能力是衡量男子气概的唯一标杆。那些强迫性的、成瘾的、不可避免的争斗是群体特征的外部表现，几乎不特别属于某个具体的人物。在那股混乱中没有浮现出任何个体意志。连《城市与狗》中体现出的那种团体成员间的亲密联系也不存在。这种对霸权的渴望完全是从与周遭环境的摩擦中生成的。最后浮现的是粗野又本能的大男子主义道德观，不过它倒也和周围环境中所倡导的价值观相匹配。作者的目光没能穿透表层。这些用线性叙事的方法讲述的故事本身并没有太多趣味性可言，它们更重要的作用是为某种观察世界的视角做了预演。巴尔加斯·略萨也同意这种看法。他认为这些故事都不太成熟，是练手期的作品。

巴尔加斯·略萨对法国文学了然于胸，用他自己的话说是"深受其'毒害'"。他还在读中学的时候就发现了19世纪的那些伟大的小说家。他是大仲马和维克多·雨果的忠实读者，甚至到了"上瘾"的地步。但是他最崇拜的作家还得数福楼拜。他在利马的法语联盟学习了一段时间法语，到了大学里已经能流利地用法语阅读了。如果说遥远的欧洲在那个时代还让他感觉遥不可及的话，他至少已经愈发为那片大陆的文学着迷了。他认真阅读萨特的作品，尤其是散文集《境况种种》。萨特剖析人类行为的方式让他印象深刻。他也承认在他的溶解性写法——表现团体身份的多重独白——和萨特用以创作小说的现象学技巧——展开行动、情感、想法却不点明人物——有相似之处。《首领们》学习了《墙》里的一些故事，尤其是《一个领袖的童年》。在许多年里巴尔加斯·略萨都梦想着游历法国。他的愿望最终在1958年实现了。他在《法兰西杂志》在利马举办的短篇小说大赛中获了奖，因而以非常优越的条件前往巴黎。有人陪他在巴黎漫步，把他安顿到一家豪华酒店里，还安排了一位选美冠军住在他隔壁的房间。1959年他又自费回到巴黎——这一次生活条件就没那么好了，中间时常会返回利马，1965年时还以"美洲之家"评委会成员的身份到古巴待了两个礼拜，此外就一直住在巴黎，一直到1966年初。

在巴黎度过的最初时光就像一场噩梦。当时他已经结了婚，却既没钱也没工作。他住在酒店的阁楼里，白天四处奔走寻找工作。最后他终于获得了一个可怜的职位，在贝利兹学校当老师。那份工作报酬微薄，工作量却大得惊人。后来他从贝利兹学校离职，在法新社的西班牙语部找到了工作，最后又从那里跳槽到了法国广播电台。他终于能过上更为宽裕的生活了，那份工作要求不高，报酬却很好，他的主要任务就是协助组织面向拉丁美洲地区播放的广播节目。

法国一点点失去了新鲜感，巴尔加斯·略萨不再痴迷法国了，他越来越迫切地想要找到返回秘鲁的方法。但是，在秘鲁又该如何谋生呢？忍受报社和电台工作的想法无法说服他。尽管信奉马克思主义，但巴尔加斯·略萨并不是党员。"除了社会不公之外，"他说道，"我最厌恶的就是教条主义。"此外，他还补充道，在秘鲁，六百万人——占全国总人口的半数——不能投票，所谓"政治"只不过是场滑稽表演。为了某家报社或某家电台中少数人的利益做一些违心的事情，这种可能性让他感到焦虑。对他来说最重要的事情就是能够写作，这样看来最适合他生活的地方依然是巴黎，尽管和所有侨居他乡之人一样，语言问题也困扰着他。他说他每天都在担心失去接触西班牙语的机会。不过就他的例子来看，这种危机从来没有化为现实。他用西班牙语阅读和工作，从某种形式上来看，他说道，客居他乡、身处语言层面上完全不同的社会中的那种异乡人的感觉，甚至会加强、"激发"他和母语之间的联系。他的第二任妻子帕特丽西娅最近这段时期一直陪伴在他身边，这位美丽的秘鲁姑娘在 1965 年和他一起住进了位于荒凉郊区的一栋高层建筑中，这栋建筑面朝高速公路，汽车驶过的声音从早到晚吵个不停。绝望情绪给了他们收拾行囊、再次面对秘鲁的勇气。

我们是在 1965 年初第一次见到巴尔加斯·略萨的，那时他还独居在一间拥有两个房间的公寓里，公寓邻近卢森堡宫和图尔农咖啡馆，那里一到晚上就有许多"垮掉派"人士和经验丰富的外交人员出入。我们走进巨大的厅门，穿过铺着瓷砖的花园，沿着黑暗弯曲的楼梯爬上去，一直爬到三楼，当房门打开，房主在门槛边出现时，阳光才再次驱散黑暗。其他几位访客走了出来，这是些不可避免的"闯入者"，作家哪怕再想抹掉自己的踪迹，也永远不可能获得渴望的独处的权利了，也因此他的私人生活已经十分有限了。我们一只脚已经踏进了门内，他亲切地迎接我们，微笑着，忍耐着。他不喜欢聊关于他自己的事情，不过没过一会儿我们就在有些残破的床上坐了下来，接着就开始畅聊了。我们周围的书架上堆满了书和巴尔加斯·略萨家人的照片，房间里的家具摆放得很无序，一张凌乱的写字桌靠在窗户边，此外还有些秘鲁的纪念品：几缕掉色的线头被精心保存在相框内，挂在一面墙上，那是一件古印第安织物的残留物，另一面墙上则挂着数个仪式用的可怖面具，有铜的，有金的。巴尔加斯·略萨嗓音有些沙哑，音量也不大，就像在说悄悄话，又像在谈论某些秘密，又仿佛有其他什么人正在隔壁房间睡觉似的。黄昏日落，太阳的余晖逐渐散去，屋子里慢慢黑了下来。

巴尔加斯·略萨是个完美主义者，一定要把每个"孩子"都雕琢得天衣无缝才让它们来到这个世界上，他试图对其作品的方方面面都掌控到位，从最初的灵感火花到最终"分娩"，也就是出版，尽管到这最后一步的时候他也总是依然疑虑重重。他拿着放大镜审阅并修改校样，直到出版前的最后时刻，样书和笔记仍会堆在他的书桌上，页面边缘处写满批注、清样和笔记。为了和编辑讨论后者想要删除的七八行文字，《城市与狗》的出版工作搁置了几乎十五个月之久。第二部小说《绿房子》和第一部小说一样，他也一直修改到最后时刻，无休止地"折磨"它。无数微小的修订和改动，有段时间机打稿竟有一千页之多。在筹备《城市与狗》的时候甚至连书名都让他绞尽脑汁。那本书在一段时间里叫《骗子们》(*Los impostores*)，这个书名显得有点太直白了。"狗"字更加生动，它实际上指的是军校里的一年级士官生。这是高年级士官生给低年级士官生起的绰号，据巴尔加斯·略萨本人所言，这是个很有象征意义的细节，因为它表现出"士官生们把学校看作某种修行场所，是学习如何展现男子气概的地方。为了获得男子气概，你必须经过很多阶段的磨砺。要学会忍受牺牲、羞辱和暴力，这样才能赢得士官生的头衔，也就是说：从狗变成人"。

军校既是地点又是氛围——少年时期的氛围——又是个巨大的试炼场，每个人都在那里衡量并锤炼自己的男子气概。《城市与狗》从本质上来看是一部成长小说[1],是那种描写人生起点的小说,它讲述的是少年时代的传奇生活,或者像巴尔加斯·略萨说的那样,是"学会成熟的过程,它运作的方式很专断,甚至有些野蛮,推动这一过程发展的既是学生,也是老师"。

莱昂西奥·普拉多遵循的军事制度用它专断的纪律——管理学校的是职业军人——创造出了一种紧张的氛围,军校本身是座巨大的熔炉,士官生是来自社会各阶层家庭的男孩子:既有因为能得到奖学金而入学的工人阶层家的孩子,也有所谓的"好"孩子,家人们把他们送来是想让他们改掉身上的某些不好的习惯。冲突立刻就显现了。第一次冲突爆发时,所有人都变成了最小公分母,不断进行着肉体上的碰撞。我们只能隐约分辨出几个主人公的特点。阿尔贝托是出身较好的士官生之一,为人和善,相当自命不凡,心肠倒是不错,不过深受资产阶级虚伪本质之害。"美洲豹"是工人家庭的孩子,小团体的领袖,好打斗成性,下层社会弱肉强食法则的代言人。军校领导层既与士官生们对立,同时又与他们有同谋关系:加里多上尉总是阴郁又易怒,是那套体系的代理人;瓦里纳中尉是个消极拖沓的官僚;甘博亚中尉虽说正直,但也有意无意地被困在那套体系中。故事的焦点是士官生阿拉纳,他是个内向的男生,所有人都管他叫"奴隶"。"他非常内向,不爱争斗,也不喜欢参与

---

[1] 原文为英文。

其他人做的那些事。"巴尔加斯·略萨这样说道。软弱的性格使得那种社会体系中所有邪恶的东西一股脑地向他袭来,"它们强化了他的那种天性,或者也有可能扭曲了它。因为从本质上来看这很正常,不是吗?(一个人或多或少都会厌恶暴力,这很正常),不过这变成了他的弱点。我认为在'奴隶'的例子中,那种暴力,那种所有同伴都针对他的残忍行为,只不过是其他人的自卫方式。在那样一个世界里,展现男子气概的最好方式就是欺侮别人。要找到一个受害者。从这个角度来看,怎么说呢,'奴隶'是块试金石,他能验出其他人到底是怎样的人"。

这群性情中人在酝酿一场行动。卡瓦,最严肃负责的士官生之一,也是少数希望真正从军入伍的士官生之一,却无奈要遵守被命名为"团体"的组织的条例行事,前去偷窃考试题。他的罪行很快就被曝光了,麻烦就此出现。周末外出全部取消,学校进入封闭管理状态。受该处罚影响最大的是"奴隶",因为他在市中心有个女朋友。在那之前他已经忍受军校生活到极限了。卡瓦很快就暴露了行窃者的身份,他被开除了,大家怀疑告密者就是"奴隶"。"团体"邪恶的精神领袖"美洲豹"在一次军事演习中报复了他,开枪击中了他的头部。军校害怕这一事件变成丑闻。虽说校方进行了调查,但也只不过是做做样子罢了。没人见到"美洲豹"扣动扳机,但所有人,尤其是阿尔贝托,都很清楚他的为人,阿尔贝托知道"美洲豹"就是凶手,于是找到校方管理层揭发检举,可是也徒劳无功。那次死亡事件最终被定性为意外,调查就这样盖棺论定了。此时那套体系的任务变成了终结流言。阿尔贝托是唯一有能力伸张正义的人。但是他在校方的威胁下退缩了,后者拿出了他写的色情文字,在他父母面前羞辱了他。甘博亚中尉赌上了自己的前程来支持阿尔贝托的检举行为,最终也被迫离开了。甘博亚中尉的故事很动人。他是个诚实、正派、真挚的人,他一直在等待升职的机会……他听了"美洲豹"厚颜无耻的自白。该怎么办呢?把罪人交上去,同时把自己的军人生涯置于危险的境地,还是说闭口不言?在关键时刻,他也屈服了。和阿尔贝托一样,他没有经受住最大的考验。

"甘博亚中尉,"巴尔加斯·略萨说道,"在那一刻之前从来没有机会去怀疑自己深陷于其中的那套体制。他似乎对一切都了然于胸。不过后来那套体制的另外一副面孔就要在他面前显露出来了,而那正是被他一直忽略的一面。他盲目相信(没有任何异议,仿佛天生就该如此)的那套体制可能并不像他想象的那样天然就是公正的,甚至可能建立在谎言之上。于是他的面前出现了选择的机会。他想要坚持自己的原则,一个可怕的矛盾点就此出现了。要想在那套体制面前坚持原则就意味着要与之对抗,也就意味着他本人也会受到损害。他没有起身反抗,他被动接受了。"

作者没有评价他,而只是设计了几种选择,把它们摆在人物面前,然后把发生的事情记录下来。作者是绘制罗夏测验图[①]

[①] 即罗夏墨迹测验图,由瑞士精神病学家罗夏于1921年编制,主要用于人格测试。

的巧手，他那无处不在的意志力体现在各个人物与场景上。就像渗透作用一般，他引导着我们进入了那个满是暴力和恐怖的世界。那个世界有自己的一套运转法则。和官方体系相比，士官生们自己建立的制度要严酷和复杂得多。在那个悔罪所里，每个人都是自己最邪恶本能的囚徒：性虐待以及所有扭曲的、非常规的性爱方式：手淫、兽交、同性滥交。甚至有一个人物总是在冷漠地进行着虐待行为——我指的是博阿，"美洲豹"的死党之一。博阿和一条名唤玛尔巴佩阿达的母狗保持着性关系。他乐此不疲地折磨它，甚至扭断了它的一条腿。在他那里，残酷甚至成了表达亲近的方式。"博阿是所有人物里行事方式最原始的一个，"作者本人解释道，"他的所有行为都受本能的驱动。那是他最与众不同的地方，也是他和那个世界以及其他人之间最强烈的纽带。"

据巴尔加斯·略萨所言，暴力"是那个世界中的天命"，暴力在那里是赤裸裸地出现的。不过，在巴尔加斯·略萨看来，它绝对不是青少年独有的特征，而是在人类社会中普遍存在的恶，但尤其属于秘鲁社会，那个社会中等级阶层秩序森严，甚至抹杀了所有和平进步的可能性。在军校之外，类似的争斗进行得更加隐蔽，但同样顽固。

"从宽泛的层面来看，我认为在社会里过着同样一种生活使得人们需要经历持续不断的考验，每个群体的文化状态不同，生活环境的发展程度不同，那些考验有时会表现得更明显，有时则会以间接的方式呈现出来。在发展中国家，那种考验都是外在的、一目了然的。没有对话、讨论、争论的可能性，没有相关的渠道……我认为在像我的国家这样的国家里，暴力存在于所有人类关系的基础之中。个体生活时时刻刻都能遇到它。从社会层面来看，个体通过战胜各种各样的阻力来塑造自身。所谓个性，是通过压倒别人来获得的。没人能逃脱这种丛林法则。从根本上来说，这种状况出现的原因是：秘鲁的社会结构建立在某种全面的不公之上，这种不公覆盖了生活的方方面面。根据社会阶层不同，暴力往往以一种原始、外露的方式呈现出来，在军事化学校里发生的事情就是个很好的例子，在那里，这些东西都是制度化的，被一再要求贯彻执行（把男子气概、大男子主义、男性雄风当作人类的美德，这一态度本身就说明了一切），如果不是以这种方式呈现的话，那就是以一种非常间接、阴险、虚伪的方式呈现的，例如那些资产阶级上层家庭，他们给人的感觉是与暴力氛围没什么关系的，但实际上他们也受到这种氛围的调节。"

对巴尔加斯·略萨来说，这种暴力对于人类生活而言不仅是一种调节因素，也是一种决定性因素。他的这种看法来自个人经历。他这样说道："我认为作家都是基于个人经历写作的。我的生活经历相当特殊，而且一系列暴力事件曾给我带来深刻影响。我曾经是个很娇生惯养的小男孩，自负又任性，就像个小女孩一样。我可能太无法无天了，所以妈妈在我五岁时就把我送进了学校——科恰班巴的学校。这给我带来了一个巨大的问题。我的同学们基本都比我大。我们在各方面都不在同一水平线上。这一点在我返回秘鲁上小学五年级时体现得尤为明显。我当时是个十岁的小男孩，可是我的同学们大多十三岁或十四岁了，都成小大人了。那一年对我来说太可怕了。我那时已经踏入了一点成年人的世界了。"后来他又进入莱昂西奥·普拉多学习。"是我父亲让我去那儿的。"巴尔加斯·略萨的父亲是合众社的记者，曾经在他的生命中缺席了很长时间。"我是很晚的时候才认识他的。我一直以为他已经死了。当我发现他仍健在的时候，我已经无法和他沟通了。住在一起的那些年里，我俩的关系很差。他为人处世的方式和我差别很大。他不太信任我，我也不信任他。我们就像两个陌生人一样。他痛惜我被娇生惯养成了软弱任性的孩子。他认为莱昂西奥·普拉多能把我变成男子汉。对我来说，认识他就像是了解了真正的恐惧是什么样子，那是我之前从未接触过的现实，是人生的另一面。军校生活以一种可怕的方式影响着我。在那之前，家里人连一根头发都没碰过我。可是军人们不断践踏我们。他们之间也会互相践踏。我讲述的是关于粗野力量和阴谋诡计的故事。我猜想那些东西在我心里留下了某个我很难摆脱的形象……《城市与狗》就是对那个时代、那种环境以及精神状态的一份证词。从我进入莱昂西奥·普拉多开始，我就一直想要写点跟它相关的东西。写作的想法我早就有了，这也是父亲和我之间始终保持对立的原因之一。我记得我在皮乌拉时就开始写东西了，那时外公外婆和舅舅们都祝贺我，他们觉得那是种天赋。但是当父亲发现我的这一喜好后居然被吓坏了。他觉得这个问题很严重。

利马的资产阶级家庭认为成为作家或艺术家就是当娘娘腔或可怜的魔鬼的前奏。最可悲的是,在很多时候他们的这种想法都是对的……因此我更坚定了文学志向,然后偷偷实践它。同样的,我也通过文学来对莱昂西奥·普拉多进行抵抗。文学就是在那个时期变成对我相当重要的事情的。同时也变成了在地下进行的事业。因为在军校里要避免被人发现我对文学的喜爱。"

秘密创作的经历让巴尔加斯·略萨获益不少,它强迫他早早地学会了如何集中注意力,不过也让他变得独来独往了起来。"文学把我和我所生活的那个世界完全割裂开来了;我对这个世界没有任何好感,甚至非常鄙夷,非常反感:秘鲁资产阶级是最糟糕的阶级,是十足可悲的阶级,充满偏见,缺乏教养,还很虚伪。但是总而言之,对于一个孩子来说,感觉自己不属于这样一个阶级,同时也不属于其他任何阶级,这就是孤独和病态的感觉。"在那种无依无靠的状态中,"文学对我来说就成了一个避风港,它让我的生活变得有意义,对于所有那些让我难过和讨厌的东西来说,文学就是一种补偿。"文学也是建立于抗拒之上的回归之桥,它提供了这样一种可能性:"为我在这个世界上创造出了一种根基,使我能够改变自己的处境。我认为文学一直有这样的作用。人们往往正是借由孤独感抵达文学世界的。写作是一种自卫和自救的方式,它帮助我重新融入我认为自己已被排除在外的那个社会或那片熟悉的天地。"

巴尔加斯·略萨指出,悖论在于想要通过文学——通过非现实的方式——重新融入现实社会的行为往往会使得一个人愈发孤独。"当你写得越多,那种空虚感也就会随之变大,与之同时增大的还有写作的需求。文学志向就像是胃里的绦虫,吃得越多,营养越多,那种空虚感就越牢固,而且它索取得也就越多。实际上文学永远也拯救不了谁,但支撑作家活下去的恰恰是文学本身。"

《城市与狗》想要以完满、全景的形式满足那种空虚感,用现实来填充它。把内部世界和外部世界的距离缩短。巴尔加斯·略萨使用的所有技巧都是为了这一目标而服务的。它们是让读者沉浸到书中的手段。闪回[1]、内心独白、时间和地点的突然变化,所有这一切都是为了让我们融入书中人物们闹出的乌烟瘴气之中。不是所有技巧都能行之有效地起作用。有些技巧看上去显得刻意。举个例子,为了勾起读者的好奇心,巴尔加斯·略萨把一些基础信息隐藏了起来。也有一些情节——从主题和叙事口吻来看是有联系的,但是相当分散——我们是通过某个人物的思想经历到的,而那个人物其实是"美洲豹",他的身份我们只有到了全书结尾处才能搞清楚。这种对信息的隐藏使得真相大白之时读者并没有恍然大悟的感觉,反倒更加困惑迷茫了。我们觉得自己被骗了。于是关于情节紧凑度的问题就浮现了出来。某些校外场景用来追溯往事、交代社会背景,但和校内场景相比显得有些苍白。据作者本人所言,最开始这些场景数量是很多的。他删掉了一些,以便削减全书篇幅,不过

---

[1] 原文为英文。

又造成了不平衡的问题。全书结尾也让人有些失望，虽然各条线索被串联到了一起，但是并没有给故事的意义增添什么新东西，更像是把各个线索混到了一起。尾声显得有些专断又让人惊讶，因为许多情节并没有按照发生的顺序收尾。所有这些人工雕琢的痕迹——有时看上去源于人物本身缺乏深刻的动机——实际上都是有目的的。《城市与狗》是一本静脉式的小说。它的效果如何要取决于读者投入情节的程度。书中的一个人物——博阿——毫无保留地让我们直接进入了感官层面。博阿是台感官机器，他用触觉画面详细地记录下了他经手的那些"原材料"。

巴尔加斯·略萨是这样说的："要想揭露一点军校的景象，就需要刻画一系列事件、场景，它们太可怖了，从文学创作的角度来看，很难在不坠入故弄玄虚的恐怖或色情的陷阱的前提下写好它们，而那种陷阱是纯人造的东西，是非真实的东西。所以用直接叙事的方式很难奏效。小说的第一个版本篇幅很长，我在那个版本里曾经试图用对话和单纯描写的方式来讲述这个故事，比如集体手淫的场景啦、关于母鸡的那个场景啦、试图鸡奸一个男生的场景啦。结果写出来的东西很假，写得有些过分了，暴力描写也显得很苍白。那些场景没什么生机可言。于是我想，唯一能奏效的方法就是让第三方中间人来讲述那一切，这样暴力本身也能得到一定程度的稀释。在反复尝试之后，我发现最能稀释那些场景同时又能保持它们的特质的办法是通过一种动态的意识去写。但是那种意识的智识程度又不能太高，不然的话它会给暴力找理由，会去解释暴力。博阿就是这样诞生的。博阿实际上是个工具，我通过他来展示军校生活中最无辜、可怕又残酷的一面。这有点像是恐怖借由他的肉身呈现了出来。因为实际上他跟一条母狗有性关系，这本身就既原始又畸形。不过我需要让这些都呈现得混乱一些。所以他的内心独白也是混乱的。在这部分内容里从来没有外部描写。那些独白都是自然流露的，是原生态的样子。"

在这些紧凑的内心独白中，语言变得热情奔放了起来。它体味暴力，反映暴力，还讴歌暴力。这首阴暗的乐曲裹挟着读者，把他们拖向有时显得淫乱不堪的大江大河。

"那正是现实主义提出的问题之一。我不认为文学领域的现实主义能够直接被用来阐释现实。文学永远是一种移位的现实。作者要把他选取的生活片段扭曲变形，他得去操纵它，以一种特殊的方式掌控它，好让它在变成文学的时候不至于冻结僵硬，或者直接死在路上。"

巴尔加斯·略萨坦承自己有一段时期特别喜欢阅读——还很推崇——色情文学。但"后来就不那么喜爱了。因为那种文学最大的问题正是刚才提到的：非真实。这倒不是因为某些事件或情节与现实不符，而是因为没有进行足够的文学加工。那些作品和现实之间总是保持着一定的距离。这种距离太长了，使得这些文学原材料都被冻僵了。所有文学主题、情节、事件、内容都要面对群体的审查、心理的审查和社会性审查，读者一有非真实的感觉就会抗拒它们，就不再相信它们了。所以说坠入为描写而描写的陷阱中是种巨大的危险，我认为那会直接抹杀作品的生机。因此在《城市与狗》里，越是不堪入目的场面就越需要文学加工。它们被'移动'的程度也就越深。由于不可能不让那些小伙子们说脏话，所以我就试着赋予这些脏话以某种纯语音层面的价值，让它们与特定场景相匹配。所有那些可能会让读者心生抵触的污言秽语都经过了我的深度加工，我先让它们具有另一层面的意义。我希望让文字鲜活起来，让那些'难听的'词藻具有不得不在那些场景中出现的价值，以使读者不再抵触它们，或者甚至读者会迫不及待地渴望它们出现。与母鸡相关的那个桥段就是个很好的例子"。

这个桥段——描写的是让萨德侯爵名闻天下的性虐待场面——很能够说明巴尔加斯·略萨是如何运用写作技巧的。这个情节还很有普遍性和代表性，但不能说它非常特殊。为了强化那个场景，而非把它与其他情节隔绝开来，巴尔加斯·略萨把它和鸡奸少年的场景进行了穿插描写。这种写法使得两个场景的表现力都增强了。作者本人表示那两个场景就像是两个连通器一样，他说这样写的目的是为了"创造出一种模棱两可的感觉，换句话说，在同一个叙事单元里把两个或更多发生在不同时间、不同地点的故事联系到一起，这样可以让情节之间相互促动，形成循环，丰富彼此"。暴力和淫秽得到了强化，它们加速运转，甚至获得了"一种令人目眩的节奏，逐渐捕获了读者，使他们完全沉浸到了故事中，到最后他们依然无法做出评判，只能接受一切。读者会感觉自己也是故事的组成部分。我认为那就是想搞现实主义的作家的职责：使用所有必需的方法来描写那些生活经验，好让现实不至于僵化"。

在《城市与狗》里，现实和读者之间的距离被缩到了最短。巴尔加斯·略萨坚持追求全面的沉浸式体验。"我认为正是因为这一点，小说才是最超凡的文体，"他这样说道，"因为它能用文字把读者带到现实的核心地带去。作者的职责就是保持读者一直身处其中。我崇敬的、不断重读的小说家们从来不会让我从远距离欣赏他们笔下的世界。他们会拖动我，卷走我，把我安置到他们的全新世界中去，在那个世界里，我会在最后时刻发现属于我自己的世界。现实本身就是混乱的，没有任何秩序可言。相反，秩序在小说中是存在的。小说的建构过程越严格，它塑造的世界就越容易被理解。"

巴尔加斯·略萨乐此不疲地打磨笔下的场景和情节，直到他认为自己已经尝试过各种可能的表现方式为止。这些写作机制并非隐而不见的，有时它们会很引人注目。它们也的确要求读者投入过多注意力，因而有时也会使人疲惫不堪。整套体系是非经济化的、环形的、重复的：不断出现混杂、倒叙和重新构思，它们交织在一起，使得整部小说始终保持紧张的态势，没有留给读者调节的空隙。

他本人是这样捍卫自己的写作理念的，"我认为每种技巧和方法都应该取决于小说的素材。写得最好的那些小说总能穷尽素材，它们并不只为现实打上唯一一道光束，而是许多道。聚焦现实的视角是无穷无尽的。小说自然不可能将之穷尽。但是小说如果能够展现更多层次的现实，它就将变得更加宏伟及博大。我想到了《战争与和平》，它之所以伟大，原因就在于此。某些骑士小说（在这一题材的兴盛期）的伟大之处也在这里。骑士小说高傲地展现了那个时代的面貌。它展现了神话、宗教、历史、社会、本能等多层次的现实。近些年来，小说出现了衰落、退化的趋势。现代化的小说大多希望只展现一种视野、现实的某一种层次。相反，我追求的是全景小说，也就是具有囊括所有层次现实的野心的那种小说，它要从所有维度展现现实。当然了，真正把现实的所有层次都写出来是永远也做不到的。但只要小说刻画的现实层次越多，它观察现实的视野就越宽阔，小说本身也就会越复杂"。

福克纳对巴尔加斯·略萨的影响是显而易见的，前者恰恰是擅长用多重视角审视现实的大师。巴尔加斯·略萨承认这种影响，但他指出影响只存在于技巧层面。还有一个私人情感充沛的福克纳，巴尔加斯·略萨认为他与自己毫不沾边。在巴尔加斯·略萨看来，情感是基础性的东西，是人类共有的。他不信任心理学的观点以及主观性之类的东西。"就福克纳来说，"他说道，"他最主要的兴趣点从来就不在外部现实上，而在内部现实中。他在作品中描绘的最根本性的问题总是出现在意识层面上，或者精神层面上：罪责感、面对神性时感受到的责任感等。那是个属于内部的世界。因此我十分崇拜第一位现代作家，那个创造出了描绘外部现实的各种手段的作家——我指的是福楼拜。我们在《情感教育》里看到了那种鲜活、独立、自主的现实,这使得那部小说可以帮助我们发现'另一种'现实,外部的现实。此外,我还很推崇福楼拜在面对他所使用的材料时表现出的作家的独立性,在他之前的小说家都没做到这一点。"

不过福楼拜不是他唯一推崇的作家。他还受到了自然主义小说的影响,那种小说很擅长将个体泛化成群体或社会的一员。巴尔加斯·略萨给我们呈现的是现代版的自然主义文学:带有无人称性质的集体心理的意识,换个说法就是"缺席"。我们甚至可以这样说:那是对社会生态的展示。在巴尔加斯·略萨的作品中,人物始终是摇摆不定的,他们的意志经常会被所处环境所决定。这些设计也是作者有意为之的。巴尔加斯·略萨这样说道:"我深信小说最基本的东西就是对行动的描写。一部成功的小说必然能通过一系列行动、行为来刻画人物性格、社会问题,甚至那些纯粹外部的现实事物。虚构文学作品的作者本人的思想、问题、道德观、哲学观应该被埋藏于某个情节、某个故事之中,也就是说,埋藏在某场行动中,然后再像汗液从皮肤里渗出来一样显现出来。这些东西应当和动作协调一致起来。"被排除在外的不仅是内心世界,还有所有形而上学维度的东西。实际上,哪怕那种维度的东西存在于他笔下人物的潜意识中,据他本人所言,"也没有任何必要去寻找它们"。他感兴趣的是客观现实:"到了最后,文学就只会是这副样子:通过另一种纯文字的现实来反映和重构真实现实,它的最终作用也必然会是提供给人们了解现实的可能性,而这种可能性是永远无法通过其他方式获取的。"在巴尔加斯·略萨看来,文学的最高任务是完成对日常化事物及其环境的虚构想象,在这种想象中蕴含着"人类理解自身的可能性。我认为文学是获取知识的非凡工具。它既是一种工具(这也是文学与科学、技术的差异所在),也是一种独立的现实"。

无人称性,在巴尔加斯·略萨看来,"是小说试图诱发的现实特征之一。在《绿房子》里我试图运用一种技巧性的方法,让它表现得更清晰一些,我几乎全部删除了作为个体的人物,我想要以集体人物的形式来写他们,换句话说,去写属于不同现实的团体。这是因为我不相信存在可以摆脱一切外物的个体。我觉得在所有人的内心深处都埋藏着或多或少有些相似的可能性,它们会在人们经历不同境况的时候展现出来。我最想做的事情就是把这些可能性以动态的形式展现出来。在人们的行动和反应方面,实际上那些可能性是十分相似的。差异基本上是由各种各样起调节作用的外部因素引起的:地理、历史、童年经历、少年经历等。因此我才会对行动感兴趣:我指的是人们在面对某种特定处境时做出的反应。我认为每个个体的特殊性从不会来自某种内在固有的东西,而来自一系列外部以及内部的调节因素,不过这些因素是全人类共有的"。

从情节的角度来看,这种宿命论的观点是很难展开的。在某种境况所设立的限制之内,当人物们的举动不再单单出自他一人,换成其他角色也可以那样做的话,又该如何让人物变得深刻、凸显其特殊的分量呢?对巴尔加斯·略萨来说,答案很简单,"只要变成叙事材料,所有的人类行为就自然而然地具备了某种独有的特征。如果不是这样的话，那就算不得是文学了。文学的伟大之处正在于此，那些最日常化、最普通的行动，在文学的世界里都能具有特殊性。因此我才会说文学是唯一一种允许人们以鲜活的方式理解世界的东西"。

他举了骑士小说（那或许算是种"雏形小说"）的例子——他是骑士小说的热情捍卫者——来支撑他的观点。他还记得自己是如何接触到那种长久以来被人们轻视的题材的。"那是大学一年级的事了。我记得在一堂西班牙文学课上，老师在讲到骑士小说时仅仅用几句话一笔带过，他说那是种糟糕的文学，粗俗、浅薄、毫无理智可言。在叛逆心和好奇心的驱动下，我开始阅读在国立图书馆里能找到的骑士小说。我很幸运，因为我拿到的第一本骑士小说就是最精彩的一部：那是一个叫朱亚诺·马托雷尔（Joanot Martorell）的巴伦西亚人用加泰罗尼亚语写成的。他一辈子就写了那一本书：《骑士蒂朗》（*Tirante el Blanco*）。那是一本精彩非凡的小说，就像一座雄伟的教堂。书的篇幅很长，波澜壮阔，讲述了一系列发生在不同时空的故事。和其他骑士小说不同，它虽然是个大部头，但结构非常严谨。它不像骑士小说《阿玛迪斯·德高拉》（*Amadís de Gaula*）[①]、《兰斯洛特》（*Lancelot du Lac*）甚至我本人很喜爱的克雷蒂安·德·特鲁瓦（Chrétien de Troyes）的小说那么肤浅。那些小说图示化的倾向太浓，就像罗马式的绘画一样，是纯外在

[①] 后来巴尔加斯·略萨改变了对《阿玛迪斯·德高拉》的看法，还曾为该书出版500周年纪念文集撰文。

的东西。在《骑士蒂朗》中已经出现了全知的叙事者。我认为伟大的小说总会有这样的倾向。所以我不同意马克思对小说的理解，他认为小说是随着工业资产阶级的诞生而出现的。在马托雷尔创作《骑士蒂朗》时，社会上还没有资产阶级的概念。然而，那部作品对于小说的定义放到今天依然行之有效。这也是伟大小说的一大特质：它们总能代表它们所诞生的那个时代。在《骑士蒂朗》里，我们可以看到那个时代中纯神话维度的东西：狮身鹰头兽、魔法师梅林、女巫莫甘娜、圆桌骑士、中世纪的幽灵。还可以看到历史维度的东西：那本小说里远征希腊的情节和史诗如出一辙——我指的是加泰罗尼亚人和阿拉贡人在罗杰·德拉弗洛尔的率领下远征希腊的事情。此外，书中关于战争、服装、武器、决斗流程等细节的描写也都与现实相符。书里的人物是很有深度的。此外，它的叙事方式还十分灵活。书中还出现了一系列非常有意思的心理描写。举个例子，骑士蒂朗在某个时刻撞见了卡门希尼亚公主和假扮成男人的丫鬟阿莫尔在嬉闹，玩一些可能在那个时代很流行的游戏，但是由于偏见的影响，其他文学作品中并没有那些游戏的记录。她们甚至玩起了很新奇的性爱游戏。骑士蒂朗是从一扇小窗户上看到这些的，于是他心生嫉妒，继续发泄心中的怒火，于是他就砍掉了一个黑人园丁的脑袋。这个场景在呈现时完全没有任何叙事者的评价态度出现，完全是自然而然的举动。马托雷尔也并没有因为这段描写而惹上丑闻。他只是把那些文字摆在了那里。对骑士小说的批评态度是随着塞万提斯出现的。塞万提斯在面对骑士小说时使用了一种带有嘲讽和讽刺性质的幽默;是塞万提斯改变了人们对骑士小说的看法,我认为从那时起骑士小说就开始走下坡路了。"

嘲讽、讽刺、戏谑和幽默是巴尔加斯·略萨力求避开的东西。"我一向避免在文学创作时使用幽默元素。"他这样说道。[1] 幽默会拉大读者与作品之间的距离。"作品会生动结冰。幽默作为反叛的标志是很有意思的,例如塞利纳笔下的那种刻薄无礼的幽默。它可以成为缓和氛围的一种方式。但是通常来说幽默是非真实的。现实与幽默相悖。从来没有哪个幽默作家能令我信服,让我心潮澎湃。只懂得搞幽默的作家经常会让我生厌。我认为幽默可以像它在现实中的作用一样,成为一种添加剂,但也必须放置在具体背景中加以考量,而不应该被预先设定好。"对巴尔加斯·略萨来说,幽默很容易写,就像是举着蜡烛故作神秘地哄骗别人,而且很转弯抹角,也因此有"讨好读者"的嫌疑。

也许巴尔加斯·略萨之所以抗拒幽默,还因为幽默提供了难以计数的选择,这是不容于这个坐标分明的世界的。笑声往往意味着深奥、不牢靠、自由意志和违反规约。相反,巴尔加斯·略萨笔下人物们的命运似乎都是早已注定的。他们只是些没有自我意志的"动态的意识"。他们没有深度,只是流于表面。

---

[1] 据巴尔加斯·略萨本人所述,他从创作《潘达莱昂上尉与劳军女郎》开始改变了这种看法。

他的叙事艺术的优点及限制在人物众多的《绿房子》里得到了很好的体现。这本小说是全景小说的典范。它的技巧基础宽大扎实，几乎无穷无尽。它有动力、美感、规模、强度，每一页都在展现着虚构的力量。整部小说布满动脉和毛细血管，形成了一套巨大的循环系统。行动和事件就像旋风，刮起让人难以抗拒的气流。要不是篇幅很长，所有人都该一口气读完《绿房子》，不给自己任何放松下来的机会。小说中布满无尽的线索，各个场景交叉纵横，时间和地点彼此渗透——这也是"连通器法"，它全速运转了起来——回声先于声音响起，意识在被辨识之前就如喘息般消解了。读者很容易在书中迷失方向。四个或五个故事交织在一起，在无穷无尽难以识别的意识流中，那种无序状态甚至会让读者产生眩晕的感觉，人们不禁要问：巴尔加斯·略萨如此娴熟地创造出的"集体特征"是否足够有说服力？如果说一个人对自己的形象都不了解的话，其他人又怎么能辨识他呢？如果说他的特征是人们普遍共有的，那么他的行动又会有怎样特殊的重要性呢？在《绿房子》里，情感的色调是固定不变的，感情冲突要多于人物冲突。人物的心理活动几乎是难以分辨的，它们就像抽象的火焰一般，有时候仅仅是为了让自己变得模糊起来，为了要抹掉自己的面庞，它们没有在角色身上扎下根来，因为角色也只不过是情节的附属品。

不过，《绿房子》依然可以利用故事中蕴含的激情调动读者的感官，这本书的主要对象也正是它们。"我习惯把生活中最令我难忘的事情记录下来。"巴尔加斯·略萨这样说道，他把这本书描述为"不同经历的融合体",而所有这些经历都能让人头晕目眩。这些经历中最古老的一个是唯一用线性叙事讲述的故事。那是种偷偷摸摸的语气,几乎像是在耳语,可转而又会激昂起来,那段故事正源自他在皮乌拉的生活经历。

"这是个关于一家开在皮乌拉的妓院的故事,那是我上小学五年级的事了,我至今依然印象深刻。那是栋绿色的房子,像是座茅屋,建在城郊沙地中央,那里实实在在地属于荒漠区,不过旁边有条河。对于我们这些小男孩来说,那是个散发迷人气息的地方。当然了,我从来没有靠近那里。但我对它的印象很深。后来又过了五年半或六年的时间,等我再回皮乌拉的时候,它依然在那里。我那个时候已经是个小伙子了,有时候也会去妓院,所以那次我去了。那里的氛围非常奇特,因为它本身就是家很特别的妓院,是开在欠发达城市里的妓院。里面就只有一个巨大的房间,妓女们都在那里,里面还有个三人管弦乐队,一个弹竖琴的年迈瞎子,一个被人们称作'年轻人'的吉他手,还有个非常强壮的男人,看上去像个摔跤手,又像是卡车司机,他负责击钹打鼓,人们都管他叫'圆球'。对我来说这几个人物带着点神话色彩,我在小说里保留了他们的名字。话说回到那家妓院,客人们就那样走进去,再走出来,把姑娘们带到沙地上去,在星空下做爱。这种事情我永远都忘不了。那是一段很有趣的经历……

"在皮乌拉,除了绿房子之外,最令我难忘的是一片名唤曼加切利亚的区域:那是片贫穷的区域,受当地人行事风格的影响,那片区域在整个皮乌拉也显得有些与世隔绝。那是一片满是奇迹的地方。我总是把那里和大仲马小说里那些不停发生奇迹的地方联系起来。在那个时期,曼加切利亚人最大的骄傲就是从没有任何警察巡逻队进入过那里。饮酒的人、寻欢作乐的人纷纷跑出来冲他们扔石头,还放狗咬他们。我们经常去曼加切利亚区的奇恰酒铺和乔洛姑娘们跳舞。此外,曼加切利亚人的政治观念很独特。所有人都支持革命联盟,那是个法西斯性质的政党。秘鲁的一位独裁者桑切斯·塞罗(Sánchez Cerro)就出生在那里;对那里的居民来说这也是件值得骄傲的事情。他们至死都支持革命联盟。在提到皮乌拉时,这是另一件我立刻会联想到的事情。"

作者融入这部小说的第三段个人经历是1958年的亚马孙丛林之旅,他是在两次欧洲之行的间歇期进行那趟旅程的。对他来说,那是个意料之外的机会。

"我之前从没去过雨林。当时来了一位墨西哥的人种学家。于是当时在做丛林研究的维拉诺语言学院就组织了一趟前往上马拉尼翁地区阿瓜鲁纳部落的考察活动。他们邀请我一同前往。我在那里有了另一项发现。我在秘鲁发现了石器时代的痕迹。原始部落居民和白人冒险家居住在那片完全独立于秘鲁之外的区域里。那是个与世隔绝的世界,有自己的法则和生活节奏,那种既定的、异乎寻常的暴力受到所有人的认可。我在那里了解到了许多故事,其中有个人的故事立刻就吸引了我的注意:日本人土屋,他后来也成为了这本小说的三个主要人物之一。我给他改了名字,管他叫伏屋①,我本来是想保留他的原名的,但是不知不觉就改掉了……他是个不可思议的男人。人们曾在许多年前见过他,至少有三十年了吧,他从伊基托斯来,沿马拉尼翁河上行前往阿瓜鲁纳人的部落。他是划船来的,看上去是想要逃脱什么。村子里的人注意到了他(我们在前往阿瓜鲁纳人的村落时在沿路的村子里慢慢搜集到了相关信息,因为他在当地已经成了传奇人物了),人们曾经对他说:'别掺和这里的事,要不然他们会把你吃掉的……'当然了,当时各个部落都对白人、外来人怀有敌意。但是他还是掺和进去了,到汪毕萨人居住的圣地亚哥河附近生活去了。他后来变成了类似封建领主式的人物。当地人不仅没把他杀掉,反倒是让他在汪毕萨人聚居区里的一座岛上住了下来,他还组建了一支小型军队,里面还有些不知来历、不知身份的白人。他的私人军队里大部分都是阿瓜鲁纳人和汪毕萨人。他就靠这个搞起了自己的生意,其中包括在橡胶商人来找当地受委托的印第安人采收橡胶的时候定期洗劫那个区域里的阿瓜鲁纳人、汪毕萨人、穆拉托人或卡帕纳瓜斯人的所有部落和村庄。土屋带着他的人全副武装地袭击那些村落,他们拿着步枪、手枪,他手下的印第安人则带着弓箭;要是发现橡胶,他就会把橡胶全都抢到岛上去,然后再通过中间商把那些原材料卖给农业银行。在抢掠橡胶的

---

① 这个角色的原型名为"土屋"(Tushía),在《绿房子》中被巴尔加斯·略萨改成了"伏屋"(Fushía)。本篇中,作者的探讨对象常在原型和角色之间切换,有时以前者称呼,有时又改为后者。

同时他们还会把女人抢走。他妻妾成群。我认识了一个姑娘，曾经是他的爱妾之一，可惜的是她不会说西班牙语，只会说阿瓜鲁纳语。但是通过口译员，她给我描述了岛上的生活，我们这才知道那个男人有多么残暴。他带着手下来到那些村落的时候，常常会打扮成印第安人的样子，也会像印第安人一样酩酊大醉，还能像他们一样说原住民语言，还会跳舞，会组织印第安式的聚会，他自己也会参加那些聚会。可是他对女人实在是太残暴了，很难用语言描述。

"土屋的故事是和胡姆的故事联系在一起的。因为那个地区所谓的文明人实际上和印第安人一样野蛮，那些可悲的资本家从根本上讲也是些可怜的魔鬼，也会饿死，过得也不幸福。那种非人的、野兽般的暴力是最邪恶的人性塑成的，它追求的只不过是些无足轻重的荒唐利益。在圣玛利亚·德涅瓦镇，人们把一个印第安人（胡姆）绞死在了树上，在那之前他已经被吊了两三天了。他们把他的毛发剃光，用滚烫的蛋烤他的腋下。在他被抓前，一群橡胶商人在博尔哈驻军的保护下闯进了胡姆管理的名唤乌拉库萨的村子，他们烧毁了村庄，当着他的面强奸妇女。发生这些事情是因为胡姆想要组建一个公社，到大城市去以合理的价格出售橡胶，而橡胶商人一直以来都以低得可怜的价格收购他们的橡胶，甚至连'收购'也谈不上，因为他们除了要把橡胶交给橡胶商人之外，还被勒令支付一笔钱，理由是橡胶商人建立了一套橡胶采集买卖的体系。胡姆突然想到，可以把印第安人采集的橡胶全部收集起来，每年运到人口众多的中心城市一次,在那里把橡胶直接卖掉。这自然就给橡胶商人带来了生死存亡的问题。因此他们才会在公共场合公开折磨他。就在圣玛利亚·德涅瓦镇!那里可是个传教中心啊!传教士们也参与了折磨胡姆的行动。从个体视角来看,那些传教士都是些忘我传教的嬷嬷和西班牙神父。他们投身到那片迷失的区域;二十年过去了,他们几乎要被蚊虫吞噬了,他们被病痛折磨,最后都变成了野蛮人。他们与世隔绝,周遭的野蛮氛围压得他们喘不过气来,最终他们在不知不觉间也都被传染了……

"圣玛利亚·德涅瓦之旅中,另一件让我印象很深的事情是我看到了那里的教会学校是如何运作的。嬷嬷们在那里建了一所学校来教化原住民。但是原住民并不把子女送到学校去。于是绝望的嬷嬷们就想了个极端的办法:每年一次,开班上课之前,请警察来帮忙。他们闯入村寨,搜捕适龄女童。这很不可思议。但后果要更加严重。女童被送入教会学校,嬷嬷们教她们读书写字,教她们西班牙语,还教她们穿衣服。等到女童们在那里学满两年或三年,要毕业离校时,事情就变得可怕了起来。拿她们怎么办呢?让她们回到部落里去?已经行不通了,因为她们在那些年里除了读书识字之外,还学会了厌恶自己之前的生活状态。学校教育她们说崇拜毒蛇是异教行为,是野兽般的行为。所以说她们的父母都是怪物,是野蛮人。嬷嬷们一下子切断了她们和那个世界的联系,却又无法给她们提供替代品。她们不可能把姑娘们永远留在学校里。于是就把她们送给当地的官员和军人，送给边境地区的驻军或橡胶商人，又或者是路过那里的工程人员，让那些人把她们当女佣使唤。这些官员还会给他们在利马的朋友们带回去一个或两个或三个姑娘。于是带着良好意图、以忘我的英雄态度进行的文明行为，最后却变成了完全意料之外的样子，成了变相拐卖妇女了……

"所有这些事情混杂在一起，给我带来了极大震撼。我把它们带去了欧洲。写完《城市与狗》之后，我就开始利用这些材料了。所有这些东西后来慢慢汇成了同一个故事，成了一个整体。所有的情节发生在两个地点：圣玛利亚·德涅瓦镇和皮乌拉市，它们是这个故事的两极。"

实际上，这本小说描绘的是个三角形的故事；三个基本点是皮乌拉、圣玛利亚·德涅瓦里的教会学校和伊基托斯市政厅。

这个三角形经常被打碎。有一个核心点：瞎子竖琴师在绿房子建立的那段半神话式的日子里吟唱故事，绿房子就像是座"子宫般的房屋"。

有一天，那个叫堂安塞尔莫、来自林区的神秘异乡人骑着驴子穿过沙丘来到此地。他是个粗俗的年轻人，话不多，皮肤被恶劣天气搞坏了。没人知道他是谁，也不知道他想干什么。最后人们发现他像个行吟诗人，是个俄耳甫斯[①]式的人物，很擅长弹竖琴，他的琴音仿佛带有魔力，能够拨动所有人的心弦。他在梅尔楚·埃斯皮诺萨的客栈里住了一段日子，经常出入当

---

① 古希腊神话人物，擅用弹唱施法，使听者入幻。下文中的欧律狄刻是他的妻子。

地酒馆。他和善慷慨，很快就交了一群朋友。可他同时也是个喜好打听、爱管闲事的年轻人，没多久就把镇上所有人的家庭渊源乃至最私密的心事都打探到了。他利用这一点开始在沙丘上建立妓院。他预感到自己会大获成功，事实也的确如此。他触及了当地人的神经。加西亚神父在布道台上暴跳如雷。但是绿房子在谩骂诅咒声中仍然屹立不倒。它是充满情爱之梦的殿堂。在这个用线性叙事的方法撰写的故事里，行文十分有节制，有距离感，几乎是黑白色调的，是一种"客观描写"。

就在绿房子全面兴盛的时候，不幸的姑娘安东尼娅来到了镇上，暴力和抵抗也旋即出现了。一天早晨，她的几个亲人被劫匪杀死在了沙丘上。人们发现她时，她躺在沙子上，比起活人来更像是死人，她的双眼和舌头都被秃鹫啄食了。她变成了镇上的"宠物"，她身带残疾，如此不幸，镇上的所有人都同情她、照顾她。好心肠的洗衣女工胡安娜·巴乌拉收养了她。安东尼娅就像一团无声的阴影，仿佛注定要在太阳余晖的照射下衰弱幻灭，但突然有一天，她消失了。流言四起。她被杀了？被凌辱了？过了一段时间，当得知她是被堂安塞尔莫带走之后，全镇居民都震惊了，原来堂安塞尔莫早就爱上了这位已经凋零的欧律狄刻，他把她安顿在了妓院中的一个恶臭难闻的私人房间里，他在那里爱护她，但也在那里强奸了她。故事发展到这里，在之前像幽灵一样存在着、如神话人物般的堂安塞尔莫虽说依然显得缥缈难测，却突然有了思想活动。也就是说，他的思想意识也变成了叙事材料。透镜进行了重新聚焦，如今能够看到隐藏在眼睛之内的东西了。巴尔加斯·略萨说他在构思这几个场景时下了大力气。不过人物的意识还只是停留在文字层面,源自文字堆砌的激流,这些文字本想展现他那受尽折磨的灵魂,但是未能将之个体化。安东尼娅表现得胆怯而柔弱。他焦虑惶恐,幻想、情爱欲望和对那个他永远无法真正占有和了解的、难以捉摸的女子的绝望依恋扭曲到了一起。混乱氛围和词句卷起的风暴也在侵扰我们。但是当行文回归线性叙事之时,人物似乎也随之泄了气。那个悲剧事件随着安东尼娅怀孕达到了高潮,尽管佩德罗·塞瓦略斯医生采取了种种紧急措施,她还是在分娩时死去了。神父煽动镇民,他们——这一幕写得有些浅显,很容易被预见到——满怀怒火地行动了起来,他们奔向沙丘,焚毁了绿房子。当堂安塞尔莫——如自己的幽灵般——带着他的竖琴和擅长吟唱催人泪下歌曲的"年轻人"亚历杭德罗以及击钹打鼓的"圆球"在街头组成乐队的时候,行文又回到了那种客观而遥远的风格上。他们在城中漫步,在曼加切利亚区里那些简陋的房屋中停歇,在那里弹奏忧伤的舞曲,与此同时,妓院逐渐被人们遗忘,变成了传说。许多年过去了,关于绿房子唯一留下的就是它的名字,一座建在镇中心的新妓院用了它的名字,为的正是纪念绿房子的往日荣光。垂垂老矣的堂安塞尔莫在那里用竖琴取悦顾客,雇用他的是妓院的女老板琼加,她就像塞壬海妖一样,不断利用他的内疚向他歌唱。而她正是安东尼娅的遗腹女。

在皮乌拉发生的这一系列事件,尽管冷酷,却都是相当常见的事情，不过似巨人般的伏屋的故事要更有意思，他是大自然中的怪兽，在那片丛林的深处，胡峰在灯芯草间嗡嗡鸣叫，蚊虫在蚊帐上扑扇翅膀，幽暗的水流潺潺作响，它们仿佛飘荡在美梦和噩梦之间，是异世界的回响。伏屋是个现象级的创作，比起一个人来，更称得上是个完满的人物。他在燃烧，却永不燃尽自己，他经过的地方都会留下印迹，他待过的地方都会留下阴影。巴尔加斯·略萨说，由于伏屋的故事显得有些不真实，所以他就用了印象派的写法。辞藻犹如载他而来的一湾湖水般流动，伏屋的形象就这样慢慢明晰了起来。他往往是在内心跟自己言语，可是一切又都显露于外。他是个冒险家，曾在巴西进行过长时间违法犯罪活动，他穿越秘鲁边境，穿过玛瑙斯，最后筋疲力尽地来到了橡胶商人的大本营伊基托斯，他在那里开启了自己新的征程。在路上他收留了另一个落魄之人阿基利诺，他曾经在村庄里做送水的工作，后来他变成了伏屋忠实的朋友和伙伴。两人一起在丛林里溯河而上，给印第安人卖些小玩意。把他们二人联系到一起的是原始而神秘的亲近感，是奇异、炫目又动人的精神。天真的阿基利诺和残暴的伏屋从根本上来看是漂泊在一个残酷恐怖的世界中的两个单纯的灵魂。

在伊基托斯，伏屋——一嗅到钱的味道就会化身经验丰富的猎犬——与当地显贵胡里奥·雷亚特吉搭伙行事，后者通过在二战时向轴心国倒卖橡胶而发了财。橡胶是一种战略物资，他把橡胶伪装成了烟草的样子，当他们的这些暗箱操作最终被发现之时，雷亚特吉竟通过关系网的保护而毫发无损，伏屋则

419

遭遇了牢狱之灾，成了付出代价的人。伏屋后来带着女友拉丽塔偷偷逃脱了，他们溯河而上，向着印第安人的土地进发，用的是雷亚特吉的代理人、阿基利诺的合伙人的身份。伏屋凭借之前打下的人情关系，成功地在岛上获得了统治地位。有几个汪毕萨人支持他：阿基利诺经常带着补给物资往返于河上；还有一小群白人逃犯——傻不拉几的潘塔恰、当地驻军中的逃兵阿德里安·聂威斯——帮助伏屋管理当地印第安人。和伏屋一样，他们也像是人形幻影，只不过有时会借助环境的力量实体化罢了。伏屋暴力又野蛮，但这些特征又似乎与他无关，是在盲目的状态中流露出来的，就像骑士蒂朗砍下黑人园丁的脑袋时一样。随着时间的推移，伏屋将他那野兽般的劫掠行为延伸到了整个地区，直到有一天，他的星光黯淡了下去。他就像变色龙一样擅于适应环境，仿佛也会变换皮肤的颜色。他得了麻风病，全身逐渐溃烂。病症从双腿蔓延到腹股沟。他失去了性能力，随之失去的还有他的领导力。他的女人们四散逃走。拉丽塔也立刻摆脱了他可怕的控制——此刻他对她的爱抚已经毫无用处了，她跟着聂威斯逃走了。两人逃到圣玛利亚·德涅瓦，他们希望在那里忘掉过去，聂威斯在那儿成了向导和引水员。伏屋的末日即将来临。老阿基利诺载着他向河上游行去、想让他死在麻风病人隔离区的时候，伏屋已经几乎只剩下一副骨架了。

在伏屋统治的鼎盛时期，作者插入了胡姆及其反抗的故事——他受到了两个老师的鼓励或煽动，他反抗的对象是他的村落的最大敌人：橡胶商人们。在胡姆被捕、被折磨时，胡里奥·雷亚特吉在圣玛利亚·德涅瓦的统治行将结束。这番惩戒表面上针对的是胡姆，实际上矛头却对准了他和伏屋的武装力量之间的隐秘同盟关系。不过这也毫无用处。在岛上，在冷漠地（姑且不用"高兴地"这个词）看着他衰落垮台的、敌视他的汪毕萨人中间，他的形象在逐渐缩小，直至从我们的视线中消失。与此同时，小说中的另一条线索又铺展开来，人们把一个小女孩——尽管胡姆本人否认这一点，但我们还是猜测她是他的女儿——送进了圣玛利亚的教会学校，嬷嬷们在那里教育她，还给她起了一个有基督教渊源的名字：鲍妮法西娅。

许多年过去了，伏屋走到了人生末路的几年，而在基督教戒律的要求下，鲍妮法西娅已经成为有教养的大姑娘了。看上去她已经被驯服了，但过不了多久嬷嬷们就会大伤脑筋地发现她依然是个不折不扣的野姑娘。她在一个夜晚打开学校大门，把人们每年供应来的女学生全都放走了——全书开头的场景十分精彩，幽灵般的嬷嬷们倾巢出动，在丛林中搜寻逃走的学生们。作为惩罚，嬷嬷们把她赶出了学校。当时已经将近结束自己动荡生活的聂威斯和憔悴不堪、脸上长满肉疠的拉丽塔收留了她，还安排她结识了当地警长利图马，后者爱上了鲍妮法西娅，最后还和她结了婚。这个情节和武装力量最后一次攻击伏屋那个风雨飘摇的帝国几乎是同时发生的。人们发现呆傻的潘塔恰被留在了岛上，眼瞅着要不行了，他的供词最终使得聂威斯被捕入狱。拉丽塔只得一人拉扯众多儿女——她跟伏屋生了一个儿子，又跟聂威斯生了数个儿女，后来另一个士兵佩萨多很快又让她多生了几个孩子。

随着处境的变化，利图马——他是巴尔加斯·略萨的文学世界里的几个神秘莫测的人物之一（"美洲豹"是另一个）——也发生了根本性变化，最后他中断了自己在丛林区的工作，带着鲍妮法西娅去了皮乌拉。在那里，在经历了一场难以令读者接受的身份变换后，他成了几个二流子中的一员：那是一群在曼加切利亚区横行无忌的无赖。我们感到有些失落，紧张氛围在这里急转直下，我们又回到了街头巷尾的下层社会中。利图马的几个流里流气的朋友——"猴子"、何塞·莱昂两兄弟、皮条客何塞菲诺·罗哈斯——整天和他寻欢作乐，一边拿他的印第安老婆开玩笑，一边又总想着勾搭她。利图马在皮乌拉的形象显得有些拉垮，很难让人把他和之前在圣玛利亚·德涅瓦的警长形象联系起来。强行区分这两个形象的做法会显得有些武断，倒不是因为它们互相排斥，而是二者的相同之处实在相当有限。巴尔加斯·略萨表示，他的想法是要展示同一个人物自相矛盾的不同方面。可是就利图马来说，他有多重身份、多重性格，他更像是个场景，而不像是个人物。皮乌拉时期的利图马与其他几个二流子几乎没什么两样，与他之前在圣玛利亚·德涅瓦的形象毫无关联。鲍妮法西娅的人格要更模糊，也更丰富，这个丛林原住民女孩注定要不断寻找能够让她承受悲惨境况的方式。在好几个场景中，她几乎是凭一己之力撑起场面，尽管作者在描写时运用了不少手段，但似乎并非每次都能奏效。利图马有一个死敌,是个名叫塞米纳里奥的庄园主,两人之间有许多悬而未决的新仇旧恨,最后只能通过俄罗斯轮盘赌来解决。塞米纳里奥开枪射中了自己的脑袋。利图马因此获罪,被捕入狱。在他成为阶下囚的日子里,鲍妮法西娅落到了何塞菲诺手上,他很快就把她卖给了新绿房子。利图马在一段时期后的回归给这个故事画上了句号,那时他的黄金时代已经过去很久了。一篇有些浅显的后记填补了整个故事里留下的几处空白,但没有添加任何重要信息,只是写到了躺在灵床上的堂安塞尔莫的尸体。

《绿房子》就像一艘巨型的挖泥船一样移动,扫除沿路遇到的一切障碍,再向四面八方同时撒下网去。全书行文蜿蜒曲折、起伏不定,众多意识的洪流纵横交错。丛林的气息禁锢了人们的情感。皮乌拉的那位竖琴师边演奏边讲述着故事。这本书的叙事技巧令人眼花缭乱。不同的时间交错在一起。回溯式的谈话就是个典型的技巧——例如伏屋和阿基利诺在那条驶向遗忘的小船上的对话,突然,没有任何过渡,幕布拉开,谈话中的回忆场景就直接展现在读者面前了。作者对这种技巧的使用愈发熟练,甚至显得有些机械了——例如在二流子们出现的场景中就出现了很多没太大必要的插曲,不过哪怕如此,它依然十分有效。它创造出了一种巧合性和宿命感。在《绿房子》里并不存在向前发展的线索,它们是大大小小的同心圆。人物处于不断的变化过程中,经历各个不同的阶段,就如流星一样,又像在幻想的水面上漂浮的幽灵。

尽管《绿房子》看上去包罗万象,但是作者并没有完成自己所有的设想,这样说是因为它和《城市与狗》一样,开篇几章营造出的紧张氛围是建立在把重要信息隐去的设计之上的,这些信息的缺失吸引住了读者的注意力,但当它们逐渐被揭开时,那种紧张感也就逐渐减弱了。所有的谜团都是围绕着人物难以定义的身份、模糊的环境、行动的诱因(比结果更不明晰)而确立的。在几条线索开始融合的时候,全书的神秘性也就逐渐消退了。《绿房子》讲述了一个(或多个)好故事,这已经很难能可贵了。不过这些故事虽然铺展的面积很广,却似乎都不够深入。"集体个性"似乎不如每个个体的个性那样有趣,在每个场景中,"集体个性"都被描述得点到即止,既不多也不少。当我们沉浸在叙事材料中时,叙事技巧很多时候不仅没有帮助我们趋近现实,反倒把我们拉远了。《绿房子》的实质是一种被辞藻包裹起来的结构,它充满矛盾。在试图深入客观物体之中时,巴尔加斯·略萨却停留在了主观层面的东西上,"连通器法"也只是把这些东西连接了起来,它们十分丰富,但只是像旋转门一样在不停地原地打转。不过,从另一个更有价值的层面来看,这本书取得了成功:它为客观现实增添了一种非凡的思想空间。

巴尔加斯·略萨花了四年时间在《绿房子》的写作上,不过他并没有耗尽自己的精力。距他动笔写另一部小说已经过去一段时间了,还有许多困难没有解决,他希望在伦敦把那本书写完。"那是关于一个保镖的故事,"他有些入迷地说道,"这个人物很强壮,给不同的政客卖过命。我认识一个保镖,他曾经负责保障秘鲁的一位政治首脑人物的安全,我对这个保镖印象深刻,他以前是个拳击手,是个完全不按逻辑出牌的人,全凭直觉办事。我想写一本小说,试着描述一点秘鲁的政治环境。我不想写政治小说,不过里面有些角色的原型确实是秘鲁政坛里的人物。我想寻找一个'工具',或者说一个能够把我们引入那个十分特殊的世界的人。我认为那个保镖就是我需要的那个人。"

在远方,在地平线上,那本"不可能写出的小说",那本"全景小说",正在等待着巴尔加斯·略萨。据他本人所言,那本小说既充满幻想,又满是心理描写,既是现实主义的,又带有神话色彩:它将包含现实生活的所有表现形式。"从某种意义上来看,伟大的小说,"巴尔加斯·略萨说道,"正是那些接近'不可能写出的小说'的作品。"

后　记

周妤婕　译

这是一篇略带忧伤的后记。对我来说，与这些作家相会，并和他们交流，是无比的荣幸。他们中的大多数，我都未再见到。当我重新阅读曾经写下的文字，它们在我看来就像是小说的章节，只是那些真实存在的人物，让我们确信这一切来自现实生活。如今，虽然这些受访者的作品都还活着，但作者本人几乎都已经过世。吉马良斯·罗萨是第一个意外离世的人——他死于1967年，时年五十九岁。我们曾被他的幽灵故事《河的第三条岸》所打动。他说过："人之所以死亡，是为了证明他们曾经活过。"他的这些话一直伴随着我。而其他人留给我的那些最后的记忆，同样常伴于我。

马里奥·巴尔加斯·略萨

巴尔加斯·略萨是第一时间来到我们身边的人。我仍然记得1966年8月在布宜诺斯艾利斯见到他时的情景。他当时是"首页"奖（Premio Primera Plana）评审委员会的成员。我们在何塞·比安科——《南方》杂志的编辑——的家里会面。当时我们已经通过《城市与狗》和《绿房子》这两部作品了解到了他的大名。有人称这两本小说为巨大的"新奇机器"。他们谈到了新的小说。正是在那次会议上,这些新小说被命名为"文学爆炸"。后来轮到我作报告了,巴尔加斯·略萨提出意见的时候就仿佛在倾诉秘密一样。在我眼里,他是"谨慎的、安静的、充满激情的、有口才的"。

他曾经是一名马克思主义者。他当时留下的想法是,艺术是颓废的表现,以社会主体的腐肉为食。在那次会议上,他说:"伟大的小说家是一个时代的掘墓人……小说家就像是以腐肉为食的乌鸦。"我们这个时代,就像是骑士小说盛行的时代:"随着现实进入一个历史和社会的分解时期,就会出现越来越丰富、越来越有野心、越来越大胆以及越来越有创意的文学"。

在那次会议的几个月前,我在巴黎和他做过一次访谈。他和我一样,住在奥德翁剧院附近。而且,他与我同龄。见面那天,他从一个房间的深处走出来。他当年脸上留着小胡子,出现的时候阴沉着脸。我感到有些惶恐,甚至忘记在我们谈话时打开录音机。采访时,他毫不犹豫地重复了曾经所说的那些话——带着同样的激情,连用词都几乎与曾经一致。

与其他不信任语言的革新派小说家不同,他在语言的仪式中行动自如。他是社会现实主义传统的集大成者,对人类行为的看法也是偏向机械论的,不过,他凭借流畅的技巧,以及包蕴着时光和景致的叙述,实现了一种超越性的诗意表达,就像是《绿房子》中的由图像和语言汇聚而成的发光河流——伏屋和阿基里诺在仓皇的出逃中,正是顺着这条河漂流,如同灵魂呼出的气息。

尽管伏屋这个人物是以真人为原型创作出来的,但这个形象的塑造也参考了康拉德的著作《黑暗的心》中的人物库尔兹、里维拉的小说《旋涡》中的人物卡耶诺以及他的岛上王国。而小说中的绿房子,正如作者在《一部小说的秘史》中所叙述的那样,不仅仅与他的某个童年的记忆相关,还与福楼拜的《情感教育》中描述的一个带着"梦幻般的辉煌"的妓院有关,它由一个名叫佐拉德·图尔克的女人经营——这个人物后来以"土耳其女人佐拉妲"的身份在小说《旋涡》中再次出现,人称"玛多纳"。这些就是罗兰·巴特所说的关于想象力的记忆,以及作者内心的"恶魔"。在某种程度上,玛多纳变成了一种"母体的住所",也就是巴尔加斯·略萨笔下的绿房子。而古代吟游诗人的神话体现在了安塞尔莫身上,这位盲人竖琴家为它提供了音乐。

古老的"土地小说"中的某些特质在《绿房子》中得到了留存。当巴尔加斯·略萨于1967年获得罗慕洛·加列戈斯奖时(这是他所获的第一个奖项),据说,当时是那位年迈的委内瑞拉前总统负责颁奖,但他觉得这个奖项是给自己的,不想松手。

胡里奥·科塔萨尔

科塔萨尔是我的第一个受访者。事实上,这本书的完成应该归功于他，归功于我对《跳房子》的热情。我想把它翻译出来（翻译成英语，因为我用英语写作），我也想围绕它写一点东西。我相信，许多人都有这样的感觉：《跳房子》震撼了文学界，它将活生生的街头语言带入了文学，这是一种解放。人们希望能这样活着，也能这样说话。当时我就知道我要采访怎样的作者：那些正在发明语言的人。科塔萨尔帮助我们找到了他们。他还帮我们与南美出版社（Sudamericana）取得了联系——当时他的朋友巴科·波鲁瓦在此出版社担任要职。身为编辑，他的这位朋友对于出版界的风起云涌了如指掌。

当我在巴黎见到科塔萨尔本人的时候，我不知道当时的自己是怎么想他的。我觉得，他看起来和我一样！尽管我们出生在不同的年代，但他和我都逃离了那些阿根廷内部产生的怪物：贝隆主义、民族主义、民俗主义，以及阿根廷的民族性中极其傲慢的部分——它带着糟糕的言辞入侵一切，政治、教育、报纸等等。让我惊讶的是，通过他在《跳房子》中勾勒出来的布宜诺斯艾利斯人物剪影，我发现我所认识的阿根廷与他当年经历的阿根廷并无二致。同样的幽默，同样的判断标准，同样的偏见。我感到自己也是玩"跳房子"游戏的人。我希望从他的目光中辨认出我自己的样子。然而，事实上我对他的脸并没有多少印象，我不记得自己到底有没有看过他的照片。见到他的时候，我着实吃了一惊……他面色苍白，一头红发。他极高，瘦削，脸上长着很多雀斑，几乎没有胡子。在我们见面之后的日子里，他宣布自己的文学是一挺机枪，并蓄起了胡子。他看起来就像是一个刚刚长高的男孩。他身上还残留着一些曾经在省内学校当老师的时候散发的气质——那种半夜出逃化身为诗人的气质。他身上还带有一种神秘走廊漫步人的气韵——它来源于联合国，科塔萨尔在那里担任翻译。从他的身上可以感受到一种带有距离感的善意。值得一提的还有他那著名的法式"r"音。他的眼睛带着几近天真的神色。那双大手瘦骨嶙峋。他身上还带着一种"与众不同"的孩子气。他是一个有灵魂的侨民，也是另一种成为阿根廷人的方式。他已经成为人们想象中的一个人物了。这个"熟悉之人"于梦中归来，在他故乡的街道上出没，就仿佛一个在幻想故事中穿墙而过的影子。他带着书籍和音乐住在一栋白色的建筑里，里面有几个低矮的楼层，顶部有一个天窗。这不禁让人联想到象牙塔。托马斯·埃洛伊·马丁内斯（Tomás Eloy Martínez）曾经拜访过这栋小楼，他在一篇令科塔萨尔不喜欢的文章中谈到某个类似"纯洁宫殿"的事物。有传闻说，他滴酒不沾，过着美满的婚姻生活。是这么说的吗？有些东西让人们感到兴奋。我记得，不久之后，在布宜诺斯艾利斯有一位"爱好跳房子游戏的人"，用仿佛在谈论神人的口吻向我信誓旦旦地保证说科塔萨尔是一个阉人："你看到他那双手了吗？还有那对耳朵。"其他人则在他的文字游戏中发现了爱情的游戏。我意识到，他栖息在我们所有人的身上。

米格尔·安赫尔·阿斯图里亚斯

爱上阿斯图里亚斯是一件很容易的事情。他口若悬河，亲热温和，经常拥抱我，并试图让我在他的口述下，写下关于他的事情。

我曾于1959年到1960年之间居住在危地马拉。当时阿斯图里亚斯被封杀，后来流亡到了智利和阿根廷。我从未见过他的书。（一家书店里放着类似于他的肖像的摆件，那是一盏忽明忽暗的霓虹灯。）但我一直关注着《总统先生》中那个充满神话的殿堂。那本古老的作品创作于1933年。那些傀儡、衣衫褴褛者、乞丐，以及瘸子，他们就在那里，在总统府周围的小巷子里，挥舞着空荡荡的袖子。我记得，有一个失去双腿的人躺在带有轮子的平板上挪动前行。他们是城市贫民窟里的怪物。每当有重要的外宾来访时，他们就会被关起来。另外，当时的军事主席伊迪戈拉斯·富恩特斯有一个动物园，里面住着宫廷小丑、侏儒，以及占卜师。他是缩小版的埃斯特拉达·卡夫雷拉，拥有一切可以启动著名的"魔幻现实主义"的装置。

不过，对我来说，他最好的作品是《玉米人》，在那部作品中，他使用的是另一种语言：一种属于神话的语言，以神话的节奏和方式存在以及进行表达。就如同W.B.叶芝的神谕——给了他"诗歌的隐喻"。《玉米人》中的语言精辟，时常重复。它援引了神话想象的世界，真正的神奇思维：占卜之梦、英雄传说、动物寓言、大地之灵、循环神话，以及历史和神话之间的冲突。他捕捉到了一个失落世界的宏大、幽默以及悲壮的诗意。

阿斯图里亚斯把自己看作表达他国家的人民的意愿的"发言人"，仿佛是他祖辈的声音自发地来到他的身边，成为某种天然的背景音。这是一个娴熟的模仿，一出哑剧。他对自己民族的神话了如指掌。他是《波波尔·乌》的第一批现代译者中的一员。《波波尔·乌》是玛雅基切族的创世之书，他模仿的正是此书中文字的魔力。在年轻的时候，阿斯图里亚斯曾在索邦大学学习人类学，他从超现实主义者那里获得了经验性的游戏和技术，比如进入自动写作状态，以进入无意识状态，不过同时也是为了诗化文本。

当我在热那亚采访他的时候，他住在一栋意式风格建筑的顶楼，那里常年多风。在漂泊不定的生活中，他也尝过饥饿的滋味。现如今，他拥有外交任命。他在斯堪的纳维亚半岛进行了巡回演讲。同时也正走在通向获得诺贝尔文学奖的道路上（1967年，他获得了诺贝尔文学奖）。当我把采访内容交给他过目的时候，他用一些气势宏大的表达修改了我的评述。当谈到一个殖民地作家的时候，他将其称之为"杰出"的作家。不过，阿斯图里亚斯一直在试图进行简化：在他后期创作的几个故事，比如在像《这样的穆拉塔》这样的开放作品中，他已经开始用直觉感受那些最为亲密的人物——他们几乎是来自一种个人的民间传说。他喜欢把自己只不过是个"印第安小子"挂在嘴边。我们在告别的时刻齐声朗诵了他写给特昆·乌曼（Tecún-Umán）的诗："鼓皮，咚，咚／绿色心脏的轰鸣。"

豪尔赫·路易斯·博尔赫斯

博尔赫斯如今已经是另一个博尔赫斯了。眼盲的吟游诗人和图书管理员，一个几乎抽象的概念。"永恒而匿名"，正如他希望的那样。这一点，是我站在博尔赫斯家的电梯里，准备上去见他的时候意识到的。陪我一同进电梯的是一个光彩照人的女孩，她对我说："上面住着的是一个新手诗人。"她再没说什么，就离开了。博尔赫斯的母亲让我进了房间。这时候一位目光涣散的先生出现了，他约我在墨西哥街的图书馆——即巴别尔图书馆——见面。我第二天就去赴约了。他出来迎接我，问道："今天轮到谁了？"他开始谈论不同的作家，那种如数家珍的口吻，让人觉得那些作家只是他的不同人格。

博尔赫斯让人感觉无处不在，没有任何虚幻之感。他挂着拐杖沿着绘有他面孔的街道散步：市中心、南部街区、拉科雷莱塔公墓的围墙附近。他是一位使得其他作家痴迷的伟大盲人。比如，有人曾说，他是萨瓦托笔下那群不祥的盲人背后的阴影。当他在某个拐角过马路的时候，有人抓住了他的胳膊，他猜想，那人是为他引路的。当他到达路的另一侧时，他听到一个声音说："谢谢你带我穿过了马路。"原来那是另外一个盲人。

他由不同的引路人护送着：爱好文学的女士、翻译、弟子。有一名大学教师，如今已经是名誉教授，他基于自己和博尔赫斯的谈话以及对博尔赫斯的采访，正在着手编写一本作家传记。当他在和他们一起旅行时，曾捡出博尔赫斯那些记着笔记的小纸片——有几次博尔赫斯悄悄把它们扔进了酒店房间的垃圾桶里——他发现作家曾有过自杀的想法。

博尔赫斯带给了我们很多东西。他发明了一种体裁，即带有哲学性的短篇小说-散文。他教导我们，写作就是阅读先辈。他对用其他语言写作的作者——特别是英语作者——进行了"内部翻译"，这些作家则通过他进行表达。博尔赫斯表示，所有的思考都是翻译。他曾经说过，原作对翻译是不忠的。

他年轻时的布宜诺斯艾利斯是一个偏远的城市，是坐落在无边无际的潘帕斯草原中的一座迷宫。博尔赫斯让它成了一个想象的中心。这个中心没有界限，无处不在。他那幻想文学的星球和乌托邦被秘密地安置在了布宜诺斯艾利斯的庭院、街道、酒店和街角。他赋予了布宜诺斯艾利斯一张面孔，以及一个神话，而在过去，那里什么都没有发生过。他把那座城市放在了时间和空间的轴线上，放在了阿莱夫之中。

与作家交谈之后，我沿着埃拉斯将军大道行走，从瓦达维亚医院走到了阿圭罗大街。那天，和往常一样，我在路过几个街区的时候，看到有拿着白色手杖的盲人在那里徘徊。我不知道到底是这附近有个盲人学校，还是他们在寻找那个已经设计好的国家图书馆——不过，它在二十五年之后才落成。

阿莱霍·卡彭铁尔

关于卡彭铁尔，我知之甚少，我们只不过曾在巴黎一个酒店的房间聊过一会儿。他的"r"音发得比科塔萨尔更具法国特色。

小时候，我曾和父母去过哈瓦那。卡彭铁尔能通过我向他描述的某个带有树叶图案的拱门而找到我曾和父母居住过的那座房子。

他是一位音乐学家,他清楚地知道竖琴是何时伴着古老的民歌来到美洲的。他认为,古巴和声的形式可以像爵士乐一样普及。

他常常思考一些典型的形象:独裁者、士兵、革命者,以及印第安人。他把独立战争视为经典的史诗。对于他来说,古巴革命的地位也是如此。他是一个美洲主义者,继承了诗人的传统——正是那些诗人,在水手们出没的可怕的炎热地带发现了"肥沃的热带",在绿色的地狱里发现了失落的天堂和应许之地。美洲,它拥有壮丽的景观,是一切的源头,是地球母亲,与此同时,它也是所有时代、种族和文化共存的宇宙,是万物有灵论和拥有拿破仑一般的妄想的暴君,是带着"未来的记忆"的最遥远的过去。年轻的时候,卡彭铁尔经常与超现实主义者结交——他们用强行排列并置的方式创造人为的奇迹。美洲是"神奇现实"。

在古巴——在这里,历史上似乎有那么一刻,美洲人的身份可以成为焦点——卡彭铁尔是热衷于革命的积极分子,也是国家出版社的主编,该社是"美洲之家"的前身,美洲大陆的文学将在这个组织里得以寄托发展。在《消失的足迹》一书中,音乐和文字伴随着美洲出现的首日黎明而诞生。

卡彭铁尔笔下的热带雨林与《黑暗的心》中所描述的相反,但后者的深入人心很大程度归功于康拉德的异域情调和他那巴洛克式的繁华。有人抱怨康拉德在一个鬼故事里诉诸神奇的力量,康拉德为自己辩护,他向那些"对我们与生者和亡灵之间的微妙关系不敏感的人"宣称:"这个世界有足够的奇迹……来证明生命的概念是一种迷幻的状态。"

最后,对于常漫步于维达多区和哈瓦那老城区,在希腊式、罗马式、文艺复兴式和洛可可式的建筑中获取灵感的卡彭铁尔来说,神奇的是一种美学情感,正如他在一篇文章中描述的那样——那时候他和超现实主义者并没有太大的区别:那是一种意识的改变、视野和场景的拓展、精神的升华,以及照亮。

在他撰写的古巴音乐史中(他的许多直觉都来源于此),他曾描绘18世纪哈瓦那的一位大键琴演奏家的形象——这位演奏家为了看一条飞鱼跳跃,因此中断了奏鸣曲的节奏。

卡洛斯·富恩特斯

富恩特斯总是侃侃而谈。他曾游历四方。他出生在巴拿马,之后在拉丁美洲各国的首都进行学习。富恩特斯来自一个外交官的家庭。他用几种不同的语言进行阅读和写作(有人说他惯常用英语进行思考)。他认为自己与欧洲作家和北美作家一样,是现代作家。他和一个电影女明星结了婚,并一贯因为充满桃色的私生活而为人津津乐道。他在文学和政治领域都很有主见,并且有所作为。美洲大陆的年轻作家组成了一个团体,号称"黑手党",富恩特斯是其中的成员。他是为新小说拉开序幕的司仪——新小说出现的时刻正值古巴革命,在这场革命中,墨西哥感到它的革命历史复活了。富恩特斯是墨西哥文化生活中的一个人物，一个完整的文人。

我发现自己很难亲近他。对于任何话题，他都可以发表精彩的论述。他表现得主动而充满激情，但是有点隐藏自己，不愿意触及自己内心深处的想法。在我看来，他有时在写作中也会这样，不愿意泄露内心的情感。他的作品表面充满了"国际性"的技术和热门的话题，但背后潜藏的仍是一种非常墨西哥式的端庄。过去，他有为他讲故事的祖母和外祖母。他时常可以听到她们的声音，然而那声音里的深度似乎相当具有知识性。他并不是一个天赋型的小说家。

他想要在作品里涵盖国家的所有时代和主题，从社会阶层到公共以及私密领域的冲突，他想为祖国那已经披上现代外衣的古老灵魂绘制一幅地理和精神的浮雕地图。同时，那也是一个与国家最新情况相对应的文学样本，在处理文明的象征、质疑、讽刺、模棱两可、波动的观点以及从根本上撼动现实的语言意识这些方面显示出了复杂性。通过引进世界文学传统的各种形式并对其进行改造，富恩特斯不断进行自我重塑。这些舶来的技巧在《最明净的地区》中为他带来了飞跃，但也造成了一些机械化的问题，比如，《阿尔特米奥·克罗斯之死》这部作品，与其说它是小说，不如说它是辩证法。又比如，《换皮》这部作品，过于追赶潮流，小说中那群国际化的人物被安排在教堂和金字塔之中。

他正在追赶时代的步伐。在他的作品《拉丁美洲新小说》（*La nueva novela hispanoamericana*）中，他思考并总结了拉美文学的前世今生，以及它与其他文学的亲缘性，这些内容在每个版本中都有所调整。他从福克纳、劳瑞、赫尔曼·布洛赫一直梳理到贡布罗维奇、卡尔维诺和勒克莱齐奥。另外，他正在一点点将罗亚·巴斯托斯、曼努埃尔·普伊格、卡夫雷拉·因凡特、莱萨马·利马以及何塞·多诺索这些作家纳入"文学爆炸"的范畴。他思路清晰，口齿伶俐。关于语言的革新力量——他置身于一种用虚假的修辞自我维持的体系之中，富恩特斯有着一个很明确的想法，并以一种令人难忘的方式表达了出来。他说"发明一种语言就是说出历史保持沉默的那一切"，他还表示，这就是为什么在拉丁美洲"所有真正的语言行为本身就是革命的"。

加夫列尔·加西亚·马尔克斯

我认识加博[①]是出于一个偶然的机会。那是在 1960 年秋天的纽约。菲德尔·卡斯特罗在联合国大会上发言，然后在他的代表团的簇拥下，吵吵嚷嚷地从市中心的一家酒店来到了黑人聚居区哈莱姆。我当时是联合国新闻办公室的一名"售票员"。大家都在排队，每个人都在吵着要入场券。有一天，两个来自热带地区的人物闯了进来。一个是身穿运动服、略显拘谨、留着两撮上翘的怪异小胡子的男人，另一个则是看上去喜欢卖弄学识的官员。他们分别是为拉丁通讯——也就是古巴通讯

---

① Gabo，加西亚·马尔克斯的昵称。

社——工作的加博,以及古巴外交部部长劳尔·罗阿。我是后来才知道他们的身份的。在那一刻,他们谁也不是。当时,加博只在波哥大出版过《枯枝败叶》——他那福克纳式的中篇小说。正巧,那时候他正准备去福克纳的故土上做一次朝圣。这也是后来别人告诉我的。他对那个"南方"既抱有兴趣,又感到厌恶:那片土地拥有充满暴力和内战的历史,是一个拥有种植园和种族隔离的世界——那样的世界意味着,在某些公共场合,黑人和深色皮肤的拉美人都不能使用白人的厕所。

几年之后,当我去帕茨夸罗采访他的时候,还是没弄到他的《枯枝败叶》,后来是别人把书借给了我,有哈帕拉发行的版本,也有麦德林发行的版本。当时流传着《枯枝败叶》的一个神秘的乌拉圭版本(或许是盗版?)。后来他给我邮寄了《百年孤独》的前几章。我没有仔细看,感觉像是长篇的奇闻逸事。新生事物总是很难被立即理解。不过,这本书逐渐上升到了高处。它带着一种《圣经》的意味,涉及神话和奇迹。在一幅描绘了迷失在原始土地中的民族的画像中,它重塑了这个世界。布恩迪亚家族即黎明。这个家族的家谱就是我们的历史。在一个崭新的维度上,人们听到了祖辈的声音,听到了拉丁美洲世代相传的流言蜚语,听到了那在以前被归为迷信或是民间传说的一切。小说的基调是编年史和家族故事的巧妙融合。它具有一种在"严肃"文学中罕见的个人魅力。

即便如此,要让南美出版社出版这本书也不是件易事。一个异乡人,与巴塞罗那的卡门·巴尔赛尔斯文学经纪公司进行无穷无尽的谈判，缺乏资金，还得应对当地那种不给作者支付稿酬的习俗……巴科·波鲁瓦，外号"弥诺陶洛斯"，他为加西亚·马尔克斯拉了不少关系。费尔南多·比达尔·布兹，他是南美出版社的经理，他那时正和波鲁瓦一起慢慢地对出版社进行改革。他用自己的薪资作为担保，使得《百年孤独》出版。当时在印刷书籍的时候出了一点问题，封面出来的时候是颠倒的。我们已经知道，《百年孤独》的真正作者是魔术师梅尔基亚德斯。当时阿根廷的评论家们，出于嫉妒的心理，给出了负面的评价。

加博来了，他来参加庆祝活动。他穿着彰显他个人特色的格子外套和开领的黑色衬衣。他身上洋溢着热带风情，在那些系着纽扣、打着领带的布宜诺斯艾利斯人中间略微显得有些土气。他蓄着小胡子，笑起来露出了许多颗牙齿，当我们在咖啡馆里单独见面的时候，他对我来说几乎像个天使。

胡安·卡洛斯·奥内蒂

对我来说，奥内蒂就是蒙得维的亚。在那些年里，它一直是一座有着悲伤灵魂的城市，而当他开始写作的时候，情况犹是如此。我不知道当地人是否也是那样看待这座城市的。漂亮的乡村房屋、公园、海滩，但也有点破旧、灰暗。古老的港口居民区被废弃了。大街上穿行着那些在他笔下"身材肥胖而衣着不整的人群"。公务员、白领、思乡情切的移民，还有欧洲战争挤出的流亡者。许多人的生命被摧毁，雄心壮志也落了空。

在那样的环境中，一个孤独的四十岁的中年人——对于奥内蒂来说，那是他开始妥协的年纪——穿着内衣，躺在床上，望着天花板或者透过窗户凝视河流，咀嚼着薄荷糖进行思索。

实际上，这座萧索的城市是布宜诺斯艾利斯，它处于战争年代，被军政府统治着。紧接着——尽管在我看来他从未提过——贝隆主义之夜来临了。一个充斥着高音喇叭，黑暗的街道，以及政治宣传海报垃圾的时代。从四十一岁到五十五岁，奥内蒂一直生活在那里，并完成了他最初的创作，特别是《短暂的生命》，那是一场没有欢乐的布宜诺斯艾利斯狂欢。那是一个可怜、遥远而精疲力竭的世界。奥内蒂描绘了他的封闭和勉强，由于这一切，他正在慢慢陷入缺乏生命力的虚空状态。

身处井底，任何人都可以把自己投射在隔壁房间的墙壁上，或是在某一幅在咖啡馆看到的画里，也可以投射在一个电影剧本里，或是在正午时分的省城里面。它渐渐实体化，在衍生出他者的人的身上显现出来。一个医生、一个皮条客，或是他自己，这一切模棱两可，在作者和人物之间游走。它们是生活短暂的可能性，"存在的强度"有时候与某些幸福的记忆有关。利用镜像和影子，他建立了精神的建筑，乌托邦式的幻想，一个造船厂，还有一个妓院。就像《短暂的生命》中那个老迈的妓女一样，她做着梦，在房间里翻阅巴黎的街道地图，歌唱着逝去的爱情。他是"纯粹的绝望者"，一个渴望崇高的卑微者；他从零开始，不带任何信仰地创造了他的艺术大教堂。在奥内蒂的身上，有一个圣职，一个伟大的救赎事业。他从时间、历史和日常的失败的污秽中走出来，进入到那些"按照我们基本存在的尺度而创造"的日子的想象里。

我通过一些朋友，在蒙得维的亚认识了他。那是冬季里一个炎热的日子。也许因为那天是圣罗莎节，所以充满了一种不祥的等待感。那是《短暂的生命》中的氛围。烟灰缸里装满了烟头。他昂着"那悲伤的马头"来了，带着他身上的沉重感，衣衫褴褛，面容憔悴。陪他一同前来的是他的妻子多莉，一个成熟的美人儿，如同他书中的人物一般。一位女性朋友指责他的女性塑造充满了暴力，永远是失落的幻想的体现，总是被无情地践踏。他微笑着点了点头，没有为自己辩护。

胡安·鲁尔福

因为鲁尔福，我以一种神秘的方式理解了自己。我不记得自己是怎么找到他的了。那天，我在我下榻的酒店——酒店位于改革大道——的休闲酒吧的一个区域里等他。他迟到了，或者压根儿就没有来。我想，在他决定进来之前，在街区里兜了几圈。就像他在说话之前，一定会挪动嘴唇一样。（有时候他挪动嘴唇，似乎要吐出什么话语，但最终一言不发。）我最近在一个录有旧影像的视频里看到了他，他就像那样挪动着嘴唇。他羞涩而难以捉摸，只在内心露出微笑。那家酒店叫伦敦，或是波士顿，或是其他诸如此类的名字。阴郁的气氛，长时间的沉默。当时是中午。

我想象着他从一个失落的小镇回来，胳膊下夹着一捆一千多页的书稿。我听说过这个故事,但我不知道那是不是真的:有一天,他带着《佩德罗·巴拉莫》的手稿出现,胡安·何塞·阿雷奥拉——文化经济基金会的编辑、许多人的老师和导师——帮助他删改手稿。那个过程中,产生了一些出乎意料而罕见的东西。死者的声音,发声之物的回响。那是他人的声音,却带着他生命中的痛苦。他把那一切告诉我,我把它们手写记录下来,因为录音机不能用了,不过后来他看不懂我的字迹。后来的一次,他对自己说过的话产生了怀疑,他似乎很惊讶,并告诉我说,那一切都是错的。

我惭愧地记得,当我在哈珀出版社为他们阅读作品的时候,我对鲁尔福的作品提出了负面的意见。哈珀出版社是一家位于纽约的出版公司,他们当时想翻译出版鲁尔福的书。当时他给我的印象是:福克纳的模仿者,他借鉴了《我弥留之际》。祖先的影子,内心的独白。后来我看到了一些别的东西,特别是他短篇小说里的一些东西。那广阔平原上的景致是属于生命的景观,是"形而上"的精神景观。那个广阔的陌生世界是属于内部的,穿过它的是一条"无岸之路"。它是"我们被赋予的土地"。狗在地平线上吠叫。带着"比我们走过的路"还要多的路途所产生的疲惫,我们最终到达了一个"倒在暮色中的地方(……)那里是旅程的终点"。那是处在盲目的命运下,一个古典悲剧的景观。这片景观产生的强烈感,让人过目难忘。

这一切的荒凉从何而来?从墨西哥而来——它带着暴力和死亡的历史。也从他身上而来。他曾是一个孤儿,由外人抚养长大。和许多人一样，他是空虚之子。后来，他成为了推销员，辗转于各种政府办公室的流浪代理人，生活在这个国家的边境处。他在他的秘鲁朋友——何塞·马里亚·阿格达斯的身上找到了身份认同感。阿格达斯是另一个从自身所在的集体中流亡出来的人——正如他在自传体小说《深沉的河流》叙述的那样：他在孤独的流动生活中寻找自己。

他说话的声音很轻，微笑着等待溜走的时机。他不想看到我的笔记。他失约了一次。有一次，我们在街上擦肩而过，好像他根本不认识我。后来他告诉别人，我所记录和书写下的关于他的一切，都是谎言。